無私无畏永保英雄本色
品德高尚堪称模范軍嫂

向麥賢得 李玉枝同志学習

遲浩田
一九九五年四月十八日

八·六海战前线指挥孔照年司令员（左）和麦贤得（右）亲切交谈

广东省军区领导和汕头地委书记邹瑜到麦贤得故乡看望麦贤得的父亲麦阿记（前右三）和母亲林呖（前右二）

孔照年（左起第六人）和麦贤得以及八·六海战部分功臣和“海上英雄艇”指战员合影留念

麦贤得故事英文版

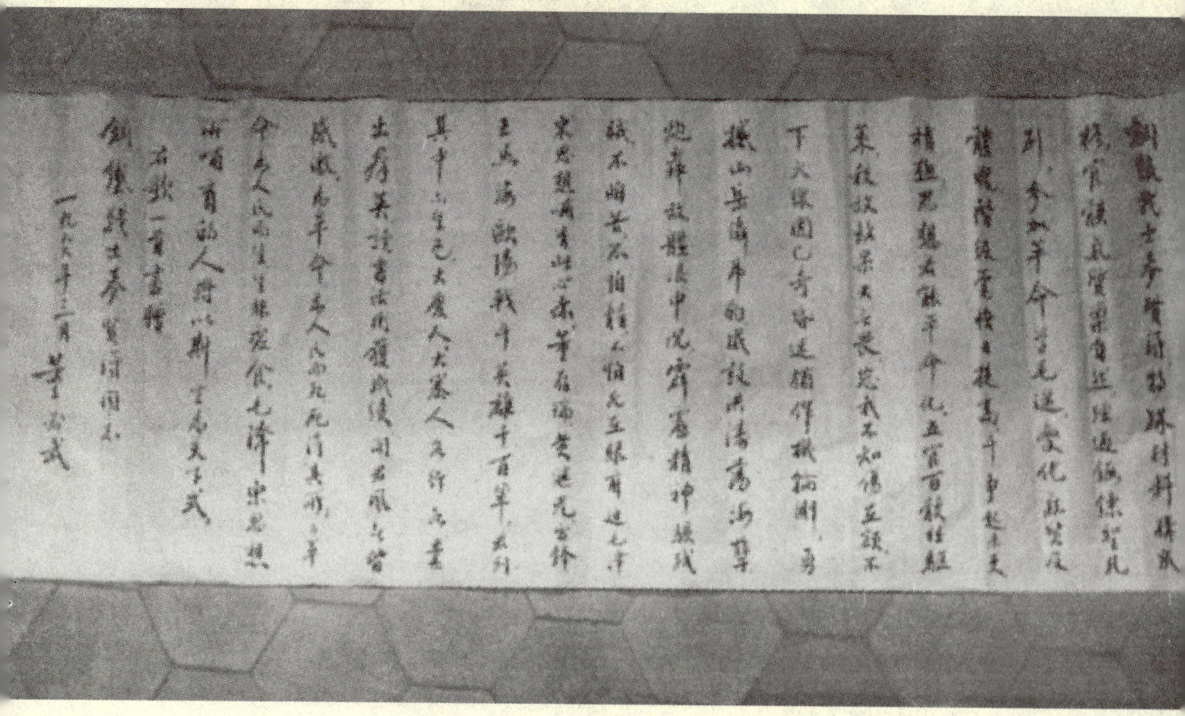

董必武同志赠诗麦贤得手迹

麦贤得（一排左）全家福

作者王国梁（左）与麦贤得（右）合影

麦贤得与作者王国梁一起参加宣讲活动

麦贤得与李玉枝夫妇参加中国人民解放军建军90周年大会

麦贤得、李玉枝夫妇（中间）和东海舰队战士们在一起（图片由东海舰队发布）

麦贤得（左）与孙子

麦贤得（中）与孙子、外孙女共享天伦之乐

沧海英雄

八·六海战钢铁战士麦贤得人生纪实

王国梁 著

SPM 南方出版传媒 广东人民出版社
·广州·

图书在版编目（CIP）数据

沧海英雄：八·六海战钢铁战士麦贤得人生纪实 / 王国梁著. —广州：广东人民出版社，2017.10（2023.1重印）

ISBN 978-7-218-12131-4

Ⅰ.①沧… Ⅱ.①王… Ⅲ.①麦贤得（1945—）—先进事迹 Ⅳ.①K825.2

中国版本图书馆CIP数据核字（2017）第244655号

CANGHAI YINGXIONG：BA · LIU HAIZHAN GANGTIE ZHANSHI MAIXIANDE RENSHENG JISHI

沧海英雄：八·六海战钢铁战士麦贤得人生纪实

王国梁 著

出 版 人：肖风华

责任编辑：梁 茵 郑 婷
装帧设计：WONDERLAND Book design 仙境 QQ:344581934
责任技编：周 杰 易志华 吴彦斌

出版发行：广东人民出版社
地 址：广州市越秀区大沙头四马路10号（邮政编码：510199）
电 话：（020）85716809（总编室）
传 真：（020）83289585
网 址：http://www.gdpph.com
印 刷：北京一鑫印务有限责任公司
开 本：787mm × 1092mm 1/16
印 张：28 插 页：5 字 数：520千
版 次：2017年10月第1版 2023年1月第2次印刷
定 价：78.00元

如发现印装质量问题，影响阅读，请与出版社（020-85716849）联系调换。
售书热线：（020）85716826

目录

目录

目录

《沧海英雄》第三版出版说明

王国梁

2017年8月1日，是中国人民解放军建军九十周年大喜大庆的日子。7月28日，我国首次八一勋章颁授仪式在北京八一大楼隆重举行。中共中央总书记、国家主席、中央军委主席习近平为著名战斗英雄、八·六海战钢铁战士麦贤得等十位军界杰出人物颁授“八一勋章”，这激动人心的场面，在国内外引起强烈反响。这说明，党、国家和人民永远不会忘记为祖国抛头颅、洒热血的革命志士、人民英雄。也鲜明地表示，祖国需要成千上万的爱国主义者。只要全国人民学习英雄，热爱祖国，万众一心，我们祖国就会固若金汤，像万里长城一样坚不可摧，就会越来越昌盛，越来越富强！

二十年前，我受组织委派，采写创作了《沧海英雄：八·六海战钢铁战士麦贤得人生纪实》一书，出版后先后再版了两次。五年前，麦贤得被评为“全国双百人物”，又按要求改写成浓缩本出版，在全国发行。二十年来，我多次应邀到部队、学校讲述麦贤得的英雄故事和模范军嫂李玉枝大爱无疆的故事，这样一来，我就不小心成为麦贤得英雄事迹的义务代言人了。

这次，军队授予“八一勋章”时，只见电视荧屏里习近平主席亲切温雅恭敬地为麦贤得授章，而且在授章时先后两次亲切地同麦贤得交谈。尽管麦贤得有战伤语言障碍，但当他听到习主席询问：“麦贤得同志，身体好吗？”时，他还是马上激动地感谢道：“谢谢习主席关怀。”据后来麦贤得忆述，习主席还亲切地告诉他，当年他在广州陆军总军院治疗时，习主席刚满十三岁，专门从上海经杭州赶到广州，同一起来的小朋友们去看望慰问他呢，一转眼就五十多年了。

听到麦贤得口舌不清的忆述和玉枝姐的补充，终于让我们清楚知道，在授章接见时习主席两次亲切跟麦贤得交谈的内容，拉近了国家领导人、英雄跟人们的距离。其实，半个多世纪以来，全国人民，从小孩到大人都是十分崇敬英雄的。崇敬民族英雄，是一个民族、一个国家兴旺发达的标志，也是一个伟大民族的高尚美德！

获颁“八一勋章”后，麦贤得、李玉枝英雄夫妇就接到很多要《沧海英雄》一书的电话，作为作者我也被索书不断。真是很惭愧，英雄家里和我手头书已“断货”，我询问九年前负责再版的编辑——广东人民出版社肖风华社长，他一查，说出版社已零库存。这样一来，肖社长和钟永宁总编辑商量后就决定马上再版，便约我到出版社商量出版的有关事宜。

我手抚着沉甸甸的《沧海英雄》书稿，思索万千：麦贤得很不容易，从一个饶平海滨的小伙子成长为人民英雄，离不开英雄家乡沃土的哺育。家乡父老勤劳勇敢的品格陶冶让英雄茁壮成长。人民解放军是一个大熔炉，是坚强的战斗集体，铁的纪律锤炼了麦贤得的钢铁精神。模范军嫂李玉枝也不容易，当年她任海丰县公平公社妇女干部时，接受组织的挑选，勇挑起照顾伤残的英雄一生的重任。数十年大爱无疆，一边工作一边无微不至地护理丈夫，给他温暖，给他一个正常人的幸福生活，给他生儿育女，这其中的艰辛滋味常人是无法理解的！几十年下来，麦贤得机械性癫痫病好了，生下一男一女，还有两个小孙子孙女，生活充满阳光，得到祖国的最高荣誉。这真是一首最雄壮的军歌，一首最美的大爱赞歌！

作为作者，我聊以自慰的是这本书能告诉广大读者：英雄来自老百姓，英雄无限热爱祖国，为祖国的安全强大付出了血的代价，祖国和人民永远爱戴英雄。我也希望新的一代要学习英雄，崇敬英雄，发扬英雄的钢铁战士精神建设祖国，实现中华民族伟大复兴的中国梦，让我们的明天更加美好！

2017 年 10 月

序一：学习英雄　争当英雄

孔照年

（孔照年系第十、十一届中共中央委员、人民海军副司令员，八·六海战前线指挥）

《沧海英雄》这本书，真实描写和热情讴歌八·六海战著名钢铁战士麦贤得的成长过程和英雄事迹。中央军委迟浩田副主席在百忙中特别为该书题写书名，更突出了该书的作用和意义。我作为当年八·六海战第一线的指挥员，为此感到格外高兴和自豪，并对该书的出版表示衷心的祝贺！

岁月匆匆流逝，转眼之间八·六海战已过去34年。看了《沧海英雄》这本书，又把我带回到当年这场海战的战场，更加想念一起战斗的战友和同志。那是1965年8月初，我在南海舰队属下的汕头水警区任副司令，与战友们一道日夜守卫祖国的海疆。当时，台湾国民党当局经常派遣军舰和特务到东南沿海进行骚扰和破坏，我们保持着高度的警备状态，连“八·一”节也派出舰艇出海巡逻。8月5日，部队放假休息，我正同官兵一起聚餐，便接到舰队发来的敌情通报，蒋台海军有两艘大型军舰正向闽粤交界的海域驶来，其企图到我国沿海偷登袭扰，搞“心战”破坏活动，上级下达了预先号令，要部队立即进入一级战斗准备，命我负责海上统一指挥。我们进行了简单的战斗动员，作了战斗部署，上报了作战方案。在舰队批准作战方案后，凌晨，我和参谋长率艇队迅速到达预定的作战海区。这时已查明蒋台大型军舰，是美制“剑门号”与“章江号”。当敌舰距我艇队十多链时，敌舰向我编队盲目射击，并打照明弹。我便命我们高速护卫艇全速接敌，当接近敌舰二三链时，即向敌舰猛烈射击，并把敌队冲开。在未辨清哪艘是“剑门号”哪艘还是“章江号”时，我们艇队硬咬住其中一艘敌舰不放，坚决攻击，冲击距敌舰只有一二百米，看到敌人在“章江号”舰上乱跑。经六次反复冲击，“章江号”中弹起火爆炸，当即沉没。此时逃离到十几海里外的“剑门号”，还在等候“章江号”一起逃回台湾，岂知半小时后，在我高速护卫艇和鱼雷快艇协同攻击下连被命中三雷，仅12分钟就被我军一举击沉。这场海战，我俘敌“剑门号”中校舰长王韫山及中校参谋黄致君以及28名敌人。我们迎着初升的太阳胜利返航了。这场海战的胜利，是我们贯彻执行毛主席集中优势兵力、各个歼敌作战方针的胜利，是发扬我军近战、夜战优良传统的结果，也是小艇打大舰的一个著名战例。八·六海战，给台湾当局以沉重打击，从此以后敌舰艇再不敢到沿海来捣乱了。

我们人民海军是用毛泽东思想武装起来的，是战无不胜的英雄军队。在这次海战中，全体指战员显示出敢于斗争，敢于胜利，不怕牺牲，前赴后继的革命英雄主义精神，打出了国威军威。军委首长给了很高的评价，指出这次海战，打得英勇顽强，打得坚决干脆，是一场漂亮的海上歼灭战，也是海军近几年来最大的一次胜利。《沧海英雄》这本书，以文学手法真实而生动地再现八·六海战的战斗风云，高度颂扬我军英勇善战的战斗作风和革命英雄主义，看后给人以鼓舞和力量。因而，本书的价值是不言自明的。

这里值得指出的是，这部作品以八·六海战战斗英雄麦贤得为主人公，对其进行了精心刻画和生动的描绘，更具感人的典型意义。我军参战干部战士个个不怕苦不怕死，麦贤得是突出代表。当时他是入伍不久的611艇轮机兵，在战斗中头部受重伤，脑浆都流出来了，几次昏迷过去，但凭着保卫海疆的神圣责任感和坚强的革命意志，被炮声震醒过来后继续坚守战斗岗位，用手拧紧松动的螺丝钉，保证战艇主机的正常运转，咬牙坚持了三个多小时，直到战斗胜利结束才再次昏倒在艇上。麦贤得的英雄壮举和硬骨头精神，感动了参战的所有战友，通过媒体介绍也感动了全国亿万人民。他被国防部授予“战斗英雄”的光荣称号，受到毛主席和周总理的亲切接见，还受到邓小平同志和江泽民同志的多次接见，多位老帅也前来慰问，麦贤得成为全军全国人民学习的英雄人物。34年来，这位备受尊敬的英雄如何生活和工作呢？在这本书中，作者不仅详细地叙说了麦贤得身负重伤后如何经过四次大手术起死回生，在以后的岁月中如何身残志坚严守战斗岗位，做出了许许多多的贡献，一直保持着战斗英雄本色的传奇业绩，还同时采用倒叙的笔法，具体描述了麦贤得的成长过程、人生道路和思想基础。特别的是，书中下半部还用不少篇幅生动地描写麦贤得妻子李玉枝的高尚情操和模范事迹，向读者展示了这位美丽而贤惠的渔家女如何偏偏爱上重伤致残的麦贤得，如何为了照顾好这位英雄吃尽苦头、付出了一切，又如何费尽心思把两个子女培育成人、应征入伍，并成为受广大官兵和人民群众尊敬的模范军嫂。军委副主席迟浩田题词说：“无私无畏永保英雄本色　品德高尚堪称模范军嫂”，给予了很高的评价，并希望广大官兵向麦贤得和李玉枝同志学习。《沧海英雄》这本书的一个成功之处，正是真实塑造了这对英雄夫妻的崇高形象，生动描绘了这对英雄夫妻的高尚品德，从而为广大读者尤其青年读者提供了如何学习英雄、争当英雄，继承和发扬爱国主义精神的一部好读物、好教材。

作家王国梁撰写这部文学作品，是以八·六海战为题材，又以英雄麦贤得为主要人物展开的，我作为这场海战的参加者，尽管年岁已大，早已离休在家，但仍感触甚深，所以向作者介绍了当年这场海战的背景情况和作战经过。书中有些章节提到我，未免过奖了。这只不过是作为一个指挥员应尽的责任。八·六海战能大获全胜，应归功于党和人民，归功于我军各级指挥员的指挥艺术，归功于参战指战员的英勇作战。这里我还要特别说一句，当前李登辉鼓吹“两国论”，妄图把台湾从祖国分割出去，这罪恶图谋是永远不会得逞的。因而，此时编辑出版《沧海英雄》这本书，让天下的人们回首看看八·六海战风云，不难断定在威力无比、无坚不摧的中国人民解放军面前，李登辉这号玩火者的必然下场。

1999 年 9 月 18 日

序二：英雄的传奇与生活的教科书

何镇邦

（作者系原中国作家协会鲁迅文学院院长，著名文艺评论家）

34年前，在祖国东南海疆（准确地说，即在福建省东山岛海域东南方向约28海里处）发生了一次震动全国的海战——我英勇的人民海军用几艘小艇击沉了美制蒋舰“章江号”和“剑门号”两艘大型军舰，给气焰嚣张的蒋帮致命的一击，在人民海军的战史上书写了光辉的一页。更可歌可泣的是，在这个定名为八·六海战的战斗中，涌现了像麦贤得这样可敬可佩的英雄。当年这个入伍不久的611艇年轻轮机兵，在战斗中头部严重负伤昏迷后，竟凭着坚强的革命意志和保卫海疆的神圣责任感，在炮声震动中苏醒过来后，带伤坚持在战斗岗位，用手拧紧松动的螺丝钉，保证战艇的主机正常运转，直到战斗结束，取得胜利才再次昏迷过去。八·六海战结束之后，麦贤得的英雄事迹一时传遍全国，可以说达到全国上下妇孺皆知的地步。现在，34年的岁月逝去了，八·六海战的硝烟也早已消失了。当年的硬骨头英雄麦贤得和他的一家生活得怎么样？换句话说，这30多年来，麦贤得是怎样生活的？这恐怕是每一位当年关心过英雄、后来敬佩英雄的读者们所想了解的。幸好，广东汕头市的青年作家王国梁同志历时数年认真采访、写作而形成的长篇纪实文学《沧海英雄》在各有关方面的关怀支持下终于要和读者见面了。在这部40多万言的长篇纪实文学作品里，作者不仅详尽、生动地描述了麦贤得的成长和八·六海战的经过，让我们看到麦贤得是怎样成长为一位创造惊人英雄事迹的英雄，同时又描述了麦贤得负重伤后如何经过四次手术的抢救，夺回了生命，并在34年漫长岁月中作为一位严重的伤残者如何走过他的生活道路，尤其是在其妻子李玉枝的扶持下如何创造美好生活的。在这部传记性的长篇纪实文学作品里，作者展示的不仅是一位英雄传奇性的经历，更重要的是记录了一位英雄于平凡中见不平凡的人生轨迹。写出了麦贤得在成为一位重残的残疾人后，要保持英雄的本色，要过一个正常人的家庭生活所付出的代价，特别是他在“四人帮”肆虐时期被当作“假英雄”所受到的委屈和遭遇各种不公正的待遇时仍然坚持他作为一个英雄的本色，就更不容易了。当然，麦贤得的妻子李玉枝在近30年的岁月中所付出的一切，更是令人为之赞叹。总之，《沧海英雄》不仅是一部英雄的传奇，又是一本生活的教科书，它既写出了时代的风云，又展示了人性的美丽。读之，不仅让人感动，也使人颇受启发。这正是我作为这本书的最初读者要向广大读者郑重推荐它的重要原因。

《沧海英雄》分为上下两卷，就内容来说大致可以分为三大部分。

第一部分，即第一章《风雨中诞生》、第二章《小小打蚝船》、第三章《十八岁的心愿》、第四章《锻炼锻炼》等四章，写的是麦贤得的成长史，从他的出生、童年时代到参军入伍的经历。在这一部分里，作者对麦贤得的故乡汫洲湾自然风光和渔家风尚习俗的描写，对麦贤得的父亲麦阿记在“大盛号”上遇难情景的描写，对麦贤得母亲林呖这个渔家妇女在苦难中勇挑家庭重担的描写，等等，都是相当动人的，给人留下相当深刻的印象。当然，在这部分里，最重要的还是对麦贤得童年生活和青少年时代生活的描写，有些细节描写对刻画麦贤得倔强正直的性格起了重要的作用。例如在第二章的第四节“赶小海去”中写麦贤得同小伙伴们一起去赶小海，不小心脚底被牡蛎壳扎伤，划了一个两寸多长的口子，鲜血直流。他居然忍住疼痛，分了鱼虾回到家，拿起母亲缝衣服的针和线缝起了伤口。他像当年关云长剔骨疗毒那样，不打麻药忍痛缝了伤口。这个细节的描写很能表现麦贤得坚强的性格。没有这种从小的锻炼，哪来八·六海战中的英雄壮举！读这一部分，我以为作者无论是描写汫洲湾的风情，还是写少年麦贤得的成长，都是有较浓烈的文学色彩和地方色彩，同时读来比较感人。这一部分中，除了刻画少年麦贤得的鲜明形象外，麦贤得父母的形象、麦贤得哥哥麦贤庆的形象，也是比较鲜明突出的。当然，有些描写略扯得远些。

第二部分，即第五章《八·六海战》、第六章《死亡线上》、第七章《太幸福了》等三章，写的是八·六海战的战斗经过和麦贤得的英雄壮举，以及麦贤受伤后治疗的经过，以及得到从毛泽东主席到军委领导亲切接见，获得各种荣誉的情景。这一部分当属全书的主体，也是英雄麦贤得生命乐章的高潮。在这部分里，作者不仅通过反复深入的采访，生动地再现八·六海战壮烈的场面，谱写英雄的乐章，而且动了脑筋，以“萧小俏日记”的叙述形式，客观生动地描述了麦贤得同死神搏斗、死而复生的传奇经历。萧小俏是麦贤得被运到广州军区总医院进行抢救和治疗一年多中专门照顾麦贤得的特护小组护士，作者借她的日记，向读者描述了广州军区总医院医务人员抢救和治疗麦贤得头部重伤的经过，也向读者描述了麦贤得同死神斗争的历程。当然，也表达了医护人员的一股深情。我以为，这部分文字不仅是动人的，也是相当精彩的，因为它不仅描述了麦贤得在医院中几次昏迷几次手术的传奇经历，更重要的是表现出麦贤得那种和打敌舰一样英勇坚强的革命精神和革命意志，抒写了一种浓烈的无产阶级革命情谊。

第三部分，即第八章《红海湾姑娘》、第九章《家有贤妻》、第十章《天冷月更亮》、第十一章《港湾不平静》、第十二章《春暖花又开》、第十三章《护花使者》等六章，也即这部作品的下卷。这部分描述的是英雄在受伤后作为一名重残者和闻名全国的英雄人物于30多年的岁月中所走过的道路。在这里，作者不仅描述他的生活轨迹，写出他生活中的痛苦与欢乐，写出英雄的妻子李玉枝崇高的品德和行为，更重要的是，作者已经抹去英雄麦贤得头上的光环，把他作为一个普通的战士，一个重残者来写。在生活中，他同样要面对家庭婚姻中种种俗事，要面对生活中的欢乐与痛苦，要面对生活中的种种矛盾。而在当中，要保持一个英雄的本色，要排除种种困难，去缔造幸福的生活，就更不容易了，甚至可以这么说，这比八·六海战中忍着头部重伤坚持打敌舰还困难，还要经受更严峻的考验。作者在这部分于平凡中写出不平凡的日常生活，在描写中完成了麦贤得英雄形象的创造。在这里，作者叙述的重心已转移到麦贤得的妻子李玉枝身上，以相当浓厚的笔墨为我们创造了一个好军嫂的形象。这部分的文字，显得舒缩有致，有如如歌的行板，读来不仅能得到某种生活的启迪，也更能得到某种审美的愉悦。当然，作者如能集中笔墨对某些可以开掘的地方进行更深入的探索，当能取得更理想的艺术效果。

上面，我对《沧海英雄》一书做了点很随意的点评。这种看来有点像对中学生进行作品分析似的点评，放在一篇重要作品的序文中，是否有点不大相称，我也有点担心。但是，面对这么一部写得很朴素很本色的作品，我似乎想不出更好的评述方式。只好如此吧！

据我所知，这本书的作者王国梁乃英雄麦贤得的小同乡，即广东省饶平县人，年届不惑，在当了一阵基层干部后转做文字工作，已有一些作品行于世。我从他这部历时数年深入采访和认真写出的作品中，可以看出他还是具有相当的文学创作潜质的。我喜欢他那种把潮汕方言加以提炼的叙述语言，也赞赏他对某些细节描写渲染的技巧，当然，也肯定他对重大题材的驾驭能力。我想，如能进一步开阔艺术视野，加强艺术实践，王国梁同志将能写出更好的文学作品来。

不久前，王国梁同志携书稿来京，给我先睹为快的机会，并希望我能写点东西置于此书的卷首。盛情难却，遂写了这些读后感，权当序言，同书一起献给广大的读者。

1999年8月10日
于北京亚运村

上卷

引　子

1

“哒、哒、哒……”香港回归倒计时的秒针一声声把国人敲得心花怒放，心跳加快：快了，快了，离开百年的香港要回归祖国的怀抱了！

这时候，在祖国南海之滨的汕头港湾上，一辆银灰色的三菱小轿车载着麦副司令员夫妇，迎着清爽的海风，跨过了腾空飞架的海湾大桥，一直开往宕石军港……

今天，人民解放军驻港部队舰艇大队将要离开汕头港，去接受共和国赋予的神圣使命！这是一个气势雄壮的场面，亿万人民在电视机前注视着这一场面！

此时的麦贤得心里很不平静，似南海波涛一样汹涌澎湃。前面就是军港了，军港里面就是他熟悉的心爱的战艇了，战艇里面有可爱的水兵，水兵里面有他亲爱的儿子——在以自己特殊的、孩子难以接受的形式关怀下长大了的儿子。这几年他身体越来越好了，一对儿女对他的尊敬，妻子对他的体贴，让他真正感到家庭的温馨、妻儿的可爱。没有党和国家的关怀，没有妻子和儿女对他的关心照顾，他或许早已到马克思那里报到了。说心里话，他当年在八·六海战中仅仅尽了一个战士舍身卫国的责任，党和国家就给了他那么高的荣誉。30 多年来，毛泽东主席、周恩来总理、邓小平生前曾经亲切会见他，江泽民主席先后六次会见他，还有多位元帅和各级首长都接见他、探望他、关心他，他确实万分感激。但他战伤了，身体不好，不能上战艇为国效劳。儿子长大了，就送他当水兵去，接过自己的枪杆子，代父上战艇，了却自己的心愿也了却儿子的心愿。但还不够，儿子是麦贤得的儿子，要干出一点颜色出来！是的，儿子为他争气了，4 年前入伍读军校，仅一年多就凭自己的努力入党，毕业后分配到驻港部队的战艇，也跟他当年一样日夜在风里浪里滚打。去年 9 月，还在抗击台风中立了三等功！“驻港部队”是一个光荣的名字啊，海斌呀，你要为父母争气，你要为中国人民争气，责任重啊！

麦贤得望着战艇上猎猎飘扬的五星红旗，眼睛更亮了。他侧脸问坐在身边的妻子："阿枝，见到阿斌，你知道我要说什么?"

"你说什么?"李玉枝也沉浸在兴奋之中，"你就——"

"别讲，别讲，我知道说什么!"一贯争强好胜的麦贤得真的心中已有数了，他不准备多讲，他就讲一句话……

忽然，一阵嘹亮的歌声飞来了——

……
万山群岛留英名，
八·六海战建奇功。
驻守在东方名城，
不负神圣的使命。
今天我们满怀豪情，
踏上新的征程。
……

战艇上的高音喇叭传来了《人民解放军驻港部队舰艇大队军歌》，这威武雄壮的歌声，响彻海湾，在人们心中回荡!

麦海斌见父亲走过来了，就尊敬地向父亲行了一个庄严的军礼……

麦贤得迈着军人特有的步伐走到队伍中一个年轻战士面前，那战士太像麦贤得了，坚毅的脸庞，威武的身躯，一股英气布满眉眼——他就是麦海斌。他见父亲走过来了，就尊敬地迈前一步，向尊敬的父亲行了一个庄严的军礼。闪光灯阵阵闪亮，记者们逮住了这难得的镜头。

“海斌!”爸爸亲昵而威严地叫唤着儿子的名字。

“爸爸。”海斌睁着睿智而明亮的大眼睛，期望爸爸临别给他教导。

“海斌，记住，祖国——祖国!”

啊，祖国！回收香港主权，是洗尽国耻，洗尽民族英雄林则徐为之痛心疾首的国耻，亿万炎黄子孙为之痛心疾首的国耻！爸爸因战伤语言还有障碍，话语不多。但这简单的两个字，透露出一位人民海军老兵藏在心头的千言万语啊!

麦海斌眼眶湿润了。他知道他的责任，他用劲地点点头：“爸爸，请您放心吧!”

麦贤得微笑着点点头，那双深邃而明亮的眼睛亲昵地望着儿子，又缓缓地移往自己心爱的战艇，移往碧波汹涌的无垠的大海……他的思绪也好似飞回到那遥远的生他养他的童年的大海——汫洲湾。

2

汫洲湾，古称瀛洲，与隔海相望的蓬莱山是传说中南海著名的仙境。不知何年何月，观音娘娘那双丹凤慧眼选中这处佳境，恐怕谁也无从知道了。

您要知其然，最好往汫洲湾走一走。

当然，您来的时候，最好是选择秋高气爽的季节，最好走的是水路。您倘若从京城出发，当您张开白帆，迎着波浪，船儿穿过渤海、黄海、东海之后，到达南粤海面，迎头便是古港柘林湾了。这时，您可要轻轻收拢白帆，让船儿款款而行。因为波光旖旎的汫洲湾将出现在您的眼前了。啊，大门，映入您眼帘的就是大门！那东边怪石嶙峋的马头山，西边那绿树蓊郁的风月山，遥看宛若两根大门柱拱立，像海湾的大门，故称“大门”。“大门”的南侧海面兀自冒出两片青山，含青含碧的，东边是汛洲岛的象鼻山，西南面是海山岛的狮仔山，又形成两根小巧玲珑的门柱，故又称为“小门”。船儿继续往前开去，哎唷，这会儿，您两眼定当充满秀色的：眼前凭地竖起三座笔架峰般的三屿，耸立在水平似镜的汫洲湾口，似三位忠于职守的把门将军一样。再往前驶去，海面上出现千屿万屿，形成了一道道雪亮的门柱，遥望去，宛若千门万门。有人细数，正好是三百个门，故又称为“三百门”。三百门里面更是一个不平静的神奇世界。据说里面“石鸡啼、石狗吠、石帽飞”。阳光柔和、薄雾如纱、浪花灿烂、海鸥低翔、大雁高飞、鱼弋水面、涛声如笙如琴……这样的人间佳景，连仙风道骨的观世音也被迷住了。您难道不会动心么？

据说，南海观音成仙之时，为了选择栖身之地，也颇费了一番心思呢。她曾周游四海，实地勘探了一番。她不喜欢渤海和黄海，因为渤海为黄河的出海口，黄河之水并非天上来，而是流淌过西北的黄土高原，于是水黄且浊，把原来湛蓝的海水也掺搅得混浊不清了。这对生性极喜素洁的观音娘娘来说，她便敬而远之；她不喜欢东海，因为东海乃长江出海口，长年江水哗哗，白浪滔天，虽然豪壮却缺乏宁静致远；她不喜欢北海，因为那北部湾论山青论水绿论空气清新也不比南海逊色多少，只是那里冬短夏长，气温较高，一不小心，就弄得她香汗浃背，于是她便选择了南海。这苍茫南海，千屿万屿，数幽雅首推汫洲湾。因为汫洲湾并没有大江大河的出海口，只有一道涓涓的细流从闽粤边界的崇山峻岭中流出，那峰峦叠嶂、奇峰异石挡住肆意作虐的东北风，宽广的“三百门”海面迎纳着徐徐吹来的夏日南风。汫洲湾里，四季如春，佳木竞秀，鸣雀喧林，正是一个久居栖息的好去处呢。

观音菩萨一住下来，把个汫洲湾也福荫得人丁兴旺的。汫洲人知恩图报，弟子们生活宽裕了，便大兴土木，筑建起一座赫赫的“瀛洲大庙”，供奉着盘膝而坐笑容可掬的观音娘娘，四时纳拜，香火甚旺。

久而久之，里面便供奉了七位圣母，称为“七圣夫人”。斗转星移，汫洲湾人丁日益兴旺，渐渐便聚居了二十一姓人家，于是便央请圣母娘娘们做个明确的分工。除观音娘娘管全面外，其余七位圣母分工为：第一圣夫人管林、陈、蔡；第二圣夫人管麦、毛、柯；第三圣夫人管钟、刘、黄……每年的正月游神，各姓人家便抬着各自的圣母娘娘，敲锣打鼓、吹箫摇琴、穿街过巷地游荡。年复一年，游来游去，真是把个汫洲湾游得沸沸扬扬的。百姓人家，蛰居在这圣母娘娘的祥光之下，真是乐不可支。

3

汫洲湾人家，世代以捕鱼打蚝为业。旧时的大海，给他们幸福和欢乐，也给他们灾害和悲凉。有诗为证：

> 小船驶向七洲洋，回头不见我家乡。
> 是好是劫全由命，未知何日见爹娘？

明末年间，汫洲湾从毗邻的高堂乡引进了制作红头船的技术。这“红头船”船身数十丈，大的水位近百吨，小的也有一二十吨。船身大，在海上颠簸，尽管遇上风浪，也难翻覆。于是渔家们节衣缩食，省吃俭用，合股购置。没几年，整个泔洲湾就拥有一二百艘“红头船”了。

泔洲湾的红头船，船头刷红漆，盖盅压上一块大三角形的红布作标志。为了防海盗和倭寇，船里都备有土炮。船出海，至少三艘同行，海上遇难，互为接应。泔洲湾人，素讲仁义，性颇豪爽且也凶猛。茫茫大海，不管何处何方何乡何里何家的渔船遇难，必定冒死相救，故泔洲湾的红头船素有“南海侠士”之称。

红头船因大且具有自卫能力，除捕鱼外，常被潮汕商贾争相雇为载货之舟。因而，泔洲湾的红头船生意便日益红火起来。时而从泔洲湾驶往樟林古港，载着沿千里韩江顺流而来的江西内地的瓷器等土特产，开往新加坡、暹罗、香港等地；又从海上载洋油、洋火、洋面回来。若遇上海盗倭寇，数艘渔船结伴自卫，土炮齐鸣，火力倒也不弱。于是，一般的海盗和倭寇便不敢贸然欺侮这泔洲湾的红头船了。

而这红头船，也曾载着一批批在潮汕大地中穷途潦倒的饥民往海外谋生。泔洲湾的渔民，望着汪汪苦泪、相泣而别的同胞，也跟着悲肠寸断。有方言诗为证：

天顶飞雁鹅，收拾包裹过暹罗。
海水迢迢，莫怨我梟。
妻儿放掉，无奈家硗。
天顶飞雁鹅，红头船哟载我过暹罗。
人说外洋钱易赚，做人苦力苦处多。
想要写信回唐山，笔子提起目汁落。
老婆在家怎度日？老母病重怎奈何？
仔儿无粮怎抚养？心头好似海扬波。
想来想去难下笔，信纸白白个字无。

近百年来，潮汕贫苦农家，抛妻弃儿，乘着泔洲湾的红头船出洋谋生的，谁知多少？

红头船枋上，那斑斑驳驳的痕迹，是海水镂划的么？是雨水洒打的么？泔洲湾的舵公愤慨道，不是，是潮汕百万游子的汩汩苦泪啊！

泔洲湾的红头船，发展到抗日战争前夕，已有三百多艘了。沿海渔村的人们皆刮目相看。由于泔洲湾人家团结一致，群雄逐起的海盗还得巴结这“南海侠士”，图个栖身之地。乡里主事者认为，所谓盗，乃穷途末路者之所为也。于是便生了怜悯之心，立了个规矩，凡到泔洲湾栖息之海盗，不能在乡里逞能闹事，更不能扰民。于是便有各路海盗汇集于乡里。他们晨起骑马操练，真也不敢扰民滋事，遇有倭寇欺凌渔民，也结船而出，痛击一番。太平洋战争爆发，日本鬼子占领东南沿海渔村。一日，日寇耀武扬威，十多艘战艇气势汹汹地驶进洴洲湾。他们企图刹一刹这所谓“南海侠士”的威风。当战艇进入“三百门”时，忽然，轰，轰，轰……万炮齐轰，日艇瞬时被轰得冒着浓烟，远遁海山海面。倭寇晕头转向，忖度着：莫非碰上苏联红军的大舰队了！正在喘息发呆之机，忽见洴洲湾方向浩浩荡荡地飞追来百几艘红头船，日寇大骇，慌忙加大发动机的马力，一溜烟便逃往太平洋。边跑边破口大骂：“洴洲湾，八格牙鲁！”

……

这就是洴洲湾！这就是洴洲湾人家！

在这秀丽的海湾上，在这强悍的海浪中，在这豪侠的渔家里孕育了一代代英勇而善良的子民。而最值得骄傲的是——孕育了一位中国现代史上著名的海上战斗英雄——麦贤得！

第一章

风雨中诞生

一、牵肠挂肚望夫归

1

“泍洲嫂，肚里那个小东西临月了吗？”村口管店的肥姆关切地问。她抬起浑圆的肥臀，半站起来，露出了那张酱红色的长条凳子。

“大姆，按理该在这几天出世了。”从泍洲湾来的林呖把沉重的货担搁在海山岛浮任村口肥姆的铺前，觉得浑身燠热，摘下头上的竹笠，一个劲地扇风。

“来，喝杯梅子水，解解渴。”肥姆递过一个冒气的竹节碗，“唉，俺当女人的，就是命苦。男人出海去，食鱼食蟹，回来双脚也没洗，就猴样猴相的，然后又匆匆出海去。而女人觉得肚子越来越沉，便一个一个地拉下来。俗话说，可以少收一斗，孬多添一口。多添一张小口，要吃要穿要戴，终日里忙得你嘴乌鼻歪。像你，婆婆又是缠脚的，要带阿金，又要带阿庆，几天又要拉下一个，你还能走街串巷？”

肥姆吱喳个没停。

“大姆，这都怪俺女人命苦，前世没往送子娘娘家送礼，被捏少了一柄小瓷罐。不然，我们当男人也能下海，也把孩子撇下给别的女人。”

“嘎嘎嘎……”肥姆被逗乐了，“泍洲嫂，你真会说笑话。我们变成男人，不是一些人变成女人，反正天下总要有女人嘛。”

“唉！”林呖长叹一声，“阿姆，其实男人也活得不容易。你瞧，阿庆他爸，风里来雨里去，一年三百六十日，哪天有得闲？这次出海去香港已二十多天了，还没回来。往时，不消半个月就跑来回。我晚上躺下，就心惊肉跳的。”林呖长叹一声，眼眶似乎有些发红了。是呀，行船跑马三分命。丈夫每次出海，她的心就悬着。这次孩子他爸出海时，她还高兴地告诉他，你归帆时，就在家坐六七天，孩子就要出世了。林呖还悄悄告诉丈夫，肚里在蠕动的小东西，很调皮捣蛋，时不时就踢她的肚皮，看样子，是男孩。丈夫麦阿记傻乎乎地笑了笑：“那好，又添了一根香火啦。”

“泍洲嫂，这些天海上无甚大风浪，看来没甚大事的，你别太心焦了。再说，你公祖行善积德，妈祖会保佑他平安的。”坐下去的肥姆又挪了挪屁股，让出长凳的一截，招呼林呖坐下。又道：“泍洲嫂，你也临产了，就别出门磨命了。生产时，阿庆没人带，我把他带过来。”

“多谢阿姆，我婆婆行走不便，但他外婆很疼他。他有时也就溜过去。”

说完，林呖擦擦汗，又挑起货担，一路叫卖去：“红杨梅哟、红薯莨哟、换虾米……”

肥姆望着渐渐消失在小巷那边的林呖那高大而强壮的背影，赞叹道：“唉，麦阿记真有福分，娶上这勤快的女人……”

2

“阿金，你带阿庆，到门口看看皇姑潭那边有船来没有？”

林呖躺在床上，焦虑地支使着侄子和大儿子。

“哎。”九岁的阿金应了一声，就牵着弟弟的小手出门去，噔噔地沿着鹅卵石路朝着海边走去。不远处，便是那湛蓝湛蓝的皇姑潭。从香港回来的大船就从那儿入港的。已半个多月没见阿爸了，麦阿庆心里也觉得不是滋味。四五天来，他见临产的母亲长吁短叹，心里就知道阿妈一定是想阿爸了。因为他知道阿妈是很坚强的，从没见她流过泪。这四五天来，她却老是惦念着父亲。听母亲说，父亲平时载货往香港，来回只有六七天，可是这一回却不一样了，一去半个多月，又没音没信的。阿庆被母亲焦灼的眼光烘慌了，时不时就跟着堂兄一同往海边去。他瞪圆那双又圆又大的双眼皮的黑眼睛，看着大海，久久不转睛。他希望猛然间皇姑潭那边浮出一个黑点，越来越大，然后就见有一群大人。高呼着——俺回来了！那站在船头的就是阿爸。

“嗒嗒嗒”，忽然，猛觉脖子有些冰凉——下雨了。阿庆定了定神，知是幻觉。大风卷来了，海浪一个高过一个。

“弟弟，回家吧，天黑了，爸爸明天才会回来。”阿金哄着弟弟，拉着他的小手，觉得冷冰冰的，便拉着他直往家里跑。

阿庆不情愿地扭回头，望着布满雨柱的皇姑潭：“我要等阿爸，我要等阿爸！”

“快跑。”阿金嚷着，他不容阿庆撒野，直拖着他飞跑。雨点越来越大，他俩头发都湿透了。

一阵急跑，闯进了家门。一股强风也呼地卷进门去。

“阿庆，阿金，有消息吗？”腆着大肚子的母亲打了个冷战，翻个身，脸朝门外，瞧着两个像刚刚从水里捞上来的小家伙，焦急地追问着，又怜爱地嗔道，“还不换衣服去，一对笨蛋！”

二、流星飞过，祸兮福兮？

1

公元1946年2月1日傍晚。

“哇，流星，快看流星哟，多亮！”泮洲村口一群孩子，在寨埕上惊奇地呼叫着。

“吱呀，”麦家的大门吹开了，一股强风直钻进来，门外如同白昼。“阿金，快把门关上。”奶奶招呼着阿金。

“嗡嗷，嗡嗷……”一声婴儿的啼叫。

“巧姆，顺顺吗？”奶奶望着从眠床边走过来的接生婆巧姆。

“清水，清水。”巧姆一边举着湿淋淋的双手，一边招呼奶奶。

奶奶急忙端过一盆清水。巧姆边洗手边报喜道：“男的，比当年阿庆还大还重，眉毛如双星剑，鼻大嘴阔，将来会发达的。”

奶奶高兴得嘴咧开：“阿金，甜？端给阿姆吃，吃暖。”

阿金小手端过刚才奶奶已装好的一竹节碗甜蛋，里面有两颗红皮鸡蛋，香喷喷的。

“美婶，刚才孩子刚出世时，大门怎的自动打开，门外光亮光亮的，叫嚷什么？”巧姆边吃边问。

“阿庆，我们瞧瞧去。”好动的阿金招呼着已钻往眠床里看弟弟的阿庆。

“哎。”阿庆应了一声，就溜下床，跟着阿金窜出门去。

不一会，两人又溜回来：“奶奶，听阿发说，刚才有一颗流星，从我们屋顶飞过，村子很亮很亮的！”

巧姆停下筷，老脸倏地露出喜色：“美婶，大富大贵啊！这孩子可要好好抚育，日后一定成大器的。”

儿子顺顺出世了，吃奶很有劲，一双小脚像鼓槌一样，敲下眠床板像敲响鼓一般。会哭，嘴抿开，嘴角翘翘的，真讨人爱。林呖越端详越疼惜，有时轻轻亲了亲他的小脸蛋。奶奶阻挡说，不能亲，小脸蛋嫩，亲后要生油渣儿。

孩子顺顺出世了，但悬在林呖心头的，搅得她坐卧不安的是丈夫出海近二十天了还没消息！

这天午后，奶奶又去找瞎子鲎叔了。

林呖刚哄婴儿睡去，自己半睡半醒。

门“吱呀”一声开了。

“阿妈，阿妈，外婆来看你和弟弟了。”

阿庆的小手被外婆牵住，边走进门边叫着。

“嗡嗽，嗡嗽……”床上的小婴儿被吵醒了，“咚咚、咚咚咚”时不时传来阵阵的眠床鼓声。

麦贤得和他的母亲在故居

“嗯，”林呖道，“只是好哭，昨晚到今日，睡不上两个时辰，一睁眼就哭，那双小脚打眠床鼓，打得后脚卵红红的。”

唉，也难怪，出世还没见父亲，父亲生死未卜，父子血脉相连，不哭才怪呢！外婆心里说着，口中劝林呖道：“阿呖，你月内就别想那么多，你家公祖世代积善，阿记一定会平安归来的，你叔叔兄弟已出海四处寻找了。”

“阿妈，阿妈，”林呖的弟弟林汉虎闯进门来，“阿妈，三叔叫你回家，他出海要带些零用钱。”“好，我就去。”

“吱呀”门开了。

细舅回头一瞧，见是姐姐的婆婆，便尊敬地招呼：“阿奶。”

“哟，是细舅。你妈没空来？”

“不，”细舅道，“我妈来后走了，家里有事。”

“娘，”林呖等不住了，“鲎叔公怎么说的？”

“唉，鲎叔公被山家人请出门了，没在家，我等了半天，他儿子说，恐今晚才能回家，日色已晚了，我就回来。”

林呖的心又悬起来：“娘，外面海风大不大？”

“中中，小树腰被吹弯了，小船不敢出海。”奶奶说完，脸侧一边去，约摸在掉泪。

林呖的娘家是汫洲湾一户普普通通的捕鱼世家。

林家先祖并未出过达官显贵。但林太公为人爽直、忠厚、有气度。膝下生有五子，皆是沿海捕捞好把式。林太公仙逝时，他的五个儿子都已成婚了，祖孙三代三十多个丁口。太公祭日刚过，大儿子林丁乙怕人多话多，他这做长子的难以主意断事，便把众位兄弟召至厅堂，提出“树大分枝，子大分家”的道理。但是说来也怪，众兄弟都不忍心分家，他们都发自内心表态，大兄大嫂主事公道，怜弟惜侄，有大哥掌舵，其乐融融。众人皆不愿分家。无奈，林丁乙只得行使无父兄为长之责。林丁乙死后，二弟阿柴便继承大兄职责，但内务仍由大嫂主理。

这日，林阿柴把众位兄弟和侄子叫到跟前。问道：“兄弟，侄儿，近日阿记有没有音讯?”“二兄，”四弟林义镇道，“我托大房的三叔船队沿汕尾湾搜去，三天了，仍没有音讯呢。”

“二哥，我找那天一同出海的麦家平七兄弟船，他们说在香港的天津药行还碰上阿记。他们船一同启帆，那天半夜，突然一阵飓风，他们的桅杆也摇晃不停，帆布几乎被扯裂，但一阵风过去，又平静了。在海上，这样的事情经常发生，就是没想到‘大盛号’会出事，一连半月，船还无归。麦厝叔公也命麦家平他们寻找去了。”五弟林阿歪感慨地说。

“唉——”林阿柴长叹一声，“阿呖前两天生了个男丁。这孩子一出世父亲就没踪没影了。是苦命仔还是日后发达的孩子，难说！你们知道，阿呖是个倔强的女人，在娘家从没哭过鼻子，这回，我听大嫂讲，她整日唉声叹气，眼圈红红的……”

“二兄，”四弟道，“麦家这几年破落太惨了，就剩阿记这个，不管如何，我们一定要想法搭救啊!”

“我知道，只是这滔滔大海，无边无界，几只小船出去，真是大海捞针呐!”

“不，二兄，”五弟接住二哥的话头。他长年走外洋，对海洋还颇了解，“据麦家平讲，他们从香港回来的当晚，就碰上飓风，说明大船还走出香港湾不远，这个季节刚好刮的是东北风，若船桅被刮断，那么大船一定向西南方向漂去。已十多天了，看来已‘落溜’漂向外零丁洋去了……”三弟说完狠狠地抽了一口香烟。

林阿柴听到这里，眼睛一亮：“你的意思?”

“二哥，不管如何，我们向麦厝大房借红头船、借用帆船，全洴洲数他船大、新，趁近日顺风直往外零丁洋开去……”

“好，就这么定了!”林阿柴一锤定音。

三弟便拔腿出门找麦厝借船了。

其余兄弟侄儿十多人，准备着出海的家什用物。

“柴兄，柴兄，”大门外传来一位老者的叫喊声。

林阿柴望去，只见一个满头银发的老者，拄着拐杖，颤巍巍地走来：“柴兄，听说你们要去搭救阿记，我孙子邱溪兴就在同一船上，我没什么，这里一把老菜脯，你带着，船上用。”邱老爹沙哑地道。

看来邱老爹这几天暗自哭得失声了。泪也流完了，只见眼睛红红的，因惊恐，瞳仁缩小得像两粒失色的蚬米。本来瘦削的脸颊凹得更深了。

“邱老爹，天意的事，你可别伤心过度，保重、保重！”林阿柴安慰着。

其实，都是讨海人，这大船出海，超期十多天无音无讯，意味着什么，谁心里都明白。

一会儿，那些同船未归的亲人，探知林阿柴要借船到外零丁洋寻侄婿，皆蜂拥而来，有男人的出人，无男人的送物。一时林宅闹哄哄的。

2

瀛洲大庙位于汫洲古街道。卖鱼的、卖肉的、卖菜的，挤满一街。叫卖声、讲价声，此起彼伏。

“瀛洲大庙”四个烫金大字，据说为潮州书法家吴殿拜所书。该庙建于何年已无史可考。民国辛酉年（1921 年）重修，里面供奉着“三山国王”“七圣夫人”金身。大庙古朴壮观，香火甚旺。凡生男孩，必备三牲果品，前来拜圣。

因婴儿出世，流星冲过，巧姆说大吉之兆，而吉未见到，其父却出海渺渺无归。奶奶心内就打着小九九。这流星，她真祈望是大吉之星呐！按理，男婴出世，“拜圣”的是正月十五，但婆婆按捺不住，择了个吉日良辰，备了三牲发果，便来到瀛洲大庙“拜圣”。

“奶奶，”只见阿金和阿庆手牵手走进大庙门口，“阿弟哭不停，双脚卵打鼓打出血来了。”

“知道，”奶奶应道，“我就回去。”

报了信，阿金牵着阿庆，拔腿就走。

奶奶收拾了供品，心头还是沉甸甸的。昨天上门请瞎子鲎叔卜了个卦，得了九天圣母灵签是七十签：“塞翁失马，中平之卦。”诗曰：“可比当年一塞翁，虽然失马半途中，不知祸福真可事，到底方明事始终。”鲎叔说，事未分晓，吉凶需到年底方明分晓，要诚心多求神明保佑，方无大碍，可逢凶化吉。

奶奶心头一酸，老泪纵流，一颤一颤地回家去。

3

夜深沉，月淡星稀，海风呼啸。

“大盛号”似乎不知疲倦地颠簸着漂去，被犁开的两道白色的波涛在淡淡的星光照耀下，显得十分好看。

大船里十三人，横七竖八地倒下七人了。

第一个倒下去的是货主纪泽京。

他先昏眩，然后干呕：“啊——啊——”那可怜相，真像要把肚肠呕出来的样子。然后，泪水鼻涕四流。只听他长叹一声，那只无力的右手直指往舱外，口若游丝道：“记兄……记兄…”倚在船舱口的麦二弟一听，就走往船头，轻拍着麦阿记的肩膀：“记叔，记叔，货主叫你。”

麦阿记把位子挪给麦二弟，叮咛道：“小心，莫打瞌睡，船头朝直。”说完，拖着沉重的双腿朝船舱走去。

“记兄……记兄……”已像一摊软泥一样斜躺在船舱一角的纪泽京，见麦阿记走进来，递过一张信纸，竭尽最后一口力气，声音微微地道，“记兄……你若能回去，劳驾你……你转给我……我老婆……”说完便昏迷过去了。

“记叔，记叔，老盛叔他……”负责服侍麦老盛的阿龟惊叫着。

麦阿记走过船舱那边，只见刚才还喘大气的麦老盛双目合上，昏迷过去了。他双手摸摸他的鼻头，还有气，便叮咛阿龟：“注意别俯卧，双手别压胸。”

“啊……”麦阿记的话音未落，只见阿龟也仰头大呕。因肚饥头昏，昏迷之前，必大呕。麦阿记急忙把他扶起，但阿龟已全身无力地躺在麦老盛的身边了。

“哇——”

“哇——”

船舱里，连锁反应，不一会，又躺倒了几个人。

麦阿记凭着舱口射进来的星光，环望船舱一遭，不禁凛然：船舱里已没一个清醒的人了，都倒下去了。

他摸着船舱墙板，拖着沉重的双腿，朝船舱外走去，只觉脚底踩着湿渣渣的东西。他知道这是船工们呕出来的污秽之物。船舱里酸臭之气难闻。他走了出去。

“记叔，他们没事吗?”麦二弟双手掌着舵牙，焦急地问。

“都倒下去了。”麦阿记边说边走近麦二弟身边，不觉头脑一阵昏眩，一个踉跄，险些跌进海里。

“记叔!”麦二弟急忙伸手扶住麦阿记。

“二弟，”麦阿记平静而无力地道，“看来，我也不行了，全船数你年轻，体格好。你能挺住，千万要掌住舵牙，往直线漂，若两天内能碰上海上兄弟船，我们还有救。这是货主给他妻子的信，你拿回去代转。”

麦阿记又一阵昏眩，“哇——”他呕吐了。

“记叔，记叔!”麦二弟把记叔拉过身边，扶他躺下，头枕在自己的大腿上。

“侄儿，阿叔命苦。你叔公刚死两年，你大伯也死了，料不到，厄运又落在阿叔头上。只可怜你婶子，要带阿庆，近日又生产了，恐也是男娃，还有你婶婆，你若能归家，你就代我向阿婆、你婶子、弟弟说不是阿记狠心撒手离去，只是老天不公，老天不……不公……”说完便昏迷过去。

“记叔，记叔啊——”麦二弟高声呼唤着。呼喊声在海空上久久回响。

但这声音并没震慑住汹涌的波浪，没能震慑住凶狠的东北风，大船还是一个劲地向北海漂去……

大船后面的浪花，在星光的照耀下闪闪烁烁，像狰狞的魔鬼那阴霾的笑靥。

三、疍家船父女

1

“若霞，若霞，起床，快起床。”

伍阿六轻轻扣着船舱里房的墙板，催促着还在梦乡里的女儿。

“细毛，快烧水，你姐要起床了，快。”伍阿六回头又催着十二岁的儿子细毛。

细毛早睡早起。父亲、姐姐捕鱼撒网；煮食洗碗添水加薪火，都是细毛的事。

“啊哈——”伍若霞打了一个哈欠，闺门吱呀一声打开了，“阿爸，怎的这么早就催我醒，有什么好行情?”

伍若霞今年已十八岁，正是黄花闺女，也是船上的主力。

说话间，其他船工也起床了。“快起锚，一边走，一边吃饭。”伍阿六不容分说，自家弯腰摇转了锚索盘起了锚。然后把帆张开，舵牙一摆，船便脱离港湾，徐徐开出海面。

“阿爸，今早有什么急事?”伍若霞惘然不解，边洗脸边问。

“快回房打扮，听话。”

伍若霞见阿爸今天有点古里古怪的，也不多问，回房去。

“细毛，细毛，饭熟了，多烧几锅开水。”

“阿爸，我们又不杀猪，要那么多开水干嘛?”细毛也诧异不解。

“别多嘴，阿爸叫你烧就烧。今天要注意海面，有行情!”

姐弟俩摸透阿爸的怪癖——他喜欢做梦，梦里应验的很多。姐弟俩揣摸阿爸昨晚不知道又做了啥怪梦，不敢问，只得懵懂地听他摆布。

“阿爸，你歇歇，我来。”伍若霞已装扮成一个假小子，长发拢成一团，藏进一顶深红色的帽子里面，穿着染薯莨的阔荡荡的风衣和宽阔的长裤，要不是海风正面吹来，把那薄衫吹贴身子，那丰满的双峰有力地高耸在胸前，谁都会误认她是一个体格强壮的英俊小子。但细心的小伙子只要瞧上她那湖水般明亮的大眼睛，那隐隐散发出来的少女的青春气味，就知道她是假小子!

大家粗粗吃了早饭，大船便起帆了。

这是一艘长年在海上飘荡的疍家船。沿海人称疍家船为“家眷船”。疍家族是我国南疆百越遗族的一支。疍家人“以舟为室，视水如陆，浮生江海”。疍家人世代不参与科举，皆目不识丁，但都为人豪爽，海上遇险，划船相助，于是沿海人家对其十分相敬。北宋苏东坡自昌化军移广州曾乘疍家船渡海。秦少游谪雷州曾赋诗《海康之事》描绘疍家海上生活，曰:“合浦古珠池，一熟胎如山。试问池边疍，云今等年闲。室无明月珍，转从溟勃间。何关二千面，时至自当还。”疍家风俗，从不与陆上人家通婚，而水上生活，生儿育女较陆上艰难，于是疍族繁衍缓慢。至近代，有的已不遵先古之训，合家上陆与汉人承祖融化去，这“家眷船”越来越少了。

几年来，伍阿六有一块心病。他年已近六旬，儿子细毛还未成人，如果若霞近年被别的家眷船娶去，那么父老仔幼，一旦自己有三长两短，细毛如何料理船事，唉!

“细毛，花有没有浇水?”忙碌中，伍阿六从不忘记督促细毛给船头的百日红淋水。

疍家风俗，有男未娶，则置盆草于船梢。有女未聘，则置盆花于船梢。这是疍家内部约定俗成的族规。

帆船从雷州方向出发，本是顶头风，但由于清晨，东北风未起，白帆一张，便箭也似地朝北飞驰而去。

2

大船“哗哗哗”地向前驶去。大海，太辽阔了。太阳在东面的地平线上升起来了，很大很大，一半在水里，一半在空中，金光耀眼。

“啊，姐姐！真美，真美丽啊，太阳！”细毛喝彩着。

“弟弟，等到将来，我能上陆去，我送你上学，你会变成一个诗人的。”若霞感慨道。

“啊，姐姐，前面有个黑点。”细毛惊奇地嚷道。

若霞抬眼望去，一会儿，只见她摇摇头道：“那是川岛外的龙屿！”

细毛眺望了一会儿，点点头，他真佩服姐姐的眼力。

四个时辰过去了，已是晌午，他们的大船已来到外零丁洋了。

“细毛，煮饭。”阿爸道。

细毛烧起灶火，一团白烟冲天而起。

大船进入外零丁洋，太阳西斜了。西边花团锦簇般的红云，向他们上空翻滚过来，几只海鸟在长空中翱翔。

此时，霞光万丈，从西北向东南照去，波光粼粼，五光十色，缤纷灿烂。这万丈霞光，照往一望无际的海面，真如明镜般的平湖。海中哪岛哪屿，一望分明。

姐弟俩两双锐利的眼睛，借着霞光，从近到远，从左向右，从远至近，从右至左，似扫描灯一样，探索着。

“啊，姐姐，姐姐，快看，那边有白点，有乌烟。漂来，漂来了！”

姐姐顺着弟弟手指着的方向望去：啊，真的，那东西在霞光的照耀下，原来那红红、黑黑的船身，却反射成白色，而且依稀中白点上空有一团淡淡的黑烟，直往他们方向漂来。

“快快，”伍阿六睁开老花眼，也隐约中发现了，“若霞，备好船缆，备好船缆！海难，救人！”

伍阿六全神贯注，掌好舵牙，大船便朝着上面漂来的白点飞驰而去。

上面的船顺风漂下来，下面的船扬帆驶上去。不一会，那白点已露出大船的轮廓了。渐渐地，船的颜色也露出端倪：油漆红色的大船头，一块三角形红布压在船头盖盅上面，那红布隐隐约约随风飘舞。原来，那高高的船桅中折了，帆布拉了下来，像一个断臂的巨人一样。哟，泔洲湾的红头船！

伍阿六太熟悉了，他从小在南海漂流，泔洲湾人家，豪爽、仗义、遇难相助，海上人家称为“南海侠士”！

伍阿六见船驶近三丈余时，便稍稍用力把船舵搁横。

“若霞，伙计们，我掌舵，你们挨近跳过去。”

“知道！”只听众人话音未落，两船相距还有丈余，一个纵身，若霞像展翅高飞的海燕一样，腾空而起，便落在对方船头上。

船再靠近些，伍阿六把船缆抛了过去。只见若霞一张手接住，三下两下就把船缆拴紧在船桅上，两船便紧紧挨在一起了。

伍阿六把白帆略略收拢起来，大家也纷纷跃过船去。

船舱内外，黑压压横卧着一条条的汉子，没声没息。

伍阿六老练地走向船头，只见舵牙旁边倒下一个强壮的年轻水手。他伸手摸着他的鼻头，啊，有气，还有气！

“细毛，快舀水过来！”又道，“伙计们，把人扶起来，灌水。”那三个伙计便急忙闯进船舱。

细毛应声把一大锅开水提在手中，跳上船来。

若霞也一纵跃过船去，搬来了几个大碗、汤匙。

“快，把他抱过来，斜靠。”伍阿六指挥着若霞。

若霞弯下腰，一口气就把那汉子扶起来，背靠在自己肩膀上。

伍阿六颤抖着，一手掀开那汉子的嘴，用汤匙把水倒下，一口、二口，渐渐的，只见那汉子呼吸均匀了，渐渐地睁开眼皮：“记叔，记叔，我们到哪里了？”

“小伙子，醒来了。你躺，我们救人。”

若霞瞧着这小伙子天真的娃娃脸，方觉得他躺在自己怀里，头颅压在自己的酥胸上，不禁一羞，脸庞艳如桃花。她慌忙把那小伙子斜放在船板上，又扶起身边一个三十多岁的中年汉子，伍阿六一摸，鼻头也有气，又开始灌水，不一会，只见那中年汉子两眼睁开，嘴角疲乏地露出一丝微笑：“老……老兄，多谢你……船舱……”那中年汉子艰难地举起手，指着船舱。

伍阿六会意地点点头，道：“伙计们进去了。”然后，把中年汉子放下，又带着姐弟俩走进船舱。

船舱里面横七竖八地躺着十多条汉子。伙计们已救醒了三人，伍阿六父子三人，又把那些躺着的一个一个扶起来，灌水，醒了；又挨个灌水。真是苍天有眼，这些人只是饥饿所致，昏倒而已，当水灌下之后，便一个个苏醒过来了。

“细毛，大毛，你们快去烧饭，煮稀粥番薯汤，快！”

姐弟俩应声便跳过船去。一会儿，家眷船便冒起炊烟。

稀粥番薯汤熟了。姐弟俩端了过来，一口气盛了十多碗。父子仨一个一个扶起来喂粥。

姐弟俩依次走到船头，先要扶起那青年汉子，只见那后生蓦地爬起来，像铁塔般稳稳坐在那里。双手一把接过若霞手中的瓷碗，自己便大口大口吃起来，边吃边道：“小弟，我没事，你喂他们。”

若霞见他那生龙活虎的样子，暗自猜疑：这兄恐怕是装死哩！不禁扑哧一笑，弯下腰扶起身边的中年汉子。

“我来，我来。”只见身边的小伙子已把番薯汤吃完了，一弯腰把那中年汉子扶住，一手抱住他的腰杆，一手接过细毛手中的瓷碗，对他姐弟俩道：“你们进船舱去，记叔交给我。”

父子仨见这小伙子确也怪异，体格蛮好，大家一样饿，他却活得比人家滋润！

喂了几口，麦阿记也清醒多了。便道：“我浑身有劲了，我自己吃，你去照料兄弟们。”

麦二弟便让麦阿记自己吃，轻灵地跑进船舱去。见大家一个个都坐起来了，便回头对麦阿记道：“记叔，都活啦，没一个死！”

麦阿记心内大石落地了：唉，横厄过去了，真感谢这水上人家啊！

此时麦阿记已完全清醒过来了，他侧身观察着那救命之船，知道是“家眷船”，又见船头上那百日红花，粉红色的花儿像小喇叭一样开放着，水灵灵的。他知道，这“家眷船”有尚未受聘的姑娘，但前来救命的都是男人。救人如救火，哪有为了避嫌，把红花闺女还留在船舱里面？但细细一瞧，只见那大小伙子脸如红粉，身娇如燕，心内便猜中几分了。

俗话说，嘴湿三分力。饿坏了的人们，番薯汤一落肚，便渐渐地觉得有劲了。

“记叔，”阿龟从船舱跑出来，“我还活？”

麦阿记笑笑道：“你不会死的，没事了，你能回去见你爷爷了。”

阿龟也笑了。

“阿龟，你死不了，你死了我没儿子。”麦二弟又开玩笑了。

“你才是我的儿子。”阿龟不服地回敬着。

“哈哈”，大伙儿被弄笑了。气氛一下子轻松了许多。

“阿龟，二弟，别闹，快搬凳子让救命恩人坐。”麦老盛从船舱出来了，指唤着阿龟、二弟。

“救命恩人，请问尊姓大名，我们没齿不忘！”麦老盛紧紧握着伍阿六的双手，动情地道。

“海上生涯，有难相救，这是我祖训。也是妈祖的叮咛，责无旁贷，何足挂齿。”伍阿六道。

麦老盛一听，瞧了瞧那救命之船，也知道是“家眷船”了，更是感恩戴德：“大哥，你们水上人家，品行高尚，难得难得！”

“哎，别客气了，俺还是商量如何脱险吧！”

大家这回定神了，仔细打量那“家眷船”：不上十吨水位，又装满了货物，要再容他们这五十吨水位大船的货物，看来是天方夜谭！

“记兄，你看怎么办？”麦老盛回头与麦阿记商量。

麦阿记思索片刻，便果断道：“别无他路，货物大件用什一概丢弃，每人带上自己的细软。”

“那么大船呢？”麦老盛明知故问，他心痛哪！

“我一船货呢？值十万元啊！”纪泽京失口大叫，他心如割肉。

“要命还是要船要物？老兄台，掂量哟！”麦阿记坚决道。

“众位兄长，刚才这位兄长说得对。你们也是从海上滚大的，已落到这田地，还有啥法儿呢？救人要紧啊！”伍阿六道。

纪泽京无可奈何地叹道：“天意的事，罢罢！”他望着满满的一船货，有布匹、有洋油、有面块，便发慈悲道，“伙计们，你们要挑什么，挑些捎回去，家里可用。”大家对望着，便把眼光投往麦阿记。

麦阿记道：“既然丢弃的东西，看好的带点点也无妨，大家别贪心。”于是大家便七手八脚，有的拿两匹布，有的拿二瓶油。“记叔，接住。”只见麦二弟递过两匹花布，“记叔，给我庆弟和未来的弟弟裁件花衣挡寒。”

收拾了细软，大家纷纷跳下“家眷船”。

大家都过船了，一点，尚差一人。

“谁呀？谁还在船上。”

大家一望，只见货主纪泽京，全身哆嗦着，瘫倒在船头

“二弟，上去，把他吊下来。”麦阿记不容分说，唤着二弟。

只听“嗖”的一声，二弟飞跃上船，双脚还没落地，又听“嗖”的一声，迎面又飞上来一人，二弟一见，是“家眷船”英俊的小伙子。

“来，相帮。”那英俊的小伙子向他点头示意。

他们把纪泽京扶起来，但他双腿无力，浑身像筛糠一样，而且哭啼着：“我的货，我家破了，破了……”

麦二弟心生一计，回头在船板上解下鱼网，一把便将纪泽京掩头套进网里，招呼那小伙子，两人手一扬，纪泽京便双脚悬空坠下“家眷船”。

下面众人把鱼网接住，只见船上那两个小伙子，又像乳燕双飞，轻轻落下“家眷船”，大家不禁拍手叫好。

伍阿六看在眼里，心中一种快意油然而生。

3

夜幕降临了。“家眷船”驶进港湾停泊。若霞、细毛姐弟又煮了两锅大米饭，加上炒了昨天抓到的几尾大章鱼，大家美美地吃了一餐，谈天说地、吹牛一通，便纷纷疲倦地倒头便睡。

麦老盛却无法入睡，他那大船没了，割心头肉，痛，真痛！但毕竟留下命，留得青山在，哪怕没柴烧？他知道，要不是这好心的伍阿六，他与全船众人一样，早已身葬鱼腹了。自己死去，倒不打紧，却苦了跟着自己出海的

兄弟们，一个个，有父有母，有的有妻有儿，这不损了阴德么?!

麦老盛越想越觉得伍阿六功德无量。于是，他推了推躺在身边的麦阿记轻轻道："记兄，记兄，我们这命是'家眷船'给的，我们能这样没个说法就返回香港，没个报答?"

"君子报恩，十年不晚，待上岸再说呀。"麦阿记轻声应道。

"这大海辽阔，船头要相遇也难。以后要报，恐难有机会!"麦老盛固执道。

"你说得在理，那我们找船主聊聊。"麦阿记提议道。

于是，两人便爬往船头，只见船主伫立在船头上，咔嗒嗒嗒地抽着烟，他腰杆已微驼着——船主老了!

"船主，船主!"麦阿记轻声叫着。

伍阿六回头见是麦老盛和麦阿记，便答道："客官，夜深了，你们还不睡去，这里风大。"

"船主，你这救命之恩，我们还没报，可心不安呐!"麦老盛动情道："等一会儿你在香港落货后，我们一别而去，以后哪有会面之日，我们要报恩，也不知道往哪报呢?"

伍阿六见麦老盛话语真挚，便喟然长叹一声："唉——"

"船主，你有何难言之处，尽管说来。"麦阿记慷慨道。

"来，两位兄台，坐下，抽口烟。"船主按着他俩的肩膀，蹲下，从衣袋里摸出一个烟盒，把烟递了过去。

两人接住，一人抽上一根。

船主"唰"的一声划了火柴，用双手掌挡风，两人嘴巴便伸过去，点着。借着火光，麦阿记瞧出船主那皱巴巴的一脸感伤。

"两位兄台在上，便不是我伍阿六助人求报。只是我已年过六旬，妻早丧，膝下剩下这小儿子，年方十二。"

"那个大的呢?"麦老盛不禁打断他的话。

"不，那个是女扮男装，是十八年前在汕头水灾中捡到的女婴，我的心病正在这里。"

"船主之意?"麦阿记问。

"在下之意，是想能否在陆上人家找个小伙子，入赘我船。反正我女儿是汉家血统，待我百年之后，我儿长大成人，他夫妻俩要归陆上，也合乎礼仪。但是真可惜，我寻找了好长的时间了，就是没有人家愿意到我船上，愿意的女儿又看不上眼，唉!"

"船主，让我们帮你想想法子。"麦阿记安慰船主道。

他俩又爬向刚才躺的位置。

“老盛兄，我找二弟谈谈，你看行不行?”

麦老盛一听，正中下怀：“行行，他是孤儿，又是你族侄，从小跟你长大的，你能帮主意。反正先帮帮船主几年，成家后，把伍大哥的小仔养大，再回浒洲安家也行。他又是条好汉子，姑娘一定合意的，这倒是好事一桩。”

麦阿记听后，觉得蛮有道理，便走向左角，把与阿龟躺在一起的麦二弟摇醒，把船主的心病，他刚才与老盛商量的话跟他说了。

“啊哈——”麦二弟打着哈欠，“什么，我要娶老婆，我不要娶老婆!”

“什么，二弟要娶老婆?”阿龟也醒了，“不，记叔，我比他大，我要先娶老婆!”

“不行，你爷爷在家里等你，你爷爷不能没有你。”

麦二弟清醒过来了：“那他全船都是男的，哪有男娶男的，嘻嘻。”麦二弟觉得好玩。

“不，阿叔不跟你开玩笑，那个大小伙子是女扮男装的。”

“啊——”麦二弟才完全清醒了。突然想起下午他躺在那假小子怀里，觉得背后垫着那小子的胸脯就软绵绵的，那时他没在乎，此时一回忆，不觉心内一阵骚动。啊——真俊，长得比乡里哪家的姑娘都俊，细皮细肉的，又强壮又多情！麦二弟毕竟是麦二弟，他用劲地点点头……

第二章

小小打蚝船

四、八索箩里长大的孩子

1

时令已进入寒冬腊月。日暮了，海风甚冷，冷得刺骨。

麦阿记裹着破棉袄，手提两匹花布，抖颤着走进离别一个多月的家门。

麦家在泮北村丰源巷里，原来院落很有气势，“驷马拖车”，有主厅、主房、厢房。后来儿孙繁衍，厅房平分，有的得主厅，有的得主房，有的得厢房，中间又垒了矮墙，于是就觉得狭窄了。只是古昔的黑漆大门仍为共用，原来寒冬时节，大门关闭，全族人家就各在各自房中过活。因人口越来越多，出入的人杂乱，终日大门吱呀吱呀地响，还有那两个大门环叮当叮当地晃，烦人。于是后来也就没关大门了，各自关各自的小家门。

麦阿记跨进有些陌生了的大门，只见天井中横拉着一道麻绳，晾着许多花花绿绿的尿布和小裙子——他知道，娃娃出世了！

门推开，围在桌子吃饭的全家人霍地站起来，喜出望外。

“阿爸……啊，阿爸！”阿庆眼尖，脑子灵，一见，放下饭碗，叫着、跳着跑了过去。

阿金也猛地放下碗箸，跑过去接住叔叔腋下的布匹，高兴地道：“叔叔，你回来了！二弟出世了……”

“阿记，你回来了，阿弥陀佛！”奶奶站起来，双手在围裙上擦了擦，接过高兴得发呆了的林呖怀里的婴儿，一摇一摇地走近麦阿记的面前，“嗯，二十三日了，沉沉的，比阿庆出世时还大……还是‘圣母’灵，瞎叔说的也准，说你要到年底才能消灾纳福。这不？明天就过年呐！”

麦阿记接过自己的亲生骨肉紧紧抱在怀里，心里暖烘烘的——啊，终于团圆了，终于合家团圆了！

“庆他爸，快食粥，暖暖身子，”林呖从丈夫怀中接过婴儿。她高兴得不知说什么才好。她知道丈夫死里逃生，那滋味、那苦处，一言难尽哪，“天寒，阿金，快给你叔装粥，吃后再谈。”

“且慢，娘，你快拿酒来！”

“哦！”奶奶知道儿子要干什么了。匆匆走往门旮旯，沽了一碗香喷喷的糯米酒，小心翼翼地递给儿子。

麦阿记用手指抹了抹幼子的小脸蛋，笑吟吟道："乖，喝酒，爸爸喂你酒，你长大了就赚钱敬爸爸酒。"

那婴儿见爸爸笑哈哈的，也跟着咧开嫩红的小嘴。麦阿记兀自把食指伸进碗里，蘸了香酒，便支进小儿的嘴里去。因酒味辛辣，小儿眉头一皱，"哇"地哭了。麦阿记又哈哈大笑道："哭你个头，以后浮酒瘾，别吵我要酒呢！"

"别闹啦，阿记，快食粥。"说完，奶奶已把一碗香喷喷的稀粥捧过来，碗里放一块咸带鱼"先吃一口暖肚子"，又回头对阿金道："阿金，你烧火，奶奶煮两个鸡蛋给你叔食过运。"

"不，娘，我一个多月没洗澡，全身臭得熏倒人，又痒得发麻，是得疮了，你先烧锅热水，让我洗个痛快。"

"哦，生疮了。阿金，你同阿庆一同往后山，采一把苦楝叶，懂吗？椭圆椭圆的，树干粗黑粗黑。"

"我懂，去年阿叔生疮，我去采过。"说完，阿金已拉着阿庆跑出门去。

奶奶便往灶门支进一把松尾。霎时火舌冒了出来，满室通亮。

阿记坐在桌子边，紧挨着林呖，边吃边笑眯眯地端详着婴儿：哟，脸蛋比阿庆长，鼻子大，双眉有力，眼睛没阿庆圆活，但也亮晶晶的。"别看醉了眼。自己生的，还会差池？快吃，全身臭熏熏的，洗澡后，让你看个够。"林呖娇嗔着。

"阿记，"奶奶接嘴问，"全船人都回来了吗？妈祖保佑！"

"不，一人没回来。"

林呖吃惊地问："谁？"

"二弟侄儿。"麦阿记不慌不忙吃着那块咸鱼。

"他怎么啦？"奶奶兀自站起来。"没事，"麦阿记把那块咸鱼骨吐在桌面上，擦了擦嘴，"我们在水上漂了十多天，全船十三人都饿昏了，幸得雷州驶来一艘'家眷船'。听说是妈祖娘娘托梦叫他们来救的。他们走了六时辰，在外零丁洋上发现我们，便把我们救了。不然，我们早就进鱼腹了，今日哪能相见？"

"阿弥陀佛！"奶奶深深舒了一口气。

门开了，阿金和阿庆一人抱了一捆苦楝叶，风风火火跑进来。奶奶急忙接过去，用清水洗了洗，便放进大锅烧煮起来。

"他爹，那后来呢？"林呖焦急问。

"家眷船小，我们人过船了，大船和货物只能忍痛丢了。"

"唉，那老盛兄和那货主可就破家了。"林呖心痛地道。

"天意的事，无法张治。临过船，货主要我们拣些布匹和洋油，二弟就为我拣了这两匹花布，给孩子做新衣挡寒。”

林呖并没有去关注那布匹，只是又追问：“那二弟呢？”

“是啊，二弟侄儿呢？”奶奶放下火钳，心焦地问。

麦阿记便把这桩姻缘的头头尾尾讲述了一番。

“哟，好事一桩！”奶奶听后，放心道，“二弟侄儿命苦，虽然家安在水上，毕竟还是成家了。穷人孩子，在陆上也要下水。”

“是呀，他爹，以后伍大哥百年之后，看能否择个机会，让他回陆上安家。不然，日日夜夜在水上也够苦的。”

“我知道，伍大哥也有这个意思。这是以后的事了。”

“来，来，阿记，”奶奶把煮熟的苦楝水倒在木桶上，放凉，催促着儿子，“快，洗澡去，洗个痛快，今晚好好睡个觉，明天再谈。”

一夜无话。

隔日，麦阿记一大早就起床洗漱毕。粗粗吃了早饭，便往林厝拜谒岳母娘、二叔和其他叔叔们。

2

大年过后，麦阿记又给别的船家打工去了。

林呖也出月了，在家坐不住，就跟奶奶商量。

“娘，我打算再出去做些小买卖，不然，又添了一口，他爹年内无赚，以后日子怕难挨。”

“我知道，”奶奶爱怜地望着媳妇，“只是你刚刚出月，身子骨还不硬朗，风吹日晒的，我总是不放心。”

“不会的，习惯了，没什么。身子不动倒像要生病一样。”林呖执拗道。

确实，这个家没有媳妇去拖磨，三餐也难度。奶奶默许道：“那么，细孙就留在家里，让我带着。”

“不，你要下池洗衣服，还要煮饭，阿金阿庆又要去捡柴草；你哪有闲工带他？没乳吃，他会把喉咙哭破的，我挑出去就是了。”

奶奶没话了。她知道，这细孙，脾气确是坏透了，肚子一饿，他娘乳头没随时堵住他的嘴巴，就大哭，双腿乱踢乱捶，没上半个月，后脚卵已捣得糜烂了。一捣鲜血直流，直叫人心痛。她便给他穿上他哥的袜子，血又沾住袜子，脱不出来，皮肉相连，更痛得他像杀猪般哭。只一个月，就烂出两个小窟子了。唉，这狗崽子，不知日后的脾气要怎么坏呢?!

无奈，奶奶只得依着林呖。林呖便把家里年底库存的山薯莨装了一箩，把另一只箩用破棉被围垫起来，像稳鹅子一样把小婴儿放进里面，箩面用他父亲年底带回来的花布，剪了一小块，用几条竹篾撑成斗篷，盖上去便一摇一摇地挑出门去。

初春的南粤天气，浓雾笼罩着海面、山川。细雨淅淅沥沥。海边村道，被牲口和行人踩得简直不成路道了，而像一道刚刚干涸的水渠，又被小孩抓泥鳅搅得泥浆漫道似的，崎岖不平，举步维艰。路边草木，沾满瀼瀼白露。林呖穿着草鞋，没走几步，草鞋便成水鞋了。

出门讨海的，下田种植的，挤满了一路。大家见林呖一早又挑着货担出门了，箩里又添了一个婴儿，便又打趣：

“呖婶，是薯番沟抱来的吗?”

“呖婶，听说记叔出海丢了，孩子哪来的，偷生的?”

林呖一听，也不客气：“你才是你娘偷生的，你婶做事顶天立地，一个个都来去分明!”

众人一听，哈哈的一声笑开。有一个二十多岁的小伙子，一把揭开那花斗篷，见里面的婴儿眼睛骨碌碌地转，而且专心致志地聆听大人说话，便用小手轻轻划他的腮帮，“哟，乖，叫大舅，叫大舅。”

“叫你个头！叫他阿弟!”林呖吃吃地边笑边教她那不会说话的小婴儿。

众人一听，都笑得弯了腰：“啊，阿弟，阿弟!”

笑闹声中，不觉已走到了宫前渡口，众人也陆续分开，往皇姑潭讨海去了。林呖过渡后，挑着货担，径直往海山浮任村走去。

远远的，村口那株大榕树已露出浓阴来了。树木就是知春，偌大的叶伞已脱脱地竞相吐出新叶，小风吹过，轻轻摇曳着。

肥姆的店铺就在大榕树下。

“唷，泋洲嫂，”肥姆胖得圆圆的脸庞乐得绽开了花，“我就知道你这两天会出门的，也料到你一头是山货，一头是细仔，这不?!”

肥姆笑哈哈地摇晃着肉球般的身躯，迎了过来。

“阿姆，我就是猪母脚鸭母嘴，没走没叫就没食喽。”说完，大声喝吆道：“薯莨哟，大薯莨换鱼脯……”

她那铜钟般的声音未落，只听“吱呀、吱呀”的四邻的家门都打开——“唷，泋洲嫂又来了!”

“来，阿婆瞧瞧，”肥姆揭开那花斗篷，“唷唷唷，细仔这么大了，阿嫂是泵风的么？噢，还有一支小瓷罐子白白的。我年内看你的肚子，尖峰尖峰的，我就猜九成是男的。错不了!”肥姆边说边把婴儿抱起来。又道：“阿嫂，你放心做生意去，细仔让我带。”

“又麻烦阿姆了。”林呖歉意道。其实几年前，阿庆也是这样，肥姆帮着带。

说话间，一群人围拢上来，有的提上半袋虾米，有的提上半袋干鱼，有的还提了一撮蚬米。林呖用秤称了称，分别装进布袋里。不一会儿，那一筐薯莨已卖完，换上一筐干鱼货。

新春了，渔民要赶海去，要用山内的野薯莨染鱼网，染风衣。于是生意颇热闹的。

“哎哟，尿裙了，尿裙了！”只听背后肥姆叫着。

“哈哈，过新年赏新酒呢！”未散开的一个婶子开玩笑道。

“哎，臭蛋，臭蛋，真臭蛋！”林呖放下秤杆，从箩里的袋子拿出一块尿布，走过去换。

“你忙去，我来。”肥姆接过尿布，把那湿裙掀开，把干布垫上去，在那鲜嫩鲜嫩的小臀上就轻轻一巴掌，“臭蛋，正月头，就赏酒给阿婆。”

婴儿听着她念念叨叨的，一张佛脸，便高兴得小嘴抿开，嘴角一翘——笑了。

“啊，会笑了，真乖，真乖！”肥姆心甜甜的。

“阿姆，多谢你老人家了。来，给他喂奶吃。”林呖接过婴儿，一屁股坐在两只箩上面的扁担上。

这时，肥姆又闪出了藏在心里多时的念头。她开店，来往的人多。听了一位相命的讲究，林呖好脸相，眉眼清爽，印堂光亮，下颊宽阔光滑，那屁股又浑圆浑圆的，一副儿孙满堂的好命格。于是她半真半假道：“汫洲嫂，我看你又要做生意，又要带孩子，忙坏了，干脆我认你做干女儿，往后，你尽管放心地生细仔，我负责带养，孙仔长大后，叫我一声‘奶奶’就行了！”

肥姆三个媳妇，养了七个孙女，无一男丁，她屈了一肚子气，半真半假地与林呖商量着。

“唉，”林呖懊丧地叹息了一声，“多谢大姆了。我们麦家几年来家运不好，三遭四难，不知日后会变成怎样，别拖累你老人家。不然，敢情是好。”

肥姆见林呖说得真切，也就不再勉强了。便伤感道：“阿嫂，反正只要你认为阿姆信得过，你忙，把孩子放在我这里，你尽管放心就是了。”

林呖深情地看了这位好心的大姆，点了点头。

3

转眼，立夏已到，正是山里杨梅收获季节了。杨梅朱红朱红的，甜里带酸，果仁又脆，讨海人喜欢吃。

清早，林呖挑着鱼干和婴儿，走过泥泞路，过了青山渡，直往小东镇而去。

走到半路，忽然天空传来一阵轰隆隆的声音：啊，飞机！

“哟，哟，日本鬼子飞机来哇，快躲，快躲！”田里干活的农民呼喊着。

“轰!”“轰!”日本鬼子飞机下蛋了，把不远的平展展大路面炸开了一个大窟窿。霎时，浓烟、泥沙飞溅。

林呖慌忙丢下货担，把孩子抱进怀里，一跃，便跳过路边的水沟，一头钻进芋田去。

芊芊的芋田的芋儿叶秆已长得半人高了，阔大的叶伞撑开，把田畦遮挡得茂茂密密的。母子俩蜷缩在一株高大的芋秆下面。

“嗡嗷，嗡嗷……”婴儿惊慌了，哭叫着。

“乖乖，乖乖，别哭，别哭，”林呖哄着，“你一哭，等会儿鬼子飞机听见了，会往我们这儿下蛋，炸死你的!”

婴儿似乎听懂她的话，静了。林呖慌忙解开上衣纽扣，把奶头塞进婴儿的小口，婴儿便用力吸吮着，小手紧紧地抓住她的衫裾。

“轰!”“轰!”敌机又飞回来了，又在路口上一个劲地下蛋。

“哇!”婴儿又被吓得吐出乳头，惊啼着。

林呖轻声骂道：“男子汉大丈夫，哭你个大头鬼！我女人都不怕，你哭个屁!”

不知婴儿听懂娘的骂声，还是娘那刚毅镇定的脸庞稳住了他。只见他脸颊还挂着泪珠，嘴巴却张开笑了。

“轰隆隆，轰隆隆”，敌机还在上空盘旋着。这声音老是不去，林呖也有些心慌了。匆忙中用力折了一枝芋叶，盖在孩子脸庞上。

一会儿，飞机声消失了。

“飞机跑了，飞机跑了!”不知谁叫喊着。

人们纷纷从水沟里、芋田里、竹林里钻出来。林呖一瞧，只见路上被炸开了两个大窟窿，一头大水牛被炸死了，鲜血淌了一地。一个农民伏在牛背上哭得死去活来。

“唉，牛是农家宝啊！这短命的日本鬼子!”林呖气愤地骂道。她又把孩子放进货箩里，用花斗篷盖严实，一路挑着往小东镇走去。

五、小船故事多

1

一晃，麦阿记的二儿子已五六岁了。林呖又生了第三个儿子和一个女儿，膝下便有三男一女，加上阿金，真是儿女绕膝了。

麦阿记夫妇很会为儿女起名，大的叫阿庆，二的就叫阿得，三的叫阿有，女儿忘记了安名，因为只有一个，就叫阿妹。麦氏安名排辈序，麦阿记这辈为“名”，他正名为麦名登，到阿得这辈为贤。于是，阿得全名叫“麦贤得”。大哥叫“麦贤庆”。阿妹就叫“麦贤妹”了。

这年，已是1950年了，这泮洲湾也与中国一样，人民当家了。日本鬼子自那年轰炸泮洲后，便被打败投降了，滚出南海去。以后，战火又烧起来了，国民党军兵败如山倒，没三年，腐败的政府就被毛泽东领导的共产党和人民军队推翻了。国民党的败将胡链沿汕头一路败下来要逃窜台湾。经泮洲湾时，抓了许多新兵，也抓了许多船工抢了许多船只，要载着他们逃命台湾岛。麦阿记被抓去当船工，但他腿长，跑得快，被抓往南澳岛没三天，便不知道使了啥法子逃了出来。乱哄哄地闹了两三个月，人民解放军冲进泮洲湾了，把恶霸抓起来。海贼有的跑了，有的投诚参加人民军队，那香罗衫一脱，换上解放军装，也威风凛凛的。他们本来也是劳苦人家子弟嘛。村里大祠堂的神明被搬走，摆上几只四脚桌子，一群终日笑吟吟的同志便在那里办公。泮洲乡人民政府成立了。

麦阿记被编进镇的水上运输队，继续摇着双橹。

林呖没大变化，她继续挑着她的八索箩，走街闯巷做她的小生意。碰上一月几次汛期，她又跟阿金、阿庆们一道，往皇姑潭那边岩石滩打蚝去。

平时，那小船便由阿金、阿庆和邻居小伙子摆渡，去“牵鸟”去“骗章鱼”，一家人生活得快快活活的。

2

林书开这天起得早。他算泮洲湾的年轻秀才。几年前在城里读了中学，会舞文弄墨。中华人民共和国成立了，被乡政府聘为文书。今天碰巧有空，往泮北村走走，找找朋友聊聊天。

走到丰源巷口，忽见三四个小孩在玩钱窟。地面上挖了一个酒盅大小的小窟子，孩子们手中都捧着一把宋、清古币，对准小窟子丢去。谁能把古币丢进窟子，谁就赢，别的人的古币就归赢家。

一个流着鼻涕的男孩先丢，连丢三枚，都离窟半尺，便垂头丧气站在一旁。

“来，我来！”那矮墩墩的小胖子站稳脚跟，手一扬，“扑、扑、扑”的连发三枚，只有一枚半截子溜进窟子。半截子卧在上面，真扫兴。“阿得，看你！”矮墩的小胖子道。

只见那叫阿得的，高挑身材，两眉飞扬，很是神气。他走了过去，双脚踏在横线边，手一扬，“扑、扑、扑”地连掷三枚，枚枚落窟：“啊，我赢了，我赢了！”阿得高兴得在地上蹦蹦跳！

“还你，还你。”矮墩的小胖子愁着脸，头也不回地回家了。

鼻涕男孩却不然，愣了愣，却迅步跑上去，一把捡了自己的三枚古币，一个箭步跑了。

“啊，沙毛，臭相！”阿得此时竟连地上的古币也不要了，拔腿紧紧追了过去。

鼻涕男孩跑不上数丈，便一头钻进一个张开的大门，没了。

阿得气咻咻的：“沙毛，臭弟！钱还我，钱还我！”边叫嚷边在地上捡了一块大石头，冲了进去。

林书开觉得挺有趣，但见事态发展不妙，慌忙跑过去，要拦住阿得，但已迟了，只听那屋里“通”的一声脆响，一个女人惊叫：“啊，林呖仔砸我家的大水缸了，啊——”

林书开飞闯进去，只见放在天井上的白大水缸破了一个大洞，水哗哗地流淌出来。

那女人瞪着眼，破口大骂：“这野孩子！”

“阿嫂，别气。”林书开笑笑指着一旁的鼻涕男孩，劝解道。“是这小孩输了不服输，激怒了他，”林书开指指脸上怒气未消的阿得，“这孩子是谁的，脾气倒也暴。”

“是麦阿记、林呖的二儿子呢，真凶野！”那女人的水缸破了，火气也旺。

啊，是我堂姨的儿子！林书开惊愕地瞧着那小老虎一样的表侄儿，便从口袋里摸出两张纸币：“阿嫂，我代我姐赔你。”说完，便拉着阿得出门了。

“不赔，不赔，他输我的，臭相！”阿得不服气的，口中骂个不停。

“算啦算啦，侄子，玩耍的，别拗气。”林书开把阿得拉回家。

这天，恰巧林呖没出门做生意，在家里煮饭，见堂妹婿来做客了，便欣喜道：“是什么好风把你吹来的？”

林书开扶扶眼镜把刚才的事说了一番，林呖便朝阿得骂道：“你这牛脾气，将人家的水缸也砸了，来日你会拿刀杀人的！”林呖越说越气，便从门扇角拿了一条荆条就要揍他。

林书开慌忙挡住，说道：“不，人应讲信用，讲认真，这一切都得从小学起。她家孩子不遵守诺言，当然也惹气了我侄儿，这是导火线。当然，砸人家的大水缸，太不好了。”林书开爱昵地端详着倔强的小侄子，只见他那双星剑眉，那宽阔而棱角分明的嘴巴，还有那长长的下颏，就是一股倔强相！林书开越看越喜爱。

“姐姐，”他转头对气咻咻的林呖道，“听说你已有五个孩子了，我结婚五年，还没生养，家中没孩子，静得发慌。不然，你与姐夫商量，阿得就给我做孩子，你舍得吗？”

“这鬼脾气，我被他气死了，你要，就带去别在这里气死人。”

“阿得，到阿姨阿丈家行吗？我送你上学读书，有空叫你阿姨带你过来这里玩，反正挺近的。”林书开哄着阿得。

“行，我到阿丈家去！”出人意料的，这五六岁的孩子答应了。

林呖也觉得怪，暗自好笑，莫非他刚才委屈了，撒野？

傍晚，麦阿记回家，林呖与他说起今天的事，便说堂妹婿要阿得过房一事。麦阿记却也若无其事道：“我们孩子多，你也够拖磨了。你妹妹在家闲得发慌，要阿得去就让他去，只要他愿意去就行。”

隔日，林书开夫妇真的过门来探消息。林呖说他爸说行。林家夫妇高兴得几乎发疯了。回到家里，请了裁缝，制了一身新衣服，买了一双新鞋子，择了个吉日，夫妇俩就过门来接阿得。

但四处没见阿得的影子，林呖找了半天，只见他在草棚里面又与矮墩小胖子和鼻涕男孩在玩“勇军掠贼”。

林呖把他逮住道：“阿得，你答应到你姨家的，他们要带你过去了。”

阿得瞪圆眼，爽快道：“行，我到阿姨家去，沙毛、阿蜞，我们一起去?!”

“我们才不呢！”两个小伙伴嘟着嘴应道。

当下，林书开高高兴兴地把阿得带过林厝，合家便乐不可支地四处张扬：“我姐给我一个细仔了。”四邻当下也拥进来看热闹，只见这小子长得精精神神的，皆大欢喜。

那晚，阿得睡在一张单人床上，棉被、蚊帐都新的。他吃得饱，玩得疲，不一会就睡熟了。

林书开夫妻俩高兴了一晚。书开道：“这孩子，听话，只是脾气暴，明年送去读书，来日会发达的。”

“我姐、姐夫心地好，这孩子也怪，真是前生有缘。”

夫妻俩美滋滋的，说着说着，只见隔铺孩子呼噜呼噜地入睡了。林书开便轻脚轻手爬起来，挑亮灯，只见阿得把棉被掀往一旁，睡成个小“大”字。于是他便把棉被盖在他小肚子上。

夫妻俩高兴得睡不着觉，待到鸡鸣头遍，眼皮才合上。

隔日，夫妻起床了，却见那小床上空空的——阿得跑了。

新鞋、新衣服放在床上。

“哎呀呀，”表姨发慌了，“这孩子，跑哪去了？”

林书开夫妇慌忙追往林呖家。还没进门，只听着林呖的声音：

“阿得，你怎地跑回来？有没有告诉姨姨？”

“他们还在睡。我醒来想，不行，沙毛、阿蜞又不愿意跟我去，我一人没伴儿。”

“哎呀呀，你害得你姨买新床新衣新蚊帐。”

“反正我没穿他们的，我穿自己的。”

“呀呀呀，你这犟子！”林呖给这五岁的孩子弄得哭笑不得。真的，他穿着背心裤衩。

林书开夫妇在门外听到了，两人对视一下，也禁不住咯咯笑着走进门……

隔日，阿姨把那套新棉被和新衣服拿过来给了姐姐，道：“姐姐，反正都一样，阿得乖，会长进，我们也高兴。”

说来也怪，不知啥原因，不久，阿姨怀孕了。年末，也生了一个男娃。邻居们道，是阿得带来的福气。真与假，天才知道！

3

两个月后，乡长交代林书开上县城文教科开了一个会，布置各乡镇收集整理文化遗产、民间故事、名人逸事等。这舞文弄墨之事，乡长就叫他这书呆子一人揽了。于是两个月来，他走东家串西家，把乡里几个“古董通”请到乡政府开了一个会。听老者讲，这些平素瞧不起眼的山山水水、岛岛屿屿原来都有令人瞠目结舌的故事。于是，他打算往“皇姑潭”“三屿”“将军錾”等名胜考察考察。

他知道堂姨家中有一只小蚝船，这几天，又正是汛期，阿姨和阿庆他们一定要去皇姑潭打蚝。于是，他一早吃了饭，收拾了一本笔记本和一支水笔，塞进小挂包，便往阿姨家走来。

刚到丰源巷口，林呖已带着阿金、阿庆、阿得、阿蜞迎面而来。

“阿姐，你们要去——”林书开问。

“我们要往皇姑潭打蚝去。”

“哦哦，来得早，不如来得巧，”林书开高兴道，“我跟你们去皇姑潭。”

林呖惊讶道：“你也要去打蚝？”

“不，我是公干的。”林书开边说边走。

走了一会儿，只见小船泊在浅滩上。

林书开扶扶眼镜，卷起裤管，就要上船。却见阿金已一个箭步飞跃上去，解开船索，把船拉近浅滩。林呖把阿蜞扶上船。林书开一弯腰，要抱阿得。

“我自己，我自己跳，”阿得逞强，小腿一蹬，“扑”的一声，真的跳上船枋了。

“哎，这孩子，就是贱骨头！”林呖无可奈何地摇摇头。

众人上船，林书开抢着桨，要划尾桨。

林呖道：“阿开，我熟，让我来。你到船头去。”

往日林书开没来时，一出海，林呖压船尾，阿金划船头，阿庆在中间帮划。林书开来了，就让阿庆帮林书开划船头，阿金划中桨，她压船尾，阿得和阿蜞坐在中间。

人多力量大，小船迅速划出港湾，朝南屿皇姑潭划去。

阿得第一次跟大人出海，觉得一切都很新奇，大海真的很阔很阔，水面还时不时浮出大鱼小鱼，摇头摆尾地在水面上嬉戏着，真好玩。海面中间不知怎的还浮出小山来。这些小山为什么和村后山不一样，尽是大石头，而且光滑滑的。船走着走着，便有浪头冲来，小船一荡一荡的，真比荡秋千还来劲呢！

“阿妈，这海上的水从哪里来的？”阿得问。

“从古就有的，我不知道，你问你阿丈。”

“哦嗬，”这可是林书开施展才华的时候了，“这水嘛，我们这个地球是‘三山六海一分地’。这海占的面积最大，占地球的十分之六，这水嘛，你妈说从古就有的，不错。但准确地说，应该是从天上来的。天产生云，云产生雨，雨下到地面就是水。水往低处流，都往低处流，一积聚就成海……”

阿得睁大圆圆的眼睛，觉得更新奇：“阿丈，什么是云呀？什么是雨呀？什么是地球呀？”

林书开便一一作了解答。

“阿丈，那什么是皇姑潭呢？那边为什么叫皇姑潭？”阿庆也好奇地问。

“这个嘛，那可有一个故事呢。据说二百多年前，北京城里有个皇帝老子叫康熙。他有一个妹妹，长得天姿丽质，但老是不嫁。这可急坏皇帝的妈妈了。一天，老人家便对皇帝儿子说：‘皇儿，你妹妹年纪不小了，你看着帮她挑选一个好的人家，嫁出去。’皇帝听后，便惦记在心里。你道这皇帝选妹婿，真是鸡子在谷堆里挑食，还怕没吃的？皇帝便从历届漂亮的状元榜眼下手，物色起驸马来。一个一个介绍给御妹，但是，她却没一个合意。皇帝开玩笑了：‘皇妹，你难道要嫁当朝皇帝吗？’皇妹却说就是，便扑地跪下，口呼‘谢主隆恩’，这可把皇帝吓坏了。他为了不玷污他的名声，便着皇妹往四海游玩，或许天赐良缘，在路上巧碰上个白衣秀士，萍水相逢，一见钟情也说不定。这皇帝早就闻说这南海的汫洲湾是人间仙境，便把皇妹召来，哄她道：‘皇妹呀，那汫洲湾哪，里面有蓬莱、瀛洲二岛，是观世音的南海别墅所在地。湾外海上有大门，大门里有小门，小门里有三百门，三百门里有仙洲、汛洲、百洲。洲里面有石鸡、石狗、石帽，一见人，石鸡啼、石狗吠、石帽飞。真是人间仙境呀。皇妹往那里一游，就不悔此生了。皇兄只是朝廷百事缠身，不然早就去了！’皇妹一听，也馋得快流涎水了。她拍手称妙，便决计搭皇家船前往汫洲湾游玩。

“怎奈这天下贪官，听说皇姑要出游，便以提供贡品、募集接待费为名，乘机敛聚钱财，鱼肉百姓。黄冈城有一个叫余猊的，因母病重在床，没钱买药，正去朋友家借钱。不料家中的母鸡也被抓去，老母一气身亡。余猊回家一见，大吼一声，便揭竿而起，聚众举义，他会合汫洲湾的丘红肉，带着饥民拦住从京都而来的皇姑船，‘杀’的一声，把皇姑投入海里，把船上的金银财宝带往乡里，分给众人。这皇姑潭，就是当年皇姑被投下海的地方呢。”

啊，大海的故事真多，挺趣味，真惊险！孩子们目不转睛地听着。

“阿丈，”阿得又不解地问，“皇帝是什么东西呢？那么厉害的，他要什么就有什么，要到哪里玩就能够去哪里玩？”

“嘀嘀，”林书开解释道，“皇帝嘛，就是一国之长，就像家里的父亲一样，谁都要听他。”

“不，不，”阿得一脸认真，“俺家是听阿妈的，阿爸也听阿妈的！”

“啪”阿得觉得头上一个脆响，只见林呖愠着脸骂道：“臭嘴，你爸那么老实！”

众人禁不住哈哈大笑。

小船在笑声中已划出三屿了。

“阿丈，”阿庆又不解地问，“为什么在我们村口，就浮上这三个屿，像笔架一样？”阿庆已念小学三年，知道笔架有三个峰。

“正是正是。”林书开又侃侃道来，“你们看”，他指了指远处有一个隐隐约约的大岛屿。“那叫南澳岛，潮汕地区有个民谚，叫‘沉东京，浮南澳。’说的是一个传说，很久以前，南澳的东南海面有一个大岛屿，叫东京岛。一天，忽然大地震，这东山二话没说就直往下沉没，竟往东海龙王宫劈头盖脸地砸去，那龙王叫声‘不好！’便兀自腾空跳将出来，手中的龙头拐杖不意把龙宫门口的千年菩提树一扫而断成两截。那菩提树便慢慢升腾，浮上水面就化成了南澳岛。而那菩提树脱下的三片玉叶便化成三个小屿，浮在这汫洲湾海面，很像笔架峰。这三屿里面，还有古战场，听说，宋朝的陈壁娘还曾在那里设哨棚勤王抗元呢。”

“陈壁娘是谁呢？”阿庆好奇地问。

阿得也听得入迷了，眼巴巴地望着阿丈。

“等会儿，我们船往前开，在东面上就有一座山，哦，看到了，就是它。”林书开指着柘林湾方向那座还被薄雾笼罩着的岛屿，“那就是有名的红螺山，山前那片海面中间的一个小屿就叫辞郎洲。这里也有一个故事呢。”

林书开说着，摘下眼镜，掏出手巾，擦去玻璃上的雾水，把阿得和阿蜞拉近身边。这里是深海了，浪大。

“传说，南宋末年，即宋景炎二年（1277年）的正月里，宋朝的小帝罡和他的弟弟，一个十岁，一个只有五六岁，和阿得、阿蜞一样大，被元番兵马追得走投无路，在丞相陆秀夫和大将张世杰、张达的护送下，退到这红螺山。红螺山上有个娘子寨，寨主就是著名的抗元巾帼英雄陈璧娘。这红螺山背临大海，面朝闽南，不是屯兵建朝之地。皇帝住了一晚，就决定开拔另择圣地建立行宫。张达是陈璧娘的丈夫，她劝他要以国家为重，别留恋夫妻之情，护帝勤王抗元。于是张达便挥泪与久别的妻子分离，随大军而去。送走皇帝和张达他们之后，陈璧娘便带领义女兵，扼守娘子寨，抗拒从闽南追来的元番大军。她头戴战盔，身披坚甲，扼守隘口。忽见一队元兵冲上山头，她便张弓搭箭，‘嗖’的一声，元兵头目，便应声倒下。”

“哈，太好了，太好了！”阿得他们高兴得直拍手，“死去不？”

“死了，直摔下山崖，其他兵丁一见，纷纷掉头就跑，陈璧娘一声令下‘滚石！’众位女兵把早已备好的大块石一齐翻滚下去，元兵便被砸得哭爹叫娘的，尸体布遍山岭。”

“啊，真厉害，真厉害！”阿得、阿庆、阿金都高兴得尖着嗓子直呼叫着。

“阿开，我在汫洲住了几十年，就知道古时有个陈璧娘，送夫勤王抗元，就不知道这么惊险的故事，你从哪里弄来的，瞎编不？”林呖含笑着道。

“真的，史书有记载。元兵败后，便召来大军围剿，陈璧娘不得已才退到我们汫洲湾的三屿呢。史书还记着，那晚，陈璧娘夫妻临别了，为了激励丈夫勤王抗元的决心，当晚丈夫入睡，她挑灯挥泪写下这么一首千古绝唱的《辞郎吟》：

丈夫知有宋天王，别我去者海茫茫。
后有奸宄妾抵挡，试看风霜飞剑芒。
郎兹行，勿回顾，北风萧萧虎门树。
传檄早定潮州境，恢复中原驰露布。
郎有身，身许国，无以家为仇可复。
妾有身，身许郎，勿谓兵威不我扬。
一洗千秋巾帼态，泪痕焉在血痕在。
策郎马，送郎舟，国仇可复妾何求？

“后来，张达在崖门护帝战死，陈璧娘天天在寨口的小山等张达凯旋。后来知道张达已将身许国，战死涯州，宋朝覆灭，她伤心含恨而死。”

“唉，确实是女中英雄，女中英雄！”

孩子们听得入神了。小船轻轻犁开金光闪闪的碧波，哗哗哗地有节奏地划近皇姑潭。

半晌，只听憋了半天没说话的阿得喃喃道：“长大了，我要当陈璧娘，我一定要当陈璧娘！”

阿庆猛道：“阿弟，陈璧娘是女的，我们当张达。”

“是是，我要当张达！”阿得默默地点点头，众人觉得惊奇，只见他那被海风吹得红扑扑的脸蛋上挂着两颗晶莹的泪珠儿……

平静的洪洲湾

六、上学的第一天

1

一晃，阿得长高了，长得比他同龄的孩子要高半个头。他闹着阿爸阿妈让他读书。

林呖问：“你才八岁，待明年才读书，九岁狗咬书。”

“不，”阿得执拗道，“我不小了，我比阿蜞还高个头呢，阿蜞已报名了，我也要去。”

林呖故意问：“读书有什么用？”

阿得好像被问住了：“读书嘛……姨丈讲英雄陈璧娘的故事，她的诗我就听不懂。我要读书，要看懂她的诗，以后能拿枪冲锋，又会写诗呢！”

那年九月，天井里那株桂花树盛开了。在一个早晨，麦贤得背着书包，跟着大哥麦贤庆上学去。

阿得在洪北小学念书，教室设在一个旧祠堂里面。那时兴破除迷信，祖公的神位、先贤的金身塑像都在封建迷信之列，于是被清出去了。村子里购置了学生桌椅，挂上黑板，挂上一小块四方的白底黑字招牌——便成小学了。中华人民共和国成立后，这里毕业了五届学生，等到麦贤得已是第六届了。

班主任姓魏，30多岁，戴着镍制黑色近视眼镜，瘦高个子，一口山里的凤凰乡口音。饶平一中毕业后到韩山师院专攻教书的，毕业后就随所愿从山区到洪洲湾当教师。他教学很认真。

当时的人民教师，吃的是国家俸禄，不像中华人民共和国成立前私塾教师，靠乡里摊派钱米，需看乡里老大的眼色吃饭。而今，一上讲台，心底宽广，威风凛凛，治学十分严谨。

开学了，第一堂就是编号入座。麦贤得人长得比其他同学高半个头，于是就与一个与他长得一样高的女孩阿凤同一桌，最后排正中。

阿得感觉不是滋味。自己从来没跟女孩子一起玩过，以后天天要跟她坐在一起，肩挨肩的，连呼哧呼哧的喘气声也听得一清二楚的。他憋了半天，觉得脊背似有无数的蚂蚁在爬动，一会儿便觉得汗水涔涔的。他忍不住了，便遵照老师教导的那样举起右手：“老师我要发言。”

魏老师耸耸那瘦削的肩膀，脸上毫无表情："同意，讲来！"

"老师，我不能坐。"麦贤得满脸通红，汗水在脸上淌。

"椅子坏吗?"魏老师不解地问。

"不，是，是……我要与男同学同桌。"

全班哈哈地大笑。

"静！"魏老师伸出那只干枯的右手，用粉笔在黑板上端端正正写上"封建"两个字，同时加上三个大大的感叹号。

魏老师念着："feng jian，意思就是说，男女授受不亲，这是封建思想，中华人民共和国提倡男女平等，平起平坐，互谦互让，这是美德和国粹，应该从现在入学就培养起。以后，谁也不能像麦贤得同学一样，提这个落后的字眼。"

小朋友们都懂事地点点头。

麦贤得觉得自己不对，便不敢声张了。但两人身材都大，椅子短，桌子短，一不小心，就碰上对方的手或肩膀。

下课了，麦贤得趁老师没在场，便悄悄地用尺子、铅笔在桌面上和椅子上隐隐地画了一条直线，绷着脸道："阿凤，以后我们各自当心，谁也不能越过这道线，越过，就惩罚谁。我可是说话算数的。"

阿凤见这同学怪，认真得有点冷酷，便气着答应了。但心内不服气道：长年累月，你能做到我也一定能做到！

下午，不知阿凤是否中午在家开蚝太劳累，一上课，被大门外清爽的海风一吹，只见她两手托着腮帮，打起瞌睡了，一瞌一瞌的，手越张越开，竟越过这"三八线"。阿得手高高举起就要劈下去，但见台上魏老师的眼镜片一亮，似乎眼光飞过来了，便忍了忍，见魏老师眼睛转往黑板去，便用尖尖的指甲，像大蟹螯一样，蜇了她的小手，阿凤痛醒了，狠狠白了他一眼。

"有言在先，我有言在先！小惩罚，小意思。"

"好，小仇容易报！"阿凤小声叽咕着，她也不是省油的灯。

这一切，都处于地下状态，没影响课堂秩序，或许魏老师没发现，故平安无事。

"啊！"忽然一声惊叫，只见前排阿沙毛偷偷揪住前面那圆脸女同学的长辫上的一道细毛，那圆脸杀猪般痛叫起来。

全班又哈哈地大笑。

"谁?"魏老师脸变黑了，愤愤问。

"后排有人拔我的头毛。"圆脸红着脸羞羞道。

"麦朝平，站起来。"魏老师怒发冲冠。

"老师，我发言。不是朝平！"后排一声高叫。

全班的同学觉得惊奇：哪有这么一个不怕得罪人的同学？

“麦贤得同学，你做得对，”老师当即表扬，“是谁，你讲。”

“是阿沙毛！”

同学们一听，又笑了。因为同学都用书名报名上学的，谁也不知道谁叫阿沙毛，哪个沙毛？

“阿沙毛是谁？”

麦贤得便用手指着坐在他前排的理着平头的沙毛。

“啊，麦森！”老师走过来，“好哇，你破坏课堂秩序，站圈！”

老师把阿沙毛带上讲台的一边，用粉笔在地面上画了一个直径半尺长的圆圈，阿沙毛就站在圈里，像唐僧师傅画圈给孙悟空一样神圣的，半步不能动，一站就到下课。

魏老师又用粉笔在板报上写了五个字“麦贤得好样！”他大力表扬了麦贤得疾恶如仇，敢于与不良现象做斗争的大无畏的革命精神。

下课后，阿凤气不消，悄悄道：“阿得，你可要注意，以后捏我，我也要嚷出声的。”

阿得一听，额上青筋涨浮：“我不怕，这跟阿沙毛不同，我们画线，男女平等，我又没占过你的线。我占过你的，任你罚，我绝不叫痛！”

阿凤也觉得贤得不无道理，没办法。

新的一天，麦贤得上午挨批评，下午受表扬，便成为班内的新闻人物：知名度大大提高了。老师对他有了良好的印象，同学们觉得这长得高大的同学既可敬又可怕。

2

走出教室大门，阿得碰上沙毛。

“沙毛，我们到书店。”

沙毛嘟着嘴，不理阿得。

“沙毛，刚才是你错，不是我错。”阿得解释着。

“我错！你不讲，老师哪会知道！”

“算啦，我们到书店去，我身上有钱，买一本图书补偿你。”

沙毛一听阿得要出钱买图书给他，气便消了：“走，买什么图书？”

“老师下午不是讲《董存瑞炸碉堡》吗？老师说书店有图书。”

沙毛一听，高兴地跟着阿得往古巷街书店走去。

果真，书店里什么图书都有。架子正中摆着许多《董存瑞炸碉堡》图书，阿得拣过一本看。咦，真英雄呢！只见封面上那个董存瑞穿着威武的军装，背着冲锋枪，钢筋般的右手高高举起，顶住一包炸药，导火线正在冒着烟，背后碉堡里的敌人惊恐得哭爹叫娘的……麦贤得佩服极了。他掏钱一口气买了两本，一本给沙毛，一本自己装进书包，便哼着童歌，蹦蹦跳跳回家去。

刚踏进门，奶奶便问：“阿得，这么晚才回来？”

“我去买图书。”阿得不理睬还在做饭的奶奶，搬张小凳，坐在天井上，全神贯注地看图书，看到高兴时“嘻嘻”笑，看到气愤时就用手指头擢着敌人的脑袋，骂着“坏蛋”。他似乎还觉得不解气，便从书包里拿了一根上午刚削好的铅笔，不知画着什么。

不一会，阿庆也背着书包回来了。

“阿得，你在看什么？”

“我在看‘董存瑞’。”

“你怎有的？”

“我跟沙毛从书店买的呢。”.

“借我看一看。”阿庆便向阿得借。翻了翻，只见那些敌人的脑袋一个个被阿得用铅笔打了个“×”。那敌人军官的脑袋还被他用小手挖了个洞。

“阿得，这是新书，你乱画乱扯的。”阿庆批评道。

“他们是坏人，我恨他们！”’

说话间，林呖已挑着货担回来了，放下货担，便问：“你们兄弟在说些什么？”

阿庆道：“阿得把一本新书画得花花的，有的还挖了洞。”

林呖拿过来一看，又好气又好笑道：“你要画他挖他们怎的？”

“他们是坏人，我恨他们！”阿得翘着小嘴，一本正经道。

阿庆以兄长的口吻教导道：“阿得，天下的图书多呢，你看一本乱画一本，挖一本，这不是浪费钱，又挖坏图书么？这些书还可借给阿蜞他们看，你挖了，人家看不清楚，多浪费。我们恨敌人，应恨在心里，长大了，我们也跟董存瑞一样，去当兵，去打敌人，才真正出气呢。我们从小就要不怕苦，多干活，长大当兵才能像董存瑞叔叔一样坚强，一样英勇呢！”阿庆毕竟是五年级的少先队员，说起话来跟老师讲的一样，通情达理的。

阿得一听，懂事地点点头。

“阿庆、阿得，你们还在叽咕什么，吃饭啦！海风大，菜冷了。”奶奶在屋里唤道。

3

听了大哥一席话，阿得觉得蛮有道理的。他见阿爸长年白天在外撑船，傍晚一身泥一身水回来；阿妈长年挑着八索箩走街串巷做生意；奶奶年老了，还要煮饭，下池洗衣服，大哥一下课就撑着小船和阿富兄他们一道去掠鱼；金兄也长年在钩钓船上，就剩自己一个是闲人，他决心帮助大人们做些事。

星期天，阿得对奶奶道："奶奶，今天我和沙毛上山捡柴去。"

奶奶觉得新奇，阿得才八岁呢，就要上山。她不放心道："不行，山路崎岖，山顶有蛇。"

阿得道："我不怕蛇，蛇出来我就打死它。"

阿得边说边找砍柴刀和扁担，就要走出门去。奶奶知道这孩子倔强，难拦，但又不放心，问："有大人一起去吗？"

"有，我跟阿富兄一起去，还有沙毛。"

奶奶听说有阿富一起去，便放心了。

走出巷口，只见阿富和沙毛已在等他了。三人便往后山去。

硭洲山上长满松树，还有胶棕树。但这都是绿化树，镇政府规定不能砍的。只能砍丘陵上的野菠萝和野刺蔓。野菠萝既是草又是树，长得像菠萝一般，叶片硬硬，而且生满刺。

"来，阿得、沙毛，我给你们做示范。"阿富是阿庆的同班同学，少先队队长。他今天很乐意带这两个"新入伍"的"打柴队员"。

只见阿富在路旁砍了一枝小杜鹃树枝，带叉的，便用左手扼住叉叉住野菠萝，右手用劲砍去，不一会儿便砍下十多片。

"阿得，这叉给你，沙毛，我给你砍一根。"说完便把那叉丢给阿得。

阿得来劲了，噼噼啪啪的，一会，就砍了一片。

忽然，只见树丛里一个抖动，露出一颗尖尖溜溜的脑袋，两只眼睛蓝悠悠地闪动。"啊，蛇！"阿得失声嚷道。

"哎哟，蛇，我的妈啊！"相邻的沙毛一听拔腿就跑。

"阿得，快跑！"在远处的阿富高声命令道。

"死蛇！"阿得可没走。他猛地用叉一把叉住钻出来的滑溜溜的蛇头。那蛇头被叉住了，蛇身子却直转动挣扎着。阿得高高举起砍柴刀，"嗖"的一声，那蛇便断成两截，鲜血直喷。

"阿得，蛇在哪里？"阿富嚷着已跑过来了，一见那蛇已断成两截，尾巴还在转动。"好险，阿得，这是毒蛇青竹丝呢，你牛犊不怕虎！"阿富从内心佩服这小弟弟的胆量。

一会儿，阿富帮阿得和沙毛把散乱的野菠萝叶捆成把，便挑着下山了。

此时，天上红霞飞舞，海面白帆点点。船队归帆了。

七、赶小海去

1

阿得能上山砍柴草了，而且那天还英勇地砍死“青竹丝”，阿爸、阿妈、奶奶听后觉得又高兴，又担忧。高兴的是，阿得跟其他孩子不同，什么惊险的事都敢干，真有点男子汉的气概；担忧的是，真是小小牛犊不怕虎，那吐着毒舌的“青竹丝”，一不小心被咬住，那小命不就交关去？往后到海里，遇到大鲨鱼、大鲸鱼，敢情也要与它们拼命?!

于是，阿爸、阿妈、奶奶都愠怒地教导着阿得，要当男子汉，胆要大，但心要细。我们这海上人家，终日与大海生活在一起，凶险的事很多很多，若老是出风头不注意保护自己，是千万不行的。

而这个阿得，才八岁就觉得自己已长大了，啥事都要干，都要去尝试。他长得比同龄的孩子高半个头，走起路来也是虎虎生威的。他认为都是男子汉，大人可干的事，他也能干。“不是吗？捡柴，奶奶怕我不行，我挑回来了，而且不比大哥小捆了多少。蛇，说起来那么厉害，那么可怕的，我也不是照常砍了。一刀下去，两截的。我就不信有什么事，我们孩子不能做的！如果连砍柴的事，普普通通的事都不能做，长大了哪能像董存瑞叔叔那样去炸碉堡呢？老师说，英雄的行为、品德、精神就要从小磨炼。”

于是，一天，他见大哥阿庆和阿富兄撑着小船讨海去，回来时抓了许多小鱼、小虾和大蟹，就手心痒痒的。星期六晚上，他就找了沙毛，悄悄道：“沙毛，明天我们跟我大哥他们到海上捕小鱼，你说行不行?”沙毛家里没小船，早就羡慕划小船去海上捕鱼，当然是百分之百赞成。那晚，阿得要告诉大哥，又怕大哥不答应。于是他便装着无事人一样，天亮时，见大哥起床了，趁大哥没注意，就兀自爬起来，跑往沙毛家门口，轻轻敲了敲门。沙毛早已准备好了，蹲在里面。听见敲门声，沙毛便轻轻闪出，二人紧紧跟着大哥和阿富兄，一直朝海边走去。

清晨的大海，空气格外的清新。海风从海面轻轻吹来，清凉清凉的，令人感到十分的惬意。

阿庆、阿富和秋生他们三人，背着篓子，扛着鱼叉，兴高采烈地走向港湾，解开船缆，跳上船板。就在小船刚要撑开之际，忽然“噔噔”两声，船上跳上两个小弟弟。阿庆一见，是阿得和沙毛！

“阿得，你们来干什么？”阿庆明知故问。

“哥哥，我们要跟你们去掠鱼。”

“你不上山捡柴草，下海危险，你们还小呢！”

“家中柴已足烧一月半月呢，我们要下海学捕鱼。”阿得对危险，不当一回事。

“不行，你还小，奴仔下海捕鱼，大人规定要十岁。下船去！”阿庆毫不让步，握着船桨赶他下船。

阿得知道硬的不行，便假装哭丧着脸，央求道：“哥哥，就让我们去一次吧，我去看你们如何抓，不乱来就是了。”

“庆哥，”沙毛也帮着央求道，“反正我们昨晚一晚没睡，准备了一晚。既然来了，让我们去一回吧！”

“算啦，”阿富和秋生帮着劝说道，“阿庆，就让他们去吧，我们注意就行了。”

阿庆见这般光景，也只得依了。但规定他们一切行动听指挥，不要乱跑乱闯。

阿得、沙毛见大哥同意了，高兴得不得了。阿庆说什么，他们都点头允诺。

小船迎着美丽的朝霞，款款地摇出港湾，直往港路前的海面驶去。

退潮了，港路前那湛蓝的海水渐渐退潮了。白沙滩露出来了，像一片刚切开的水嫩嫩的大萝卜一样，在晨光的照耀下闪闪发亮。

他们跳下船，一直朝着东南面那片乱石岗走去。

好生奇怪啊！第一次下海捕鱼的阿得觉得一切都新奇，沙面上有各种各样形状的爬行的小东西：小鱼、小蟹、小虾、螺、蛤，还有藏在沙里头露出一小节的蜷动的东西，阿得见到什么就抓什么。

“阿得！”阿庆喝道，“往前面走，别贪心，我们今天是抓章鱼。”

“章鱼如何抓？”阿得知道章鱼是长着八条长腿的家伙，那长腿里面有一个像磁石般会吸人手掌的圆圆的东西，很厉害。平时大哥抓回家，他跟它玩，不小心被它的长腿搭上，一吸会痛的。洗后烫熟蘸醋很好吃，脆甜脆甜的。但不知道如何抓，今天可要抓了，阿得觉得更新奇。

忽然，只见阿富和秋生两人发现沙滩上有两只小蟹在爬行便奔了过去，一弯腰就捉住。

阿得发现他们的前面也爬了七八只小蟹。阿庆命令道：

“阿得、沙毛，快把它们抓住。”

阿得、沙毛得令便跑过去，两人争着，一会儿便捉住了。

阿得双手捧上。阿庆一瞧，他手中抓了五只，但只有两只是雄的，便道：“雄的好。要抓雄的。雄的软壳缝长，绳索捆得牢。”说完，阿庆掰开那软壳缝，示范给他俩瞧。

阿得、沙毛细细端详，便知道其中奥妙了。

他们沿着乱石岗搜索着前进。

他们5人分成两个小组，阿庆带阿得，沙毛跟着阿富和秋生。沿东西两个方向包剿过去。

阿庆、阿得朝东南方向走去。突然见前面蚝石旁下面有一个小洞洞，阿庆便叫住阿得。阿庆走近前，见洞口扁平扁平的，里面有水，浑浊浑浊，且洞口有些毛毛的纹迹。阿庆悄声道：“里面有章鱼。”说完，从篓耳朵拔出一道小绳索，拴着小蟹的软壳缝，轻轻放下去，在洞口一抖一抖的。霎时洞里伸出一道长长的大脚爪，一搭就把小蟹拦腰搭住，那大脚便一个劲地颤动着，小蟹便不动弹了，蟹髓被它滋滋地吸吮着。当章鱼正在美餐之时，只见阿庆把草绳轻轻一提，便听“嗖”的一声，阿庆伸出大手，一把将沉醉在欢乐之中的章鱼紧紧抓住，顺手扔进背上的篓子里去。

“哎哟，真好看，真趣味！”阿得从没看到过这生动的场面，真比老师讲故事还生动！他高兴得直叫。

“大哥，下次让我试一下。”

“行，”大哥微笑着点点头，“要注意的是，牵小蟹的绳要捏紧，但线要放松，章鱼吸吮蟹髓时，要让它吃得津津有味时才提上来，太快了，它脚吸不紧固，会掉下去。”

阿得会意地点点头。

不一会儿，又发现一个小洞洞。这回，由阿得操作。阿得遵照大哥教的方法，真的也顺利地抓了一条大章鱼，他高兴得一蹦三尺高。

那天，真是大丰收了。他们划着小船，满载而归。

2

自从跟着大哥抓章鱼后，阿得捕鱼便有瘾了。以后，每逢星期天，他便和沙毛一起跟着大哥他们赶小海，捕鱼。

隔年，由于弟妹多，家庭负担重，阿庆便弃学上钩钓船当学徒了。

那只小蚝船，便成为阿得的用武之地。一到星期天，他便组织一群小伙计，组成一支小小的捕鱼队，在海面滚打。

一次，鱼篓不慎丢落在海里了。回家时被阿妈臭骂了一顿。要捕鱼，没鱼篓怎行？要买，阿妈说没钱。

这一下，阿得急坏了。他急中生智，想起几天前，在泊船的港湾见到大人们丢下许多从韩江里运来的捆杉排竹篾片，他灵机一动，便顶着晌午烈日，一声不响地跑往港湾去。真高兴呀，那些长长青青的竹片还丢在杉堆的一角，他欣喜地捡起来，捆成一把，扛上肩回家去。

这海边的夏日晌午，海风虽大，但日头很毒，沙滩的热气又升腾上来，烤得他小脸红扑扑的，像小关公一样。

“阿得，从哪里背回这竹片？要干吗？”奶奶又气又怜，“天太热了，迟些去不行？你就这样，做什么都不管刮风下雨日晒的，中暑了，你才知道！”

阿得也不吱声，用面巾擦了汗，就到隔壁阿蜞家借了一只篓子，放在膝盖上面转，从左到右，从上到下，横竖数着篾片，便拿了一张小纸片，用铅笔记着。

“二哥，吃饭啦。”三弟阿有牵着阿妹的小手，来催二哥吃饭。

“去去去！”阿得烦了，“别扰我，滚一边去！”

“阿有，别烦他，你们先吃。我在锅里给他暖着就是了，别惹肉痛。”奶奶就是依着阿得的犟脾气。

一会儿，阿有、阿妹吃饱了。奶奶心痛阿得，说：“有什么事，吃饭后才想嘛。”

“对对对，”只见阿得大腿一拍，“奶奶，奶奶，我想出来了！”

“阿得，你想什么出来着？”奶奶问。

阿得也不说话，粗粗吃了两碗稀粥，两个大番薯，便拿出砍柴刀，在磨刀石上用劲地磨，然后拔出一根头发，放在刀刃上用气一吹——断了，搬张凳子坐下去，一条一条的，把那竹片削得光光滑滑，大小一样，然后，便编起来。

“啊，你在干什么？”奶奶觉得十分奇怪。

“我在编篓子。”

“你会编篓子？”

“我会，我一定会编成一个篓子的。”

“谁教你的？”

……

奶奶见他不应她，既惊奇，又高兴：这娃若能编出篓子，那才怪呢！

奶奶细瞧：哈，真的，篓底已像模像样了，真的……

阿得憋得满头大汗，见背后有声响，回头一望，是奶奶，又烦了：“去去去，别烦我！”

奶奶含笑走进房去，但又搬张凳子，坐在门边瞧这怪孙子。

真的，篓子编到半腰了，但她觉得与买的篓子不一样，直筒的，像猪笼。阿得也觉得怪了，停下手，右手托着腮帮，思索着……

“阿得，阿得，”门口传来沙毛的唤声，“阿得，长福叔要出海网泊啦。”“走。”阿得一听，便把半截子篓子背上背，跟沙毛冲出门去。走到门口，两个邻居小姑娘便笑了，“哎唷，阿得带着猪笼捕鱼，嘻嘻！”麦贤得一听，脸倏地红红的，冲着沙毛道：“不去不去。”他二话不说，又掉转头，走回家里，蹲在天井里，苦苦思索，思索……

沙毛跟着回来，见阿得那样子，便劝道：“阿得，编不成就算啦，向你妈要钱买。”

“滚！”阿得发怒了，“多管闲事！”沙毛一听，扫兴地走了。

“唉，”奶奶也为他焦急。但只见他，在那篓子脖子中间剪断几道篾片，又编上去，不一会，便收口了，前后只两个多时辰的工夫，那篓子就编好了。只见他左端详，右端详，与阿蜞的比了比，便高兴地跳起来：“奶奶，好了，好了！”

奶奶心内甜如蜜，一切她都看在眼里。真的，这娃就有活窍！

傍晚，林呖回来了。阿得已出门玩去。她见天井上放着一只新篓子，便问：“娘，阿得哪有钱买篓子？”

奶奶把高兴的心情藏在心底里，故意说：“不知道，会不会是向哪个小伙伴借的呢。”

“这鬼仔，想什么就一定要什么，乞丐身皇帝命的！”林呖骂着，便放下担，拿起那篓子，瞧了半晌：见结实倒是结实，只是粗了点，口子收得太宽些，手艺还不错呢。林呖便问：“娘，多少钱一个？”

“咯咯——”奶奶笑了，“阿呖，你说你儿子怪不怪！这是他自己编的啊！”

“什么？你说什么？”

“你儿子自己编的！”奶奶说道。

“啊——”林呖几乎不相信自己的耳朵，这十岁的娃，没拜师学艺，竟会编这种连一般竹篾师傅也为难的篓子！

林呖对这倔强而聪明的儿子，真的从心底里萌发了更深的母爱！

3

“三月天，孩子面，说变就变。”“立春”之后，泩洲湾的天气就变化无常。

大清早，下了一阵春雨。阿得、沙毛和阿蜞刚要出门，就被挑货箩回转头的阿妈拦住，说天上那片乌云还很重，要有一场大雨，待雨后才去。又道，反正十多岁的孩子，一辈子要当牛还怕没犁拉，紧张什么？

阿得心像小猫抓的一般，坐立不安：其实邻居长福叔和秋生他们在雨前已出海“闸网泊”去。说不定这会儿将退潮了，他们正在收网呢。都怪这个软脚蜞，等了半天才来！

阿得走出大门，望着茫茫的天空，只见东南面上的乌云已被海风刮往西北去了，黑魆魆的天空开始放亮了。不一会儿，一缕阳光从乳白色的云缝中露了出来，亮堂堂地直照在天井上。

“走！”阿得也用大哥的口吻，向沙毛和软脚蜞下着命令。

林呖见天空真的放晴了，也没阻拦他们，自个儿挑着货担出门去了。

阿得带着自制的篓子，领着沙毛和阿蜞，一直往港湾飞跑而去。当他们把小船划到皇姑潭沙滩时，只见潮水还没涨上来。长福叔、秋生和另外几个大人，分成两组人马，正在撒网，边撒边用泥巴压网脚，有的在竖网柱，网柱有一人多高，已竖了几十根了。在沙湾的东西两边，各放着一艘网泊船。两只两丈多长的三路底网泊船，此时像刚刚犁完稻田的大水牛一样，在浅湾里悠闲地小憩。

哗啦，哗啦！一阵阵海浪声传来——涨潮了！

阿得用劲地把打蚝船划到东面浅湾，拴好船儿，便带着沙毛和阿蜞走向沙滩。

细沙微微的海滩，踩上去像踩棉花一样舒服，每踩一下，一股快感便油然而生。其实有人讲，踩沙滩比踩棉花还快活。棉花是软绵绵的，而细沙却令赤脚的你，感到脚底像有无数小动物在轻轻地滑动，不痛，但令你滑溜溜痒乎乎的。

阿得三人赤着小脚，在细沙上面飞跑，一直朝长福叔他们的大网跑去。在他们跑过的沙滩上面，留下杂七杂八的小小脚印，像坦荡荡的夜空中银河里那杂乱的小星星。

“收网啰！”只听长福叔高声叫着。

退潮了！长福叔在西边，秋生在东边，一边还有几个大人，一段一段地收着大网。西边水浅，但礁石较多，阿得他们知道那里小虾小鱼多，便直朝长福叔那边跑去。

渔村人“闸网泊”有规矩：海滩平时是公共的，谁先撒网，网闸住的范围内的鱼就归撒网的捕掠。退潮时，网主人有的收网，有的捕掠网底和网边的鱼。当过兵的说这是“第一梯队”，即大鱼好鱼让撒网的主人先捕掠去，而被网拦在浅滩边的小鱼小虾和沉底鱼，如淡甲、娘嫒、赤纱、白弦、尖头、黄啬仔，这些就由没撒网的小孩子们或没能耐置船撒网的人收拾。也称为“第二梯队”的人摸捉。

阿得他们就算“第二梯队”，是近月来才挤进来的第二梯队的“新队员”。但他们眼尖手快，所以往往抓的小鱼不比别的“老队员”少。阿得这人却也公道。船是阿得家的，他力气又比沙毛和阿蜞大，手脚灵活，抓的鱼比他们多。但每次分胜利果实时，阿得都平均分配。在阿得来说，他认为反正三人一个样，水涨船浮，只要沙毛、阿蜞愿意跟他出海，每星期天都能抓到许多鱼，家里是够吃的。

“哎呀，阿得，鞋底鱼，鞋底鱼！”软脚蜞踩上一条鞋底鱼，高声叫着。阿得把刚刚抓到的赤蟹塞进篓子去，便涉水过去，双手迅猛地在水里抓鞋底鱼。不一会儿，抓了几条，两人笑哈哈的。

沙毛握着一把带柄的小鱼网斗，跟着长福叔他们的屁股打着网。一网提起来，有小虾、小蟹，还有许多小娘媛鱼，在网里跳着。沙毛高兴得直嚷：“阿得快来，鱼多！”阿得急忙在背上拔出小鱼网斗，直冲过去。他们正网得过瘾，忽听阿蜞那边一声惊叫：“哎呀，阿得，救命啊——”

阿得慌忙望去，只见阿蜞不知怎的摸往深港去，人已没进海里，剩下半个头。他不会泅水，不好！阿得和沙毛慌忙奔了过去。

阿得人高，跑在前面；沙毛跑在后面。阿蜞已沉入海里了，在水中拼命挣扎着。阿得干脆甩开大腿跑，忽觉脚底一阵急痛。不好了！被牡蛎壳扎伤了。痛得阿得头发麻，但他咬紧牙关，加快速度。水深了，他便张开双手、双脚用力一踢，泅了过去，把在挣扎中的阿蜞一把抱了过来。一会儿，沙毛也追上来了。两人把阿蜞扶上沙滩。

阿蜞“哇哇”地吐了几口海水，眼睛翻动了——没事。

而阿得觉得右脚底剧痛，坐下一瞧：啊，二寸多长的口子！鲜血直喷。沙毛一见，慌了，“阿得，你受伤！”

“别嚷！”阿得不慌不忙掏出手巾，用力扎紧。便笑笑道：“沙毛，别告诉我妈。分鱼。”

他们把篓子里的鱼倒了出来，分成三堆，像小山般。以前分鱼是抽签的，这次，阿得道：“阿蜞今天落水，慰劳他，让他先挑。”

回到家里，大人还没回来，阿得觉得右脚底剧痛，像刀剐肉一般。他站起来扶着墙根，找了银针和白线，又扶着墙坐在门槛上，眯着眼睛把线穿进针眼，便把自己的皮肉当成衣服，一针一针地缝起来。此时，他想起林书开不久前讲的关公刮骨疗毒的故事，自己这点儿伤口，没什么。

啊，真痛啊！没打麻针，那缝衣线比医生的肉丝线大且粗，一丝连一丝，这娃！

阿得额头的汗黄豆大，一针一针地像往心头扎的一样，但他心内暗暗下决心：坚持，这小小的伤口痛的还受不了，往后能当什么兵，干什么大事情！关云长、董存瑞俩此时好像看他缝伤口呢！

大门口货担一晃，林呖回家了。

“阿得，你在干什么？”阿妈见他满头大汗，弯着腰在缝针线，“你又在学缝衣服么？”

“不”，阿得缝了最后一针，打了个结。

林呖放下货担一瞧，门槛上一摊鲜血。天啊，儿子受伤了，在缝自己的伤口！

林呖心痛得轻轻用巴掌拍着阿得的脑瓜。这犟牛啊！

林呖慌忙往门扇角找来一瓶浸泡蜈蚣的船油，拔开瓶盖，哗的一声就淋在儿子的脚底。

“你这鬼仔，上医疗站包扎！”奶奶在厨房煮饭、炒菜，门外闹了半天，她才端着一盆热气腾腾的空心菜走出来。听媳妇一说，心痛难忍道：“天！阿得啊，你所做的事就是有天没日的！”说着，那泪珠儿嗒嗒地落在菜盆上。

林呖把儿子硬背着往村口医疗站，找了医生。那老医师六十多岁了，秃顶，对缝伤口外行。他道：“外科李医生回家去了，他母生病，后天才能回来……唷唷，既然缝上去，就将就待两天再看看吧。”说完，便抓过阿得的右手，要摸脉。

“孩子不是感冒发热，这脉就——”林呖提醒道。

隔日，阿得觉得伤口便不太痛。星期天，便觉得伤处软软了，就溜往海里去。伤口被海水一浸，真比酒精还效验，只觉一阵剧痛。没几天，就脱痂了。

第三章

十八岁的心愿

八、大哥当兵

1

1959年的春节，浒洲湾人家并没有万家炊烟，因为“共产主义大食堂”的大灶门里的火苗还旺着呢。

幸亏麦贤得才仅仅到凤山楼四个多月，阿爸、阿妈还年富力强，不至于佝偻着腰杆住进养老院，连缠小足的老奶奶也还在家里。

老奶奶这回可清闲多了。她在一个早上被免去连任四五十年的“灶台将军”之职，眼下，孩子们都往大食堂去，只是她三餐一到便由吃饱饭后的阿庆捧上一大碗清如水明如镜的稀巴粥让她吃。幸亏她老人家没多少牙齿，张开皱皱的嘴巴，几口就吞下去，然后就提着一大篮衣服下池洗涤。

“奶奶，我回来了!”

瘦了一圈的正在天井晾衣服的奶奶，瞅见二孙子从门口背着背包像解放军一样雄赳赳地迈进来，万分高兴道：

“唷唷，阿得你们学校放假了?”

阿得边放下背包，边脱下军帽当扇子一样煽风边道：“学校解散啦，回家食老米。”

“唷唷，家里也没老米喽，老米都扛到大食堂去。我们全家人的肚子都交大食堂了。”

四个多月没回家，真是天变地变哪，吃饭都挤在一起吃了，真新鲜。

“嘻嘻，那我今晚就到大食堂吃饭去。”大食堂是啥模样呢?老的小的，千家万户拥在一起吃饭，真好玩。阿得好奇得心痒痒的……

但是，“共产主义大食堂”也并非“神仙住的天堂”。阿得回来吃不上几天，谷仓没谷了，米桶空了，炊事员把木桶像敲皮鼓一样敲得山响，上级一个红头文件下来，大食堂就解散了。

乡民们又各自操着各自的家什回各自的家去。于是歇息几个月的、浒洲湾那古老的万家烟囱又重新升起袅袅的炊烟了。南海的汛期一来，老的小的又拥向海滩，捕小鱼、小虾、小蟹、沙尖、娘媛什么的。

阿得，又回到他的浒北小学。9月份，秋风吹来时，他裹着风衣，背着新的书包，唱着“雄赳赳，气昂昂，跨过鸭绿江……”的壮歌跨进了“浒洲中学”的校门。他成为一个中学生了。他也成为他这家族中第一个中学生，中华人民共和国的中学生！

金色的星期天来临时，他又带着沙毛、软脚蜞他们，背着自制的篓子赶小海去。他轻轻地摇着桨，把海上的清波划开，小船便箭似地驶进波涛汹涌的南海……

2

晚风凉丝丝地吹来了，叶厝祠前那株大榕树飞下几片枯黄的残叶，在空中翻滚了几下，就落在滑溜溜的石阶上，一会儿，又被一阵旋风卷跑了。

“汫北大队民兵营”的长形牌子，高高地挂在叶厝祠门口，强劲的海风老是想吹动它，但都莫奈它何，只是把它摇动了几下，发出“咔嚓”的摩擦声，那大招牌仍坚如磐石般高高悬挂在墙壁上，成为汫北大队应征青年向往的地方。

已是傍晚10时多了，民兵营长的房间里还亮着灯光。

忽然，门外一阵嘈杂的喧闹声。啊，对了，今晚放映电影。散场了。

“营长，营长。”大门嘣的一声被推开了。

武装民兵排长麦阿武探出脑袋一望：麦贤庆来了！

“营长，真高兴啊，我妈，我奶奶，他们都同意了！全家都同意了！”

大队民兵营长麦长福见这个小青年，又圆又大的眼睛充满了喜气，便高兴地拍着他的肩膀，叫他坐下谈谈。然后，他习惯地用左手抹了抹光亮的额门，他怕头顶上的长发无意中溜下几根挂在脑门上，是十分不雅观的。

今年征兵开始时，阿庆便对母亲道：“娘，我今年够龄了，要去当解放军，去保卫祖国。”

母亲望望长得牛高马大的大儿子，半晌，没说话。

“娘，你不是老是跟我讲，我爷爷、我大伯都是给日本鬼子害死的，我长大了，当上解放军，为爷爷、大伯报仇，保卫祖国，是好事呀！你怎不开口呢？”

母亲不开口，确实也有她的心事。眼下，她已有7个孩子。贤金长大自立家门了，丈夫走船赚的是工分。渔村人家，靠下海捕鱼解决生计，贤庆眼下走钩钓船，收入多，这一去，渔路就断了。贤得又要上学，日子就难挨了。

“阿庆，娘不是不让你当兵，只是你的弟妹多，待阿得长大些，能下海代你上钩钓船，你才去……”

“娘，你就只看你自己的家，你知道吗？印度人要入侵我国啦，西藏同胞被叛匪践踏得够惨了……你不让我去，我也要去！”

阿庆便气咻咻地报了名，体检。反正他相信，他母亲最后一定会支持他去参军的。

但是，如何说服母亲呢？那天父亲出海归来，麦阿武来坐，父亲爽快同意了。幸亏当时母亲没在家。于是，他自己便向营长打保票，说母亲思想会通的。

但如何使母亲也像父亲一样爽快地支持他当兵呢？今天，日将暮时，他从海上归来，边走边苦闷地想着。他正在苦闷之时，忽然迎头见到阿得帮两个陌生人推着满载的板车。便问：

“阿得，你推什么？”

“大哥，你还不知道？”阿得把书包往后背推了推，擦擦汗道：“今晚放电影呀！”

“嗬，你是他大哥，”那瘦个子的陌生人道，“你弟弟好样的，见我们车上坡，便主动地帮我们推车。”那瘦高个子约摸是新分配到他们这一带的放映员。以前那胖子贤庆认识。

“同志，今晚放映什么片子？”

“今晚放映《上甘岭》和短片《百万农奴站起来了》。”

“太好了，太好了！”麦贤庆心内一阵欣喜，“阿得，你快回去搬草席，今晚请奶奶和母亲看电影。”

“好，小弟弟，你去拿草席，我留个好位子让你奶奶和母亲看。”那瘦高个子客气道。

兄弟俩帮着把放映机推到放映场去。阿庆便对阿得道：“阿得，今晚请奶奶和母亲看电影，让她们知道我国还有许多同胞在受苦受难，让她支持我去当兵。”

“行行！”麦贤得也拍掌支持道，“让她思想通了，下年也支持我去当兵。”

于是，麦贤得飞跑回家去，搬了一件大草席，放在放映机旁边——放映员奖励麦贤得的最佳位置上。

月牙儿从海面上升起来了，明晃晃地洒在后头埕上。埕里摆满了花花绿绿的草席。

两根高高的木桩拉开了一块宽大的黑边白布，一个大喇叭高挂在木桩上面。电影开始了。

先映的是《百万农奴站起来了》的纪录片。银幕上出现了一望无际的草原，白皑皑的大雪山。解说员深沉而浑厚的低音：

“……在祖国的西南边疆，有一片号称‘世界屋脊’的西藏高原，它是我们伟大祖国的西南屏障。……居住在这里的藏族人民，世世代代过着牛马不如的悲惨生活……”

银幕上出现了一群骨瘦如柴的藏族同胞，一个面目狰狞的刽子手挥动着马鞭狠狠地抽打着他们。

“看!”解说员的语调里充满了愤怒，“这是用奴隶人头做的一盏灯!……看！这是从活人身上扒下来的一张人皮！……看！西藏上层反动集团挖掉了这位老人的眼睛!”

林呖，这个坚强的苦大仇深的渔家妇女，她很少流泪，此时此刻，她两道热泪流了下来。她眼睛模糊了，眼前出现了十五年前爹爹被活活饿死，伯伯被活活打死，瘦骨伶仃的麦贤金的母亲跪在她家婆的面前的哀求声：“娘，这孩子就交给你们，抚养大，我饿坏了，我要走了!”苦难、悲痛、仇恨涌上她的心头。——她耳际好似不时响着解说员那饱含深仇大恨的愤懑的声音，“看！看！看!!”

她挪了挪位子，把麦贤庆拉到身边，又把麦贤得拉过来，摸着他们的头，颤抖着道：“孩子，去，只要你们长大了，一个一个都去，去打那短命的恶财狼，为我们穷人报仇雪恨!”

听了麦贤庆的讲述，麦长福、麦阿武也感动得热泪盈眶：真的，多好的林呖嫂啊！穷人的心，是息息相通的，穷人的恨，是丝丝相连的。有这样的母亲，她的孩子当兵去，一定会成为一个英勇的战士的!

3

麦贤庆明天就要到部队去了。

麦贤庆平时在麦秋生闲间①住宿。今晚，临别了，他决定在家的木棚顶上与贤得同床共枕。他要好好跟弟弟谈一谈。

窗外，下弦月已悄悄爬上桂花树梢，月华射进窗棂，洒在楼板上，似水般清亮。

“阿得，我出门去，阿爸长年在外，弟妹们就以你为长，你肩上的担子可就重了。”阿庆不免有些担忧道。

“大哥，你安心去吧。”阿得已 15 岁，他早就认为自己是大人了，要不是年龄的限制，他也争着要去当兵呢。反正母亲身体好，三弟也逐步长大了：“大哥，你先走一步，我早晚也要去当兵的，阿妈阿爸都支持我，如果家庭生活有困难，我就不读书，去钩钓船顶你，我再帮家庭二三年，足龄了，我就去报名。到那时，你可要支持我啊！大哥。”

---

① 闲间：潮汕乡村邻里聚会、喝茶、聊天、读书的居室。

“阿得，你就暂时别想得太多，我走后，你的书还是要念下去的，趁阿妈阿爸身子骨还硬朗，能劳动，你多念几年书，最少到初中毕业。你知道吗？听说以后部队逐步要现代化装备，没文化就不懂得使用新武器。我也后悔原来读书少，但你不能跟我比，那时我们家庭比现在还困难，我如果没弃学出来相帮，恐家庭难挺过来的。你还是多念两年书再说吧。”

“喔喔喔！”楼下的公鸡报更了。窗外已露出鱼肚白，天快要亮了。

兄弟俩才疲倦地合上了眼睛……大哥戴上大红花，光荣入伍了。他迈着矫健的步伐走了。

这一年，七弟又出世了。奶奶一年一岁，满头银发，手脚不灵便了。家庭事务多，劳力弱。为了生活，为了让弟弟妹妹们能上学读书，麦贤得终于弃学下船了。

他在汫洲中学只读完初中一年级，便走出校门。他恋恋不舍地回头向飘着五星红旗的大门挥手告别了。

7 月，正是蟹黄鱼肥的季节，汫洲湾的钩钓船，迎来了一个身强力壮的新水手——麦贤得。

大儿子当兵去。二儿子停学，又下海。

林呖对丈夫道：“你终日里都是下海下海的，阿得要上钩钓船去，海里的来龙去脉，转弯抹角的，你就抽空教示教示他。”

林呖说得在理，这天清早，麦阿记便趁修船的空隙，把阿得叫到跟前。

“阿得，你既然没读书，也要讨海了。你可要懂得俺们汫洲湾人讨海的规矩。”麦阿记盯着长得牛高马大，但还是一张娃娃脸的二儿子。

“阿爸，我们汫洲湾讨海的规矩是什么？”二儿子迷惘地问。

麦阿记狠狠地抽了一口烟，铿锵有力一字一句道：“有福共享，有难相救。”说完，他又慢腾腾地抽着烟，解释道：“俗话说：行船跑马三分命。大海虽阔，船头终究会相遇，就凭这个理，海上漂荡皆兄弟，哪船有难，都要当成自己兄弟的事，冒死相救，懂吗？”

麦贤得眨巴着聪明的大眼睛，一个劲地点点头。

“阿得，”父亲又叮嘱道，“你要去的钩钓船，船老大是你阿龟兄。他家负担重，脚马不好，你年轻有力气，不要惜脚手。后生人，功课做后，汗出去，洗个澡，好好睡个觉，星亮时疲劳就溜跑了。”

门外日上三竿了。麦阿记又惦记起修船的事，便道：“你去吧，去见你阿龟兄，让他教教你。钩钓船的事，他内行。”

说完，麦阿记戴上竹笠，往港湾去。

本来，阿得对那个阿龟兄，心里就有些儿瞧不起眼。三四十岁的人，长得还没他高，而且走路一跛一跛的，整天脸像布满了黑雾一样，不见一丝儿笑容的，好像谁欠了他的大头债一样。眼下自己就要往他船上去，与这黑脸鬼相处这日子如何挨？但是，凭他记忆中，阿龟兄确也对他父亲、对他全家都好。他们两家确也交情不薄。

麦贤得跟阿龟兄出海了。

“阿龟兄，你以后要教我掌舵。我学会了你就免再在船头受累。”麦贤得对阿龟道。

“慢慢来嘛，性急吃不了热豆腐。阿兄知道怎么做的。”阿龟瘦削的脸颊上那两道法令纹颤了颤，终于露出一丝很难看出的笑意。

钩钓船扬帆出海了，往东山湾的海面驶去。说实在，阿龟见高他一头的记叔的二儿子上他船来了，心里真是十二分高兴。记叔的家教就是好。大儿子阿庆在船上三年也很听话，干啥活都不惜力气，博得全船人的称赞。这回二儿子上船来了，比他哥长得还高，但那双星剑眉下的眼睛虎虎生威的。阿龟有时看他也有些心虚，怕他不听话，但观他的举止，却也是善良的孩子，便也心宽了。

其实，阿龟原来对这钩钓船也是外行的。只因麦二弟被国民党军队抓了“壮丁”，渺无音讯，伍若霞上岸投奔麦阿记，麦阿记认为二弟已当炮灰了，便把她介绍给阿龟。阿龟侥幸娶上伍若霞，这一娶便鸡母鸡仔鸡笼都揽过来了。他摇身一变，只一个晚上，便变为堂堂皇皇的船主。虽然为了置宽敞的房屋，把船招股了，但他仍为大股东。再加上以前长期跟着麦阿记下海，这掌舵工夫也学了一二。人民公社化什么都入社去，他也自然而然地成为老大。

这“家眷船”，由于“以海为家，泛水为宅”，除平素上市购物或傍晚倚湾泊船外，几乎都在海面上漂泊。海滩上的“闸网泊”“牵鸟”等赶小海的捕捞是海滨渔家的份，他们从没沾上边。他们的主要捕捞作业区是在外海、深海滩上。于是他们便发明了一套用钩钓捕鱼的技术，成为他们谋生的手段。只是40年代初以来，日本鬼子在东南沿海和太平洋上肆虐，他们这“水上人家”难以讨食，无奈只得屈尊纷纷上岸投靠沿海渔家，脱下疍家服，穿上汉人衣。十多年来，仅汫洲湾就收留了上岸投靠的十多艘“家眷船”。伍若霞这一艘，可说是较后上岸的一艘呢。而阿龟娶了伍若霞后，若霞身家性命都交给他了，当然这钩钓技术也就一授而无遗。几个月后，阿龟对这钩钓技术便滚瓜烂熟。

麦阿记的二儿子被安排到阿龟的船上，阿龟自然心内是十分欢迎的。阿得开初上船出外海，也与别人一样，晕船，呕吐，渐渐的几天之后就适应了。

这天，海面雾气朦胧，而且下着绵绵细雨，船儿在海面上颠簸着前进。阿龟见阿得精神很好，便向他传授了钩钓的秘诀。他双手抓起几根钩钓，道："阿得，这钩钓术嘛，看起复杂，说来简单。我们这船计有八十夹钩钓。每夹 148 弓钩，约每 8 弓钓带一个浮标，每夹 17 个浮标。夹的两边是两个犁仔，坠进水里，把钩固定下来。每天退潮时放钩，隔天退潮时收钓。捕的鱼都是深水鱼，如鲨鱼、黄魟……"

风雨越来越大了，浪涛似千军万马般咆哮着扑来。船一个劲地摇晃。阿得觉得头脑有些发晕，喉咙又痒痒的，好像要呕吐。

阿龟见他脸色有些发青，便劝他回舱休息去。

麦贤得道："没事，忍一忍就行了，舱里的兄弟们上午放了半天钓，累了，让他们休息，我帮你看舵。"

阿龟想，这鬼天气，阿得年轻眼睛明亮，能帮助观照海面，他确实放心得多。近来，他觉得眼有些昏花了，前面的海面礁石多呢。

于是阿龟从袋里掏出一小瓶虎标牌万金油。道："哎，在鼻口上，太阳穴上擦一擦。"

阿得接过来，揭开小盖子，用指尖上抹了抹，就在脸上部位擦一擦，一阵刺鼻的味道从鼻孔钻进肚里去，他觉得舒服得多了，要呕吐的感觉便渐渐消失了。

4

此时正是下半夜，有 3 点多钟了，潮水要退了，快要收钩了。阿龟由于劳累，整整一天也疲倦地打着瞌睡。

"龟兄，你歇歇吧，我帮你看海面。"

说话间，忽然，海面上浮现出几团黑乎乎的东西。

"不好，不好，礁石！"说时迟，那时快，阿得急忙把阿龟手里的舵牙夺过来，用力一摆，船便斜刺里避过礁石。

这一急转，大船便一个抖动，船舱里的人都被震醒了。阿龟也猛醒过来，回头看着被大船抛在后面的那几团黑乎乎的东西，不禁吐出长舌：啊，七星礁！这就是位于南澳东北几十海里外不知多少渔船遭害的令人毛骨悚然的七星礁！

"阿得，还是你眼尖。不然，阿兄就误了全船的七条生命了！"

众人见这新上船的学徒确是与众不同，啥事都不知疲劳地干，添水、煮饭、染网。今晚，人家休息了他还帮着船老大掌舵，排除了一场即将发生的海难!

“阿得，好样的!”从船舱里被震醒的麦阿武称赞道，“像你这么勤快，又不怕苦，我介绍你参加民兵，你愿意吗?”

身材长得高大，说话洪亮的麦阿武，三十多岁的强壮汉子，他负责大队武装民兵排长重任；平时也下海捕鱼。

“武叔，我不要当民兵，我足龄了要当解放军。”阿得平时见到后头埕清晨民兵在训练，并没当成一回事，他专注的就是要当解放军，来劲!

“哈哈，阿得，你错了!”麦阿武对自己的民兵这重要的“兵种”，一贯来都认为不同凡响，“民兵是解放军的后备力量，也是解放军的学前班。按上级的精神，凡要入伍的解放军对象，当民兵的，特别是当武装民兵的优先录取，你真是四肢发达头脑简单。其实，你也知道，你大哥也是当民兵后才当解放军的。哈哈!”

这笑声，把阿得弄得满脸通红，幸得是傍晚，大家都没瞧见。他心里想，为什么长福叔没讲，他答应我长大后就送我去当兵。真的这样，回家后，我找长福叔，就先当当民兵，而且要当武装民兵，以后条件比人家强，身体体验合格，就甭说了。

收钩了，钓了几条大鲨鱼，大家好不高兴。钩钓船直驶往东山湾，麦阿武带着麦阿江和麦贤得等，扛着大鲨鱼走往东山湾水产站收购。

九、抓特务

1

阿得吃饱饭后，心情却久久难以平静。他这十六年，不，自懂事之日起，听阿爸，听阿妈，听乡里叔伯们讲的像伍若霞嫂子这样的辛酸苦泪史太多了，都是日本鬼子、土匪渔霸、国民党肆的虐，不然，怎会有这么多乡亲妻离子散，家破人亡呢。真的，去年大哥当兵前夜，他看到电影里西藏农奴的惨不忍睹的苦难生活，更使他惊讶不已：解放十多年了，还有那么多阶级兄弟姐妹受这般的苦难！他真恨自己，恨自己出生太迟，不然，他也能跟哥哥一样立即去当兵，上前线，去抓住西藏叛匪，为阶级兄弟报仇。但他才十六岁，要等两年后才够年龄，才能去当兵。这两年呀，算起来只有七百多天，但度日如年。他这次出海，阿武叔还说要当民兵，只有当民兵，以后才能优先当解放军。对，我一定要找民兵营长长福叔，问个明白。

吃饱饭后，阿得粗粗洗洗脸，向长福叔家走去。

“阿得，进来。”屋里灯光昏暗，阿得刚踏进门，长福叔就先叫他，“我知道你今天来过了，也知道你要来问当民兵的事。”

“是的，我跟婶婆讲了。”阿得认真道，“阿叔，我问你，是不是当解放军的都先要当民兵。”

“这个嘛?”长福叔哈哈大笑道，“不一定，适龄青年都有应征入伍的义务。也就是说适龄青年都是入伍当兵的对象。不过，入伍前能参加民兵组织，能接受民兵的训练，培养集体观念、组织观念、战备观念，提高自己的素质，参军后就能更快地进步，就能拿起枪杆子马上投入战斗。当然，征兵时，参加民兵组织，表现好的‘三好民兵’，是优先输送到部队去的哟。”

“那么，阿叔，民兵的任务是什么呢?”阿得瞪大眼睛惊奇地问。

“这个嘛，民兵要时刻听从党召唤。平时生产，是生产劳动的模范；战时，冲锋在前，是人民解放军的得力助手和后备力量。”

“那么，能不能……比如去西藏打仗?”

“不能，民兵主要是立足当地，以保卫家园为主。”

“那不是照常下海捕鱼……”

“不，晚上还要巡逻放哨，早晨还要训练，还要……”

“不，没当解放军那样来劲，没见到敌人，没打仗……叔叔，你还是尽快让我当解放军。”

“哎，阿得呀，”麦长福几乎对这个执拗的小伙子没奈何了，“你有空先到民兵营看看，看民兵是怎样生活的，阿叔抽空再跟你谈。我今晚还有任务去县城，几天后才能回来。”

2

夜深了，民兵营长麦长福坐在民兵营的办公椅上，一口一口地吸着烟。

“营长，黄冈来电，说乌狗来浒洲做客了”。

“知道。”麦长福心内一凛，真的来了!

他迅速操了一支三节电池的手电筒，别上一把手枪，一把匕首，直冲出门去。

拐过几道巷，出村口。他沿着小道直摸往青山渡口。

此时，滴滴答答地下着小雨，天空黑蒙蒙的，几乎是伸手不见五指。晚风飒飒，虽然还未到立秋时分，但连绵不断的阴雨，把下半夜的海滨搞得令人有丝儿寒冷的感觉。

这青山小道，他太熟悉了。几十年来，就在这道路上走着长大的。哪处高、哪处低，哪处拐弯、哪处有树有石头他都滚瓜烂熟的。即使闭上眼睛，他也可摸着走到渡口。他一脚高一脚低地摸过去。

到了，前面就是青山渡口。他一个箭步闯进路边灌木林去，蹲在一块黑色的大石头后面，拔出手枪，双眼炯炯地盯住黝黑的渡口。

呼呼的一阵东南风吹来，渐渐的，小雨停了，天上的浓云也渐渐消散了。不一会儿，西边的天空露出鱼肚白，一弯月牙挂在树梢上。河里的青蛙醒了，“呱、呱呱”地使劲叫着。沉闷的雾气被轻风卷走了，早晨清新的空气霎地弥漫四野，令人觉得心旷神怡。

哗、哗、哗！渡口传来了小船划水的声音。

“老哥，工钱。”船伯的声音。

“哦，这么多！谢谢。下次回来，再坐俺的船。”又是船伯的声音。

沉默。

麦长福一听，马上警觉起来。为什么客人没开声呢？是不是怕开声露出异乡口音？对了。来了！

麦长福屏住呼吸，睁开双眼，紧紧盯住路口。

只见一个身材高大的汉子，穿着黑色的夜行服，急匆匆地往洴洲村里走去。麦长福待他走过五十多步之后，才回头向渡口那边的对岸射了一下手电筒，表示已接上了。然后就紧紧跟踪上去。

这时如水的月影，给那汉子带来了方便。他沿着小路，甩开双脚，疾步走去。麦长福也加快步伐，几乎是小跑着追过去。但又怕被那汉子听见脚步声，追一段就停一段，待他走远了又再追上去，始终保持五十多步的距离。

走到村边了。天渐渐放亮，村里的公鸡已“喔喔”地喧叫起来。那汉子一拐，竟闯进村里去，沿着小巷穿插过去。啊，这家伙太狡猾了！这一着，如果后面真的有人跟踪，如果跟踪的是外地人，可就糟糕呐！这洴洲巷横横竖竖近百道小巷，他左拐右拐，谁跟得上？幸亏麦长福是本地人，他见他走进西二巷，便紧紧跟上去，怕他趁机拐弯，便加快脚步，身子贴着墙边前进。

那家伙又拐进三巷了。他干脆沿二巷穿行，约摸走近百步，才穿五直巷横下三巷，见到那家伙只离他几步，他便猫着腰伏在五直巷拐弯处，待他走远他才跟上去。

那家伙忽地闯进三巷中间的厕所，约横是要拉屎。他急忙加快脚步，紧追上去，伏在离厕所大约十几步的拐角处，屏住呼吸等待着。啊，不对，半天还没出来！他急忙踮高脚尖，轻轻走过去，往厕所一望，啊，里面没人，那家伙翻过厕所矮墙跑了。

麦长福这时蓦地一跃跨上矮墙，放眼望去，那家伙已跑进四巷拐弯处。

啊，忽然间，僻静处闪出一个黑影紧紧地跟上那个人影。他心内一阵欣喜：阿武接上了！他双脚一纵，跳下矮墙，忽然，只见那矮墙一个晃动，只听轰的一声，矮墙因连月雨淋，一软竟坍塌下去，把他压在里面，世界一片漆黑……

3

麦贤得昨晚也整夜没睡，眼睁睁地望着蚊帐顶。

他想，是呀，武叔也讲，长福叔也讲，要当解放军，就要先参加民兵。说得有道理，大哥不也参加民兵后才去当兵的吗。但是，那民兵，他曾见大哥、武叔他们，在后头山上天天操练，就没见到他们打敌人。在这浒洲湾，终日捕鱼、操练，从来没见到敌人的一条腿、一根汗毛。这不等于学校的“小八路”一样，练来练去，只是锻炼身体而已。敌人没打到，却落个四肢发达，头脑简单。但是，他们讲的也不是没道理。想着想着，不一会，鸡叫三遍了，窗外已泛白，天亮了。

清早，他洗洗脸，又到长福叔家。

啊，大清早，门已开了！

“长福叔。”麦贤得到门口就叫着。

“哦，阿得，你来得正好。”麦秋生在里面说道，“快，把东西送到公社卫生院。”

“发生什么事?”麦贤得紧张地问道。他见婶婆眼眶红红的，双手哆嗦着拿着日常用品，“婶婆，到底发生了什么事?”

“长福叔今早受伤了，”麦秋生眨了眨眼睛，暗示麦贤得别再问，“没大事的，只受点轻伤，我们快往医院去。婶子已去了。”

“婶婆，你就别担心了，相信医生一定会治好的。”他劝慰长福的母亲几句，便急忙提着包裹跟着秋生直往公社卫生院跑去。

他边跑边问：“秋生，到底发生了什么事?”

“我昨晚在民兵营值班，一清早，就有人来报信说长福叔被压在西巷口的厕所里，现已被救出来，人却昏迷不醒。我急忙找阿武，阿武又不见。我马上向大队书记汇报，他急忙派人把长福叔护送到镇卫生院，但至今不省人事，呼吸微弱的。”

“哦，他那么早要去西巷头干什么?”阿得迷惑道。

“民兵嘛，常常有特殊任务！”麦秋生顾左右而言道，“别啰唆，快走。”

他们一阵急跑，终于来到卫生院门口，但值班的医生说：“他病情危急，救护车把他拉上县医院了。”

“秋生，我们往县医院去。”麦贤得焦急万分。

“不行，”麦秋生摇着头道，“今天民兵营我要值班，不能去。你如果没出海，你把东西带去。”

“行!”麦贤得二话没讲，接过麦秋生手中的小布包，便飞也似的跑往县城去。

麦长福受伤太重了，在县城人民医院治疗，三天三夜还不省人事。

麦贤得到医院，见到双眼紧闭、脸色苍白的长福叔，他伤心极了，心里呼唤着：多好的长福叔啊，你快快清醒吧，你快快康复吧，回到洴北村，我一定听你的话，报名参加民兵，去帮你完成那“特殊的任务”!

但是，麦长福伤势太重，生命垂危，县人民医院决定送到汕头地区中心医院。麦贤得心情沉重地跟去。一直到第十一天，长福叔终于清醒过来了。

麦贤得高兴地跳了起来。渐渐的，他见到长福叔脸庞泛上淡淡的红晕，两天后便会说话了。麦贤得上去拉着他的手，轻声道：“叔叔，你好些吗?”

麦长福轻轻地点点头。

麦长福眼睛望着一旁的麦阿武：“阿……阿武，抓住了吗?”

“营长，抓住了，我见你离得太远了，不知道你已受伤，我便跟上，一直追过去，后来，海山那边的人接上了。那天下午，那家伙下船时落网了。”

说话间，县公安局和武装部的领导都来慰问了。

麦贤得闪在一边，倒着开水，热情地招呼着客人。

回到村里，麦贤得心头还是打了一个结：究竟长福叔和麦阿武去完成什么任务呢？真的，是我错了，民兵的任务并不是那么简单，也神神秘秘的，也充满了刀光剑影。

麦阿武也被安排回村了。麦贤得找他。

“武叔，你们究竟干什么大事情?”

“这是军事机密，不该问的就不要问，组织纪律哪。”麦阿武严肃道。

说完，麦阿武又觉得似乎对这小伙子说得太没人情了，便由衷地补充道：“阿得，你是好样的，你知道吗，别看我们平时平平静静的，但在台湾的国民党最近正在抓紧与美帝国主义勾结，准备反攻大陆，时常派武装特务侵入我们沿海渔村，并窃取我们的军事情报，搞破坏活动。长福叔就是在参加战斗中受伤的。”

“哦，长福叔是在抓特务中受伤的啊?”

麦阿武使劲地点点头。

“武叔！武叔！我错了，我要参加民兵，我马上就参加民兵!”

“你又错了，”麦阿武道，“参加民兵要自己写申请书，要经民兵营批准。”

"好，好，"麦贤得激动道，"我马上就回去写。"

说完，他便噔噔地跑回家去。

麦阿武望着他的背影，会心地笑了。

这年"立秋"前夕，汫北大队民兵营，迎来一个朝气蓬勃的新的民兵战士——麦贤得。

这时，中国人民解放军全军开展了大比武运动，全国民兵也投入这场规模宏大的训练。

汫北村后的后头山谷埕，一清早，口令声、刺杀声铺天盖地。

台湾当局也大肆叫嚣着反攻大陆。中央人民广播电台，《人民日报》不时传来党中央、毛主席有关严阵以待，随时准备歼灭敢于入侵之敌的指示。

民兵新战士麦贤得，坚持从高从严要求自己，摸爬滚打、刺杀、射击、投弹样样苦练，决不服输，决不甘于落后。第一次射击比赛时，由于技术不过关，五发子弹只中三发。麦阿武批评他。他咬咬牙，道："排长，下次比赛瞧吧！"

三个星期后，人们看到他两个手肘红肿红肿的，裤管膝盖处破了两个洞。知道这小子这回可不一样了。真的，比赛结束，好小子，三发均各中十环。

功夫不负苦心人。麦贤得的家几乎安在民兵营了。值班最早到，没值班时也到民兵营，扫地、擦枪、整理报纸、听电话，不到半年，他便被破格提前从基干民兵转为武装民兵。

这天下午，麦阿武对麦贤得道，今晚住民兵营，有特殊任务，要穿夜行服。

麦贤得来劲了，终于要碰硬了！他吃饱晚饭，穿上黑色的紧身衣，匆匆往民兵营走去。

4

真扫兴，在妈宫山伏了一晚，只见到一艘捕鱼船，连个特务的影子也没见到！

傍晚，麦贤得刚在吃晚饭，有线广播的喇叭响了，这是汕头人民广播电台的新闻节目。

"本台消息，今天清早，饶平县海山人民公社民兵庄××父子三人，在海面上英勇机智地擒拿了一股国民党特务。这股特务共五人，为首的反共救国军大队长张××等全部落网。民兵们的革命大无畏精神受到当地党政军的大力表彰……"

啊，原来那股特务是跑往海山海面去了，被庄大叔父子抓住了！麦贤得手心又发痒了。他再也坐不住，径直找阿龟去，要求明天出海捕鱼。

阿龟说："钩钓还没磨，明天大家磨钩钓，后天才出海。"

"不不，龟兄，中午我加班磨，不磨完不休息，你就通知大家明天出海，好么?"

无奈，阿龟只得点点头，同意了。

麦贤得有麦贤得的想法：如果待后天才出海，倘若还有特务在海上，早被别人抓去了，还会轮到他吗?!

隔天清早，麦贤得的钩钓船扬帆出海了。

帆船从汫洲湾驶出，沿着莱芜往惠来的靖海方向驶去。

今天风和日丽，海面波平浪静，千帆竞发。远处传来一声声豪放嘹亮的渔歌声：

白浪滔滔我不怕，
撑起舵儿往前划。
撒网下水把鱼打，
捕条大鱼笑哈哈。
……

这光景，哪个不怕死的鬼特务敢在海面窜？麦贤得知道没希望了。但又不灰心，按分工放钩钓、捕鱼。特务没捕到，却捕了四条大鲨鱼，满载而归。船行到靖海海面，海面骤然起风，他们逆风行驶，来到莱芜海面已是夜幕降临了。回头望去，美丽的汕头市万家灯火，如海市蜃楼般诱人注目。

大船向前驶去，渐渐的汕头市被莱芜山挡住了。大山的黑影把莱芜的海面遮得黑漆漆的。

麦贤得走往船头。他想，如果特务要登陆，这样的环境，他们便会蠢动。于是，他警惕、全神贯注地观察着海面。

啊，真是老天有眼，海面不远处飘着一团黑乎乎的东西，船不像船，礁石不像礁石!

"嘿，嘿"麦贤得轻轻地拍着阿龟的瘦小的肩膀，"龟兄，你瞧!"

阿龟眼昏花，瞅了半天，才道："奇怪，不像船，不像龟，在海上漂转?"阿龟沉吟良久，"不好，是翻背的船，海难!"说完，只见他急忙把船牙架一架，大船便朝那黑团奔去。

"救命啊，救命啊!"那黑团飞来了呼救声。

大船驶前去，只见真的是船翻了，船背上坐了五个水淋淋的人。

阿龟急忙招呼船工搭救。

"慢，"麦贤得警惕地禁止道，"喂，你们是什么人？"

"好兄弟，好兄弟，我们是澄海莱芜渔队的。"一口标准的澄海语音。

麦贤得毕竟是武装民兵战士，警惕性很高。今天，麦阿武排长有任务没上船，唯他是武装民兵。他知道责任重大，便布置大家，把七人分为两套人马，一套手拿鱼叉，伏在船舱上预防不测；一套由他和船老大救人。

船慢慢驶上去了。麦贤得睁开火辣辣的眼睛，见那五人满身都湿透了，在打哆嗦，他没发现异常情况，便把缆绳抛了过去，对方接住，一会儿便一个一个爬过来了。

真的，是遇难翻船的。麦贤得深深地舒了一口气，但又觉得若有所失。

然后，大家便找了衣服给这帮落水的渔民换上。

"谢谢，谢谢，救命恩人啊！"

翻腾了一天的大海好像玩累了的孩子一样，静静地躺在港湾之下，轻轻地、悠荡地喘息着。麦贤得望着那与夜空连成一片的迷蒙的大海，心里恨恨道："该死的，那鬼特务躲哪去了，没有一个影子！"

十、我也要当兵

1

清晨，海滨的太阳出得特别早。比山里的太阳要出得早而且圆，光线也明亮得多，这或许是没有大山和树林遮挡的缘故吧。

今早，汫洲湾海面的太阳喷薄而出，把后头山的练兵场照得暖烘烘的。

练兵场上，传来了一阵阵威武雄壮的刺杀声。

"国民党从沿海来——"

"杀！"

"美帝国主义从天空来——"

"杀！"

……

透过那蓊翠苍绿的柳树、松树，练兵场上排列着一百多名精神抖擞的民兵战士。他们一个个头戴铁盔，腰束武装带，穿着整洁的草绿色军装，威风凛凛地在操场上训练，一百多张脸庞都布满了密密麻麻的晶莹的汗珠。

带队的是一个人民解放军战士，全副武装。灿烂阳光迎面照射，他手中锋利的刺刀闪闪发光。帽檐上那闪烁的五星和领章，更使他平添了几分英俊之气。麦贤得羡慕得心里发痒了：今年，我十八岁了，不管怎么说，我一定要像阿富兄一样，当一名光荣的解放军战士！

“立——正！”麦东富一个响亮的口令声，“同志们，请营长讲话！”

“稍息！”麦长福走上台去。由于丹田无力，这“稍息”二字不认真听就溜跑了。他出院仅三个多月，一场重伤，几乎交关了他的性命，幸得党和政府的尽力抢救，不然他早向马克思报到了。虽然休养了几个月，体力有些恢复，但脸色还是苍白，碰上阴天头还隐隐作痛。本来，医生交代他回家要休养半年才能做事。但不行，近月来台湾当局反攻大陆的叫嚣声更大，战备任务十分紧张。汫北又濒临南海前哨，是全县重点的民兵营，战备任务重。他见麦阿武忙得不可开交，就再也坐不住了。几天前，听说四年前入伍当兵，眼下已升为排长的麦东富回家探亲，便急忙派人前去请他来帮助训练民兵。

麦东富参加全军实战训练获了奖。这解放军的排长就是不同凡响！两天的训练，民兵们真是得益匪浅，从单兵战术基础动作、匍匐前进、侧身前进、低姿前进训练就与平时不一样。麦东富还生动地向民兵们介绍了部队的训练情况和一个月前在惠来抓到一股武装特务的故事，不能不说是对全体民兵的战备教育，大家的情绪空前高涨。就拿麦贤得来说，昨天，在青山下进行匍匐训练时，手脚被山石碰破皮了，血流如注，但他包扎后仍坚持训练。还有许多民兵都坚持轻伤不下火线，都是动真格的。

“同志们，”麦长福兴奋道，“大家两天的训练都很好，麦排长的高标准严要求，让我们学到平时学不到的东西，大家鼓掌表示感谢。”

“啪，啪，啪……”一百多名民兵用力鼓掌，掌声如雷。

“同志们，阿富探家明天就要回部队了，你们有什么不懂的，操练结束后，也可单独请教请教他。最后，请麦排长临别赠言。”

身材魁梧的麦东富又走上讲台，步履是那么的矫健。他“唰”的一声向民兵们行了一个军礼。

“同志们，大家是好样的。我真料不到，仅两天的工夫，同志们就进步那么快，我们汫北民兵营，不愧是县里数一数二的先进的硬骨头民兵营。同志们，目前全国正处于紧张的战备状态，我们人民解放军和广大民兵都一个样，要发扬‘一不怕苦二不怕死’的革命精神，狠下工夫练好杀敌本领，随时准备消灭敢于入侵的敌人……”

“啪，啪，啪……”大家又是狠劲地鼓掌，掌声响彻云霄，把几只贪睡恋窠的海鸥，惊得扑棱棱地飞向山外去。

操练结束后，大家纷纷围住麦东富，争先恐后地问这问那，尤其一群年轻活泼的女民兵，更是叽叽喳喳地问个不停。

麦贤得见人多，问不痛快，他还有许多问题要请教阿富兄，他打算今晚往他家去，让他给自己加“小菜”。

2

阿富家离他的家不远，算小邻居。只是四年前阿富当兵之后，他少去。这次，阿富回来探家他也常常过去。但是阿富出门多年难得回来一趟，探亲访友，清早还要带民兵训练，也难得在家逗留一会儿。这几晚，阿得每次过去都碰不上他。这是最后一晚了，再碰不上，阿富就回部队了。他真的有点发急了。

其实，阿得急的并不是要去请教阿富训练常识，他藏在心头最要紧的是要问一问阿富兄的部队离他大哥的部队远不远，大哥当兵三年了，从没回家。阿得心里有个小算盘：他今年十八岁了，正是应征的年龄，他打算到大哥部队看一看，人家当解放军的与自己当民兵的有什么不同，也可先熟悉一下部队的生活，再则，也可先问一问大哥，究竟部队生活的细节要注意些什么……总之，与大哥分别三年了，他有许多的话要和大哥谈。

阿得走到阿富家门口，只见屋里一盏煤油灯亮着，阿富的父亲正伏在灯下“嗒嗒嗒”地拨弄着算盘。

阿富的父亲是镇食品站会计，每晚回来，都要清数，日清日结嘛，忙碌得很。

“阿叔，阿富兄在家吗？”麦贤得问。

“他吃饱饭就出门去了。”阿富爸头也没抬，继续“嗒嗒”地拨着他的算盘。其实，老人家不抬头看也知道是麦贤得。这小子天天来找他的儿子。阿得确实太嫩了，就不懂得大小伙子心中的秘密。阿富的父亲又不便明讲，只是暗自好笑。

“阿叔，你知道他去哪里？”

“后田洋！我在算数，别烦我。咳咳咳！”

阿得觉得没趣，告别后便径直奔往后田洋去。他想，阿富兄一定在葫芦池洗澡的，为什么没叫我？他心里觉得不是滋味，便快快走往葫芦池。远远就见那个状像大葫芦的池塘已挤满了赤条条的人们，乡里的男娃们在嘻嘻哈哈地击水嬉戏。“阿得，快下来呀！”黑压压的人头里有人在唤他，是沙毛。“沙毛，”阿得跃了过去，问，“你看到阿富兄吗？”

“没见没见，来，快下水。”沙毛招呼他。

“不，我有事找阿富兄。”阿得摇摇头就走。

这八月的田野，禾苗正处于拔节孕穗的时节，稻田一片葱翠。晚归的蜻蜓和稻飞虱正在暮霭将垂的天空中低低盘旋，施展着它们那高超的飞行技术。

麦贤得走进旷荡荡的田野，张眼四望：田野的人早已收工了，没一个人影。一个迟归的牧童，卧在大水牛背上，用竹叶折成哨子，一个劲地“吱吱呀呀”吹着动听的口哨，慢腾腾朝村里走来。阿得迎上去问：“阿弟，你见到一个解放军吗？”那放牛娃停了口哨，闪动着骨碌碌的眼睛道：“往那边，水库那边去。”麦贤得说声谢谢，便沿着东面坑洼找去。

坝的上面便是碧水环绕、清波荡漾的水库。晚风习习，真的，这时候在坝面上散步，那份诗情画意自不待说了。对了，阿富兄一定在坝面上散步的。

麦贤得蓦地产生了一个怪念头，对，像奇袭白虎团一样，悄悄摸上去，然后大喝一声，令他个措手不及，嗯！真好玩！

于是，麦贤得猫着腰，屏住呼吸，直摸了上去。

忽然，一阵晚风吹来，有人在说话：“你明天真的要走？”这是一个年轻姑娘的声音。

“对，探家的时间已到了，部队的纪律是铁打的，一天也不能迟到。”这是阿富兄的声音。

啊，原来阿富兄是躲在这坝面上谈恋爱喽！阿得明白了，难怪太阳一下山，阿富兄就连影子也找不着。

麦贤得觉得很扫兴，决心掉转头回家去，别在这里当“电灯泡”。但心里又想，如果自己这时就回去，阿富兄不知要谈到哪时才回家，自己又不能在他家门口等到天亮。天一亮，他就回部队去，自己如何打听到和平那边大哥的消息呢？听阿爸讲，和平离阿富兄那儿不远，如果方便，他要央请阿富兄带他去找大哥呢。机会不能错过！

他又掉转头爬上坝。

“阿凤，你真的爱我吗？我们当兵的，枪林弹雨，生死无定，你不怕吗？”

哦，阿凤？

“怕什么，我也是武装民兵，枪弹我见得也不少。反正国家需要，什么危险我都无所畏惧。只是你在部队中，当然要勇敢，要事事干在前，但可要胆大心细呢。”

啊，是阿凤！麦贤得几乎要嚷出声来了。这不是他小学的同班同桌同学，被他扭痛了手的阿凤吗？

“喵，喵。”麦贤得再也无所顾忌了，他装猫叫。

“啊，有猫！”阿凤惊慌道，一把抱住阿富。

“别管它，死猫！敌人你都不怕，还怕猫！”

“哈哈哈……”麦贤得大笑着爬上坝面：“阿富兄，阿凤，你们真会选择地点，我们民兵6月堵住的大坝却成为你们说猫仔话的好地方了！”

“天杀的，阿得。”阿凤羞得瓜子脸直红到耳根，慌忙松开抱住阿富的双手，幸得夜色苍茫，阿得并没有发现。

“嘿嘿，”阿富也尴尬道，“你这臭弟，你怎知道我们在这里？”

“嘻嘻，我有望远镜呢。”麦贤得傻笑几声便认真道，“阿富兄，阿凤，打扰了。确实也是无可奈何的事，我天天找阿富兄，天天都被你占去，这会儿，只占用你们10分钟时间，我问阿富兄两件事，就走。”

“什么事？大惊小怪的。”阿富含笑道。

“阿富兄，你们部队离和平远不远？”

“和平？潮阳的和平？”

“是呀，就是和平呢，天下哪有那么多和平。”

“不远，就在我们毗邻，大约相隔三十多里路。”

“那太好了！”麦贤得一听高兴得跳了起来：“阿富兄，你明天要回部队去，我就跟你一起去和平。”

“你要去和平干啥？”阿富诧异道。

“你不知道吗？我大哥就在和平当兵，我要去找他，商量年末我去当兵的事呢。”

“哦，阿得，你已十八岁了？”阿富惊奇地问，他真不知道昨天还跟他一起捕章鱼的小弟弟已十八岁了。

“对，我今年十八岁了。我爸、我妈老早就同意我入伍当兵，像你一样。我要先到部队看看，看你们部队的生活，也跟大哥商量商量。”

“行，行行！”阿富豪爽地道，“你就回去收拾一下，明天跟我一起去，我带你去看你大哥。”

“太好了！”麦贤得高兴地立即给阿富行了个军礼，调皮道，“那我先走了，不打扰两位尊驾。嘻嘻。”

说完，麦贤得便一溜烟跑下大坝去了。

阿富和阿凤不禁相视一下，也哈哈地纵声大笑。阿凤道：“这阿得，读书时的倔脾气还没改呢！”

十一、别忘了带上乡土!

1

自从惠来回来之后，麦贤得便常常同沙毛“策划”当兵的事。

“沙毛，你爸爸今年又不让你当兵去?”麦贤得把眼光从扑朔迷离的云彩中收回来，侧脸问仰躺在他身边的麦森。

“不理他，他同意我也去，不同意我也要去!”麦森态度硬过铁，好像当兵的事是他自己说了算的一样。

其实，麦森在三年前就可以穿上军装了。那年，同学麦贤得为了支持大哥当兵，家庭劳力弱而休学下海捕鱼。他就继续读书。年末，刚好上面要来招收一批学生兵，那年他刚好十五岁，便参加体检，身体是甲级的。这沙毛确实也聪明，读书成绩在班里数前几名。于是接兵的跟麦长福他们商量后，就初定送他入伍。但当向他父亲商量时，他父亲死活不同意，说他是大仔，家里弟妹多，要在家里相帮。于是接兵的就不敢接他入伍。这沙毛怪脾气又来了，气得把书包背回家，交给父亲保管，说不让当兵就不读书了。他父亲也是一个没文化的渔民，见儿子用不读书吓唬他，真像用面包吓唬饿得发慌的小狗一样，他当然笑笑没话，把书包顺手交给沙毛的弟弟：“鱼仔，这书包雅，有花的。”于是沙毛就休学帮父亲撑船捕鱼了。但沙毛捕鱼是不情愿的，父子俩常常怄气。现在三年又过去了，他长成适龄青年，他和麦贤得一样早早地报了名，不管怎么说，他今年非当兵不可!

晌午，隆冬的海滩被和煦的阳光照得暖烘烘的。麦贤得和麦森把小蚝船划往避风向阳处，仰卧着，让小船随风优哉游哉地飘荡。

“沙毛，明天就要上县城体检了，如果你爸不同意要你下海，你如何去体检?他一个人又不能划船。”麦贤得又关切问。

“阿得，说真的，他这次再阻拦我，我就要造反!”沙毛越说越气，“我真羡慕你，你爸你妈心胸就是开阔，你大哥三年前才去当兵，你下面也有一群弟妹，阿有今年也只有十六岁。论劳力嘛，你家也不比我家强多少，但你爸你妈就没二话，你说要去当兵，他们就支持。说旧社会受富人和日本鬼子欺侮的仇恨，我家也苦大仇深，我爷爷下海也被日本鬼子抓去菲律宾做苦工。但我爸好了伤疤忘了痛，就是说不通，唉!”

“不怕，沙毛。这次你爸再不让你去，我就帮你！”

“你如何帮我？”

“这样吧，”麦贤得嘴巴凑在沙毛的耳边，嘀咕道，“反正我明天去叫你，我们一起去体检，你爸拦你，你就想法逃走，我接应你。”

沙毛一听，咬咬牙道：“行行，但我爸很厉害，就怕逃不脱。”

……

说着说着，这对从小踩浪花赶小海长大的小伙伴，已忘记了乡亲们要出海了。哗哗哗，港湾上传来一阵阵摇橹的水声，一群海鸥“嘎嘎”地飞上水面的天空。

“沙毛，沙毛，你在哪里？出海喽！”港湾的小码头，传来了麦森他爸那洪亮的叫唤声。

“沙毛，你爸在叫你了，回去吧！”麦贤得摇着在发呆的麦森的肩膀。

“不理他，天天出海，下午罢工。”麦森气愤道，“他说今天‘修船’，上午修好了，歇了半天也不行，我明天要去体检，要养足精神。”

“沙毛，沙毛！你这臭弟，你死往哪去了？”麦森他爸发火了，声音喷着火药味。

“算啦，算啦。沙毛，别气他。下午顺顺跟他出去，他今晚气平了，明天就可行事，别因小失大。”麦贤得用力摇着桨，小蚝船划出港湾来……

隔日清早，沙毛早早便起床了。而他爸起得比他还早，已洗漱完毕，搬张小凳子守在门边，吧嗒、吧嗒地吸着旱烟，袅袅的烟雾把早晨清新的空气弄得辛辛辣辣的。

沙毛也不说话，咕噜噜地吃了两碗稀粥和一个红心大番薯，就要出门去。

他父亲把大脚往门一横。

“沙毛，我跟你讲，你爸说话是算数的，今天跟我出海！”

“不，我今天要去体检，我今年一定要去当兵！”

“什么？”他爸发火了，霍地站起来，顺手从门扇角摸出一把扛鱼的大竹槌，脸膛气得火红火红的，喝道，“你蟹脚硬了，翅膀硬了，说明年才让你去当兵，你弟弟明年能代手帮我划船，你就不听话。你体检了，我也要把你从部队拉回来！”

沙毛见父亲那个样子，委屈得咬咬牙眼泪簌簌地掉下地。姐姐麦素云劝道：“阿爸，就让弟弟去吧，家里我会帮忙的。”

“帮个屁?！你能下海帮我划船！”

麦素云一时语塞。沿海渔家姑娘不能出海，这可是乡规哪！

“他爸，孩子要去当兵，就让他去吧。”麦森他妈从厨房里走出来，劝道，“你老是拦，老是拦，他身在船上，心跑往部队去。父子俩天天怄气，这日子如何过！唉！”麦森他妈说完，眼眶也红了。

“不行，就是不行！我说明年就是明年。怎说的，我就是一家之长！”麦森爸说着，狠狠地把竹槌在门槛上“当当当”地顿了顿。真的，儿大不由爹娘呢！他气。

麦森也委屈得满脸垂泪，噔噔地上楼棚，一头钻进床里，拉过被子蒙头就睡。

但他哪能睡得下去？他想，要与爸爸硬顶，恐怕要挨竹槌的，找肉疼，肋骨被砸断几根也说不定的，还验啥身体？验个猫?！他知道他父亲的火爆脾气的，小时候常常挨荆条，大了，算起来一年也挨了一两次。别在体检的时候，挨这臭竹槌，验不合格，也够衰的！那么，今天听他的，还验什么身体呢？医生会到海上为你验身体？错过今日良机，今年当兵的机会就化为乌有了！

“沙毛，你还死在楼上干嘛，你要吃竹槌是不是?”楼下他爸又“当当当”地把竹槌直往门槛戳，阵阵揪心的响。

沙毛故意用力踩着楼梯，“通通通”地下楼来了。

父子俩一前一后。沙毛背着鱼篓，走在前面，父亲扛着鱼叉，押在后面，父子俩像一对敌人一样走往港湾去。

麦贤得迎头走来了，见沙毛被他爸押着下海，要跑也难，便对沙毛爸道：“阿叔，今天沙毛要去体检。”沙毛爸火了：“体检个屁！你积极你去，告诉你，别来惹肉痛！”说完，咚的一声，竹槌顿在鹅卵石上。阿得又见沙毛双眼含着委屈的泪，便气着跟往海边去，决心见机行事。

太阳已升得老高了。隆冬的阳光暖暖和和的，把清早的冷气驱散了。渔民们都兴高采烈地走向海湾，各自撑着自家的船儿。躺了一晚的大船小船便缓缓地划出海面。这时朝霞满天，千帆竞发，大海一片沸腾。

委屈的沙毛像机器人一样被他爸支唤着起锚、划桨，但脑子里想的是“体检、体检！”“县城、县城！”那朝霞、那浪花、那不远处飘来的渔歌、那天空中飞翔着的海鸥、父亲那叨絮不停的话语，他脑海中都没一点儿的位置。

船儿漂出海湾了，向大海驶去了。麦森望着船头上父亲那固执的脸膛，委屈和不服的情绪油然升起，浑身一阵战栗。

小船一步一步地离开港湾了。“不行，我要去当兵！我今年一定要去当兵！”麦森狠狠地咬紧牙关。扑通一声，便纵身跳进大海里。

啊，麦森他爸一个摇晃，险些摔下海去。“沙毛，沙毛，你这天杀的，要造反啦！”

沙毛的爸气得肺要炸了，直呼叫。

但是，沙毛却不见人影，他潜进海底去，不一会的工夫，已在几百米远的海面上浮出一个湿淋淋的脑袋，只见他回头高声嚷道："喂，你有能耐自己干，我当兵去！"

话音刚落，忽见礁石中闪出一艘小小的打蚝船，沙毛双手扒上船枋，船上一个高大的小伙子把他拉上去。沙毛爸一见，好像是麦贤得，不禁破口大骂道："阿记仔，你这赤鱼头！"

"哈哈哈，"不远处有几艘渔船在摇荡，船板上的渔民见到这光景，都纵声大笑："沙毛爸，要雇工，我们来哟！"

"阿沙毛、阿记仔，回家我才跟你俩算老数！"沙毛爸一边摆弄着在海上团团打转的小船，一边骂着……

2

"哒、哒、哒，哒哒哒。"

长福妈弓着腰杆，一手拿着一个盛满糠饭的槽子，一手用一根沾满糠饭的竹子，一个劲地敲打着槽子的边沿。

"哒哒哒……"这声音像军营里的号角，霎时间，从草棚里、水沟里、屋角里，扑棱棱地钻出一群小鸡，有灰色的、黑色的，也有白色的，"喔喔喔""滴滴滴"地绕着长福妈转。长福妈不慌不忙，还是高高地举着槽子，一个劲地敲着边沿，发出"哒哒哒……"的声音。有一只长得大且贪吃的大乌鸡等不住了，便扑展着翅膀，噗的一声飞上去，大脚爪钉住槽子沿上，翘着屁股，啁啁啁地吃起来。

"去，下去！"长福妈用手一把就将这贪吃的家伙扫下去！"还差两只呢，等齐！"

"哒哒哒……"长福妈又敲了一会儿，只见门口终于跑来两只乳白色的小母鸡。

"唏，当鬼还不知鸡啼的！"长福妈轻骂一声，就把槽子放在天井上。

霎时，鸡们便团团围住槽子，紧张地你争我夺。

"婶婆，婶婆在家吗？"大门外传来一个熟悉的声音。

话音未落，林呖已大大咧咧地走进门来。

"哦，是阿嫂，今天这么早，就得闲？"长福妈笑着问。

"哎唷，婶婆，我给阿得这鬼仔缠得像跳蚤上身一样，坐立不安呢。他老是缠我要过来跟长福叔说情，说让他去当兵。长福叔在家吗？"

"坐，坐，坐下再谈。"长福妈搬着凳子，招呼林呖坐下。自己也坐在一只小矮凳子，一边观察鸡们吃，一边与林呖叨絮起来。

“阿嫂，这就怪了，人家儿子去当兵，要长福上门去磨破嘴皮呢，不是当爹的不放心，就是当娘不放心，或是奶奶爷爷不放心。长福当营长六七年了，就头一回你这当娘的前来说情要让儿子去当兵。你是吃错药?”长福妈含笑着故意问道。

“哎，婶婆，阿得这孩子与别的孩子不同，他从小就想当兵，当解放军。记得还是五六岁时，听他书开丈讲陈璧娘，就说长大要当陈璧娘，他大哥当兵那天，他还骂我，说不让他先出世，让他当大哥，他大哥当弟弟，今天他也可先去当兵。两个月前，为了当兵，还跟阿富上部队去，找他大哥呢……他想当兵想得要疯了，没让他去，吃他的咸水是吃不干的……”

“是呀，”婶婆点点头道，“这孩子，确实也乖，做什么都逞强，要急当先进的。记得第一次打枪，打不中10环，就像着魔了一样天天到这里来，对他长福叔说，‘下次再看’，真的，10多天后，一比赛，他终于得了头名了，就高兴地对我说，‘婶婆，我得头名了……’嘎嘎……阿嫂，就让他去吧，这孩子这么好强，出门一定有长进的……只是你家里劳力就弱了……”

“不怕，阿有也已16岁了，能顶住，紧是紧些些，反正我和他爸手脚还灵活，顶得住的，且阿贤妹也渐渐大了。”

“阿嫂，你就是会刻苦，你不比沙毛那家子，听说，他父亲死活就不让他去体检，搞得沙毛跳海去体检呢。还听说和阿得一样，身体都是甲级的。”

“婶婆，正是为这事，阿得又塞给我一个刺球。他说他跟沙毛从小在一起，又是同学，能一起去当兵最好，说让我去沙毛家帮说一说，让他父母同意沙毛同他一道去当兵，当战友。我想，反正我同沙毛父母也熟熟的，邻居中，能说服过来，让沙毛跟阿得一起去，人从小相相好好的，有个伴儿也行。我就傻傻听阿得的，刚才过去说了。他老爸只顾抽烟，一个屁都不放，我说多几句，他的哑巴脾气暴了，说我和阿得合伙帮沙毛跳海验兵，口口声声骂阿得、骂沙毛，骂了半天才说实话，‘阿嫂，你阿得与沙毛好，我知道，但他们能一辈子扭在一起吗？我不是不同意他当兵，明年才去!’无奈，我又不是长福叔，还能说什么，我就走了……”

“阿妈，阿妈，细舅来了，在家等你。”话音未落，麦贤得已匆匆进来了。

“婶婆，他细舅过来了，我就走，就劳驾你跟长福叔说一说，让阿得去。”回头瞪了阿得一眼，“阿得，你昨天合伙帮沙毛跳海验兵吗?”阿得红着脸不开口。

林呖骂道：“你们尽闹恶作剧！气得沙毛爸要病了!”说完就回家去。

婶婆送林呖出门去。回头，见阿得没走，像铁塔般站在屋里。

“阿得，你真要去当兵?”婶婆亲昵地问道。

“婶婆，我就是要去当兵。”阿得挠着脑皮傻笑道，“嘿嘿，婶婆，我小时候就听说阿冰姑很疼我，还常常抱我背我，但是，她给日本鬼子的炸弹炸死了，真可惜呀！我要去当兵，去杀日本鬼子，为阿冰姑报仇！”

“唉——”婶婆一听阿得提起她的女儿冰妹，不禁一阵心酸，道：“是的，要是你冰姑还在，那该多好呢！阿得，你是好孩子，你就去当兵，好好干，为你冰姑报仇！”

“婶婆，那你就帮我向我长福叔多说几句好话，一定让我去当兵。”

“哎唷，你也啰索得像老人一样，婶婆一定帮你说的。”

“二哥，二哥，”门外又响起麦贤妹的银铃般的声音，“二哥，细舅叫你回家去，他有话跟你讲。”

“阿得，你就过去，你放心，我会跟你叔说的。你细舅在家等你。”

麦贤得告辞了，跟着妹妹回家去。

刚踏进门，就听细舅对着林呖道：“……阿姐，你天天挑担去做生意，你就没听到广播天天在讲，国民党要反攻大陆哇，美国佬也支持飞机大炮战舰的，看来是要动真家伙的。眼下，阿庆已在部队了，你还要让阿得去，要是真的杀起来，当兵子弟，一门炮飞来，就粉身碎骨的。便不是阿弟说话嘴没遮拦，养一个孩子那么容易？亲生骨肉的，你就不心痛？这当兵的，又不是去供销社站柜台，还怕去不了？谁像你，傻傻地自己登门去揭榜。我就不知道你怎么想的？”

“细弟，你就别啰索了，”林呖坚决道，“当兵就是要去打仗的。不去打仗，不去打日本鬼子，打国民党，国家要招那么多兵去食猪肉的？当年，你还小不懂事，我们这麦家三年死四个人，家破人亡，都是因为国家兵力太软，蒋光头只顾自己逃命，丢下我们百姓受苦，一个好端端的中国才会被打得四处哀声落泪……”

细舅惊愕了！见眼前的姐姐，确实非同凡响！他一时语塞。

“细舅，你放心。我体格好，有力气，”麦贤得踏进门，拍着自己的胸脯道，“我一定会练好本领，一定会打赢不会打输的……”

“哎呀，家里热闹过赶圩市。”门外响起了一个自来熟的声音。

大家望去，啊，民兵营长长福叔，身后还带来一位穿着白色军装的军人！

“来来，我介绍一下，”麦长福那圆圆的娃娃脸笑眯眯道，“这位是接兵的海军林指导员。是我们潮汕家乡人，今晚专门来家访的。”

“欢迎，欢迎。”大家高兴地道。

麦长福又指着林呖对林指导员介绍道：“指导员，这位就是麦贤得的母亲，为了孩子能入伍，专门到我家‘走后门’的喽。”

一听，林指导员高兴地拉着林呖的手道：“阿婶，难得，难得，在这战备十分紧张的情况下，你‘走后门’送儿子当兵，真是好样的哟！”

林呖谦逊地笑笑，打发贤妹摆上潮汕工夫茶具，贤得马上点火烧起柘林风炉，把三个茶杯装进盖瓯里面。

一会儿，水开了。细舅道：“阿得，让我来，细舅冲茶技术比你强！”

细舅熟练地烫杯、淋罐，把三个小杯轮流着在杯里打转。冲出三杯汤色一样金黄闪亮、香气腾腾的清茶来。细舅道：“指导员，请，请！”

“哎哟，你们这沿海也有喝工夫茶啦。工夫茶真是遍布俺潮汕呢，一喝上工夫茶，就有家乡的情味呢。来，喝！”

众人互相推让，最后，指导员爽朗地道：“那我就不客气了。”

一杯茶落肚，指导员更是神采飞扬。他注视着阿得，半晌，问道：

“小弟，你就叫麦贤得？”

麦贤得羞涩地点点头。

“小弟，你为什么要去当兵呢？”

“当兵保卫祖国，打日本鬼子，打国民党，为我爷爷、我大伯、我冰姑报仇！”

“哦——”林指导员又充满兴趣地问：“你爷爷、你大伯、你冰姑他们有什么仇？”

“指导员，你不知道吗？我家原有一艘红头船，大大的，被日本鬼子烧去了，全家破产了，爷爷活活饿死；我大伯饿得发慌了，到田里掏了一个番薯，被富人守夜的抓住，活活打死；我冰姑被日本鬼子的飞机炸死；我阿爸还被国民党抓去当船工，险些被折磨死；还有我二弟兄被抓去当步兵，妻离子散……”

“哦——”指导员与麦长福对视一下，把嘴伏在麦长福的耳朵边，轻声道，“不错，跟你说的一样，有股英勇英俊之气，是一块好料子！”

林指导员又回头对林呖道：

“阿婶，你的大儿子还在部队，你就舍得二儿子也去当兵么？”

林呖听后，略顿了顿，便道：“同志呀，你不知道我这阿得，从小就吵着长大要去当兵，去当陈璧娘、当董存瑞、当黄继光，还什么当杨……杨思根呢。”

“不，是杨根思。”麦贤得拉着母亲的衫裾纠正道。

“对对，还要当杨根思呢。为了当兵，两三个月前，还跟阿富去部队实习了两天。算啦，我的三儿子阿有也可代手了，就让他去，成全他。”

“哦——那他爸同意不同意？”

“嘻嘻，我阿爸一贯听我妈的。我妈同意他就同意。”麦贤妹年轻语快。

“臭嘴，你这衰妹仔，就你话多!”林呖含笑骂了一声，又道，“同志，你别听她。他爸这几天载蚝壳出门，还没回家，我俩早商量了，就让阿得去。”

“哈哈，难得，难得!”林指导员太高兴了，他又成功地接到一个好兵!

3

明天就要入伍了，麦贤得忙得不亦乐乎——四处向亲朋告辞。这会儿，他来到表姨丈林书开家里，正观赏着姨丈的书法呢。

“玄机”林书开运足腕力，把长锋顿了顿，一气提了上去。那个“机”字的右弯钩几乎力穿纸背。

他把宣纸用墨尺压住，伸了伸腰，端详了半晌，才深深地舒了一口气，满意地摸一摸剃得光滑的下巴。

“不错，不错，三个月不见，书开兄的功力一定不同凡响了!”

林书开猛然回头一看，原来瞎子鲎叔不知几时进来了。

“唷，鲎叔，你尊驾到，我人痴去了，怠慢你大驾，别怪别怪。阿得，请鲎叔太师椅坐，请茶。”林书开客气地招呼道。

鲎叔没坐，他瓮声瓮气道：“书开兄，趁墨池未涸，小弟也献上二字，班门弄斧。”

“鲎叔，请喝茶。”麦贤得递上一杯香喷喷的铁观音茶。“且慢且慢，贤侄，让阿叔先乘兴玩玩。”

林书开知道鲎叔是汫洲湾奇人。原来双目未盲前，已有一手好柳体，双目失盲后仍无碍，时常舞弄着文房四宝。乡里谁有红白喜事，请他写的字，一挂出去，底蕴就是不一样。连县城许多望族，要附庸风雅，也常暗地里托人向他索墨宝。

“鲎叔，横匾还是直联，几长几宽?”林书开问。

“便于收藏，横匾横六宽三。”

林书开“嘶”地纸刀一裁，麦贤得便轻轻地接过去，把宣纸铺展在桌面上。

“嗨嗨，铺地下，铺地下。”瞎子鲎叔笑着道。

“嘿嘿，我倒忘了。”林书开接过宣纸铺展在地面上。

鲎叔放下鹅头拐杖，摸了上去。

“笔，鲎叔。”林书开递上大狼毫。他知道鲎叔用的是侧锋。

“免了。”鲎叔说着，从身子里摸了摸，摸出一团棉花，三指捏住，轻轻蘸着墨水，然后，双膝一屈，左手掌小心翼翼地压实宣纸，气沉丹田，力运手腕，一气呵成地写上“随缘”二字。当“缘”字的凤尾般收笔时，林书开惊叫道："妙妙妙！"林书开的话音未落，只见他丢开棉花团，把那根干枯而有劲的食指蘸进墨池去，又刷刷几下，写上几行蝇头小楷："送麦贤得吾侄留念，愚叔麦鲎题。癸卯年十月初七。"

"啊，鲎叔！你知道贤得侄儿要出远门了？"

"哈哈，"瞎子鲎叔手抚着银白的长须仰天大笑道，"书开兄，不是阿叔吹牛，愚叔身在斗室之内，百里之外的事还知一二，何况这邻里叔侄呢？哈哈！"

"真是神算，真是神算！"林书开惊叹不已。

"也非神算，你别看你叔的天空漆黑一片，你叔心内明朗啊！别说贤得我侄，就是全汫洲湾麦家男丁，哪个生辰八字，你叔心内会糊吗?！贤得我侄是寒夜'上寮鸡'，出门免做有食；金鸡独立于寒冬，自有一番磨砺；寒冬过了是春暖，春芽勃发，金鸡一鸣惊人，那时麦家门庭，自然生色……"

"叔公。我努力就是了。我年少无知，多谢二位长辈勉励。但我是去当兵的，背包一背，四海为家，哪能挂上你们的墨宝呢？"

"哈哈，"瞎叔又仰天长笑道，"心诚胸为壁，意专心为堂。"

4

麦贤得心情特别高兴，刚才，拜会了林书开姨丈之后，又幸碰上奇人瞎子鲎叔，既赠字，又说了一番话语，太玄乎了，他不甚懂。他想，自己是一个什么都不懂的渔民的儿子，好好干，听党的话就错不了的！他又回转头走向村中央，去向阿龟兄告辞，阿龟兄却出海未归。他便向若霞嫂子告辞。嫂子千声万句感谢贤得几年来关照她一家，把自己应得的船里分红的份，拿出二成照顾她一家的事。贤得说不足挂齿。贤得走出阿龟家，又往细舅家辞别了，没半天工夫已走了十多家。

不一会，日色将晚，他就回到家里。

这天，阿爸阿妈都没出门去，全家高高兴兴地吃了甜粿丸，谈笑风生。

掌灯时分，听知喜讯的四邻和亲戚朋友们都纷纷来送行了。

天井里，摆上了古老的工夫茶具，还有甜茶和糖果。麦贤妹负责煽风炉，麦贤有负责冲茶，麦贤得边迎来送往，边递糖粒，欣喜之声充满整个大院。

"啊，真热闹哇，我们来迟了。"语音未落，门口已走进两个标致的姑娘。

贤得一见，原来是同学阿凤和阿云。

"欢迎，欢迎。"麦贤得连忙招呼着。

"阿得，老同学，你要光荣入伍了，我和阿云没什么相送，一人送你一本笔记本。”说着，阿凤和阿云递上那散发着香味的精致的笔记本。

麦贤得感激地接过来，只见阿凤的是粉红色塑料封面，扉面写道：“前程似锦，送给同学麦贤得留念，麦赛凤赠。”又翻了阿云的，这是一本天蓝色塑皮封面的，扉页写道：“友谊长存，送给麦贤得同学留念，麦素云。”

麦贤得激动地握着她俩的手，高兴道：“谢谢，谢谢！”

大家坐下，茶过三巡之后，麦贤得又打趣道：“阿凤，你哪天要请我这老同学吃喜糖？要是我部队住得远，不能来贺喜，你可要寄两粒杨梅糖给我哟。”

“啊，阿凤有什么喜事？”麦素云不知是明知故问，还是真的不知道，惊讶道。

“这是军事机密。”麦贤得风趣道。

“臭嘴，你别听阿得。”阿凤红着脸争辩道。

“真的，真的，那天我二哥与阿富兄去部队，我还见凤姐与阿富兄手牵手走在一起呢。”麦贤妹一语捅破纸影膜。

“啃，原来阿凤也是地下党！”素云笑着道。

“哈哈。”大家纵声大笑着，笑声把天井中央的桂花树抖得花落满地。

这一晚，一直闹到鸡头啼。林呖怕阿得明天要赶路，催促了几次。大家余兴犹酣，又喝了几杯茶，方才恋恋地散了。

隔日，麦贤得早早就起床。收拾完毕，门外欢送的锣鼓声已“咚咚哐哐”地响起来了。

“阿得，你来。”里房林呖叫道。

阿得放下手中的旅行袋，急忙走进里房去。只见阿爸坐在靠背椅上，吧嗒吧嗒地吸着烟，俨然而慈爱地道：“阿得，你长大要出门了，阿爸也没什么话。你长福叔，你书开丈都跟你谈了，我只劝你一句话，我们是穷苦人家的儿子，出门要耐苦做事，听领导的话，事事要走在前，千万莫忘本，知道吗？”

“嗯。”麦贤得认真地点点头。

“阿得，你的脾气暴躁，出门了，遇事要忍让些些，别出风头争脸面。”林呖也爱昵地叮咛着。说完，便从梳妆台旁拿了一包用红布包着的东西，塞给儿子，“放在旅行袋里，到部队后，把它扔进井里去。这是五色土。虽离乡别井的，吃上家乡的五色土，就会服水土，就不会忘记家乡养育之恩。”

麦贤得听后，鼻头一酸，眼眶潮湿了。

“阿爸，阿妈，我一定听你们的话，到部队好好干，不辜负你们养育之恩！”

“铿锵铿锵……”门外锣鼓声喧，送行的乡亲已挤满了门口。

“阿有，阿妹，送你二哥上县城去。”

“是。”阿有和阿妹早就准备了，听了阿妈的话，即时就帮着把行旅袋、书包背上背，紧紧跟上二哥。

这时，麦长福堆着笑脸，匆匆走了进来。他昨天下午到镇武装部开会，没参加民兵营欢送阿得的座谈会，这回赶来送行了。他道：“阿得，来，阿叔没什么送你，送你一本书，阿叔已看了。你带着，抽空看，会大大有益的。”说完，便从后裤兜掏出一本厚厚的书。

麦贤得接过来，一瞧，啊，《钢铁是怎样炼成的》!

他高兴地道：“好书好书，我四处借，就借不到。”

“阿得，”麦长福拍一拍他的肩膀，深情地道，“你到部队去，要好好干，像保尔·柯察金一样，做一个钢铁一样坚强的祖国的忠诚卫士，你爸你妈阿叔，还有我们的民兵战友们，乡亲们，时刻在盼望你的喜报呢!”

麦贤得含泪道：“叔叔，你放心，请大家放心，我一定会不让大家失望的!”

“噼噼啪啪”，门口喜炮响了。“铿锵铿锵”，锣鼓也跟着高打起来了。整个村子沸腾起来了。

众人拥簇着戴着大红花的麦贤得，送出弥漫着香喷喷炮烟的大门，送出小巷，送出村口，一直送往铺满金光的大道去……

第四章

锻炼锻炼

十二、我要砸烂上野公园！

1

浅黄色的大客车，夹带着汫洲湾咸丝丝的海风，夹带着潮汕大地的脉脉温情，迅捷地飞向远方。

别了，别了，我可爱的皇姑潭！我可爱的汫洲湾！——生我养我的家乡！

别了，别了，我尊敬的父老乡亲！

你们等着吧，阿得一定不会让你们失望的，不久的明天，阿得一定会让立功的喜报飞回家乡！

广汕公路，尘土飞扬。两旁高大的阔叶桉树、电线杆、路标惜别依依地向阿得他们摇手告别了。

麦贤得，今天如愿以偿——当上一名光荣的解放军战士了！他像他大哥一样，像阿富兄一样，“一颗红星头上戴，两面红旗挂两边”，武装带一束，刺刀闪亮，“杀”的一声，神鬼也惊。多么威风，多么来劲，多么惬意啊！

想起细舅那谨小慎微的态度，他还觉得十分好笑。还是阿妈说得好，如果不去打仗，不去杀敌，国家要招那么多兵去吃闲饭么？就是国民党老是草蜢戏公鸡，惹得公鸡发火了——张嘴就把它啄进嘴里补胃去。我们大陆，就真像大公鸡一样，公鸡有着美丽的羽毛，强硬的脚爪！如果谁怕当兵打仗，国家哪有兵，公鸡的脚爪哪会坚硬？谁去惩治那草蜢似的国民党！再说，如果当兵不去打仗，那不是同在家乡当民兵一样，何况当民兵有时也会碰上打仗，抓特务的差事呢。如果不打仗，不去碰硬的，天天在操场中训练，在田里干活，在海里捕鱼，哪有什么“功”可立呢？他知道，要立“功”可要付出代价呐！细舅就是细舅，见识还没妈妈深透！

夜色苍茫，车窗外冷风把田野的甘蔗吹弯了腰，晚风呼地卷进窗口来，阿得慌忙把窗关上。抬头一瞧，同来的十多名新战士都伏在椅背上睡了，只有林指导员还一个劲地“吧嗒，吧嗒”地吸着香烟，两眼专注地望着窗外，好似在凝思着什么重大的问题。

是的，指导员林星虎此时想的是：再过四五个小时，他将把这些从饶平、澄海接来的新兵送达目的地——虎门沙角——人民海军南海舰队联合学校了。这是一群生龙活虎的小伙子，似刚刚出炉的铁坯子般，通过学校这个革命大熔炉的淬火，就会渐渐变成钢铁了。一年后，就可输送到南海舰队各部队去，在各自的岗位上发光发热。他林星虎就是这样，从 1956 年一入伍就到沙角，十年了，从新兵到老兵、班长、排长、副指导员、指导员。他带的新兵，一批一批地进来，一批一批地送出去。从他的手上送出近千名学员了。目前分布在南海各部队，他们为现代化的人民海军做出了应有的贡献。但是，这还远远不够啊！

林星虎沉重的情绪似路边浓厚的冷气一样，小山般涌来。

“东南沿海，可是祖国神圣不可侵犯的海疆啊！”他记得不久前，南海舰队司令员吴瑞林对海校的全体同志语重心长的话。是的，中国的海岸线长达 1.8 万公里，濒临西太平洋的东海、黄海、南海的广大海域，海岸线蜿蜒曲折。古代曾经创立海上光辉业绩的强盛的中国，到了近代，竟成了受人欺凌的弱国。百余年中，美丽富饶的海洋成了帝国主义侵略中国的甬道。万里海疆洒满了中国人民的血泪。清朝末年，曾经建立了一支相当规模的海军，但由于清朝政治的腐败，也不堪一击，葬送于帝国主义的炮火之中。1949 年以后，毛泽东主席发出“要建立一支强大的人民海军”的指示，并委任肖劲光大将任海军司令。至目前，人民海军还有航空、海岸炮兵、水面舰艇、潜艇部队和各种专业勤务大队，在这短短的十多年中，一支新型的海上战斗力量已崛起在世界的东方。

但目前我东南沿海前线却也面临着严峻的挑战！

台湾当局大规模窜犯大陆沿海地区的阴谋破产后，便按照所谓“政治登陆”的方针，掀起了小股武装特务袭扰高潮，制造台湾海峡的紧张局势。其目的是造成“反攻大陆”声势，扩大其政治影响，以鼓舞台湾民心士气，稳定内部。这种方式所需要的人力、物力不多，即使失败多次，也不会影响大局，如果成功一次，就可以对内对外大肆宣传，捞取政治资本。这一举动，得到美国的赞许，不仅给予资助，而且指示美国驻台湾军事顾问团专门成立“游击小组”，积极参与策划小股武装特务的侵扰活动。台湾情报局、特种军事情报室、陆军情报署特种军事情报队和金门防卫部两栖侦察队等特务机构，积极策划名目繁多的特务侵扰计划，还购置了大批渔轮、机帆船、胶舟、橡皮舟、舢板、竹筏等偷渡登陆工具。目前，又制造用于攻击我人民海军舰艇、武装机帆船的塑料胶舟、自杀艇……这一切，多么需要一支政治坚定、技术过硬的人民海军给予他们应有的惩治啊！

“指导员，您没休息？”

一个清脆的声音打断了林星虎的思考。他把眼光从窗外收回来，见大家都入睡了，只有一个战士还眨着骨碌的眼睛，望着他，微笑着。他便轻轻走过去，拍着那战士的肩膀，道："麦贤得，你还在想家吗？"

麦贤得身子往窗边挪了挪，让出了位子，林星虎便坐下去，尽管臀部只沾着垫板点儿，他那双大手便顺势搭在麦贤得宽大的肩膀上。

"指导员，我不想家了，我想——"

"啊，对了，你又想要当英雄呶。要当黄继光、董存瑞……"

林星虎轻声开玩笑："小伙子，有句哲言道：'不想当元帅的士兵不是好士兵。'我想，在我们这个英雄辈出的新中国，应加上一句，'不想当英雄的士兵也不是好士兵'。但什么是英雄呢？小麦，你懂吗？"

林星虎亲昵地摸一摸麦贤得的脑瓜，轻声道："你们这几天太兴奋了，太累了，打个瞌睡吧，以后指导员跟你探讨探讨……"

说完，林星虎抬起屁股，轻脚轻手地回到自己的座位。

裹着凛冽的东北风，汽车沿着海边的国道奔驰，时而跑在海岸上，临窗是海浪呼啸一望无际的大海；时而又钻进崇山夹道，两旁高山直插云端，绿树把路面的上空遮挡得严严密密，根本见不到星光月影。汽车一直把这批年轻、满怀抱负、青春勃发的小伙子拉往中国近代史上著名的珠江口军事要地——林则徐燃起熊熊烈火，把英帝国主义的威风扫进太平洋去的英雄圣地——虎门镇！

2

"指导员，指导员！"

话音未落，麦贤得已攥了一袋书跑进门来了。

刚吃完晚饭的林星虎，正在研究着《中国现代史》，他慌忙地把书搁在桌面上，抬头瞧着这古怪的小伙子，慢腾腾道："小麦，你是怎的？风风火火。"

"指导员，书还给您。我要当陆军，不要当这海军！"

"啊，为什么？"林星虎惊奇地问道，"我不会当海军，我不干海军！我要干陆军。当兵就是拿枪拿炮的，整天读这劳什子，哪天读得完？我不干！"麦贤得边说边把手中那袋书搁在指导员的办公桌上，转头就走出去。

"回来，回来，乱弹琴！"林星虎霍地站起，火了。

麦贤得被喝住了，掉转头，那双机灵的大眼睛饱含着委屈的汪汪热泪。像泄了气的皮球，慢慢地走回来。

"指导员，真的，我真的不行。我又考 2 分了！"说完，麦贤得那蓄在眼眶的热泪打了几个转儿便"嗒嗒"地掉了下来。

真的，这似火一样的小伙子碰上拦路虎了！自入伍后，麦贤得的一言一行、一举一动林星虎都了如指掌。新兵队列基础训练，他由于在家乡当过武装民兵，基础好，又能吃苦，成绩优异，屡屡受到中队长的表扬。训练之余，各班的种菜地里，走在最前面的、挑得最重的、干得最欢的也是他麦贤得。几天前，毗邻的村子失火，正在菜地干活的他，一个急跑，跑了2公里田畦，一头就投进火海去，干得连命都不顾，火灭了便走，隔天村干部送来感谢信，一调查才知道就是小麦之所为……这小伙子。

停泊于港湾的人民海军战艇

但是，仅仅靠这些还不行哟！当一名合格的海军战士，当一名合格的轮机兵，并不是靠救火、能种菜、能挑200斤重的泥沙就行的啊！那密如蛛网的管道，那几千颗分布在机器上的螺丝，那偌大的战艇要在碧海中穿波破浪，仅靠热情和一股蛮劲，没有牢固的文化知识，没有把知识用到实践中去，去摸索、去熟悉、去使用，战艇的发动机会开动吗？发生故障能及时地排除吗？知识，知识，来不得半点虚假，来不得半点儿戏！

林星虎凝视着眼前这铁塔般高大的战士，好似看到一股焦灼的火苗正在焚烧着他那发烫的自尊心。2分，连续三次的Vn轮机主机知识的2分，他顶不住了，要超越又底气不足。他被逼得快要发疯了。嗨，争强好胜的小伙子啊，难怪！

“小麦，”林星虎拍一拍麦贤得的肩膀，“我们到外面走一走，外面海风凉快。”

林星虎拉着麦贤得，走出宿舍，一直往海滨走去。

初夏的沙角海滩，晚风凉丝丝的，清爽宜人。

“小麦，你已来虎门三四个月了，你知道我们海军学校为什么要建在虎门吗？”

“因为这里是珠江口，濒临太平洋，便利于海上训练。”

“对了一半，”林星虎望着夜空中那闪亮的星星，意味深长地道，“因为有林则徐，中国近代史上最伟大的人物林则徐！”

“小麦，翻开中国的近代史，几乎是一部耻辱史！1644 年，清兵入关，建立了中国最后的一个王朝——清朝。清朝开国之初曾经有过一番兴旺的景象。经过‘康乾盛世’之后又逐步衰落。由于晚清政治上的腐败，经济上的穷困，军事装备的废弛，外交上的闭关自守，被英帝国主义使用两件武器，一举轰开国门，沦为半封建半殖民地。”

“唷，哪两件武器？那么厉害？！”麦贤得停止脚步，惊讶地问。

“一件是大炮；一件是微不足道的、小不伶仃的中药麻醉品。叫鸦片，出产于印度。”

走着走着，他们来到虎门镇口，只见前面有两个偌大的方池。林星虎指着道：“这就是林则徐烧鸦片的所在。”

“哦……鸦片？”

“鸦片贸易是英国资产阶级扭转对华贸易逆差的主要手段，18 世纪的一百年中，英国为购买中国商品而输往中国的银元总额达两亿多元。这种生意自然违背英国资产阶级掠夺中国的愿望。后来，英国人发现，输出鸦片是最赚钱的买卖。于是，英国收购印度产的鸦片卖给中国。清朝统治者寄生虫般的生活，鸦片毒品正中下怀。这些人本来就是有名的‘大烟鬼’，为了饱吸，为了捞钱，竟然不顾国家民族的尊严，不顾人民的生命，利用职权，大开后门，接受贿赂，把大批鸦片放进来。有的水师，要靠鸦片贩子给钱作军饷，也甘心做保护鸦片走私的罪恶勾当。据统计，从 19 世纪 20 年代起，中国平均每年外流白银 500 万两，相当于清政府一年收入的十分之一。30 年代中国外流白银的总额达一亿数十万元。鸦片的泛滥给中国带来严重的危害。开初吸的仅仅是腐败的官僚和地主富商，后来扩展到清军兵丁，凡吸食者‘瘾至，其人涕泪交织，手足委顿不能举，肩耸项缩，颜色枯羸，奄奄若病夫初起’。有的甚至衰竭而死。马克思曾愤怒地遣斥‘非法的鸦片贸易依靠摧残人命和败坏道德来充实英国国库’。”

“哦，那么，林则徐就带头起来反对了？”“对，当时任湖广总督的林则徐和鸿胪太卿黄爵滋就坚决主张杜绝鸦片流入。林则徐先后三次呈奏道光皇帝，指出，鸦片‘追流毒于天下，则为害甚巨，法当从严。若犹泄泄视之，是使数十年后，中原几无可以御敌之兵，且无可以充饷之银，兴里及此，能无股栗！’无兵御敌，无银充饷，江山属谁？岂可儿戏！于是道光皇帝接受林则徐等人的主张，决定在全国禁烟，并任命林则徐为钦差大臣，节制广东水师，前往广东查禁鸦片。”

“对，别小看这两口池塘，一口气就销了227万多斤鸦片呢。林则徐不辱使命，到广东不过三个月，就一举把广东境内的鸦片贩子和英、美等外国鸦片贩子的鸦片全部收缴，集中在这两口塘子，根据民间方法，采用盐卤水加生石灰浸化，从1839年6月3日至6月23日止，21天的时间，就把这成山的鸦片沉渣，浓烟滚滚，一场海水开进来，便被卷进太平洋去了。”

“啊，林则徐，英雄，英雄！”

“小麦，真的，林则徐的‘虎门销烟’举世闻名，大壮了我们的国威。但是，我们的国力太弱了，清朝统治者的骨头太软了，被英帝国主义的大炮战舰一吓，竟撤去了林则徐之职，拆除了虎门新建的炮台和三百多门大炮，解散了林则徐组织起来的渔民水勇，并和英帝国主义签订了丧权辱国的不平等条约，竟把香港也割让去！”

“真气人，真气人！”麦贤得咬牙切齿道，“那我们为什么不跟他们打？我们中国人个个都是软骨头么？”

“不，清统治者和腐朽的大官僚各自保护各自的利益，哪管国家的荣辱、人民的苦难！但我们的爱国志士多的是，如我们学校的所在地沙角炮台，就出了个英勇的守将陈连陞率部坚决抵抗。因孤军无援而壮烈牺牲。”

“啊. 就在我们沙角，我还没听说过！”

“还有，在虎门炮台，也出了一个爱国老将，叫关天培。当1841年2月26日英国指挥官义律指挥英军进攻虎门炮台时，年已61岁的水师提督关天培，率军英勇抵抗，虽然负伤十多处，仍亲自点放火炮，后因琦善坐视不救，拒派援兵，以致关将军和数百名士兵全部壮烈牺牲，虎门陷落，英军进而直接威胁广州！”

“啊，关天培，老将军，英勇！”麦贤得情不自禁道，“指导员，那我们为什么不派战舰在海上拦住他们，不让他们长驱直进呢？”

“小麦，问题不那么简单。以前，清政府长年闭关自守，技术落后，经济困顿，哪能制造什么大军舰。当然，后来，他们被帝国主义欺凌得也发脾气了，终于遣李鸿章制造军舰，也从外国订购铁甲舰建立水师，但在甲午战争一役，又全军覆没了。”

“啊，指导员，从何说起？”麦贤得睁圆那惊奇的大眼睛。

“是的，那时，清朝的海军其兵力倒是不弱，可说是居于美国海军之上，在亚洲仅次于日本！但问题是统治阶级把这支海军当成自己的私有财产，以自己个人的利益为前提，慈禧挪用海军军费修颐和园。当战争爆发后，又各自打着自己的小算盘，怕损兵折将，怕蚀本，故视国土于不顾。结果，战争打起来，国土也丢了，战舰也丢了，官兵的命也丢了，一败涂地。这就是慈禧、李鸿章干的好事！这就是甲午战争！”

“小麦，1895 年 1 月，日本侵略者为了迫使清政府完全屈服，水陆两路大军围歼龟缩在威海卫的北洋舰队。他们用舰队正面封锁港口，陆军则从山东半岛成山头登陆，包抄后路，使威海卫腹背受敌。当时，北洋舰队尚有战舰九艘，炮艇六艘，鱼雷艇十余艘，只要坚决抵抗，尚有可为。但是李鸿章军令在前，北洋舰队坐困港中，束手待毙。日本想招降提督丁汝昌。丁宁死不屈，命各舰冒死突围。但舰上贪生怕死将领拒不执行命令，当日军水陆夹攻更紧时，丁汝昌命令北洋舰队全部藏进威海卫、不准出海并令炸舰沉船，以免资敌，又遭一些将领的反对，丁汝昌绝望中自杀殉职。北洋海军便全军覆没了！”

林星虎说到这时，眼眶已潮湿了，声音发颤。

“哼！这可恶的李鸿章！”麦贤得握紧拳头，在空中狠狠挥舞着，“他要活到今日，我一定砸烂他的狗头。”

“丁汝昌，英雄，真英雄！”麦贤得喃喃道。

“小麦啊，令人痛心的，令人可恼的，在日本的东京上野公园，曾经留下我国人民的千古国耻！”

“什么？指导员！”麦贤得急忙问。

“在上野公园，日本为了夸张侵华战绩、污蔑中国海军，竟将俘获的‘镇远’、‘清远’两艘战舰的铁锚陈列于其中，锚外竖立‘镇远’舰主炮炮弹 90 颗，并围以锚链数匝。数十年来，中国在日华侨及留学生、海军人员经过此地，莫不掩眼痛哭！直到抗日战争胜利后，经过交涉，才于 1947 年 5 月交还中国，运回上海，转到青岛呢！”

“啊，狗日本强盗，真是欺人太甚了！总有一天，我一定要冲进他们那狗公园，砸它个稀巴烂！”麦贤得气得浑身战栗起来了，几乎头上在冒火，他大气呼呼地喘着，“指导员，我错了，我不去当陆军，即使那课本是无字天书，我也要去啃、去钻，我一定要学会开战舰、学会打炮、打倒日本帝国主义、打倒世界帝国主义列强，洗清国耻，报仇雪恨！”

林星虎听后，满意地点点头。他紧紧地握住麦贤得的大手，称赞道：“好，祝你当上一名一流的人民海军战士。”

月亮出来了，如水的清辉泻落在南国的海滩上，照射在这对新老的人民海军战士身上。他俩迈着矫健的步伐走回军营。

进门，麦贤得把那袋课本一把攥入大手，便向指导员致谢，转身回宿舍去。

“慢着，”指导员招呼麦贤得坐下，“小麦，我送你一件东西。”说完，指导员便递过一本红红的小本子：“这是一本笔记本，里面有毛主席的一条语录，叫‘没有文化的军队是愚蠢的军队，而愚蠢的军队是不能战胜敌人的’。小麦。以后，希望你不管碰上什么困难，要刻苦钻研，碰上什么难题，多读读毛主席的书，在毛主席的书里可找到答案。因为毛主席的著作，毛泽东思想是老一辈革命家精神财富的结晶啊！以后，要学学写日记，学会自己解决自己的思想问题，懂吗？”

麦贤得接过指导员送给自己的小红本，如获珍宝，端详了半晌，便小心翼翼地装进书包……

十三、堵　漏

1

麦贤得离开指导员的宿舍，踏着遍地银光，望着不远处的营房，周围那挺拔的木麻黄树长得那么的刚强，尽管时而刮来强劲海风依然像一个个刚强的铁汉般拥簇着这静谧的军营。

麦贤得这时真的有点儿瞧不起自己了。“麦贤得啊麦贤得，你不是从小就立志要学陈璧娘精忠报国吗？要学董存瑞舍身卫国吗？碰上这小小的拦路虎，这三次的‘2’分，这可恶的小鸭子，就战不胜，攻不破了，还当啥英雄呢，我就不信，天下有学不会的东西。自己文化基础差，指导员说‘笨鸟先飞’，多向优等生请教，多读多问，就一定会的。我一定要攻克这可恶的拦路虎！”

想着想着，麦贤得浑身又热乎乎了，原来的愁思也溜往爪哇国里去了。不禁轻轻地哼起来：

我是一个兵，
来自老百姓。
打败了日本狗强盗，
消灭了蒋伪军。
……

唱着唱着，他双脚已跨进了营房。

“哎哟，麦贤得，你去太平镇卖旧书回来了。”张少勤见麦贤得乐观的样子，便挖苦他。

今天，麦贤得的机电课又得了 2 分。老师在课堂上公布成绩之后，麦贤得像耷拉脑袋的大公鸡一样，哭丧着脸孔，不但同桌的张少勤看见，全班的战士都看在眼里。一连三次抓到了“鸭子”的麦贤得，确实也让班里的战友同情，当然也让一些瞧不惯麦贤得那好强性格的战士暗自开心。

张少勤是麦贤得的饶平同乡，又是同一班的战友，同一铺子，麦贤得睡上铺，他睡下铺。他高中毕业，论文化，全中队数他高，故业务课成绩最优。最近，学校兴“一对红”。班长就把他俩搭成一对，如何互帮，其实他们心中都有谱。麦贤得虽然文化基础较差，但人勤快，工作不分轻重，样样抢着干。班内宿舍卫生几乎是他一人包起来。大家对他都有好的评价。而张少勤有点学生兵奶油味，平时一有空就捧着一本《三国演义》读，一读就入迷。往往忘了洗澡，忘了洗衣服。一桶衣服有时一浸就两天。遇上阴雨天，弄得要换衣服都没有呢。班长常常点着他的脑门：“张少勤呀张少勤，你该叫张少懒才对。”常常还要班长动手帮他洗衣服，他却傻笑道：“班长，三国里尽是军事谋略。我看破了，来日你当元帅，我当你的军师。嘻!”

“少懒，你别笑我。你衣服洗么？又要等班长不？”麦贤得不服输，把一袋书高高地塞进鸭子铺。忽听“不”的一声，一本掉到张少勤的桶子里。

“糟糕!”麦贤得急叫一声，慌忙伸手猛摸下去，幸得张少勤真的还没洗衣服，书掉在衣服上面，只是背面些许湿湿的。他连忙将书放在自己的裤子上擦了擦，便也无可奈何地摇摇头：“少懒就是少懒，你懒倒好，若是桶里没衣服，尽是清水，我的书可完了！嘻嘻!”

今天是星期天，班长和大家都去太平镇看电影了，只剩下张少勤在看《三国演义》，麦贤得急忙把课本和指导员送他的小红本放在床头上，便带了内衣裤去洗澡。洗澡后，他见张少勤在蚊帐里已看得入迷了，本来招呼他洗衣服的，但一想，“算啦，我与他一对红，他有三国瘾，就让他过足瘾。我帮他洗吧。”于是，麦贤得一声不响地提起张少勤那桶衣服往门外水沟走去。

熄灯前，张少勤见自己的那桶衣服不见了，班长又刚回来。一瞧，麦贤得正在门口晾着他的衣服。张少勤不禁心内一动：啊，贤得真不错！他确是大事小事都乐于助人的好战友呐！我真不如他呀。他学习跟不上去，我就没主动帮助他。你瞧，人家是什么风格？自己枉自念了那么多书，真不如他呢！真的，自己该主动帮他一把！

熄灯预备号响了。张少勤小声对上铺的麦贤得道：“阿得，你睡了吗？”

“还没有，睡不着。”麦贤得轻声答道。

“我讲个故事给你听，你要听不？”

“嗯，你讲吧。”

“从前，潮州城里有个打锣店，店主是位打锣的老掌柜。他平素不轻易动手，一切粗活都由小伙计们干。而当锣成品最后定音时，他老人家才动手。只见那锣烧得通红通红的，他拿了一把铁锤，对准锣心，不轻不重，‘当’的一声。就这一声，音就定了。从此，这锣一辈子就发这个‘当’的声音。”

“哦，这老师傅这一手真不简单。”

“对，这叫做抓住重点，一锤定音。我们读书，也要抓住重点。我讲的就是这个道理。”

麦贤得一听，知道张少勤的用心良苦，他是用这故事来启发他。但想了想，又不服输道：“少勤，我也讲一个故事给你听，你要听不？”

“嗯，你讲吧。”

“从前，有一个叫阿四的，要去学一种特异的功夫，找遍天下，都没人敢收留他。因为这阿四的功夫已很深了，一般的师傅都不如他。一天，阿四听说有个叫刘斤七的，功夫绝好，就登门求艺了。刘斤七见阿四态度谦恭，孺子可教，于是便收为徒。你道阿四求教的是何等功夫——学懒也。那晚，吃饱饭后，要入睡了，师傅说，我先睡，你熄灯火。弟子阿四却抢先钻进蚊帐里，倒头便睡。师傅火了，‘你为人弟子，连熄火还要师傅亲自动手么？’阿四道：‘师傅你放心入睡，我自有熄火的办法。’师傅将信将疑，刚躺下，只见阿四抓了枕头，啪的一声对着灯扔了过去，那灯盏登时粉身碎骨——灯自然也熄了。隔日，师傅躺在床上，喉咙发出沙哑的声音，对还躺着不起床的阿四道：‘你毕业了，青出于蓝胜于蓝啊！’”

“哈哈！”全宿舍的人都笑了起来。

2

入夏之后，阳光越来越强烈了，酷热的暑气把军营团团包围。虽然海边风大，但整个世界都热得像火炉一样，吹来的风也是热的。学习的任务越来越重了。一到傍晚，战士们就躲进蚊帐里温习功课，一个个都憋得汗淋淋的，被战士们称为“炸油条”。有时候，整个屋里像一个冒烟的蒸笼，人闷在蚊帐里汗流如注，憋得满脸通红、气喘吁吁，战士们戏称为“蒸馒头”。

而麦贤得却比别人钻进蚊帐的时间要长，“笨鸟先飞”嘛。他就不信老是会抓“鸭子”。在张少勤的帮助下，他讲究了学习方法，再加上他那潜在的“硬骨头”脾气，一页一页、一句一句，关键的“锣音点”在哪里，他认真地读，终于有了明显的进步。上星期考试，丢掉了鸭子，得了个“3”

分。老师表扬了几句，全班都为他高兴。但他心里还憋着一口气，等着瞧吧！

又是星期天。他同张少勤一起到太平镇逛街，买了新版的《毛泽东选集》和《雷锋的故事》。麦贤得叫张少勤在书店稍待，他自己便径直往百货商店，一会儿就买来了一包东西，用旧报纸包裹着，严严实实的。

“阿得，你买什么?”

“没什么。”麦贤得羞赧地道。

“让我瞧，让我瞧!”张少勤乘麦贤得不备，一把就夺了过去，放在柜台掰开。啊，一盏小油灯，一包女人用的爽身粉。

“阿得，你搞什么魔术?”张少勤有些迷惘了：这小油灯嘛，显然这家伙是晚上熄灯后还要加班加点；而这女人用的爽身粉嘛……

“去你的，少懒!”麦贤得急了，慌忙抢了回来，三下两下地包好，央求道：“少勤，别乱讲，我求你!”

张少勤还是迷惑不解。两人走回军营去。麦贤得走在前面，张少勤走在后面。渐渐地，张少勤发现麦贤得走路有些瘸了，时不时用大手抓着大腿边，脸呈痛苦的神色。“哎哟，对了!”张少勤想起来了，近来，麦贤得挑水浇菜，常常要用手挠大腿边，已有十来天了。啊，湿疹！麦贤得是要买爽身粉去消除痛苦呢。

下午，战士们上街大都还没归队，麦贤得又挑起水桶。

张少勤急忙拦住：“阿得，你就别去了，我来。”

“不不，我来。我力气比你大。”麦贤得紧紧地抓住水桶，迈着大步走了。

张少勤放下《三国演义》追了上去，麦贤得笑笑道：“别吵，一道走。我挑几趟，挑不动了，你就接班。”

张少勤知道他的脾气，拗他不过，只得跟着去。各班的木桶少，只得轮着干。麦贤得一瘸一瘸地挑着。张少勤再也不忍心了，一把夺过扁担挑起就走……

熄灯号后，麦贤得的床头又亮起昏淡的灯光。但这灯光被他用被单遮得严严实实的，没漏出一点儿蛛丝马迹，而这可苦了他了。他穿着裤衩，用爽身粉擦了擦那异痒异痛流着黏液的双腿内侧，咬咬牙就一头埋进书本去，读着记着……不懂的，做个记号，隔日问张少勤，张少勤一一向他讲解。张少勤已被麦贤得感动了，这样拼着命干活、工作、学习的同乡战友，“一对红”战友，这友情还用说的吗?!

功夫不负苦心人。麦贤得终于攻克“拦路虎”了，期中考试，他一举考了5分，一跃成为全班的前列。大家无不大吃一惊：这原来的“副班长”一下子转正了，哪方来的神力？

消息传到指导员那里去，指导员心想：“真的，用毛泽东思想武装起来的战士，真是聪明无比！天下没有什么难事难得倒的！”

3

晌午，天气特别炎热。麦贤得在宿舍里熬不住了，走到军营门口那块小树林中纳凉。

他又埋头看已看了两遍的《钢铁是怎样炼成的》，这一次，他的理解似乎深了一层。

是的，保尔·柯察金也是一个普普通通的工人后代，他也是从一个普普通通的童工成长起来的，他也不是什么元帅、大将军，仅凭着一股对祖国对人民的爱，对反动派对侵略者的恨，党安排他在什么位置上，就在什么位置上干得有声有色，在什么位置上发出光和热。真的，他的一生，实践了他自己的诺言：“人最宝贵的东西是生命。”这生命，人只能得到一次。人的一生应该这样度过：当回首往事的时候，他不至于因为虚度年华而后悔，也不至于因为过去的碌碌无为而羞愧，在临死的时候，他能够说：“我的整个生命和全部精力都已经献给了世界最壮丽的事业——为人类的解放而斗争。”是啊，保尔·柯察金才真正称得上是一个伟大的共产主义战士呢，他胸怀多么坦荡，境界多么高远啊！

今天麦贤得接到副指导员的通知，他光荣地参加中国共产主义青年团了，副指导员高兴地拍着他的肩膀道：“小麦，你已在共产主义的大道上又迈开可喜的一步了！”保尔·柯察金原来不也是一个共青团员吗？他的思想、他的行动处处都闪耀着共产主义的光辉。

这时，小麦又想起半月前自己挨中队长批评的事，心里觉得十分羞愧。那天，他在报纸上看到美帝国主义蓄意制造了“北部湾事件”，公然侵略了友邻国家，部队号召报名援越抗美。他认为，杀敌立功的机会到了，他便到中队请战，要求到前线去。但参战的名单没有他的名字。他气得乱叫乱嚷，反复问：“这是为什么？这是为什么？形势这么紧张，为什么不让我出校？”还振振有词道：“毛主席教育我们，‘帝国主义者如若欺侮我们，这是需要认真对付的’。队长，你看，美帝国主义这样猖狂，我怎么能在学校待得住呢。”他满以为自己这么一说，中队长就会批准他到前线去。没想到中队长给他提出一连串问题：“麦贤得同志，你看过《雷锋》这部电影吗？还记得雷锋是怎样求战吗？战士，是以服从命令为天职，党叫我们干啥就干啥，在自己的岗位上发挥光和热，这才是好同志啊！”……中队长说的似乎蛮有道理，但自己当兵为了什么呢？当兵不就为了杀敌，只有杀敌才能立功，只有杀敌才能报仇，自己求战错了吗？他一时觉得迷惑，甚至有点委屈。

回到宿舍，他拿起《毛泽东选集》读了又读，翻了又翻，真的，毛主席的话句句充满了哲理，句句都有道理。但是，自己没上战场，哪能杀敌立功呢？他还是想不通。他拿起《钢铁是怎样炼成的》，重新读起来，渐渐地，他又被保尔·柯察金那高大的形象吸引住了。是啊，保尔在那大雪纷飞的铁路工地上拼命地干，因太劳累而染上了伤寒病，险些被夺去了年轻的生命。那时，保尔想的是什么，他想的仅是人民的利益，国家的利益，共产主义的事业，他可从没想到"立功"，没想到当"英雄"啊！

"唉——"麦贤得狠狠地抓着自己的头发，麦贤得啊麦贤得，比起保尔来，你是一个百分之百的不合格的共青团员啊！

他站了起来，大手狠狠地砸在眼前那棵高大的木麻黄树，"啪"的一声，树上两只在午睡的喜鹊惊得乱叫着飞跑了。

他心情沉重地向中队部走去，敲响了指导员房间的门。

"小麦，又有啥事？"刚起床的林星虎迷惑不解。

"指导员，我……我还不够一个共青团员的条件。我……我暂时不入团。"

"哦……我听副指导员说，不是团支部大会已通过，上级团委已批准你入团了吗？"

"不，我……我比起保尔·柯察金还差得远呢，我不够条件！"

"哦。"林星虎理解了：这小伙子，已学会从高从严，从共产主义战士的高度来规范自己的思想和行动了——麦贤得，开始成熟起来了！

"小麦，你有进步了，很好！知不足者，就会不断进步。组织已批准了，说明你的思想和表现已达到一个共产主义青年团员的标准，但是，入团后还要从高从严要求自己，锻炼自己，争取成为一个中国工人阶级的先进分子。路还长着呐！小麦，自省自律，严格要求自己是对的！"

指导员拍拍他的肩膀，提醒道："回宿舍去，你们下午不是要搞'堵漏'的训练吗？"

"哦，对了。下午要训练。"麦贤得惊醒过来，告辞了指导员，飞也似的奔回营房去。

麦贤得爬上铺，掏出红本本，凝思了一会，便匆匆写下了这段日记：

主席著作胜千金，越学越觉主义真。
教我爱憎倍分明，教我越学越精灵。
为了真理来当兵，掏尽红心为人民。

甘当革命螺丝钉，坚守海疆歼敌人。

1964年8月15日

“嘟嘀答……”起床号吹响了。

大家迅速地起床、洗脸、穿军装。

十分钟后，大家就集中在教室里。

教室里，摆了一只巨大的教学艇。

班长手拿着木棒，脸色认真严肃，像临战的样子。

“同志们，下午，进行‘堵漏’实战训练。”

班长说完，狠狠地用力一捅，通的一声木棒就把“战艇”捅了一个大洞。“敌弹”击穿“炮艇”机舱了，一股“海水”猛地从弹孔里涌进来。班长立即下令：“机舱里进水，一、二、三、四名堵漏，保证舰艇安全，彻底消灭敌人！”

话音刚落，麦贤得像小老虎一样，猛地跃进机舱，抄起堵漏箱，冲进“海水”涌进的弹孔，冰凉的“海水”哗哗地直往他身上冲。

麦贤得和其他三位战友，顶着“海水”的喷射，紧张地协同堵漏。水流得太猛，堵不住，麦贤得急忙拿来一个堵漏垫堵上。哪知道，这时候班长又出了一个新情况。

“同志们，堵漏器材全部被损坏！”

班长过去曾经讲过，在堵漏器材用完或全部损坏的严峻时刻，可以用棉被衣服等代用器材堵漏。麦贤得此时一听，猛地一打愣，便呼的一声迅速扑过去，一转身，像黄继光堵枪眼一样，勇敢地用脊背堵住“弹孔”，“海水”猛烈地冲着他的脊背，他却一动不动。喷射的海水终于被挡住在艇外，像凶狠的老虎一样被制伏了。

一场紧张的演习成功地结束了。班长见麦贤得湿漉漉的衣服还在往下滴水，便怜爱地道：“小麦，堵垫坏了，本来你可以脱掉衣服堵上去呀。”

麦贤得双眉一扬：“不行呀，这样可就要慢几秒钟了。”

班长一听，内心无比欣喜。心里道：“不错，这小麦是个时刻想着战斗的好战士呐！”

十四、夜老虎

1

意想不到，麦贤得毕业后被分配到离汫洲湾不远的汕头水警区。

汕头的海面，是麦贤得最熟悉不过的。哪处有岛屿，哪处有礁石，哪处有暗礁，从闽南海面的东山湾至珠江海面相邻的汕尾湾，他几乎闭上眼睛，都能像数家珍一样数出来。不是吹牛，在麦贤得脑袋里面，每时每刻都能浮现出一幅清晰的航海图呢。

当然，麦贤得思想并不敢放松。他知道，党叫他到汕头水警区来，等着他的，是战士的重任。是的，那不远处不时传来的厦门的隆隆的炮声，时而在汕头海空，在东南沿海海空上国民党空军飞机的嘶叫声，时时刻刻震撼着他的心！

他离开家乡还不到一年，但汕头这繁华的滨海闹市竟令他有些陌生了。冬日晌午的阳光仍然是柔和的，海风依旧是凉丝丝且夹着荤腥的咸味，海滨上的老人依旧是裹着大棉袄在懒洋洋地晒太阳。而当天空中传来低沉的飞机轰鸣声时，他们却无不抬头眯着老眼仰望蓝天，担忧那狗崽子会不会在屁股后面屙蛋蛋。

"少懒，快，快去报到！"麦贤得又暴躁了，催促着一同分配到汕头的张少勤。

两人匆匆地走进大队部。

他俩呈上介绍信，戴眼镜的干瘦的干事瞅了一眼盖着红印的介绍信，便拿起一张早就铺在桌面的登记表，在表上逐行查找，半晌，在"麦贤得""张少勤"处的左边画上两个小小的圆圈，然后，便拿出便条，开具了新介绍信。

"麦贤得，到527艇当机电兵。"眼镜干事那两片薄薄的嘴唇一张一合，说出了第一句话。

"张少勤，到598艇当机电兵。"

"小伙子，艇在5号码头，从大门出去，一直往前走，战艇就停泊在海面上。"

“谢谢。”两人敬了个军礼，掉转头就走出大门。

“阿得，当兵的，一到机关就好像变成木偶一样。以后，打死我也不到机关。”张少勤嘟哝道。

“不管他，我们走自己的路。”

两人说着已走到码头。临岸停泊了许多战艇。527 艇就是停泊在最靠岸的那一艘。

麦贤得一见，心头一热：啊，以后，这就是我的家了！他的心不禁怦怦地跳动。这威武的战艇，艇长一定也是十分威严的，一定是身材魁梧、威风凛凛的样子。连那小干事也板着脸孔装大的，何况艇长……

“喂，少懒，先到你的艇还是先到我的艇？”

“当然，你已经到了，先上你的艇，然后你再陪我上我的艇。”

说完，两人便走近艇边。麦贤得把介绍信递给值班的战士。战士惊喜地瞧了麦贤得一眼，便热情道：“哦，新来的战友，欢迎欢迎。我叫彭得才。”然后，便把他俩引到艇长室。

“报告，艇长。”彭得才在门外报告道。

“请进。”里面传出慢条斯理的外地口音。

“喂，小麦，你就进去报告。艇长在里面。”说完，自充老大的彭得才到甲板值班去了。

“报告，艇长。轮机兵麦贤得向你报告。”跨进艇长室，麦贤得便“啪”地向坐在凳子上的艇长行了个军礼。

“哦，你就是麦贤得？”艇长慢吞吞地站起来，热情地握着他的手。

“这位是——”艇长下巴一翘，指张少勤。

“他是我的同学张少勤，分配到 598 艇的。”

艇长会意地点点头，便招呼他们在鸭子铺上坐。

这时，麦贤得才仔细地端详艇长：长着一张白净脸皮的学生脸，脑门开阔，下巴微翘，一双慈祥而熠熠发亮的眼睛炯炯有神，但个头不高，最多不超过一米六八，约摸 30 多岁。麦贤得心想：这跟他想象中的真是天壤之别。真不像艇长，倒像一个中学教师。

“小麦，欢迎你到我们艇来，你以后就是我们这艇上革命家庭的一员了。你路上辛苦，到班里报告后，今天就休整休整，明天才正式上班。”艇长的声音是慢条斯理、和蔼可亲的，真像一个大哥一样。麦贤得甚觉温暖异常。

接着，艇长便叫彭得才过来，帮麦贤得把行李包提往轮机班去。

麦贤得征得艇长同意，和张少勤一道往 598 艇报到。

“少勤，你看我们的艇长真像一个老师。”麦贤得禁不住低声说道。

“是的，本来当艇长的，应该是威风凛凛的。其实，也不能这样讲。俗话说，人不可貌相，海不可斗量。看他那双明亮的眼睛，也闪耀着精明和英武之气。他属五短身材的人，也具有一格。三国时代有一个叫庞统的，脸如锅底，身材不足五尺，但却与孔明齐名。据说，那火烧赤壁的大胜仗就是庞统的谋略……”

“反正我就觉得他和蔼可亲，并不十分怕他……哎，别乱议论领导，这是违反纪律的。”

两人边说边走向 598 艇去。

海风像一个调皮的小孩子一样，把他俩帽子后面那两道长长的海魂带刮得一个劲地飞舞……

当晚，麦贤得和张少勤，相约到市区逛街。

走过南海路，麦贤得便想起他的老邻居百合婶的家不就在这南海路吗？他以前在钩钓船上岸卖鱼时，常到她家做客。于是麦贤得又带着张少勤拐进南海路百合婶那临街的家。

笃笃笃，麦贤得轻轻地敲敲门。

咯吱一声，铁门开了，探出一个扎着长辫的脑袋。

“同志，你找谁？”

“我找百合婶，她在家么？”

“哦，你是——”

“我是汫洲阿得呀。”

“妈妈，有两个解放军找您。”这姑娘是新媳妇阿娇，不认识麦贤得。

“哎，我来。”话音刚落，百合婶已迎出门口。

“百合婶，你可好？”

“哦，你是……”百合婶睁着迷惘的眼睛，一会儿，终于惊叫道：“哎呀，我的天，你不是阿得么？快请进，里面坐。喂，素云，你看谁来了！”百合婶边叫着侄女的名字边让座。

素云，麦素云！麦贤得惊喜地带着张少勤走进去。只见老同学麦素云和阿超兄正在客厅里。

“哎哟，阿得！是什么风把你吹来了？”麦素云也喜出望外。

“超兄，你也来了。”麦贤得先礼貌地与麦阿超打招呼。麦阿超是他的同族兄长，30 多岁，为人爽直，乐于助人，十多年前就被招到汕头航运站，乡亲们莅汕，有何难办之事，就找超兄相帮。以前在钩钓船时他常到超兄家做客。

大家高兴地寒暄。

“喂，阿得，你咋回来了？”麦素云问。

“我和战友张少勤一道分配到汕头。”

张少勤便礼貌地向大家点点头。

"来，来，别只管说话，请茶。"带着一副甜甜笑脸的小媳妇端了茶盘上来。

天已晚，麦贤得关切地问道："素云，我忘了问你，我离开家乡近一年，家乡有什么大的变化么？有什么新奇的事？"

"变化么——"素云沉吟了一下，摇摇头道，"没啥大的变化。新奇事么！哦，对了，阿得！半个月前，你们的钩钓船出事了！"

"什么事？什么事？"麦贤得紧张得两眼睁得圆圆的。

"你们船的老大阿龟兄被美蒋的飞机炸伤了，很重。"

"哎哟，这混蛋！"麦贤得一听，心内一凛：苦命的阿龟兄啊，你辛苦了一辈子才有一个幸福的家，而今又被炸得重伤了，以后全家的日子如何过？

麦素云见他脸色苍白，知道他伤心，便愤怒地道："阿得，听说那天上午钩钓船往南澳讨海，海面上飞来两架凶狠的美蒋飞机扔炸弹，一起被炸了的有三条船，南澳那条船被炸死了三人，你们那艘船还算轻的呢，只伤了两三个人。阿龟兄被炸伤了腿。"

麦贤得狠狠地咬了咬嘴唇，急忙从裤袋里拿了一张5元的人民币，颤声道："素云，劳你送给阿龟兄，告诉他，阿得一定会给他报仇的！"

麦阿超一听，也从口袋里掏出一张10元的纸币道："素云，送给阿龟兄。那蒋该死！可气！"

……

走出百合婶家，麦贤得一直沉浸在愤怒之中。

海滨的浪涛愤怒地拍打着长堤，发出哗啦哗啦的声音，好似南海沿海百万渔民愤怒的声讨声，也好似那十分熟悉的，在船上相依为命的阿龟兄痛苦的疾呼："阿得，阿得，你可要给你兄报仇雪恨啊！"

2

今天要远航了。

暮春的天气，整个世界都被细雨罩住，海面浓雾蒙蒙，到了8时多太阳才懒洋洋地从海面地平线上探出脑袋，浓雾才不情愿地逃跑了。但是风却甚大，起码有五六级。

今天可是麦贤得上艇后的第一次远航呢。看来，老天是故意要考验他的。战艇驶出港湾，迎着可恶的风浪，雄赳赳地驶向大海。但是海浪也不示弱，像排山倒海的千军万马，拼命向战艇扑来。战艇左右摇摆着。

战艇驶到一半，紧张地操纵着机器的麦贤得渐渐感到头昏脑涨了，胃里像波涛在翻滚。他知道要吐了，暗暗在心里使劲：越是困难的时候，越要坚决顶住！

真的，战艇不比钩钓船哟。战艇的时速一小时可跑三十海里，而那钩钓船只有六七海里。速度快，艇与海面的接触就迅捷，相碰的震动力就大，这道理，他懂。今天，大海终于给他一个下马威了。人在机舱里，就好像在荡秋千，闷热的空气，浓烈的柴油味，熏得人的脑袋晕眩。有的老兵也顶不住呕吐了。

“哇，哇”，麦贤得吐了。他抹抹嘴巴，把黏液狠狠地抹去，立即“咕噜咕噜”地喝了几口开水。这是上艇时班长黄理省教给他的经验：肚子里有东西，就不怕呕吐。是的，阿龟兄也曾教他：“能吃又能喝，风浪没奈何。”

黄理省见麦贤得一边呕吐，一边还坚持不离开操纵台，心想：一个新战士，能有这股硬劲，真不简单。他走过去，要他坐下休息。

机器轰鸣，震得人耳发聩。黄理省嘴一张一合的，不知说着什么，但他倔强地摇摇头，坚守在机器旁边。

黄理省慈爱地拍拍他那坚实的肩膀，感到在这海浪的摇撼颠簸中，这小伙子已迈出让人放心的一步了！

夜幕降临了，和大海搏斗了一天的新战士都疲倦地回机舱睡觉去了，麦贤得却像钉子一样钉住不动。黄班长说：“小麦，你回大舱里休息去，新战士不用值更。”

“不，班长，让我锻炼，让我参加值更。”

黄理省见这倔强的小伙子自觉地对自己出难题，加码磨炼自己，就让他试试吧！

战艇又出发了。晚上的操纵不比白天，机舱里光线暗淡，班长两眼炯炯有神，弯着腰操纵着。麦贤得坐在工具箱上，观察着班长的动作。

夜深了，机器的轰鸣声更响。班长借着光线，匆匆地写了一张字条递给他：“注意检查螺丝是否松动，管道接头是否漏油、漏水。”麦贤得觉得胸口又一阵发闷，脑袋又昏涨了。但他还是拿着手电筒，认真地检查着机器上的每一个螺丝、接头……

海浪又一次向战艇袭来，驾驶台挡风玻璃上，海水哗哗地流淌。麦贤得又呕吐了，吐得脸色发白了，但他自己鼓励自己：“坚持！坚持！”他吐得胃痛了，腰也直不起来。黄理省黑暗中伸手把他逮住，嘴凑在他耳边大声吼道：“回舱里睡觉去！”

麦贤得又一个劲地摇摇头，挣脱黄理省的大手，又弯着腰，打着手电筒，仔细地检查螺丝、接口……他猛地发现，淡水泵放水塞的一个螺丝被震松了，他急忙把它拧紧……

远航归来了，舰长听了黄理省关于麦贤得的情况汇报后，眼睛闪着兴奋的光芒，着实表扬了麦贤得一番。班长心里道，这小子可算是新兵老战士了！

这天早上，黄理省告诉他："小麦，今天不出海了，要开会。"

他便同全艇的战友排着笔直的队形向大队部走去。

大队部的会议厅上高高挂着一道红布，原来是张少勤他们的"598"艇被国防部命名为"海上先锋艇"，今天是命名大会，上级首长都来了。首长们都讲了话，艇长石天定讲述了他们"海上先锋艇"的光荣历史，那是1950年在解放万山群岛的海战中，他们的"先锋"1号艇以小艇打大舰，跳帮拼杀，刺刀见红，死打硬拼，压倒敌人，发扬了无产阶级的硬骨头精神，荣立了集体大功一次。先锋精神代代传。在执行战备训练、护渔护航、巡逻警戒、抢险救灾任务中，多次立功受奖……听着听着，麦贤得激动万分：这先锋艇真是好样的，在这先锋艇当战士真是十分光荣。他不禁羡慕起张少勤："这小懒，真幸运！"

会议结束了。走到大门口，就碰上张少勤满面春风地走出来，边走边哼着无名小调，真像他也参加万山海战一样，这小子！

麦贤得挤了过去，狠狠地拍了张少勤的肩膀："喂，小懒，你们艇真厉害！"张少勤耸了耸肩膀，不无得意地道："这是全海军公认的，国防部命名的，还用你说吗。"

"咦，你也吹牛！是人家前辈的功劳，轮到你吹牛！"麦贤得也不服气道。

"喂，喂，小麦，走。"黄理省在背后推了推麦贤得。

回到艇里，黄理省严肃道："小麦，那场合别乱嚷嚷。"

麦贤得知道自己错了，脸庞一片通红。

黄理省接着道："小麦，我们要虚心向先锋艇学习。我们也不能妄自菲薄。我们艇的老前辈也给我们留下了辉煌的一页啊！"

麦贤得一听，拍了拍自己的脑袋，傻乎乎道："班长，真的，我一时忘了。"麦贤得刚上艇的时候，艇长就向他们讲了光荣的艇史：那是1958年，他们和兄弟艇一道，击沉国民党海军军舰"沱江号"。在激烈的战斗中，指导员陈春喜，膝部负伤，爬着从一个战位到另一个战位，喊着战斗口号，鼓舞大家英勇杀敌；航海兵厥金水腹部重伤，还坚持战斗，一直坚持到把敌舰打沉……

黄理省又悄声道："艇长讲的艇史还'贪污'了一些重要环节。他自己也负伤，也坚持战斗，还立了三等功呢！"

"哦，艇长真谦虚，一直没听他讲。"麦贤得喃喃道。

“我们的艇长就是这样的人。”

麦贤得心里一咯噔，对这其貌不扬的艇长，油然生起一种崇敬之情。

3

在学习“海上先锋艇”的同时，部队大搞“夜老虎”的训练。

一天，班长领回了五套黑眼镜，却没有麦贤得的份。

班长道，你们新战士没有，待以后业务熟练了才发，也就是说，睁着眼睛能熟练的操作已不错了，要闭着眼睛操作，这可不是三天两天的事。

麦贤得真扫兴。但细想，班长说的也在理，自己才上艇几个月，的确睁着眼睛操作机器还不十分熟练呢。但如果这样按部就班学下去，今年全军搞“夜老虎”训练自己不就没份了吗？要多杀敌人，要为艇争光，都变成空话！

不行，麦贤得便闷着气不开口了。从此，午休的时候，大家便再也没见到他躺在床上，星期天的时候，人们逛街去，也没见到他出去。

他究竟在干什么呢？原来，他蹲进机舱里了，拿着书本在轮机舱里一个螺丝一个螺丝、一个接口一个接口……一丝不苟地揣摸着。出航了，他便紧紧盯住班长和老兵的双手，看着他们如何操作，渐渐地，他的操纵水平不声不响地提高了。

一天午休时，他又在机舱里摸索着，忽见工具箱里有一个眼镜，便惊喜地拿了起来，一瞧，玻璃镜没了，只剩下两个黑洞洞的眼镜圈。他灵机一动，找了一张硬纸，用墨水刷成黑色的，贴了上去，便试着戴。呀，眼前一团漆黑，像黑板一样。他高兴极了，这会儿可同老兵一样进行“夜老虎”训练。

麦贤得又进入自己的“第二工程”训练。他抓紧利用“三休”时间，钻在机舱里，戴着自制的墨镜，摸索着。

盛夏的太阳毒热，机舱里热气腾腾的。为了不浪费电，他没开风扇，浑身冒着大汗，自己对自己增加训练强度，一直揣摸着。他把机舱里的几百条管道，几千颗螺丝都摸得滚瓜烂熟了。

一天，军事长杨映松对轮机班道：“同志们，今天，老战士搞‘夜老虎’比赛，比赛在无照明条件下转换油柜的动作。新战士观赏学习。”

只见军事长第一个上来，戴上闭光墨镜，三下两下就把油柜换了。一计时只有三十分钟。接着，班长黄理省也照样操作着，全过程也只有三十四分钟。

接着，大家跟着操作，但谁也未能超过军事长。“军事长，我也算一个！”麦贤得戴上自制的纸眼镜噌地站了起来。

“哎呀，小麦，算啦，这可要长时间训练才行。你才上艇几个月？别闹笑话！”军事长笑着拦道。

“不，让我试试。”麦贤得固执道。

“算啦，军事长，就让他试一下吧！”班长黄理省帮着求情道。

军事长见班长也为他说话了，就同意道：“好，就让你试一下。”

只见麦贤得熟练地移动脚步，准确地摸上去，一弯腰，就轻快地把那空油柜拆开移到一边，接着，又机灵地把那装满油的柜子安进去，顺手摸住放在一边的扳手，熟练地摸着拧紧螺丝……

全过程，只有 31 分钟，居军事长之后，获第二名。

“啪啪啪”，大家高兴地鼓掌。

大家心里道：这小子看来不简单，是哪天往茅山学法的？

只有班长黄理省心中有数，小麦这一个多月“三休”时间干的是什么，能蒙过他那深眼窝里的眼睛么？

接着，又比赛准备启动副机的动作了。

大家又戴着闭光眼镜，进入行列。

比赛结果：班长黄理省 44 秒钟，麦贤得竟 43 秒钟，麦贤得第一名！

军事长杨映松高兴得大嘴半天合不拢，称赞道：“小伙子，有出息！”

艇长崔福俊听了军事长的汇报后，心想：这小子，有一股子蛮劲，好好培养，是一个好兵！

第五章

八·六海战

十五、“瘸子将军”下战令

1

1965年8月5日6时10分。

金刚山，高耸云端。

一个偌大的椭圆形的、像斜立的大锅盖一样的雷达接收器悬挂在半空中缓缓而有力地左右移动着。几朵瑰丽的白云，轻轻地吻着这神秘的圣物。

雷达室，明亮的荧光屏。天刚破晓，窗外白蒙蒙一片。

那四方形的透明的镜面上，渔船和战艇像绿豆般大小的亮点，星罗棋布于海湾上，空中的海鸟也化成白点时而浮现，与渔船极易混淆，增加了识别的难度。

“小邱，你看!”王焕明轻声招呼着身边的新战士小邱。

“啊，亮点，两个奇怪的亮点！要不要报告指导员?”小邱惊叫道。

“慢着。”王焕明又睁大眼睛，见那亮点从台湾左营港直往我渔场移来。准确无误了。

“快，报告指导员。”

小邱迅捷地走出雷达室。

指导员杨思友进来了，一张严肃的脸。

他伏下头，一丝不苟地审视着，忽然，只听他气愤道：“狗崽子，又出来捣乱了，这来头可不小呢!”

杨指导员凭着多年的观察经验，知道这艘国民党战舰并非像往昔的小船小艇，那鼠屎般大的亮点，是近年来少见的巨舰。

“快，直向舰队司令部报告，大鲨鱼出来了!”

“滴滴滴……”

红色电波穿过茫茫海面，越过巍巍崇山峻岭，飞到了绿树拥抱中的南海舰队司令部作战室。

一间严严实实遮盖着草绿色窗幔的作战室里，四壁挂满了军事地图。

一位身材魁梧的将军双手交叉在背后，凝视着东面墙上那幅南海作战地图，注视着每一个岛屿、每一个礁石……

“报告司令，紧急电报。”身后一个参谋递上一张刚记录的电报。

司令叫吴瑞林，四川巴中人，是一位身经百战的中将。他在战争中腿部受伤，走路一跛一瘸的。在抗美援朝中，他率部打得美国佬亡魂丧胆，为保家卫国立下大功。后来美国国务卿基辛格曾当着周恩来、叶剑英的面称吴瑞林为“瘸子将军”。五六十年代以来，东南沿海吃紧，军委主席毛泽东亲自点将，下令由他挂帅镇守祖国南大门。

吴瑞林仍记着1960年春节，他到南海舰队上任伊始，去看望在广州疗养的朱德元帅和罗荣桓元帅时的情景。

朱老总对他说：形势已经发生了变化，美帝国主义把他们进攻的重点，已由北方转到南方来了。从历史上看，帝国主义侵略中国就是从南方开始的。所谓反帝反封建，首先是在南方林则徐领导反对英国侵略的鸦片战争。从地理上看，东有台湾，南有南越，南海面对港澳，是独有的、复杂的环境，西沙群岛、东沙群岛、南沙群岛，历来是我国领土，也是祖先留给我们的遗产，绝对不能丢掉……我们的工作、建设和战备，要适应形势的转变。

朱老总接着又说，当年朝鲜战争停战时，毛主席、彭老总都看到了。毛主席问彭老总：“谁去守南大门好?”彭老总说：“打美国佬还是吴瑞林吃得透，42军吃得透，派吴瑞林去为好。”那时我就支持你去南方，现在也是支持你去南海舰队的。你知道毛主席、彭老总的意图就行了，就不用我再说了。

听了这些话，吴瑞林衷心感谢党中央和毛主席对自己的信任，更深感自己责任的重大。来到南海舰队，吴瑞林为了尽快熟悉海军情况，每年以2/3的时间出海训练，东起福建广东，西至广西北部湾，南至海南岛、西沙群岛，几乎走遍了祖国南部海疆、港岸，他不耻下问，向水兵们求教。第一次上舰出海，航行就达3000多海里，跟水兵一起生活，一起训练，竟没有晕过船。这大概得益于他少年时代在波涛汹涌的嘉陵江上放木排，当纤夫的锻炼吧……

“……6时10分，从台湾左营港海面有两艘国民党军舰，大的有1000多吨，小的有300多吨，直往福建东山古雷头、广东南澳交界处我渔场袭来……”吴瑞林一字一句地仔细瞧着这份紧急电报。

“总参的预测真准确，就按总参的意见干!”

不久前，总参谋部已通报，国民党当局在“武装渗透”和“两栖突击”两个派遣武装特务的计划被我人民海军和沿海广大民兵粉碎之后，最近又改变了方式，利用大战舰在海上袭击我方战艇和渔船，并妄图窜上大陆搞破坏活动。总参已指示，近日台湾当局可能在东南沿海有一场大的行动，要南海舰队做好作战准备，给予狠狠的痛击!

“来了，终于出洞了!”吴瑞林用力地把拳头砸在桌面上，对坐在对面的参谋长道，“命令观通站继续仔细观察敌舰动向，有何新情况，马上汇报。”

金刚山观通站。南海舰队司令部。电报几乎是半小时一次。

“报告，现敌舰已接近东山海面渔场。”

“报告，敌舰已转向西面南澳渔场。”

“好！是给他们一个教训的时候了！”吴瑞林咬咬牙又对参谋长道，“请政委他们过来。”

一会儿，政委方正平和副司令、副政委都汇集作战室……

作战参谋迅速按吴司令的授意，拟出作战命令——

“……命令你部，立即组成海上作战指挥所，指挥员由你部副司令员孔照年担任，兵力由你部护卫艇大队、高速护卫艇、某鱼雷快艇大队组成，由你部统一指挥，……希望发扬我军近战夜战精神，集中优势兵力，各个消灭敌人。务必彻底、干净、全部地消灭敌人！”

吴瑞林那双敏锐的眼睛飞快地看完战令，立即签下如下文字：

“立即下达汕头水警区。同时上报总参、海军、广州军区司令部。”

作战参谋犹豫了一会儿，嗫嚅道：“司令，是否待总参批后才下达……”

吴瑞林那双浓黑的眉毛一扬：“战机，一失千里呀！发出去！”

电波，载着十万火急的作战命令，一边呈报中央军委决策地北京——中南海；一边飞往南海前线——汕头水警区。

2

5日20时10分，高速快艇大队。

“孔副司令员，干！”海上先锋艇艇长石天定举着满满一杯茅台酒，走到孔照年跟前。

“好，同志们辛苦了，连八一也没休息，在海上滚打，我代表机关，对你们表示慰问！”孔照年举起酒杯，与石天定碰碰杯，又与身边的大队长贾廷宽碰碰杯，朗声道，“干！”

大家一饮而尽。喧闹的天空酒香盈溢。

7月底，上级就指示，最近国民党当局派来了战舰载着特务，要来进犯东南沿海，海上先锋艇和兄弟艇一道出海巡逻，一去就一星期，连八一节也在海上度过，今早才从海上返航，今晚全大队补假加菜。大队贾大队长和张政委请在家的首长孔副司令一起会餐。

大家兴意正浓时，忽然，门口匆匆走进来一位作战参谋，只见他神色紧张地伏在孔副司令员的耳边嘀咕了几句。

孔副司令员对身边的贾大队长悄声道：“有情况，我回司令部去。”说完向大家摆摆手，便匆忙地走了出去。

门口的小吉普把孔副司令员载回坐落于海滨的汕头水警区司令部。

水警区司令员和政委都到了南海舰队开会，参谋长王锦和几位作战参谋已在司令部作战室会合。

孔副司令员一踏进门，一位参谋马上把命令递给他。

他迅捷地扫了一遍。

他意识到，这将是一场恶战。司令员和政委却不在家，他知道自己这个前线指挥双肩的分量。

“铃铃铃……”身边桌上的电话响了。孔照年操起来，话筒里传来了舰队吴瑞林司令洪亮的声音：“我找孔照年。”“哦，我就是，吴司令？”“照年，这可是一场硬仗啊，你们要认真对付。记住集中优势兵力，各个歼灭。就是说，集中所有兵力，先打一条，然后再打另一条，条件允许，先打‘剑门号’，然后打‘章江号’，决不能把敌人放跑……”“是，吴司令，请您放心，我们决不让敌人跑掉！”

痛击国民党海军的关键时刻到来了，为沿海受害的渔民报仇，为维护共和国尊严，大振我人民海军军威的时刻到来了！

他问身边的王锦：“参谋长，高速护卫艇大队情况如何？”

“今天是星期天，战艇指战员都在补休。”

“哦……”孔照年沉思了一下，“你马上向参战大队下达‘紧急出航’命令！”

孔照年自己留下来，马上召集其他同志，部署陆上指挥所的工作。

紧张而有序的战前准备正在马不停蹄地进行……

3

5 日 20 时 20 分，高速护卫艇大队作战室。

黑褐色的长条桌四周坐满了各艇的艇长、指导员。

大队长贾廷宽坐在正中间，威严地宣布道：

“根据水警区司令部的命令，今早 5 时 10 分，美制国民党军舰‘章江号’和‘剑门号’向我东山岛以东海域和南澳交界处袭来，南海舰队命令我大队和鱼雷快艇大队出击，负责歼灭入侵之敌……现在各艇接受命令！”他高声点将：

“598 艇！”

“到！”艇长石天定“啪”地站立起来。

“命令你艇为编队指挥艇，编为 1 号艇。”

“是！”

“601 艇！”

“到！”艇长吴广维霍地站起来。

“命令你艇编为2号艇，与598艇同一作战小组参战。”

“是！”

“558艇！”

“到！”年轻的副艇长戴寿怀“啪”地一个立正。艇长出差，由他出席会议。

“命令戴副艇长代理艇长，负责指挥本艇作战。你艇为第3号艇，为预备指挥艇。”

“161舰。”

“到！”舰长赵依仁铿锵有力的声音。

“命令你舰为第二梯队，以接应！”

“是！”

……

坐在石天定旁边的崔福俊等了半天，仍没听到大队长给他任务，脸憋得通红，不禁霍地站起来：

“报告大队长，611艇请战！”他由于太激动，声音有些发颤了。

贾廷宽和政委张耀堂对视了一下，政委微微笑着解释道：

“崔艇长，你艇刚从厦门回来两天，人员还不齐备，艇里的作战应备的弹药、油、水也未备齐，作战任务紧，这次我们就没安排你们参加。”

“政委、大队长，毛主席说，战争的决定因素是人不是物。只要首长给我们任务，我保证能马上配备一切作战应备之物，保证准时启航！”

“好，我决定，就让611艇参战！”这是孔副司令洪亮的声音。

不知什么时候，孔副司令已来到大队部作战室了。

崔福俊一听，高兴极了。

“同志们，”孔副司令走上台前，双眼炯炯有神，“这是一场硬仗，舰队吴司令和首长们都时时刻刻看住我们，北京总参谋部、海军、广州部队的首长也时刻关注着我们，只能打胜，不能打败。”

“同志们，敌人也不是狗熊，连续几个月来，‘章江号’一直在我们的渔区搞破坏活动，对我们海面情况十分熟悉；‘剑门号’原是美国海军‘海鸥’级舰队扫雷舰‘巨嘴鸟’号，排水总量1250吨，航速每小时18海里，舰上装备有76.2毫米炮2门，40毫米炮4门，还配有声呐、雷达等设备。而‘章江号’也有450吨，两舰加起来1700吨水位。而我们，共出动护卫艇4艘、鱼雷快艇6艘、护卫舰1艘，加起来不足1000多吨水位。当然，我们艇小有小的优势，我们护卫艇的时速每小时为28海里，鱼雷快艇每小时为40多海里。我们的优势也在于小和快。舰队首长指示，我们要发扬先锋精神，发扬我军夜战近战的优良传统，集中力量、逐个击破！……”

最后，王锦参谋长把水警区和大队部首长的分工也作了部署：

孔照年副司令、王锦参谋长、贾廷宽大队长，上指挥艇598艇；

张耀堂大队政委上161舰；

刘敏大队副政委、叶键强副大队长上558艇；

王云鉴大队参谋长、李光宗大队业务长上611艇；

最后，贾大队长宣布：“21时25分，我编队起锚出发，到云澳湾待机！”

各位艇长、指导员火速地回到各自的战艇去。

贾廷宽回头问身边干练的作战参谋许睦华：

“许参谋，各舰艇人员情况如何？”

“大队长，外出的战士约占三分之二。已按规定发出紧急通知了。”

“嗯！”贾廷宽满意地点点头，“对了，你也参战，跟副政委和副大队长到预备指挥艇上。”

“是！”

4

同日20时10分。

百合婶家。

“阿得，你这么长时间没来做客，出海去？”百合婶一边把冒着滚沫的药罐盖揭开，一边问坐在沙发喝茶的麦贤得。

“嗯，我们远航了。”麦贤得把一杯香喷喷的清茶喝下去，随口答道。

其实，他们这次远航，是到厦门交接我国自行制造的高速护卫艇的。这种艇速度快，装备好，比老艇强得多。这一去20多天，前天才回汕头。但这是军事秘密，他当然不能告诉百合婶。

“阿得，你今年多少岁了？是不是属鸡的？”百合婶问。

“是，属鸡的，刚二十虚岁呢。”

“哎哟，那年纪不轻了，你妈给你找对象没有，或者你自己……”

“阿婶，你别乱讲，我年纪还轻呢，还没干出半点成绩，别谈这些。”麦贤得一听，满脸通红。

“阿得，你就不懂了，其实年轻人谈对象，谈好的，双方会互相鼓励，互相支持，也不见得就会影响什么。”百合婶是过来人，她知道男女的奥妙。

“嗤、嗤”，煤炉上的药罐汤水冒出来了。百合婶慌忙跑过去，把煤炉盖关上，回头又道：“阿得，你不是跟素云同学吗，她也未……”

忽然，半墙上喇叭的声音高了几度，女播音员清晰而嘹亮的声音把情意绵绵的潮州轻音乐《画眉跳架》打断了："刘海，你家中有急事，请快速回家！刘海，你家中有急事，请快速回家！……"

"百合婶，艇上有事，我走了。"麦贤得边说，边把放桌子上的海军帽戴上，飞奔出门而去。

阿婶高声嚷道："阿得，药，凉水，你牙痛，喝后再去……"

但是，麦贤得高大的身影已消失在街道的人流之中……

麦贤得闯进南海路，直奔过那长满如茵的西洋菜洼地，一个劲地跑，直跑上码头。

"小麦，快，加水！"

他人刚上码头，班长黄理省已一眼发现，高声支唤着。

麦贤得双手拉来两只大塑料桶，扭开水龙头，便迅捷地装水。

"喂，同志，你是611艇吗？"

麦贤得转身一瞧，原来有一个陌生的海军战士站在身后，手里提着一个小包裹。

停泊于黄埔港的已退役的611艇

"是，你是——啊，陈文乙！好家伙，你来干啥？"

麦贤得认出站在自己跟前的是分配到海军造船厂的海校同中队同学陈文乙，便在他肩上打一拳。

"啊，麦贤得，真巧！我临时调到你艇。"陈文乙也认出是麦贤得了。

麦贤得急忙提着水，陈文乙也帮提了一桶，两人上艇见艇长。

艇长接过介绍信，见临时调入艇的战士已到位了，心中甚喜，便道：“小陈，你就跟小麦到轮机班后舱，找你后舱班长罗向文。”

麦贤得便带陈文乙往机舱。

一场紧张的战前准备有条不紊地进行着。

轮机班该做的加油、加水、检查机器的工作完毕了。

黄理省便带着麦贤得、彭得才等帮着炮班扛炮弹，麦贤得力气大，一提就两箱。

“班长，接住。”麦贤得把一箱炮弹递上艇。彭得才又把一箱送进麦贤得手，一场接力赛在不声不响中展开着……

“同志们，各就各位！”艇长发出命令。5分钟后，艇长又发出命令，“起锚，熄灯，全速前进！目标，云澳湾！”

指战员各就各位，战艇飞速地前进。

海面上，不夜城汕头市那万家灯火，马路上的霓虹灯，高楼上的太阳灯的光线远远照射过来，投入那蔚蓝的大海。海面上，碧波粼粼，光影闪烁。

我战艇编队，关闭灯火，箭也似地穿波破浪，直往东南方向的云澳湾而去。

战艇上气氛十分沉重。

战士们都知道今晚或许要动真格的。

麦贤得也一样，他一边全神贯注地操纵着轮机，一边瞟一眼身边的班长。但是，全艇熄灯开进，根本瞧不见班长的身影。机器的轰鸣声震耳欲聋。他不知道，班长此时的心里想的是什么。

麦贤得此时的头脑，却掠出一个念头，不知是真打还是假打？自从上艇七八个月来，这种出海待机作战之事，几乎一个月就有数次，有时，明明要打上了，狡猾的敌舰又一溜烟跑了，便虚动一场。但是，他凭上艇积累的经验揣摸，今晚可不一样。今晚，大队参谋长亲自上艇，还临时调来这么多士兵加强，再则，孔副司令也亲自上指挥艇，舰队首长明确具体地指示……看来，是要真打的了！

麦贤得不禁心头一热：阿得啊阿得，你盼望的机会来了，为家乡受害的亲人报仇雪恨的机会来了，为祖国争光，为人民争光的机会来了！

战艇，像愤怒的战马，驰骋在波涛汹涌的海面上。

十六、战火烧红东山岛以东海域

1

同日20时50分。

东山岛以东海面，“剑门号”。

“喂，陈明德，你这白兰地在哪弄的？味道倒是不错。”国民党海军上士茹英如把半瓶金奖白兰地一饮而尽，频频地夸把此美酒“进贡”给他的二等兵陈明德。

“上士，这酒可来之不易，”台湾籍的二等兵陈明德听了上士的夸奖，也像自己喝了白兰地一样痛快，洋洋自得，“这是我8个月前在‘章江号’时，到东山渔船里弄来的。哈，我们拦住大陆三艘渔船，几人冲上去，搜罗了半天，才抢得三瓶这正宗的白兰地，我分了一瓶，一直没喝，留下来奉敬你老的。”

美制蒋舰“剑门号”（资料照片）

美制蒋舰“章江号”（资料照片）

“哈哈，够兄弟，够兄弟！”茹英如张开那大嘴巴，露出一口暴兀且发黄的牙齿，快活地狂笑着。

“喂，别乱嚷嚷，舰长来了。”中士梁可能把两根指头竖在长满胡子的嘴边，慌忙对上士道。

“喂，大家可要留意，快到南澳海面了，不能吸烟。谁乱来，我可要扭掉他的脑袋喽！”舰长王蕴山在黑暗中发出那破铜锣的声音。虽然机器轰鸣，但在甲板上他们还依稀听得见。

王蕴山转悠了一圈，便回到他的舰长室。

在台湾舰艇那一方。

“王舰长，有情况吗？”少将胡嘉恒斜躺在铺上松软的褥垫床上，有意无意地大口大口地吸着“三五”烟，把空调房里搞得乌烟瘴气的。

“司令，海面一切平静。”中校舰长小心翼翼报告道。他知道，这次出击，是老头子亲自点将要他的上司海军第二巡防舰队司令胡嘉恒压阵的，可知此行责任的重大。

“王舰长，可要小心观察啰，关键就在这一小时内，如果把那人送上陆去，我们就大功告成了。”胡嘉恒把剩下的烟头塞进桌面上的烟缸，狠狠一拧，那发亮的火点便灭了。他心内开始自得了：刚要出发时，老头子还专门电示，这是执行他老头子亲自部署的特种任务，只能成功，不能失败！实际他老人家把我胡嘉恒看扁了，这可是“剑门号”、美制“巨嘴鸟”，干这么桩小事，真是大象载牛娃，还怕丢落地？何况我这十几年的海上经验！他又对自己此行的部署十分得意：为了稳扎稳打，他还特意点将他的小舅子李准少校任舰长的“章江号”为僚舰。今晨出发，两舰全部停止使用通信和声呐设备，真灵，共军你那神通广大的雷达便变成一堆废铁了。不是么，跑到你的鼻子底下，你还在睡大觉呢。他又对自己选择出发的日期也十分自得：这一着，你共军也始料不及的。我先派一艘小艇虚张声势在海面游弋，搞得你们的战艇连“八一”也在海上喝西北风，等你们精疲力竭之后，我便优哉游哉地出击，哈哈，你们这时或许在加菜、在看电影、在猜令行拳、在搞你们的文娱晚会……哈哈，你们上当了……真是天时、地利、人和均被我胡某占有。这次行动，还不是十拿九稳的！

“喂，王舰长，往南澳方向开去，110 分钟后，开动一切通信设备，准备放小舢送人……”

“是……”

2

同日 20 时 30 分。

北京中南海西花厅。周恩来总理办公室。

“喂，是，我是恩来。”

“您好，总理。向您报告紧急情况。”电话筒里传来总参谋长罗瑞卿那沉稳的声音。

“你讲……”周恩来浓眉一耸。

“总理，南海舰队发来紧急报告，国民党当局派出美制‘巨嘴鸟’‘剑门号’和‘章江号’猎潜舰，今晨隐蔽着从台湾左营港出击，往我们东山和南澳海面袭来……”

“哦，出洞了，你们总参的意见？”

“南海舰队已上报作战方案，出动汕头水警区的高速护卫艇大队的 4 艘战艇和一艘护卫舰，快艇大队的6艘鱼雷快艇……”

“好，给它个迎头痛击！告诉吴瑞林，既来之，就要彻底、干净把他们吃掉，给台湾当局一个严厉的教训！”

周恩来放下电话筒，沉思片刻，又拨了一个电话。

通了。

“您好，主席吗？”

“是，我是毛泽东。”

“主席，您还没睡呀，”周恩来关切地道，“主席，向您报告情况，老蒋又出兵骚扰了。”

“从哪儿来？”

“从海上来，出现在吴瑞林他们的南大门了，是美国老板刚送给他的‘巨嘴鸟’和老在海面捣乱的那艘‘章江号’……”

“哦，树欲静而风不止……”电话停了片刻，“喂，恩来呐，你告诉罗瑞卿他们，这回，可要给老蒋一点颜色瞧瞧啊！”

3

同日22时35分。

南海云澳湾。598艇——海上先锋艇。指挥台上。

孔副司令员迎风伫立，眺望那黑魆魆的海面。虽然沉默不语，但此时的头脑比谁都高度集中，他没有幻想，没有奢望，没有半丁点儿侥幸心理。他心中只有一个目标，打个硬仗，一定要打胜，不能打败，一定要打个歼灭战，不能让敌舰溜掉。

孔照年，1940年在山东加入八路军，那年，他仅仅15岁。17岁时就当上班长，是全团最年轻的班长。之后，就擢升为排长，正、副连长和指导员，正、副营长，团副参谋长。在陆军，他打过许多仗，有时一天打三次，战斗中立过三次大功。战斗的实践告诉他：打仗，不管是大仗，还是小仗，情况都是经常变化的，稍有不慎，本来有希望打胜的仗，就有可能遭到失败。他于1950年调到海军后，曾担任十二年的舰艇大队长，又进海军学院学习了四年，精通海战指挥理论，加上近十年的海战实践，他深深意识到：海上打仗，情况更是千变万化，只有根据变化的情况，不失时机地采取对策，才能取胜……

“报告，孔副司令员。陆上指挥所命令我们马上出击。”主管通讯的副艇长陈运和报告：舰队司令部指示：敌舰“剑门号”“章江号”现已改变驶进南澳方向，改往东北方向东山岛渔场，命令你部全速拦击，拦住敌舰归路！

孔照年看着还没来得及抛锚的601、558、611三艇。

他对身边的大队长贾廷宽命令道："命令编队，起锚！"

先锋艇长石天定传令下去："起锚，出击！"

孔副司令员指示道："命令编队跟上指挥艇！"

命令迅速传到各艇。

云澳湾里，参战的指战员心内一阵兴奋。各艇指导员急忙开展作战前动员。

我编队快艇、指挥艇在前，其他战艇依次在后，高速向指定海域疾驶。

6日零时31分，护卫艇编队到达东山岛以东海域海面会合点。

"陈运和，陈运和，鱼雷快艇情况？"孔照年问。

"陆上指挥所没指令，情况不明。目前，为防敌舰发现，都关闭了通讯联络。"

孔照年双眉紧锁：千钧一发之际，海上又不能开通发射通信设备，这回与负责主攻的鱼雷快艇不能联系了！

"指挥艇，全速向东北方向挺进！"孔照年咬了咬牙，决心带领护卫艇全力以赴，迎敌痛杀。

零时42分。

"报告，我艇雷达发现东南方向3.8海里处，有敌艇两艘向我开进。"陈副艇长又报告道。

"轰隆隆！隆隆隆！"忽然敌舰发现我艇目标，向我编队开炮了。他们仗着其火炮射程远，向我编队猛烈射击了。接着一串照明弹，把海面照得一片通亮。

官兵们都望着孔照年。

"不理它！"孔照年命令贾廷宽，"命令各艇，右满舵，包抄前进，切断敌舰退路！"

我护卫艇编队仍然高速接敌。

60链，50链……

敌我双方距离迅速缩短着。

"准备射击！"孔副司令员命令。

"咚！咚！咚！"

"谁在打炮？怎么没有命令就打炮！"孔照年严厉追问。

是口令没有传到枪炮手，还是枪炮兵听错了口令，一时弄不清楚。当敌我双方接近40链时，后面的三艘炮艇盲目开炮还击，指挥艇也跟着盲目打起来。

"停止射击！"孔照年严厉命令。

炮声停了。

可是，当我编队距离敌舰10链时，后面的601艇前主炮又自行射击，接着，除指挥艇外，其他两艇以为编队指挥员下命令射击，又跟着打起来，形成了我编队第二次盲目射击。

孔照年火了。他高声喝道：

“停止射击！停止射击！”

孔照年对上级首长再三指示的近战歼敌的指导思想十分明确。他深知，只有近战夜战，才能以小胜大，置敌于死地，否则，后果不堪设想！为了保证这一指导思想的实现，他当即发出“三不准”的命令：“没有命令不准打；看不清目标不准打；瞄不准不准打。”命令传达后，各艇指挥员马上进行动员，稳定了情绪，这使指战员更加明确近战歼敌的思想。

意外的事故又发生了：全速前进的我快艇编队3号艇——558艇在行进中忽然抛锚了。

跟在后面的611艇一个急刹车，停止了驶进。

“报告，3号艇发生意外事故，抛锚了。”

一波未平，一波又起。孔照年一听，咬紧下唇，大手握得紧紧的，用力一挥：“命令611艇，紧急跟上，558艇马上采取措施，起锚追进。其余战艇，继续前进！”

4

6日零时50分。

558艇。

“扑通！”

疾速飞奔的战艇忽然不知道什么东西摔下海里去了。

站在指挥台的代理艇长戴寿怀举目朝响声处望去，不禁大吃一惊：铁锚掉进海里去了！

原来，战艇开进云澳湾待命时，炮手刚从插销里拔出铁锚准备抛锚，却骤然接到解除待机，快速开进的命令。炮手把铁锚插回插销时插不到底，弯头没扣上，正常前进时没出事，刚才一场炮击，被炮火一震，竟把铁锚震下大海了！

“全速倒退！”戴代艇长当机立断，向在操纵台上把握行进速度的轮机兵命令道。

轮机兵一愣，马上意识到刚才艇上掉下海的东西，戴代艇长才会下如此的命令，他毫不犹豫地把操纵杆从进三挡直拉下退三挡，战艇霎时全速倒退，在海面上戛然而止，打住了。

这样一来战艇安全了，要不然迅猛的全速开进，铁锚又死死钉住海底，战艇将会出现飞翻的危险，后果不堪设想。

“马上向前线指挥所报告，我艇发生掉锚事故。”

信号兵马上把情况报上去。

片刻，信号兵又飞报下来：“指挥员命令，快速自行排除故障，然后快速追进！”

后面的611艇一个急转弯，便把558艇抛在后面。刹那间，三艘兄弟艇就在东北方向消失了，轰隆隆的机器声也渐渐地远离了。

真晦气！戴寿怀心里狠狠地骂道，但此时此刻，能怪谁呢？

大队刘副政委，叶副大队长和许参谋，艇指导员胡日恒都围拢在甲板插销处。大家分析了情况，紧张地提出排除障碍的意见。

轮机军事长黄顺流挤进里面，用手摸着那铁锚的钩环，又望望黑洞洞的海面，沉吟片刻，便道：“戴艇长，用太平斧砍！”

戴寿怀望着那粗大的铁锚链，几百米长都抛进海底去了，如果按正常操作电动起锚，最少要20多分钟，那么就很难跟上编队，就会贻误战机！眼下，鱼雷快艇失去联系了，就剩下他们这四艘护卫艇，如果自己再耽搁了就剩下三艘，那么，敌我力量就悬殊了，不能犹豫！不能犹豫！

“好，军事长，你负责用斧砍。”黄顺流飞速拿起身边的太平斧高高地举起来。

“且慢，听指挥。”戴寿怀制止道。

他转身向驾驶室的轮机兵命令：“全速前进！”

又掉转头对黄顺流命令道：“砍！”

“当！”由于艇全速开进，松弛的铁锚链拉得挺直刚硬，黄顺流抡起那笨重的太平斧往那链环上狠狠砍去，脆响，反弹。

“砍！”戴寿怀又大喝一声。

“嘞！”——斧头的木柄断了！

黄顺流狠狠地把没头的木柄叭地丢在一边，弯下腰，观察了一下，便对凑过来的戴寿怀道：“代艇长，只能解开活结环。”戴寿怀端详了一下，道：“行，你就干吧。”业务熟练的黄顺流，迅速钻进锚舱，挥动活扳，三下两下就把链环解开了。只见锚链像光滑的长蛇一样“咚”的一声溜进大海去了。

大家一阵兴奋，战艇又飞奔向前。

航海班长余昭玉站在战艇的操纵台前紧紧握住操纵杆，两眼紧盯着前方。他此时的心恨不得战艇长上翅膀飞往编队去。但是，事故又发生了。不知是刚才砍锚的强烈震动还是刚才炮击的强烈震动，舵角指示器死死地停住不动了。小伙子心头一紧，向艇长报告吗？不，不能打扰他影响他指挥追进的决心。于是，他开始全凭手上的感觉操纵。

余昭玉可不简单呢，在大比武的“夜老虎”训练中，航海技术在整个大队数一流的。在平时训练中，还专门关掉舵角指示灯苦练摸黑操纵。现在正用着这手功夫了。但是，此时不知兄弟艇开往哪里了，刚才开进时，瞧着兄弟艇的尾灯前进，而现在却毫无目标了！只见东南方向霎时浮上一片淡淡的火光，余昭玉眉头一皱，计上心来，他看准艇首上空云缝里露出一颗星星，心里一阵高兴，有办法了，于是他对着星星修正着航向——东北方向，全速前进……

战艇，向炮火中冲去！

5

6日1时20分。

福建东山岛海域东南方向约28海里处。

敌我双方的距离迅速地接近。

两艘敌舰的轮廓已经显露出来了。

敌舰高高的桅杆竖立在海面上。敌舰一边向我们炮击，一边向东南方向窜去。

决不能让他们溜了，决不能让他们溜了！这是我全体指战员发自心底的呼声。

“轰隆隆，轰隆隆！”随着敌我双方距离的缩短，敌炮命中率越来越高了，我方战艇的周围，敌炮弹不时落下，水柱掀天。

“咣”，忽然一发炮弹击中我指挥艇上的指挥台护板，在艇长石天定的脚下穿过。

不行，这样的正面追击，我艇目标大，易被击中。

“孔副司令员，是否改变为反炮火机动曲线运动？”

伫立在一旁的孔照年凝思片刻：对呀，当年陆战冲杀，前方炮火密集时就是曲线前进的，须避开敌人正面的密集火力！

“行，命令各艇，紧跟指挥艇，曲线30度，左右曲线运动追击！”

这一下好了！石天定指挥着1号艇，根据敌人打来炮弹的散布规律，进行着不规则的曲线运动：一会儿从右25度到左20度，一会儿又从左25度至右20度，后续两艇紧紧跟住。

“报告，558艇追上来了！请示投入战斗。”陈运和报告道。

孔照年心内一喜：558，好样的！

“命令，558马上进入编队，投入战斗！”

“是！”

距离越来越近了。

“咣，咣！”

敌舰的20毫米炮开始向我方发射。

“各艇射击！”孔照年对着话筒，大手一挥，大声命令道。

“各炮射击！”几乎同时，各艇艇长下达了命令。

我方的炮弹在空中呼啸，冒着火舌飞向敌舰。

两艘敌舰一边放炮，一边拼命地向外海逃窜，旗舰“剑门号”在前，“章江号”在后，中间拉开了一段距离。

“火速挺进，切断两舰联系，穿插分割。消灭后面敌舰！”孔照年抓住战机，命令道。

“海上先锋艇”高高地昂起艇首，像一把巨斧，从“剑门号”和“章江号”两舰中间砍了过去。紧接着，后面三艇也砍了过去。

这四把“巨斧”锐不可当，一个急转往西，一个急转往东，敌舰编队被冲散了。

天空一片漆黑，两艘敌舰像两团黑乎乎的怪物，哪是“章江号”、哪是“剑门号”，一时难以辨别清楚。

“报告，孔副司令员，正前方是‘剑门号’！”这是前主炮上的先锋艇指导员徐寿祺的声音。

孔照年睁眼细看，对，‘剑门号’，那家伙正一边还击，一边东逃！

按上级指示，应该先打大的，后打小的。可是眼前，‘剑门号’已逃窜了，抛下后面的僚舰“章江号”。

机不可失！孔照年果断地放弃了原定先打“剑门号”的方案，命令编队咬住“章江号”不放。

这时，四艇编队集中火力，一齐猛烈地向“章江号”开火。

仇恨的炮弹，带着烈焰，愤怒地飞往敌舰……

“海上先锋艇”的机舱里。

轮机班长尤金山，见艇上一阵一阵的震动，我方炮弹一颗一颗地发射出去，心内无比的兴奋：狠狠地打，把他们送进阎罗殿去！

他见机器轰隆隆地正常运转着，便拿着手电筒，认真地检查着密如蛛网的管道和螺丝。

忽然，觉得一股热水射到他的脸上。啊，不对，水管破了！

他转身弯腰一看，水管的卡箍震裂了，淡水猛烈地喷射出来。他心内一急，若是淡水漏完了，机器和炮管就无法冷却，战艇就会失去战斗力。他马上用手电筒画了一个圆圈，向战友们发出了信号。接着，就毫不犹豫地张开一双大手，一把握紧水管。啊，水温80多摄氏度，痛得他毛发倒竖！决不能撒手，他心里只有一个念头，拼命也要把淡水保住！

一等功臣轮机班长尤金山吃大苦、耐大劳，在闷热的机舱里苦练开得动的硬工夫

“班长，班长！”尽管机器的轰鸣声班长听不清楚，但轮机兵小李见到刚才的手电筒的光线，知道班长发出发生故障的信号了。小李急忙摸过来，见班长正在拼命地握住水管，借着手电筒的微弱光线，依稀中见班长发红的手掌中渗出白白的发着浓烟的淡水——水管破了！

小李急忙拆开胶布包扎起来。

水管裂口封住了。尤金山挥手擦了擦额头上的汗，觉得甚是疼痛，小李慌忙拉过他的手来，手电筒照上去，一瞧见起了好几个大水泡。他惊愕道：“班长，你负伤了。”

“别理我，回到战斗岗位去。”尤金山边嚷边用力推着小李……

6

6日2时15分。

601艇。

艇长吴广维站在指挥台上，跟班实习的北海舰队护卫艇副中队长王瑞昌跟随在一侧。

自离开汕头军港之后，601艇紧紧跟着指挥艇。

此时，敌我双方的距离仅在二百多米之间，艇上的前炮、中炮、后炮一齐发射，对准“章江号”轰了过去。尤其是中炮，命中率极高，吴广维心内称赞道：张六华，带那几个小伢子，倒是好样子！

中炮班长叫张六华，带了三个上艇不到一年的新战士，名叫单继友、单国存，还有六个月前由距离手改成瞄准手的高占才。战斗一开始，这三个小伙子非常机警，个个像是蛮有经验的海上猎手。战斗打响之后，张六华打右炮，高占才打左炮。敌人的炮弹从头顶呼啸地掠过。单国存迅速地供上炮弹，高占才还击心切，一脚踩下击发装置，打了好几个连发。炮弹拖着亮尾巴，在敌舰的周围猛烈地爆炸。张六华一瞧，马上命令道：“打点射，注意节省弹药。”说话间，战舰绕到敌舰左舷，距离敌舰更近了。这是右炮发挥威力的好机会。张六华急忙瞄准，“轰！轰！轰！”连珠炮直发射过去，直打得敌舰后甲板起火。

“好，打得好！打得好！”吴广维大手狠狠地砸着扶手。

忽然，冒着猛烈炮火的后炮蓦然无声了。吴广维心内甚纳闷。

后炮在猛烈轰击之时，忽然飞来一块弹片，击中后炮炮长姜宜资的臀部，一阵剧痛，他高大的身躯一颤，大手便按住瞄准手小黄的肩膀，小黄回头一瞧，只见炮长倚立着，喘着大气。小黄停住射击，慌张道：“炮长，你挂彩了？”

姜宜资为了稳住大家的情绪，答道：“没有！”他咬咬牙，又挺立起来，不让战友发现自己受伤，一步跨上了左炮的战位，双手一下托起了沉重的弹夹，咔嚓一声，把炮弹装进炮膛，拉开大嗓门喊道：“打，给我狠狠地打！”

“轰！轰！轰！”后炮的炮弹又飞射敌舰。

艇长吴广维见后炮又开火了，脸上漾起舒心的笑意。

“咣！”忽然一颗炮弹飞来，落在指挥台上爆炸。弹片飞射进吴广维的头部，吴广维一蹬便栽倒下去。口中还喊道：“打！打！打……”

“老吴，老吴！”王瑞昌慌忙地把他扶住，只觉得他头部血流如注，渐渐失去知觉了。王瑞昌摸着他的鼻孔——没气了！王瑞昌心头一阵剧痛，马上放下吴广维的尸体，毅然地登上指挥台，接过吴广维手中的话筒，凛然地喊道：“同志们，吴艇长牺牲了！现在，由我代理艇长，注意我的口令，为艇长报仇，狠狠地打！”

愤怒的炮弹夹着仇恨的火焰，连连地击落在敌人军舰上。

“为艇长报仇，为艇长报仇！”

601艇，仇恨的怒火熊熊燃烧着！

7

2时10分。

“海上先锋艇”。

“章江号”在我编队强大的打击下，火力被压下去了。

但是，孔照年此时又惦挂着鱼雷快艇，马上问身边的王锦：“王参谋长，快了解一下鱼雷快艇的情况。”

战斗打响了，鱼雷快艇恢复了通讯联络。

不一会，王锦报告道：“孔副司令员，鱼雷快艇联系上了，他们报告说，鱼雷已发射完毕，返航了。”

孔照年又问：“161号舰呢？”王锦答道：“还没联系上。”

鱼雷没击中目标返航了，161猎潜舰由于航速太慢掉队了。显然，歼灭“章江号”的重担全部落在他们这些护卫艇编队身上了。

力量的对比是悬殊的，优势还在敌方。“章江号”原系美国海军猎潜队pc1232号，1954年6月移交给台湾海军，满载排水量450吨，最大航速达20海里/小时。舰上装备有762毫米炮一门，40毫米炮一门，25毫米炮五门，762火箭（组）一座，深水炸弹投射器四座，声呐、雷达各一部。而我们每只战艇，只有37毫米的前后炮各一座，25毫米的左右中炮各一座，四艘战艇加起来的火力还不及“章江号”。按惯例，护卫艇的能力只能摧毁战舰甲板上面的设施和官兵，而能否击沉整艘战舰还没先例呢。

显然，要打沉敌舰，可不是简单的事！但是，目前已骑上虎身，一定要把老虎打死，不然，就会被老虎吞掉！

孔照年也深深意识到，我们艇小，灵活，炮小近距离优势强，只有充分发挥近战的优势，集中兵力，还是完全能歼灭敌舰的！

他立即传令下来，快速逼近敌舰，加强进攻。

四艘战艇又单纵队排开，边发炮边向敌舰逼进。但由于冲击速度太快，又冲过了“章江号”，只得被迫暂停射击。

“章江号”见我们停止射击，又挣扎起来，企图逃脱。我编队调整部署，重新占领有利阵位，组成相应梯队，减速与“章江号”同向移动，集中火力打它的甲板舰面和水线附近。

霎时，“章江号”便落入我强大的火力网之中，舰四周的水柱飞溅长空。

十七、三小时——惊天地而泣鬼神

1

2 时 15 分。

611 艇。

艇长崔福俊，军衫袖管被弹片刈裂了，头发被炮火烧得发卷。他伫立在指挥台上，望着被我炮火包围着的“章江号”。这时，“章江号”舰前舰后掀起了一道道数米高的水柱，弹片撞在甲板上，听到“叮叮当当”的响声。

敌舰拼命挣扎，利用火力向我编队拼命开火。敌我炮火交织在一起，满天的炮火曳光把附近的海面照得通亮。

我编队又直逼敌舰，越逼近，敌舰大炮的射击死角就越大，难以发挥威力。在火光中，只见敌舰甲板上被炸得乱成一团。敌舰官兵吓得失魂落魄，有的离开炮台，有的跳下甲板，抱头鼠窜，真像热锅上的蚂蚁。

敌舰长李准见势不妙，指挥着庞大的“章江号”横冲直撞，不时地发射着炮火，加速向我编队冲来，企图撞沉我战艇，撞乱我队形，摆脱我编队的围歼，夺路逃跑。

我们的护卫艇体积小，灵活性大，不断地调整艇位和变换战斗队形，喷射着密集的炮火，紧咬住敌舰不放，弄得敌舰大炮打不上，要逃脱又不成，难以招架。

“咣，咣！”两颗飞弹射来，击中我艇甲板上，弹片纷飞。

“报告，艇长，机电军事长杨映松中弹牺牲了！”机电兵彭得才微颤的声音。

崔福俊心头一阵疼痛：多好的军事长啊，这轮机舱，一半战士是新组成的，军事长牺牲了，轮机舱力量减弱了！

“机舱情况怎样？”

“情况不明。”

因为进入紧张炮击之后，彭得才就调为送弹手了。没进机舱。

“咣！咣！咣！”又三颗飞弹击中611艇，一发击中驾驶台，两发击中机舱。

“哎哟！”一声痛叫，航海兵陈炳仁一头栽倒下去了。

“小钟，马上接替！”崔福俊大声命令着。

“是。”另一航海兵小钟急忙跃进驾驶室。

一个战士同时上前抱过陈炳仁，紧张地包扎着。

这时，崔福俊感觉大腿刺痛，知道负伤了。但是，此时他感觉到机舱机器的轰鸣声减弱了，便咬咬牙对身边的副指导员周桂全道：

“副指导员，你到机舱里，看发生什么情况。”

“是”，周桂全一个转身便钻进机舱去。

崔福俊抬头见敌舰拼命要逃脱了，便命令小钟：“快，全速开进！”

“不好！机舱里主机停转了，马力不足。”小钟颤声道。

天啊！机舱中弹了，这千钧一发之际！时间一秒一秒地过去了，眼见敌舰渐渐地逃离，崔福俊下唇咬得发白。

“好了，”小钟惊喜道，“艇长，主机修复了，马力足了！”崔福俊一阵欣喜，下令道：“全速追击！”

611艇像一只雄鹰，直扑向“章江号”。

100米，80米，50米，20米……

“同志们，狠狠地打！”

这时，我前、中、后三主炮，几乎不用瞄准了，猛烈地向敌舰发射着阵阵炮弹，真可谓弹弹无虚发。

经过三个回合的周旋交火，敌舰上中了不少炮弹，可说弹洞遍布，伤痕累累。这时，打红了眼的敌舰长李准要拼命了，他吼着下令：“双车进四，右满舵！”这时，“章江号”像只被围困受重伤的疯狗一样——狗急跳墙了！只见它忽然加速，向我编队中间冲来。

不好！只见在左前边的指挥艇快捷地转舵避开。

601 艇、558 艇也分别向两旁转舵紧急躲避。

说时迟，那时快，611 艇的崔福俊急令：“左扳舵！”

话音刚落，611 艇咯噔一个左转，与“章江号”擦身而过。

这时，611 艇的艇体和敌舰处于平行状态。我艇前后甲板上的三门火炮恰好处于最佳射击角度。

崔福俊瞅准这一难逢的有利战机，果断地下令：“减速！朝敌舰指挥台打！狠狠地打！”

瞬间，三门火炮的炮弹连珠般射向敌舰。

霎时，敌舰指挥台上腾起了滚滚烟火。

哈，“章江号”的指挥台坍了！

敌舰一片混乱。中弹的敌舰官兵哭爹叫娘……

崔福俊见状，心内无比兴奋，高声嚷道：“打得好，打得好！”深谙轮机常识的崔福俊，此时内心对他的轮机班真是十二分的赞许，但又十二分的牵挂：刚才马力骤然的大幅度减弱，说明机舱里四部主机中最少有两部被炸坏了，停转了！是谁能在短暂的时间里排除故障，让它迅速地启动呢？

崔艇长啊崔艇长，你可知道，此时你的轮机班舱里，刚才的两颗炮弹穿进艇板，在舱里炸响了！你的轮机战士几乎都倒在血泊之中，曾受过你多次赞许的轮机兵麦贤得，此时脑部受重伤，一块弹片插进脑颅，脑脊液溢流，正以钢铁般的意志从昏迷中挣扎起来，一步一步地从后机舱爬往前机舱，穿过一个正常人也难以逾越的舱洞，在黑暗中拧紧了一颗松动的油阀螺丝，用身子硬硬地顶住移位了的波箱，逼使损坏了的推进器复原，保证了战艇高速地前进……

2

2 时 05 分。

611 艇轮机舱。

机舱里，伸手不见五指。机器的轰鸣声强烈地震荡着。

“轰隆！”一个飞弹打来，约摸落在甲板上。后机舱的一部主机停转了。一会儿还没发动起来。前机舱班长黄理省觉得不对劲，后机舱班长罗向文和轮机兵陈文乙都是战前临时上艇的，他和麦贤得从厦门归来，已摸索 20 多天了。不行！

机器轰鸣声太响了，不能用语言传达命令。黄理省张开大手，拉了身边的麦贤得一把，麦贤得凑近他身边，他拉起手电筒，射了射后机舱。

机灵的麦贤得会意了：哦，后机舱机器的轰鸣声减弱了，经验告诉他，一部主机停转了，班长要他过去帮忙。

自战斗打响之后，麦贤得神经处于高度紧张状态，可说是身上每个细胞都调动起来了。炮艇上发射炮弹的一个一个震动，真使他欣喜若狂，心里道，战友们，揍，狠狠地揍！此时，他弯着腰，正全神贯注地操纵着轮机，他心里暗暗向自己下着指令：贤得啊贤得，等了20年的机会终于来了，这就是硬仗，就是痛击美国佬、痛击国民党的硬仗，你要好好地管住机器，让它安全地运转，保证战友们全力开火，把敌舰葬进大海里。战斗半个多钟头了，他始终未移步一下，牢牢地稳把操纵台。

这回，后机舱主机发生故障了。他接受了班长的命令，握着手电筒摸了过去。

从前机舱往后机舱，要穿过一个仅有40厘米宽、60厘米高的椭圆形舱洞。

他猫着腰，钻过去。

他射过手电筒，只见后舱班长罗向文正在弯着腰紧张地排除故障。

麦贤得赶忙摸了过去。

"轰！轰！"忽然，两颗飞弹穿过机舱，一发落在前机舱，一发落在后机舱。

两声巨响，弹片四溅。

罗向文身子一震，便一头栽倒下去了。

麦贤得觉得头部一阵剧痛，像一团火红的烙铁穿进头颅一样，疼痛无比。他觉得天旋地转，整个战艇像高速旋转的星球一样，他全身无力地倒下去……

"不好！"陈文乙大喝一声。但声音却被轰鸣的机器声淹没下去了。

陈文乙急忙扶起罗向文，从身边摸过一个急救包，拆开，一口咬住绷带，一手迅速把急救包裹住罗向文血流如注的脑袋，然后把罗向文安放在艇板上。

他又转身扶起麦贤得，又拿起一个急救包。

忽然，机舱口一道光线一闪，只见副指导员周桂全沿着舷梯下来了。

陈文乙急忙举起手电筒照射过去。

副指导员发现了，急忙摸了过来。他接过陈文乙手中的急救包，三下两下就把急救包解开。

副指导员摸着麦贤得的头颅，感觉手掌湿淋淋的。鲜血，如注的鲜血啊！他把急救包贴住麦贤得那被炸开的前额的大口子，心里不禁一阵心酸，眼睛模糊了。

这时，副指导员觉得麦贤得已有些僵硬的身体一个强烈的抖动。嘴里不能发出声音，腿却要用劲站立，但又站不起来。他又用右手推着副指导员，左手吃力地指着那停转的主机。

副指导员明白了：小麦的意思是要他不理他麦贤得，现在最要紧的是照管好机器啊！

多好的战士啊，生命垂危的时候，把自己的生死存亡置之度外，却要让包扎自己的战友丢下自己，去照管机器，维修机器，保证战斗的胜利！

副指导员把麦贤得搂得更紧了，激动地道："小麦，要听话，要服从命令！"

当然，麦贤得是听不到副指导员的声音的，恐怕凭着本能感觉到副指导员搂紧他的意思，便顺从地让他包扎了。

副指导员轻轻地把小麦放在艇板上，拉了一件军衣把他轻轻地盖住。他见陈文乙已在紧张地维修停转的主机，便钻过舱洞，往前机舱去。

3

黑洞洞的天空太广漠了，太深邃了。浓云层层叠叠。越飞腾越高，越飞腾越高……这是什么神力呢？丝丝缕缕的白云拥簇着麦贤得，有一只大鹰强硬的巨爪搭在他右额角上，他觉得额角时而刺痛时而麻木……

好像是在汫洲湾的皇姑潭上空，不是大鹰，好像是那顽皮的海鸥蹬在他的头颅上，随着他飞上缥缈的云际间，恣情升腾的浓云把他推上九天之上。静谧的天空是多么神奇，什么都没有，只有浓云，有黑褐色的、玫瑰色的、像琥珀一样晶莹发亮的……没有星星，没有明月，也没有银河，一切都是阴晦的云彩的世界。

他又觉得那可怜的离开故土的海鸥伤心地离他而去了，他的脑袋在没有休止地扩大着。开初像自己孩提时自编的捕鱼的篓子一样，渐渐地又扩展着，像海中的粼粼波纹一样，无休止地扩展。啊，这时竟像阿妈晒鱼干的簸箕般大……无边无际了，头脑与天空的云絮融合在一起，身子在云端上浮动……

依稀中，轰隆隆的声音传进他的耳鼓。

是春雷么？是家乡的春雷么？记得童年的时候，春雷滚滚，他赤着小脚要与沙毛一道跟着大哥赶小海去。妈妈拦住道："阿得，暴雨要来了，待过云雨之后，才出门，别淋坏身体。你不是老吵着长大要当解放军嘛，当解放军可要有好身子骨呐。"对了，他听阿妈的话，躲进屋里避雨去了。乌云被南风卷跑了，雨过天晴了。他同沙毛一道，欢天喜地追逐着大哥赶小海去……

轰隆隆，依稀中又一阵春雷传来。不是春雷，是炮声！是青山上的炮声么？他好像觉得自己当上民兵了，在青山上练习发炮。民兵营长麦长福手把手地教他。一发“轰！”又一发“轰！”一连五发都打中目标了！营长高兴地拍着他的肩膀：“阿得，好样的，以后参加解放军了，就这样狠狠地打敌人。”

轰隆隆，轰隆隆！炮声似乎更强烈了。啊，不是，不是春雷，不是青山练兵场的炮声！而是自己在虎口镇看电影，看《甲午风云》。啊，大清战舰与日本兵舰队打起来了！哎哟，我舰中弹了，水兵们冒死反击。啊，轰隆，我“致远号”中弹受伤，管带邓世昌下令开足马力，全速冲撞日舰，与敌舰同归于尽。啊，多英勇的邓世昌……

轰隆隆，轰隆隆……不是，不是，一切都不是！他感到艇板上随着炮声一阵一阵地颤动。这不是自己的611艇吗？这是611艇，这是战斗中的611艇！

麦贤得头又一阵激痛，脊背、额头冒出大颗大颗的汗珠，他清醒了！

机器好么？战友好么？

他觉得眼皮十分沉重，他用劲睁开，但却老是睁不开，像一只巨手死死地往下拉一样。是什么粘住了？哦，一道黏糊糊的东西流淌进他的嘴角，他骨碌一吞，咸湿湿的，啊，鲜血，自己受伤了！

又一阵疼痛。他要张口喊班长，啊，不对，自己不是被班长支唤到后机舱吗？后机舱的一部主机停转了。是的，自己此时此刻就在后舱！

他侧耳细听，哟，机器的轰鸣声似乎没有正常的时候响亮，那主机一定停转了。他艰难地伸手一摸，啊，这是一条大腿！啊，谁躺在自己身边？陈文乙？罗班长？啊，他们也受伤了！

主机不能停，主机不能停，机器一停转，战艇就不能挺进，战友们就不能奋勇向前杀敌人！

麦贤得一个用力，支撑起自己高大的身体，他踉跄着站起来了，坚强地挺立起来了！

一双大手把他抱住，又硬把他安放在艇板上。

那双大手又离去了。

他张口要叫，要喊，但却喊不出声。

不行，我不能躺，我不能倒下去！

他依稀中又觉得前机舱的轰鸣声也似乎减弱了，莫非刚才的炮弹也把前机舱的机器打坏了？我的战斗岗位就在前机舱，我要回到我心爱的操纵台上！

他又一个用力，双手把笨重的身躯支撑起来。他摸着，一步一步地摸着往前舱去……

他摇晃着，一头便栽倒下去。他再也无力站起来了，他用双手爬，一步、两步……每爬一步，他就感到颅内一阵钻痛，浑身的毛孔就渗出淋淋汗水，揪心痛！但他心内只有一个目标——我的战斗岗位——操纵台，操纵台！一直往舱洞爬去……

啊，眼前是狭窄的艇舱门了！他知道，只有40厘米宽，60厘米高，他人太高大了。此时他又觉得自己的脑袋不断地膨胀起来。啊，像大斗一样大，不，像家乡阿妈晒鱼干的簸箕一样大，而且无休止地膨胀着……他这么大的脑袋哪能钻过这狭小的舱洞？

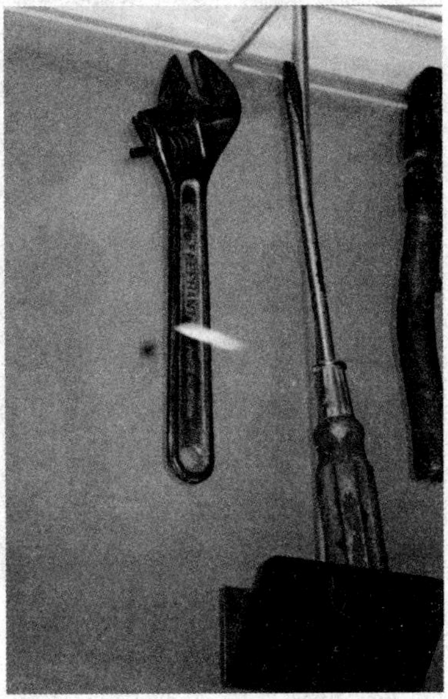

麦贤得受重伤抢修战艇轮机的工具，现存于我驻港部队陈列馆

他身体猛地一个踉跄，又一头摔倒下去了。浑身的汗水湿透了衣服，鲜血和汗水掺和在一起，身上的血腥味再一次把他刺激了——他又似乎清醒了许多，他双手紧紧抓住艇板，一颤一颤地爬起来。但是，他浑身乏力了，一咯噔又跌坐下去。

这时，他脑际中好似浮现出毛泽东主席那亲切的声音："……我们这个军队具有一往无前的精神，他要压倒一切敌人，而决不被敌人所压服。不论在任何艰难困苦的场合，只要还有一个人，这个人就要继续战斗下去。"

是的，这点伤算得了什么呢？老指导员陈春喜膝盖受伤了，爬着从一个战位到另一个战位，喊着口号鼓舞大家战斗；航海兵厥金水肠子被打得流出来了，还坚持战斗。我不外是脑部受了点伤，没什么了不起，坚持……坚持……

顿时，麦贤得浑身增添了无穷的力量，感觉脑袋似乎渐渐地收缩了……

他一用力，便站立起来，一个趔趄，站稳了，坚强地爬过了舱洞……

机器在哪里呢？班长在哪里？

"班长，班长！"他高声呼喊着。

但是，没有声音。他口中不能发出声音！

班长在哪里呢？

贤得哟，你的班长，黄理省班长，刚才也身负重伤了！就是刚才，那可恶的炮弹，一颗击中后舱，一颗击中前舱了。班长他身上扎进72块弹片，身上受伤72处啊！此时此刻，他昏迷在机器旁边。两部主机停转了。周副

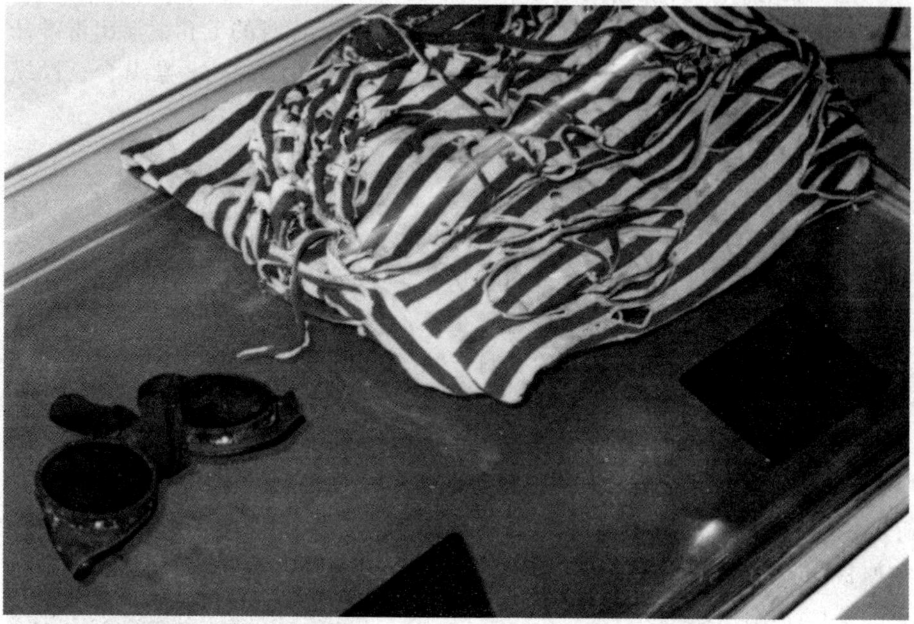

麦贤得练夜战的眼镜和受伤治疗的血衣。现存于我驻港部队陈列馆

指导员和战友陈文乙正在紧张地为他包扎呢。此时此刻，我 611 艇正与敌“章江号”处于白刃近战之中，主机停了，马力减弱了，“章江号”在拼命逃跑，艇长崔福俊下唇咬出鲜血来了——轮机班啊轮机班，你们怎么了？主机怎么了？崔艇长和甲板上指战员的心揪紧了！

这一切，麦贤得他哪会知道呢？

他眼前的天空一片漆黑。主机的轰鸣声减弱了，班长没了，在他熟悉的亲切的操纵台上，他再也摸不着班长那矮墩墩的身子了。他肩膀再也没有班长那刚劲的大手拍来了！

机器不能停，机器不能停！他依稀中觉得这减弱的机器轰鸣声，定是气阀或油阀的螺丝松动了，不是漏气就是漏油！

他紧紧地咬着牙关，弯着腰，一颗螺丝一颗螺丝，一个阀门一个阀门，一条管道一条管道……他仔细地摸着。

多么熟悉啊！他原来戴着那破眼镜，天空不也这么漆黑么？也是伸手不见五指的。而今，摸起来，哪颗螺丝安在哪个位置；哪个阀门在哪个位置上；哪条管道连接哪部机器，有啥作用；是紧固呢？是松动呢？管道会不会破裂？他那双手，就像两部万能的探伤仪一样，从左向右，探了过去……

他摸着摸着。

时间一刻一刻地过去了，是血流得太多了吧？是打进前额的弹片把他折磨得太久了吧？他的脚步虚浮了，动作迟钝了。但是，他的心像火炉一样滚热，他的意志像钢铁一样坚强，他不愿让自己倒下去。机器不正常运转，他就要摸下去，一直把障碍寻找出来……看吧！他居然能在几十条管道、千百颗螺丝里，检查出一颗拇指大的被震松了的油阀螺丝！他居然能够找着扳手，用力拼命地拧，紧紧地把螺丝拧紧……

隆隆隆，机器终于强而有力地运转着……

啊，真像干旱得爆裂的秋田传来了嗒嗒的及时雨，真像干涸的鱼池传来哗哗的高山流水，真像那干渴的喉咙里淌进那香喷喷的柠檬酸，真像那饿得发慌的婴儿吸进母亲那鲜嫩的流着乳液的乳头，甜蜜的乳汁丝丝地流淌进那幼小的咽喉去……多么痛快啊！

他要高喊，他要呼叫！但是他拼尽全力也不能发出声音……

但是，他觉得这轰鸣声不沉实，像脱离了负载而空转的浮虚的声音，不对，制动器坏了，发动机的马力不能发挥推动战艇的作用。他双手摸了过去，啊！波箱移位了，他咬紧牙关，猛地一扑，整个身子扑在波箱上，双手狠狠压住杠杆——战艇前进了！

时间一秒一秒地飞去，依稀中他好似听到甲板上传来一阵阵轰轰轰的炮声！他心内一阵兴奋，会心地笑了……此时一双大手又紧紧把他抱住，硬把他按在艇板上，一件衣服轻轻地盖在他的身上。

依稀中好像有一个亲切而和蔼的声音：

“小麦，好样的，敌舰被我们打沉了，你好好休息吧！”

啊，是崔艇长的声音，是崔艇长！

一会儿，他又觉得好像机舱里剩下他一人了。

此时，他头脑疼得欲裂。好像脑袋里那块烙铁嗖嗖地往里面钻。他气喘吁吁，痛得汗毛都倒竖起来。

啊，他真的要死了么？

战场上，战火中，战士战死是常事。能把自己鲜血染在共和国的旗帜上，他死而无悔！但是，他还有许多事情没做哟，他年纪轻轻的，为党为人民的贡献太小了，仅仅打了这一仗，就死去了，真太惋惜了！他多么希望能继续活下去，能干出成绩，为共和国增添更多的光彩……是的，他还有一个宏愿，这也是他从幼年就确立在心底里的宏愿：长大了要当一名英勇的人民解放军战士，当人民英雄，到北京见毛主席呢。他还依稀记起来，自己 8 岁的时候，从古巷街书店买了一张毛主席照片，恭恭敬敬地贴在饭桌上面的灰墙上，每天望着毛主席那慈祥的脸庞，就下了决心，长大了，一定要干出成绩，到北京见毛主席……啊，这回，可不行了，自己将要死去了，自己的宏愿不能实现了……

他一阵昏眩，感觉天旋地转……

轰轰轰！好似又有炮声传来。

他蓦地又爬起来，这回他无力撑起笨重的身子，他直往自己那熟悉的操纵台爬去，爬去，爬去……

又一双大手把他紧紧地抱住，又把他安放在艇板上。

敌舰真的是被打沉了吗？

他要问身边的战友，但是不能开口。他恨，恨敌人罪恶的炮弹，把他打得不能张开眼睛了！你这可恨的炮弹啊，宁可让你打断我的双腿，打断我的双臂，留住我的双眼，我死也要瞧着你们这罪恶的战舰葬身于大海之中！他伸出右手，竖上两根指头。

依稀中耳边响起战友陈文乙的声音："是的，被我们打沉了！"

麦贤得一听，心头一阵兴奋：我们终于胜利了，我们终于胜利了！贤得啊，你要是真的死了，也就够本了！

他觉得头脑一个震痛，幻觉中自己的大脑好像一口发焦的黑锅。

他昏迷了过去……

舷窗外，一缕晨光暖暖地照射在他那苍白而坚毅的脸庞上。

哗、哗、哗！白浪依然一个劲地拍打着战艇……

4

3时33分。

611艇。

崔福俊和艇上官兵们见到"章江号"燃起了熊熊烈火，接着两声巨响，便沉进海底去了，真是无比的高兴。

"胜利了！胜利了！我们胜利了！"大家欢呼着，都激动得泪花闪闪——我们终于用小小的护卫艇击沉了这庞大的美国造的猎潜舰，这在世界海战史上恐怕也是罕见的啊！

由于兴奋，大家一时把战斗的疲劳、伤痛感一扫而光。

这时，副指导员周桂全神色沉重地走上指挥台，声音低沉地向崔福俊报告道："艇长，轮机舱损伤严重，两部主机伤损停转，轮机班伤亡严重，仅剩下一名机电兵，前后舱班长和战士麦贤得都负重伤，轮机舱完了！"

啊，四部主机仅剩下两部运转，前后舱轮机班仅剩下一名轮机兵，伤亡太严重了！

在指挥台上的大队参谋长王云鉴听后，也意识到情况十分严峻，对崔福俊道："崔艇长，马上把情况向上级报告。"

"是。"崔福俊马上指示报务员向孔副司令报告。

“李业务长，李业务长。”王参谋长又呼喊着大队机电业务长李光宗。

片刻，李光宗从后面走来。

“李业务长，你马上往机舱去，全力以赴排除故障，保证机器正常运转。”王参谋长果断地命令道。李光宗是大队机电业务长，业务精通，关键时刻，非他亲临不可！

“是！”话音刚落，李光宗那瘦削高挑的身影就消失在艇舱中。

崔福俊心头如压上一块大石，机舱究竟损伤到何种程度？能不能修复？如果不能修复，别说继续战斗，连要行驶这一百多海里回港去也是十分困难的。

“参谋长，我到机舱去看一看？”崔福俊征询王参谋长的意见。

“一起去！”王参谋长说道。

“周副指导员，你就别离开指挥台，我到机舱里看一下就上来。”

崔福俊交代了一下，就同王参谋长往轮机舱去。

王参谋长走在前面，直往前机舱走去。崔福俊便往后机舱去。

说实在的，轮机舱机器的严重损伤，崔福俊的心一下子悬了起来，加上那可爱的轮机战士那垂危的生命，更使他心头七上八下的。

他照着手电筒，仔细地观察着机舱，不禁大吃一惊，轮机舱里，空无一人！只见两部主机剩下一部在发动着，另一部已经停转了。他用手电筒扫射过去。那部停转的主机旁边躺着一个受伤的战士。这是谁？他走了过去，低头一看：啊，是后舱轮机班长罗向文。他一喘一喘地躺在机旁，头部上扎着白色的绷布，那绷布已被鲜血染红了半边。他一阵心痛，用手轻轻地摸着他的额角，觉得湿漉漉的，只见他嘴唇一阵蠕动，好像说着什么。一部主机已修复了，但机器的轰鸣声太响了，把罗向文那蠕动中传出来的轻微声音淹没了。崔艇长轻轻地把盖在他身上而被他挣扎开去的军衣盖好，向他深情地点点头，就走往前舱去。

他边走边想，后舱为什么没人呢？罗向文受伤了，陈文乙应该坚守在这里呢。莫非前舱的情况更糟，陈文乙跑往前舱应急去了？

他加快脚步，一弯腰，钻过舱洞。

前舱一片忙碌，一部主机停转了。参谋长和李光宗已亲自动手抢修停转的机器。

发电机坏了，眼下连最微弱的指示灯也没有了，机舱里一片漆黑。只能用手电筒照射着机器进行操作。后舱的机电兵陈文乙一手拿着手电筒，一手递着工具，当业务长的助手。

班长黄理省呢？崔福俊用手电筒扫了过去。啊，黄理省已变成另外一个人了，他在机舱的一角，头部包扎着绷布，身上、腿上几乎全身的衣服都被炸得支离破碎，身上布满了小洞洞，浑身血淋淋的。他猛地跑了过去，摸着他的鼻头，觉得还有气儿，悬起的心又放下去。他情不自禁地拉住黄理省的大手，紧紧地握着，他感到黄理省手一个微微的颤动，眼角便流出两滴泪水。这滚烫的泪水啊，好似告诉艇长：我还没有完成党交给的任务啊！艇长颤声道："黄班长，你们英勇、顽强，党和人民不会忘记你们的！"

他慢慢地松开手，回过头来，手电筒又扫往另一部主机。啊，那部正在轰鸣的主机的操纵台上，站着一个高大的战士！只见他的头部也包扎着厚厚的绷带。而那绷带，已不是白色的了，整个绷布都染上了鲜血，那殷红的鲜血还渗出绷布潸潸地淌下来，落在他的脖子、额角、眼睛、鼻子……那战士的眼睛已被鲜血蒙住了。不知是被血粘住了无力睁开呢，还是眼睛也受伤了睁不开？反正，看上去，他是紧闭着眼睛。而此时，他却多么像一个根本没有受伤的正常人一样，那伤、那鲜血是在别人身上一样。你瞧，他那么认真，那么专注，那么一丝不苟，他整个身子压住波箱，双手握住杠杆……外面的世界发生的事情好像跟他没半点儿的关系……

他不是轮机兵麦贤得么？

周副指导员不是说他头部负重伤躺倒了么？

他为什么还能坚守在操纵台上？

对了，莫非是黑暗中周副指导员看错了，小麦敢情受伤不重？他深知，这小麦嘛，他就是这般脾气，平时在训练或出海巡逻、待机时，一般发生的小病小伤他都不当一回事的。曾听说麦贤得孩提的时候，脚被海底的牡蛎壳刈开了一道大口子，他自己还用针线缝呢。何况在这激战中，一般的擦破脑皮的小伤要让他躺下去，除非你用18股船索把他捆起来呢！

他走过去，轻轻地拍着他的肩膀，高声嚷道："小麦，你受伤重么？休息一会吧！"

这小麦，真的听不见了。

是的，机器轰鸣声太响了，怪刺耳的，他一定是听不见了。

他又拍拍他的肩膀。

但是，小麦仍然没反应，还照常那么全神贯注坚守在自己的心爱的岗位上。

他无可奈何地摇摇头，走到陈文乙身边，拍一下陈文乙的肩膀。

陈文乙猛地回头，一见是艇长，真像出门遇到麻烦或委屈的孩子，回到家里见到慈母一样，心头一酸，眼泪涌了出来：

"艇长，罗班长、黄班长都受伤了，麦贤得也受伤了，两部主机停转了！"

崔艇长点了点头，道："小陈，一切我都知道了。你们很勇敢，很顽强！”接着，他又道，“小陈，麦贤得伤势不重吗?”

“很重，重伤，伤在头部，炸成一个洞，现在躺在后舱呢。他好几次要爬起来，都被我搂下去。现在好像昏迷过去啦。”

崔福俊把手电筒照向麦贤得把守的操纵台上。

啊！陈文乙一看，那不是麦贤得?！他不是坚守在他的战斗岗位上吗?

这……这麦贤得明明头部被弹片炸开了一个大洞，有水杯那么大，明明是他和副指导员一起包扎的，血是喷出来的，扶他躺下去时，他几乎身体已僵硬了。他曾预感麦贤得没救了。但是，在两小时前，他还能爬起来，就觉得好生奇怪，认为他是一时神经错乱，油尽灯亮，回光返照，产生了巨大的力量之所为，把他按下去，而为什么他还能再爬起来?而且他是怎样穿过那狭小的、平时正常人要穿过也困难的舱洞呢?

“艇长，是不是你把他带过前舱的?”陈文乙惊愕地问。

艇长摇摇头。

陈文乙蓦地跑过去，一把将麦贤得抱进怀里，眼泪似泉水般涌出来：多好的战友啊，你真的要把生命豁出去?他大叫道：“贤得，躺下，躺下，你负重伤了！”

崔福俊知道一切了。他那平素不轻易流淌的泪水再也控制不住了，汩汩地涌出来，嗒嗒地落在艇板上。他走过去，把麦贤得紧紧地抱进怀里，用手轻轻地为他脸上擦去流淌着的鲜血，把他轻轻安放在艇板上，脱下自己身上的军衣，又轻轻地盖在他的身上。

多好的战士啊，多好的战士啊！有这样钢铁般的好战士，还有什么敌舰不能击毁，还有什么困难不能排除呢?！崔福俊啊崔福俊，你一定要振奋起来，党把这艘战艇交给你，把这群英勇而可爱的战士交给你，尽管有千难万险，你也要把这群可爱的战士带回去，安全地带回祖国和人民的怀抱中！这是党和人民给你的重托啊！你可千万不能辜负党和人民的期望啊！

崔福俊顿时头脑清醒了，整个身子好像充满了强烈的电流。他见参谋长亲自动手，同李光宗正在专注地排除故障，忽然，只见李光宗大手一个摇动，那部停转的主机又隆隆地响起来了。

他放心地爬上舷梯，跑往指挥台去……

十八、十二分钟——“剑门号”喂鲨鱼去!

1

6日2时50分。

金刚山雷达观通站。

繁星在高高的山顶上眨着诱人的眼睛。归巢的小鸟偶尔发出“吱吱”的呓语。轻风像丽人温柔的纤手，时而爱昵地抚摸着密密匝匝的丛林那低垂而柔软的枝叶。

金刚山一片寂静。

雷达观通室里，那荧光屏一片明亮。

“喂，喂，”无线电波传来呼号，“喂，我是舰队司令部，首长查询，××距离，××方位是敌舰还是我艇？请回答!”

夜雾弥漫的渔场，情况真是瞬息万变。敌舰、我舰、商船、渔船，前前后后，多达几十批、几百艘，在海上逞强的巨大的战舰，在荧光屏里，只是黄豆大的一星点儿，船艇穿来穿去，时离时合，时隐时现，只要稍一马虎，目标就会弄混了。

王焕明接到舰队司令部的查询，睁大那双慧眼，根据熟悉的业务知识和敌我双方战艇的活动规律，毫不迟疑地做出判决，回答道：

“报告，这是我艇。××方位的目标是‘章江号’!”

在雷达兵准确的引导下，刹那间，我艇和敌舰的回波交结在一起，走马灯似地搏斗起来。在这复杂的情况下，王焕明仍然胸有成竹地掌握着敌舰和我艇的情况，方位、距离，及时地向上级报告。

一个令人惊喜的一幕出现了，敌舰“章江号”那黄豆大的亮点忽然消失了！这意味着被我方炸沉了!

“喂喂，我是金刚山，我是金刚山!”

“喂，知道，请报告!”

“敌舰‘章江号’消失，被我方击沉了!”

喜讯越过千山万水，传到南海舰队。一道新的指令，又迅速地飞向茫茫大海中的前线指挥孔照年……

2

2时48分。

指挥艇——海上先锋艇。

孔照年站在驾驶台上，瞧着我611艇竭力接近敌人，众炮齐鸣，把敌舰指挥台轰坍了，心内无比高兴，连连喝彩道：

"好！好！打得好！"

但是，苟延残喘的"章江号"还拼命往前逃窜。

孔照年狠狠骂道："这狗崽子！"

他又挥拳大声发着命令："各艇，集中火力，狠狠地打！"

轰！轰，轰！

我战艇的火炮卷着烈焰射击敌舰。

"轰隆！""轰隆！"敌舰两声巨响，两次爆炸。

3时33分，"章江号"沉没于东山岛东南海面约24.7海里处。

一个巨大的旋涡，"章江号"见阎王去了……

孔照年深深地舒了一口气。

但是，艰巨的任务还在后面。"剑门号"还没打沉呢，决不能让它溜走。

他赶紧命令各艇稍事休息待命，清理弹药，做好歼灭"剑门号"的准备。

"舰队来报没有？"孔照年侧身问陈运和。

"还没有。"

"告诉报务员，绝对不能漏报！"

"是！"

陈运和急忙来到报务室。这时，报务室里的门和窗户仍然关得严严实实的，室内十分闷热。报务班长陈小文身上的衣服像从水里捞上来一样，脸上汗珠大颗大颗地滴下。

现在，战斗已经停止了，陈小文仍在紧张地战斗。他全神贯注地捕捉那微弱的"嘀嘀嘀"的声音。突然，他迅速地抄写着电码。抄完，立即交给陈运和。

陈运和马上打转身登上指挥台，把电报交给孔照年。

这是一份由南海舰队发来的电报："命令你部，航向90度，高速接敌，歼灭'剑门号'！"

原来，"剑门号"与"章江号"冲散后，一直在西南3海里外徘徊、观望。欲走，怕回去不好交代；欲打，又怕被歼，葬身海底。

这时，陈运和又送来一份岸上指挥所发来的电报："继续追歼'剑门号’，另有第二梯队九艘鱼雷快艇配合!”

原来我南海舰队得到“‘章江号’确已沉没”的消息后，决心组织战区4艘高速护卫艇和161舰，立即追歼“剑门号”并以一支鱼雷艇队投入战斗，决心一举击沉“剑门号”，给敌人颜色瞧瞧!

有鱼雷快艇重新投入战斗，有161舰加入队列，孔照年对打胜此仗，信心更足了。

但是，也不能盲目乐观。“剑门号”可是美国海军有名的“海鸥”级舰队扫雷舰，其排水量和炮火要比我们所有参战的战艇高出十几倍。这可千万不能掉以轻心啊!

“全力以赴，全速追击，歼灭‘剑门号’!”孔照年发出了第二次战斗的命令。同时，他嘱咐把命令火速传达到各艇。

一道命令，一股力量，编队全体官兵，个个精神抖擞、斗志昂扬。

编队又雄赳赳出发了。海上先锋艇在前，紧接着是558艇、601艇……

3

3时28分。

“剑门号”上。

东北海面，三海里外的海面，一场激战正在进行。

半边的海空被烧得一片通红，那轰隆隆的战炮一声声好似在胡嘉恒少将司令的心房中炸响。

“那狗蛋‘章江号’是怎么搞的，连逃也逃不出来！李准这家伙平素看似精灵，今天是哪道神经短路了，真是……”胡嘉恒心里发恨地骂着他的小舅子。真的，如果丢了“章江号”，不用说回去在老头子那里是交不了差，仅是回到那温馨的家里，太太向他要小舅子，也够收拾他的老命了。不能跑，他在这三海里外焦躁地等待小舅子逃出来。但等了老半天，只听到越来越激烈的炮声，他知道“章江号”危险万分，要跑回去救援吗？又怕共军狙击。

胡嘉恒烦躁不已。他真后悔今早太麻痹了，对共军太轻视了。那几只“小龟子”那么厉害，真像当年在大陆作战一样，一式的美制卡宾枪、冲锋枪、轻重机枪，飞机、大炮、战舰还被共军那“小鸟枪”打得从东北退到华东，又从华东撤过长江，竟像滚蛋一样随着老头子滚到这孤岛喝西北风。本来，这“章江号”和“剑门号”都是堂堂的美国特产，尤其是“剑门号”在海上一放，真像一座山，竟给这几艘“小龟子”打得晕头转向……

“司令，”一边的王蕴山舰长好似看透这时胡嘉恒的浓雾蒙蒙的内心世界，嗫嚅道，“别小瞧那‘小龟子’，他冒死逼近来，我们空有大炮也无法发挥威力，共军打仗，一贯是命拴在裤带的，别惹他们为好……司令，更何况，他们似乎出动鱼雷快艇了。”

“什么，他们出动鱼雷快艇?”胡嘉恒心内一寒，他知道，鱼雷快艇的杀伤力特强，别说“章江号”，就是“剑门号”被击中，老命也是难保的。

“你怎知道他们出动鱼雷快艇?”

“司令，在刚开战之时，不是爆发几次巨大的响声吗?”

“轰隆！轰隆!”

……

东北方向的战场上，真的爆发两声巨响，一股火红的浓烟飞上半空。“剑门号”在激荡的海波中一阵强烈地震动。“不好，鱼雷!”胡嘉恒惊叫道。

“快呼叫‘章江’，火速跳出战场，返航!”

“章江号”和“剑门号”的通讯、声呐设备在开战时就开动了。

无线电呼号飞了出去：“喂，‘章江’，‘章江’，我是‘剑门’，我是‘剑门’，快跟上，快跟上!”

“报告司令，没回信号!”

胡嘉恒心内明白，“章江”完了，小舅子完了！啊，老头子，太太……他那脑袋耷拉下去，眼珠子颓唐地翻动着。

忽然，海面上传来一阵低沉的战艇轰鸣声。

“报告司令，共军追上来了!”

“混蛋，全速返航!”胡嘉恒的声音十分凄恻而悲凉。

4

4时40分。

天临拂晓。我军指挥艇——海上先锋艇。

我护卫艇编队像三只猛虎，紧追不舍，直扑往“剑门号”。

轰，轰！离“剑门号”约60链时，敌舰突然向我方开炮。

“没有命令不准打炮!”孔照年接受打“章江号”的教训，立即命令各艇，“这道命令要传达到每一个枪炮兵。”

随着敌我双方的距离越来越接近，敌炮火的威胁越来越大，并且集中打我指挥艇。

敌舰也很清楚，打掉指挥艇，我们就会失去有效的指挥，他们才能摆脱困境。

孔照年从敌人的弹着点中，看透了敌人的阴谋。保存自己，消灭敌人。

这是我军克敌制胜的原则。

他马上下了命令:“通知各艇，曲折航行，高速前进!”

指挥艇一马当先，后面战艇紧紧跟上，编队勇敢机智地进行反炮火曲线运动前进，巧妙地避开了敌人的炮火，高速接近“剑门号”5 链处。

这正是我战艇发挥近战火炮威力的时候了。

“各艇还击!”

孔照年命令一下，各艇炮弹就一齐向“剑门号”倾泻。

“各艇注意，减速航行!”

各艇长都心领神会。这是吸取了刚才打“章江号”的教训，当时因航速太快，冲过了敌舰，不得不停止射击，让敌舰有喘息机会，而我方却未能组织反攻。

石天定先迅速指挥先锋艇降低航速，后面两艇也跟着降低航速，与“剑门号”平行前进。当我护卫艇编队占领并保持在有利的阵位上时，便从“剑门号”的右舷角集中火力靠近猛打，迅速压住了“剑门号”的火力。仅四分钟，“剑门号”就中弹起火。

为了不让“剑门号”有喘息的机会，艇队又连续发起攻击，把“剑门号”打得抬不起头来。

“报告，孔副司令，鱼雷快艇赶上来了，申请加入战斗。”

孔照年心内一阵兴奋，哈，铁榔头终于派上用场了!

“命令鱼雷快艇迅速投入战斗，命令各战艇全速开进敌舰前方，让出有利战位给鱼雷快艇!”

鱼雷快艇参战了! 这无疑对护卫艇的指战员是一个巨大的鼓舞。

各艇长指挥着战艇，紧紧地跟上指挥艇，全速追过敌舰首，让出与敌舰并列的有利位置给铁榔头鱼雷快艇。

五艘鱼雷快艇组成的编队在鱼雷艇大队政委刘维焕、副大队长张寿瀛的率领下，以每小时 42 海里的速度来到了战区，加入了战斗行列。眼下，前线指挥孔照年把有利的战位腾出来给他们了。鱼雷快艇火速抢占有利阵位。

鱼雷 119 艇艇长许永江，驾驶着战艇像陆军战士攻打碉堡爆破手那样，步步紧迫，节节前进。其他四艇也跟着占领了“剑门号”右舷 80—110 度，距离 2 链的发射位置。

“轰隆! 轰隆!”

海面上传来地动山摇的巨响，水柱、火光直冲霄汉。“剑门号”霎时变成一座火山，燃烧了一会儿，就渐渐从海面陷下去。此时只有两头翘翘的，真像一只落水的“巨嘴鸟”，剩下两只翅膀在水面上扑棱，不一会儿，便没入海底，无踪无影了。海面上出现一个旋涡，比刚才的“章江号”要大得多。那“巨嘴鸟”永远不会吼叫了！

5 时 22 分，号称“巨嘴鸟”的“剑门号”在东山岛东南海面 38 海里处沉没了。而在它上面的那些可怜水兵，死的死，伤的伤，能动的纷纷跳海逃生。

这次战斗，从我护卫艇编队开火，至“剑门号”沉没，历时只有 12 分钟。

5

话说回来，正是 5 时 12 分的时候，请看那“剑门号”。

“咣！”指挥台中弹了。

敌舰长室燃烧起来了，熊熊烈火，照在胡嘉恒那灰白的脸庞！

啊，共军厉害，那小小的三七炮、二五炮，火力为什么这么强大？

“咣！”

又一炮在指挥台上炸开，弹片纷飞。

胡嘉恒觉得头颅一阵剧痛，便当即倒了下去，不能动弹了。

王蕴山舰长躺倒在甲板上，待浓烟散开之后，才发现胡司令倒在地板上不动，他哆哆嗦嗦爬了过去，见胡司令浑身鲜血淋漓，脸庞血肉模糊，便伸出发颤的手，摸着胡司令的鼻孔——没气了。

他身子不禁一个战栗，失声惊叫一声：“娘——”后脊背冰凉。

火光中，他见舰首被共军三艘护卫艇拦住，后面又追来五艘鱼雷快艇，暗暗叹道：“我命休矣！”

他见墙上有一个救生圈，慌忙拉了过来，双手一举钻了进去。

只觉得舰的右舷角飞来几圈熊熊的火光，不好，共军发射鱼雷了！

说时迟，那时快，他拼命纵身跳进大海，“扑通”一声，身后已响起两声巨响。

完了，“剑门号”，“巨嘴鸟”！

天色微明。

王蕴山在海中漂荡，他浑身打着抖。

大海茫茫，飘往何处？

忽见，我军一艘战艇开来了，他便高高地举起手，一道船缆抛了过来。他紧紧地攥住。只见我艇上两个士兵用力一提，他整个身子就在半空中晃动。

他被提上战艇。

“你是——”我一指挥员威严地问他。

“我是少尉——”

“哈，你的肩章!”

王蕴山慌了，蒙骗不了!

我指挥员问他身边的上士茹英如：“他是谁?”

“是……是我们的舰长。”

“哈哈，舰长大人，你们那美国造的‘剑门号’有何了不起，还是我们这‘小龟子’威力大吧!”

王蕴山翻着白眼，不吭声。茹英如却嘟囔道：“厉害，真厉害！你们靠得那么近，打得那么准，我们躲到哪里都不安全。”

“那你们为什么不跑?”

“不行，我们少将司令不准我们跑，他说丢掉‘章江’，回去见老头子，交不了差。”

“那你们又为什么不去救‘章江’呢?”

“你们那小艇，炮火太厉害！你们个个士兵不怕死，我们不敢去碰去救，自己逃命也难。”

“哈哈，那你们那少将司令跑往哪去了?”

王蕴山那呆滞的眼睛无奈地眨了一下：“他，他完了，你们第一次发炮他就完了……”

东方露出了鱼肚白。

鱼雷快艇编队胜利返航。

护卫快艇仍在不断扩大战果——打捞落水的俘虏。

558 艇，是这次战斗中唯一没有伤亡的战艇。戴寿怀代艇长紧张地指挥着战艇驶进“剑门号”沉没的海面上，抛下绳索。

那些在海面上拼命挣扎的国民党官兵，见着绳索，像是捞到救命稻草一样，争着抓住绳索。我水兵发扬人道主义精神，把一个个都拉了上来。

不一会工夫，558 艇已捞上了十五名战俘。

俘虏们战战兢兢地爬上甲板。

在我先锋艇上。

“你们靠得那么近，打得那么准，我们哪有地方躲。直到沉没，我们还不知道是从哪里打来的炮。”敌中士梁可能对押着他的我方战士低叹道。

敌二等兵陈明德脸色灰白，也哆嗦着道：“我们前舱突然中弹，舱里八人，三人被打伤，剩下五人就缩到靠右舷的两部机器中间，一动也不敢动，把机器当成‘护弹板’，可不到一分钟，海水涌进两尺多深，舰身倾斜，五人只得冲出机舱跳进大海……”

我先锋艇上官兵们充满着胜利的喜悦，迎接黎明的到来。正在这时，孔照年接到了南海舰队命令：“不能恋战，马上返航。”于是，孔照年立即传令撤出战斗海域。

但是，我战舰还没开出多远，便听到海面上空传来了敌机呼啸的声音。

十九、胜利返航了，一路顺风吗？

1

4 时 10 分。

南海舰队司令部作战室向北京总参谋部报告：

……“章江号”已被我方击沉，现我护卫艇编队和鱼雷快艇编队全速追歼“剑门号”，现近台湾海域，请总参火速派空军出动，掩护我战艇编队安全返航……

5 时许。

又向总参谋部报告：

……5 时 22 分，“剑门号”被我编队击沉于东山岛海面东南方向三十八海里处，现我雷达观测站发现，敌战斗机二十架已从台湾机场起飞，美国第七舰队两艘战舰也向我编队逼进，请火速派空军掩护我编队返航……

总参复指示：

……我空军战斗机编队已出发，命令你部海上战斗编队马上全速返航……

吴瑞林司令时而认真地审视着发出的电报，时而认真地阅示接收到的指示，时而站在雷达荧光屏上瞧着那清晰的镜面图像，冷静地思考和盘算着。

他深知，这四个多小时的激战，我艇特别是护卫艇编队，能否顺利安全地返航，也是一场硬仗啊！

他双眉紧锁，锐利的眼睛紧紧地盯落在那闪闪的荧光屏……

时间一秒一秒地过去。

8 时 30 分。

汕头水警区陆上指挥所报告：我部出海作战的编队战艇均安全返港，只有护卫艇 611 仍不知去向……

吴瑞林心头既欣喜又沉重：大部已安全返航，611 艇呢？611 艇呢？

2

凌晨 4 时多。611 艇。

崔福俊回到指挥台上，不一会儿，机舱里又报上来消息，又一部主机修复了，发动了！

崔福俊心头的大石落地了。

这时，王云鉴和李光宗从舷梯处爬上来了，依稀中见两人浑身像从泥泽里捞起来一样。崔福俊激动道："参谋长，业务长，你们……"

王云鉴疲惫地笑了笑："还是李业务长，这回可以安全返航了。"崔福俊欣然地指挥航海兵，驾艇返航。

但是，战艇在返航中，却又遇到更严峻的考验！

611 艇如何战胜千难万险，胜利地返回军港呢？

且看 1991 年崔福俊艇长临终前夕写下的回忆记录吧——

凌晨 4 时多，我就接到了海上指挥台要我"611"艇返航的命令。我艇是这次海战中损伤最严重的战艇，人员伤亡和艇体损伤都比较严重。我指挥全艇官兵一方面抢修主机、电机和操纵三部分，经抢修两部已经运转，可发电机因破坏严重无法修复。没有照明，看不清罗盘，辨不清航向。当时，我"611"艇已成了一艘受伤掉队的孤艇。在茫茫大海中，艇上艇下一片黑暗，返回基地约有 100 多海里航程，很难把握航向返航。全艇的安危犹如千斤重担压在我的肩上。在这种情况下，我根据以前学过的夜航应急知识，凭着对海域的熟悉，我把航海兵拉到跟前，用手指着一颗星星。让他划根火柴，先看一下罗盘的指针，然后让他对着这颗明星的方向前进。航海兵按照我教的方法，一会儿划火柴看看星星，一会儿划火柴看看罗盘，摸索着航行。一直坚持了近两个小时，天才慢慢放亮。

在这段时间里，我艇的报话机一直没有完全修好，只能收不能发。耳机里不时地传来水警区司令部的呼叫："'611'，你在哪里？""'611'请报告你的方位。""'611'赶快返航，赶快返航！"我艇的信号却始终发不出去，无法与上级取得联系。

东方红、太阳升，天已大亮。我辨别确切“611”艇的方位和航向没有错向，估计距军港也只有七八十海里，这才放开胆子下令加速前进。可是，我发现战艇不但加速加不起来，而且艇前方在慢慢地往下沉，心中不由地“咯噔”一下，意识到情况又不妙，赶快命令停机抛锚，进行检查。原来是因为前舱漏洞进水，已经没膝了，而且海水从漏洞处仍在继续喷涌，若不立即采取措施排水堵漏，“611”艇有沉没的危险。

一夜的海上拼搏和激烈战斗，同志们又累又饿，浑身四肢无力。可一听说艇体在下沉，全艇官兵的大无畏革命精神一下子又振奋起来，我指挥大家要沉着应付，注意保持艇体平衡，边排水边堵漏。排水，在当时也不是一件容易的事情。首先是没有电，抽水机早就失去了作用。能用的工具只有几口铝锅、铝盆，最后连钢盔也用上了。大家排起长队，一锅锅、一盆盆、一盔盔地传递着往外舀水，硬是将前舱的积水用双手舀了出去。有几个战士撕破了棉被和床单，加固堵塞了漏洞。随着艇体慢慢上浮和恢复正常，我提着的心也慢慢地放下去。经过一番紧张的抢修，战艇又启航继续前进。

我上到甲板上，刚想松口气，忽听到有人喊：“有敌情！”一抬头，看见远处天空里黑压压飞过来一群飞机，估计有十六七架。我们意识到敌人寻机报复的可能性，我心头顷刻又布上了一层乌云，充满了危机感。我马上回到艇舱里通报敌情，要大家做好战斗准备。全艇官兵个个义愤填膺，眼睛里充满了仇恨，恨不得马上就和敌人拼个你死我活。我看到大家依然高昂的战斗情绪，心中一下子涌起满腔同生死共患难的战友激情。我激动得几乎要流出眼泪，只说了声：“同志们，准备战斗！”此时此刻，不用说大家早已做好了战斗到底随时准备牺牲一切的准备，下定了敢于以身殉职、报效祖国、与艇共存亡的决心。意想不到的是，敌机在我艇上空气势汹汹地盘旋之际，另一边天空上也出现了我方空军机群。国民党军机群不敢恋战，灰溜溜地飞走了。危急时刻过去了，艇上又恢复了活跃气氛。有人说：“美帝国主义是纸老虎，国民党军是帮熊包，被我们打怕了，连对我们一只受伤的孤艇也不敢怎样。”

我人民海军战士押着俘虏上汕头码头

也有的说："也许是蒋介石派来巡逻战场，找他们不知去向的军舰哩。"

8月6日上午10点多，我拖着受伤的身体，咬着牙指挥着这艘千疮百孔的"611"炮艇，经历了五六个小时的艰难航程，终于走完了最后一段里程，驶入了急切盼望我艇顺利返航的军港。

码头上，人山人海，锣鼓喧天，鞭炮齐鸣，一片欢呼声。有前来接我艇的部队首长和战士，有前来祝捷慰问的地方领导和群众。我们像见到了久别重逢的亲人一样，忘记了疲劳和伤痛，忘记了饥饿和口渴，心情十分激动。我挺着受伤的身体，上岸向大队首长敬礼握手后，只说了声："我们回来了！"一股冲动的感情和一阵伤口的疼痛，使我几乎昏迷过去，便被人们簇拥着，用担架抬上救护车，送进了医院。

妻子听说我从海上打仗挂花进了医院，此情此景自不用说……

3

5时20分。

台湾，蒋介石官邸。

侍从官在蒋介石卧室门口，像热锅上的蚂蚁，他眼睛不时地瞧着熠熠闪光的金表，见那可恨的秒针像举步艰难的老人一样，慢腾腾地移动着，移动一步，好似背后有几十吨的卡车在拖拉一样艰难。

"哒，哒……"

秒针终于挨到凌晨5时30分了。侍从官的双腿发麻了——足足站了近10分钟！

笃笃笃，"委座，委座！"侍卫官胆怯地喊着。

"进来！"

侍卫官轻轻推门进去。见委员长正穿着宽大的镶黑边的银灰色蚕丝睡衣，坐在那猩红色的皮沙发上，半明半暗的床头灯光落在他那刚起床而显得苍白的脸上。他半眯着那有些苍老的眼睛一声不发。那早年已脱光了头发的被岁月泡得光滑发亮的脑袋在灯光照射下，时而闪出几许蓝悠悠的光芒。

"委座，海军总司令刘广凯来电……"

"几时来电？"蒋介石好似被蜂蜇了一针，猛地惊问道。

"10多分钟了，还没挂，他在等您电话。"

"你为啥不马上接进来！娘希……"蒋介石刚要骂"娘"，但想起这是自己规定的。自从到台湾后，他知道自己年龄日近黄昏，该注意起居钟点了，于是规定没发生世界大战或大陆进攻台湾的战争，谁也不准在凌晨五时半以前叫醒他。

蒋介石的骂声戛然中止之时，侍卫官已溜出去把电话接通进他的卧室了。

“委座吗？我是刘广凯……”电话筒里传来海军司令那发抖的声音。

“大清早，啥屁事？”蒋介石带着浓郁的痰音严厉地斥道。

“委座，昨天出发的两艘战舰完……完了！”

“你是怎样搞的，你再说一遍？”这一凶讯，似一盆冰冷的水，一把将还在迷糊中的委员长淋醒。

“就是那‘剑……剑门号’和‘章……章江号’。”

“你说什么！？养你这饭桶，这可是美国的战舰，交到你的手中，没两个月就给毁了……”这可是党国海军有史以来最惨痛的损失啊！蒋介石一激动，便“咳咳……”地连续嗽了几声，咳完，怒发冲冠，一声巨吼：“我撤你的职！”

“啪”的一声，蒋介石狠狠地把话筒摔下去。

他摸着那光滑的脑袋，凝思片刻，马上又操起另一个话筒，直拨空军司令：“喂，你是空军吗？”

“是，我是司令……啊，委座！”

“娘希匹！”

这空军司令今早也够晦气了，还在被窝里就无端无故遭到委员长这莫名其妙的辱骂。

“你，马上出动20架飞机，往南海东山岛海域轰炸共军那几只‘乌龟子’！给我狠狠地轰！”

“啪！”这响声比刚才还烈。蒋介石好似摔下那重磅炸弹一样地暴怒。

真是养了群饭桶！“文官不要钱，武官不怕死，国家兴矣！”蒋介石深谙先哲之言。但是，他手下养的这班家伙，就把他一个偌大的党国给葬送了！要是凭他的手腕，凭他的本事，凭他与美、日、英等国家的外交周旋艺术，他何尝不能治这么一个中国？只是这群家伙，一个个伸手就会要钞票，要女人，进舞厅，钻窑子，而当炮声一响，那双小腿子跑得比老子坐飞机还快！从东北跑到华北，从华北跑到华南，一路急跑下船去，被一阵他妈的西北风一刮就刮到这该死的孤岛。八百万大军呐，美式装备哟！一切的一切都化为乌有，而今孤零零在这孤岛喝西北风！

他恨，当然首先恨毛泽东、恨朱德、恨周恩来……确实他自认不是他们的对手。那小米加步枪，那草鞋加竹笠，那一双泥腿子，就与他周旋了30多年。他早知道共产党之厉害，他宁可把国土大片大片地让给日本鬼子，也要铲除共产党。他知道心腹大患之所在。他不只一次地在大会小会上提出“攘外必先安内！”但就是这群不中用的家伙，打起仗来一个个地带头逃命，今日才逃到这孤岛！

但他不服气。他做梦也想着自己浙江奉化那山明水秀的故土，自己一手营造、国父孙中山题墓碑字的慈母的陵墓，还有昔日金陵那金碧辉煌的总统府，那歌舞升平的大上海，他做梦也要反攻大陆。只要他剩一口气，也要夺回失去的一切！但是，美国主子就是不支持，总统肯尼迪竟威吓他："国军如对大陆采取军事行动，那等于自杀。"显然，没有美国的支持，他的腰包当然是羞涩的，哪能反攻大陆！

唉！……

不让硬攻也行，他不甘心让毛泽东、周恩来他们毫无顾忌地、安安稳稳地过日子。如果不给他们一些麻烦，毛泽东、周恩来可是神通广大的，大陆繁荣起来，不更显得他老蒋没能耐、是狗熊么？大的动作美国主子不支持，就搞看似无烟无焰的，派小股特务，搞两栖突击。但是，又是那帮坏事的饭桶，没一阵子，派出去的几十股特务，几百小子，通通有去无回。这次，用大战舰刮个小旋风，便可开动宣传机器大造舆论。怎耐这两艘军舰也在一个早上，天还没亮就被他们那"小龟子"轰进海底去！

厉害，毛泽东确实厉害！他倒吸了一股冷气，觉得有几分寒意，慌忙把中央空调关小些。

蒋介石斜倚在松软的席梦思上，空调机里散发出来的凉意减轻了他脑袋由于刚才的震怒而造成的阵阵痛感，竟胡思乱想了一番。

笃笃笃。门外又传来敲门声。

"进来！"

"委座，大陆新华社发出最新消息。"

"拿来，听一听！"

侍卫官把那台小巧玲珑的黑色收录机放在床头柜上，拧开了电键。刚刚录音的新华社那男播音员自豪而有力的声音便飘了出来："对台湾当局的有力惩罚，对美帝的严重警告——我海军舰艇部队击沉美制蒋帮军舰两艘……新华社广州6日电，中国人民解放军海军担任护渔任务的舰艇部队，今天在东南沿海前线，击沉了美制国民党军舰两艘。"

"最近以来，美制国民党军舰艇，连续在东南沿海进行骚扰活动，破坏我渔业生产，炮击和扣留我渔船，抓捕渔民和打伤我渔民，严重威胁我海上生产的安全。

"今天凌晨，美制国民党军大型猎潜舰'剑门号'和小型猎潜舰'章江号'，又窜入我广东省南澳岛和福建省东山岛附近渔场，进行破坏活动。经我多次警告无效，在忍无可忍的情况下，对国民党军舰发起了攻击，当即将这两艘蒋帮军舰击沉于波涛汹涌的大海中。"

"啪！"蒋介石狠狠按下电键，破口骂道："狗屁！什么保护渔场生产的军舰！明明就是那杀伤力极强的日夜守住海面上的护卫艇和鱼雷快艇！”

骂着，他也似乎觉得自己有些理亏，是自家闯进人家的渔场，但他心知肚明，仅仅是袭击渔民生产吗？不是，那“剑门号”载着那群人，他也深知自己是自欺欺人……

“历代兵不厌诈，你共军搞的几十年的‘游击战术’不也是诈的么？”

委员长越想，头脑越混乱。他觉得该洗盥了。

“侍卫官！”

第六章

死亡线上

二十、儿子是娘的心头肉

1

“他爸，这鬼天气，没丁点儿风哩。是不是老天在作恶要刮台风了？”林呖觉得背脊异痒，整晚汗津津的，那些该死的痱子作怪了。她伸手一边挠着一边问着也整夜没合眼的丈夫。麦阿记困倦地睁开发涩的眼皮，打了一个哈欠，嘟哝道：“是的，天气是怪闷热的，我看是不会刮台风。我的腰骨不酸痛，最多也是下毛毛雨喽。”

南方的夏季，时而闷热，时而刮风下雨。整个晚上闷热无风，夫妻俩像喝了凤凰山酽茶一样，翻来覆去，老是不能入睡。

“他爸，天不作恶，我心内怎么恐得慌，不知会不会发生什么不祥的事。我从来就没这样心慌过。莫非阿得他们打仗了，阿得会不会打胜……你瞧，我的眼皮又乱跳了。”林呖说着，拉过丈夫的大手摸她的眼皮。

“哎呀，孩子出门，好话没说一句，瞎猜个啥！”

麦阿记口里说着，心里也有些焦虑。因为几个月来，海上常常遇上台湾战舰在游弋，不久前阿龟的钩钓船和南澳的三艘钩钓船还被敌机轰炸呢，阿龟的船被炸伤了三人。更惨的是南澳的船，一次就被炸死了三人。他也听见广播说，我国政府已向美国政府提出了286次警告了。他知道，这警告就像大人吓唬小孩一样，老吓不乖，终是要动武教训的。那么，在海上动武，哪会离开阿得他们的海军呢？

夫妇俩说着想着，窗外渐渐泛白，鸡儿啼叫几遍后，便一只只溜出鸡笼讨食去，夫妻方入睡。

午后，麦阿记吃完饭，就去码头修船。林呖因起得迟，今天也没出门做生意。

傍晚，三儿子阿有下海返航回家。

“阿妈，你昨晚在家有没有见到东山岛那边的火光？”阿有问。

“什么时候有火光？”林呖惊奇地反问。

“唷，大约在半夜时分。”

“哎呀，你这呆子！半夜三更，乡里谁家还没睡？你真是越长越呆了！”林呖半嗔半骂。

“阿妈，真的。昨晚我们船在浮任村前海面上，闷闷地听到东南面有炮声，而且有一团一团的火光从海面上冲上半空，好像那边是在打仗的样子。”

“啃，在打仗？”林呖不禁一凛。

“真的，有点像打仗的样子。”

他俩正在说话间，大门“咯吱”一响，只见民兵营长麦长福脸色沉重地走进来。

“阿嫂，记兄在家吗？”

“他到码头修船去了。”林呖答道，又问，“有什么事？”

“阿有，你快去把你爸叫回家，有急事商量。”麦长福心事重重道。

阿有一听，便匆匆往海边去。

不一会儿，阿记父子回来了。

“记兄，阿嫂，有一件事，我讲了，你们可要挺住哟！”麦长福瞪大眼睛看着麦阿记，又看了看林呖，“你俩都是经风浪的人，遇到什么事，都要往好处想。”

麦长福先安慰几句后，神色黯然道：“刚才，公社武装部来电，说阿得昨晚在东山海面上打仗，受重伤了，现在还昏迷不醒……”

“啊，阿得受伤了！”林呖惊叫起来，心内疼痛难忍。

“他……”

“他伤得很重，听说打中了脑袋，要你们父母去见一面……”

“啊……”麦阿记也惊叫了一声。显然，这伤是不轻的，恐阿得的小命无救了！不然，一般的伤残是不会叫父母去的。深谙世道的麦阿记知道一切了。

林呖却发呆地坐在凳子上，再也不会说话了，只见她两股热泪一个劲地流淌下来：阿得啊阿得，你真的没救了么？……

2

汕头军港上，人山人海，万头攒动。

“啃，我们海军打胜仗了，真厉害啊！一口气打沉了国民党两艘大战舰，还是美国佬造的呶！”

今早，广播里传出新华社的消息，像长了翅膀一样传遍了汕头这个海滨城市的大街小巷，千家万户，大家奔走相告。

“阿娇，阿娇，快起床，快起床，去码头！”

百合婶大清早听到广播的消息后，高兴得心底开了花，慌忙煮了两碗鸡蛋，准备往码头接阿得和少懒，祝贺他们胜利归来。她催着还在睡觉的小媳妇。

“阿妈，什么事呐?”阿娇被催醒了，不得不起床。

“阿娇，广播讲，我们海军打沉了国民党的大战舰，俺阿得和少懒也一定参战去，刚才，有许多人到码头去了，不知道阿得他们回来没有?”小媳妇一听，就知道阿妈的意思，她是担心阿得呢!

婆媳俩粗粗吃了两碗稀粥，便走出门。沿着南海路，拐个弯，迎面就是那片鲜嫩的西洋菜地了。那西洋菜绿茵茵的，枝叶柔弱，晨风吹过，轻轻地摇曳着。它们或许也知道我们海军打胜仗了，心里高兴哟!

百合婶和小媳妇阿娇，手拉手，钻进人流。小媳妇在前，见缝就钻，终于来到码头了。

唷，太阳升得老高了!金色的阳光照射着大海上英勇的战艇。海军战士一个个威武地握着枪支，押着一群群高举着手的国民党兵。

我们真的打赢了，我们真的打赢了!这些可恶的国民党兵，终于有好果子吃了!百合婶不久前听她侄女说，国民党兵常常欺负他们老家汫洲湾的渔船，阿龟就被炸伤了。听广播说，南澳还被国民党飞机炸了许多渔船呢。真是太可恶了!这国民党打了几十年仗，你既然无能耐，打输了，就该服输啊，你就是狗食糯米——不会变，老是要草蜢戏公鸡——这回，连大战舰都被打沉了，看你老实不老实!

唷，一排排威武的海军战士过来了。她睁着眼睛仔细瞧，为什么就没有阿得呢?

啊，那不是少懒么?不是那天唱着好听的歌的“小诸葛”么?

“阿娇!阿娇!你看，后面走来的是不是那唱歌的海军阿叔?”

阿娇眨巴着大眼睛仔细一瞧，便高兴地叫道：“是，阿妈，就是那‘小诸葛’!”

说话间，张少勤已押着俘虏走到她俩跟前了。

“少懒，少懒侄儿!”百合婶情不自禁地走上去，一把握着张少勤的手，“我们打胜仗了，太好了!”说着，便塞给他两个红皮鸡蛋，“少懒，给你吃，为你贺喜!”

“哈哈哈……”队伍里的战士们禁不住放声大笑。因为这张少勤的绰号是麦贤得去他们先锋艇串门时“移植”过去的，只在战士中间“内部掌握”，怎的半路上这阿婶也知道了。

阿娇不知他们笑的是什么，也认真地道：“少懒叔，你们回来了，阿得也回来了吗?”

张少勤见到这么多父老乡亲在码头迎接他们，心里就暖烘烘的。是呀，人民解放军就是人民的子弟兵，和人民血肉相连啊!他们在海上打仗，人还未归，人民群众一早就拥在码头欢迎他们归来。他一下船，就激动得几乎要流泪了。这回，又是见到热情的百合婶婆媳俩，就再也控制不住了，两行热泪从那有些凹陷的眼窝里涌出来。

“阿婶，阿嫂，”张少勤接过还有些微温的鸡蛋，连声说，“谢谢，谢谢！我们胜利了，我们打沉了他们两艘大战舰了！”

“侄儿，哎哟，你瘦了！……阿得呢，阿得回来了吗？”百合婶又关切地问。

“阿得嘛……”张少勤心里十分清楚，611 艇损伤严重，战斗又在激烈进行中，兄弟艇顾不上他们，他们自行抢修，自行返航。而今能否脱险？能否安全返航？他还不知道呢，他怎么回答呢！

“阿婶，阿得还没回来。他一定会回来的！”

说着，队伍已向前走去。张少勤向百合婶婆媳俩摆摆手，便跟上队伍去了。

“阿得还没回来，阿得他们的艇还没回来……”百合婶唠唠叨叨。

一群一群的队伍走过来，又走过去了……百合婶双手挡住刺眼的夏日晨光，瞧着瞧着，一个个可爱的孩子，脸庞都被硝烟熏得黑黝黝的，衣服被弹片刮破了，或是被炮火烧得支离破碎的，有的身上还有鲜血，有的躺在担架上，身上扎着绷布，让战士抬着……但是，就是没有阿得……

渐渐地，队伍走完了，她眼巴巴地瞧着。难道阿得的战艇被打沉了吗？一个不幸的念头倏地闪进她脑海。不会的，不会的！广播里说打沉国民党两艘大战舰，并没有说我们被打沉呀。那么，阿得的艇为啥还没回来呢？

清晨的大海十分平静，渔船一早扬帆出海，从军港至汕头红山嘴那宽阔的海面，渔船在波光闪闪中徜徉着，一阵阵悦耳的渔歌随风飘来。

但是，来回穿梭在海面的就只有那乐悠悠的渔船，没见到挂着高高的大炮，挂着猎猎飞扬的五星红旗的战艇……

“娘，阿得叔他们会不会在别的码头上岸了，我们回去吧。”阿娇见日头快正午了，觉得没啥希望了，催促婆婆。

是的，阿得他们会不会在东山或是汫洲、三百门上岸？百合婶多么希望是这样！上岸了，今晚或明天就到她家，同少懒侄儿一道，到她家报喜，唱那好听的歌啊！

3

这该死的汽车，像乌龟爬行一样，慢腾腾的，开到什么时候才会到汕头呢?!

林呖心急如焚，恨不得立刻就见到儿子阿得。

汽车在公路上奔驰，到樟林了，到东里了，到澄城了……但是，每到一站，路边都有许多要到汕头办事或做生意的男男女女，司机“叭叭”两声，汽车就霍地一声停住了。

……汽车终于驶进总站了。阿有一手提着行李，一手挽住阿妈，麦阿记和麦长福跟在后边。走到车站门口，他们雇了 4 辆单车，一直载往市立第一医院。

听武装部同志说，阿得他们就在市立第一医院。

医院门口，有许多人，有穿草绿色军装的，有穿白衣镶蓝边军装的，有穿着入时的年轻姑娘和小伙子，也有穿着跟他们一样衣服、戴着竹笠的乡下人。

他们挤进人群，见有两位海军战士站在铁门边。

“同志，这是第一医院吗?”麦长福上前问道。

“对，对，你们要找谁?”一位年轻的战士微笑着答道。

“我们找麦贤得，”麦长福回头指着麦阿记和林呖，“这是他父母亲。”

“唷，麦贤得！他……”那战士脸庞呈上敬慕之情，“他在里面……”

说话间，医院里面走出一位身材高大、约 40 多岁的中年军官。

“政委，麦贤得的父母亲来了！”那战士对走过来的中年军官报告道。

“政委，你好！”麦长福慌忙迎上去。

“你是——”政委握着麦长福长满硬茧的大手。

“我是饶平汫洲来的，是大队民兵营长。”麦长福又指着麦阿记和林呖道，“这两位是麦贤得的父母，来看麦贤得的。”

政委一听，急忙握住麦阿记和林呖的手，激动道：“你们路上辛苦了，先到招待所歇一会吧！”

“别，别，政委，我们还是先看看阿得，他到底怎样了?”林呖紧张地道。

“是，是，应该先看看他。”

政委就是麦贤得所在的大队张政委。昨天，伤员进医院时，他就一个一个地看了，谁是重伤还是轻伤，伤在哪里？他心中都有个谱了。他同水警区的领导和卫生科张科长他们一道，认真地分析。卫生科已与市卫生局协商，调集全市最强的医务力量进行抢救。海战获得了大胜，但也有些官兵伤亡，当场牺牲的有 601 艇艇长吴广维和 611 艇军事长杨映松，而重伤生死未卜的有 611 艇的陈炳仁、黄理省和麦贤得，全大队受伤近 30 人，现在都在市立第一医院。病床满了，有的临时加床，轻伤的暂时安放在走廊上。他昨天一直忙到黄昏才回军营……

政委亲自带着他们走进急诊部。他知道麦贤得安顿在左边临街的病房。昨天还昏迷不醒，伤的是头部。但是，这时病房里没有麦贤得，是两位轻伤员在说着话。

张政委问了那两位战士，他们说重伤员已移往妇产科那边了，那边离手术室近。

张政委又领着他们往妇产科去。

妇产科有七八间病房，里面都是伤员，一个个头上都扎着绷布，大都昏迷不醒。因临时移来，病床上还没写上伤者姓名，哪一个是麦贤得呢？

张政委对着阿记和林呖道：“阿叔，阿婶，你们等等，我去问问护理室。”说完，他就往里面走去。

半晌，不知道是护理室太忙碌，还是一时编号对不上，张政委还没回来。

“哎呀，这不是记叔吗？”忽然身边响起了一个熟悉的女人声音。

“啊，百合婶，百合婶！”林呖一见，原来是迁居汕头的百合婶，“你怎么也赶来医院？”

“哎呀，阿姆，我听说打沉国民党的战舰了，昨天就往码头等阿得，一直等没回来。那少懒侄儿回来了，说他的艇在后面，等到日晌午了，我才回家。昨晚听我媳妇说，11 时多又有一艘战艇回来了，伤了许多人，我就担心会不会就是阿得他们，阿得会不会伤了，我过来瞧瞧。啊，你们来了，阿得他……”

“阿得受伤了，”麦阿记感激道，“多谢婶子费心。政委去找，还不知道他在哪个病房呢。”

林呖等不住了：“阿有，对了！我们去找，仔细认他的后脚跟。小时候，后脚跟打眠床鼓打烂了，凹进两个小窟子。”说完，她就拉过阿有：“长福叔，他爸，你们就在这里等政委，我们去找找。”

麦阿记知道妻子的急脾气，无奈地对着麦长福摇了摇头。

“行，阿姆，我们一起去找。”百合婶说着上前一手挽着林呖的手臂，一间一间地找过去。

林呖见着那些可爱的年纪轻轻的战士，以往都是生龙活虎的，同阿得一般的小伙子，而今一个个脸色苍白，头扎绷布，躺在病床上，一点儿都不能动弹，心里就阵阵疼痛。她瞧着瞧着，露出脸庞的，都不是阿得。又走过另一病床，这位战士头脸都扎上绷布了，她弯下腰，摸着露出外面的双脚，不是，她又摇摇头。

她头太痛了，一阵阵血腥味和浓郁的酒精味混杂在一起，她头有些昏涨了。

“阿有，你摸，摸那双脚的小窟子。”林呖叮嘱儿子。

“阿姆，你小心。”百合婶觉得林呖身子在微微颤抖。

“阿妈，来！小窟子，是我二哥！”阿有惊叫道。

百合婶扶着林呖走过去。林呖伸手摸着那双冰凉而有些僵硬的大脚，觉得后脚跟有小窟子，深凹的，这是阿得儿时打眠床鼓时留下的记号啊，阿得！儿子头上的绷布染上鲜红的血渍，脸色像一张白纸，直挺挺地躺在病床上，眼睛一半被绷布遮盖着，一半露了出来，嘴角似乎显现平常那可爱的安祥的笑意……“这就是我儿阿得么？”林呖唠叨地又轻轻地摸着他那双露出棉被外的大脚，脚跟上那两个小茶杯的凹窟子深深的。不会错，不会错！儿是自己一把尿一把屎养大的，不会错！“孩子啊，你可不能走，你可要活下来啊，你还很年轻呐！……”林呖絮叨着，觉得眼前一黑，一个踉跄，一头栽倒下去……

“阿妈，阿妈！”

“大姆，大姆！”

“哎呀，不好！大姆昏倒了，护士，快！”张政委已出现在门口。

护士慌忙跑往医务室去，不一会便带来了一个穿着白衣的身材高大的男医生。

“快，把她送往北座妇产科急诊室！”

众人急忙扶的扶，扛的扛，便把林呖送往急诊室。

不一会儿，林呖便苏醒过来了，嘴里唠唠道：“阿得啊……阿得，你……你还年轻，你不……不能走哟……”

听的人无不落泪。男医生也凄怆地安慰道：“大婶，你别担心，你儿子会活的。”

说完，他对护士交代了几句，又匆匆赶回医务办公室。

二十一、鮀城医院八昼夜

1

男医生刚走进医务办公室，市卫生局周局长劈头便问：“好些了吗，陈主任？”

“没事，只是刚才受了刺激，昏倒了。注射了葡萄糖，已清醒了。”

这男医生便是汕头医专脑外科主任陈扬燮。他去年刚从同济大学武汉附属医院调来，是目前汕头著名的脑外科主任医生，眼下正带着医专学员在地区医院实习，两天前到揭阳医院抢救一个病人，连续干了18个小时，手术刀刚放下，就接到蔡院长的紧急通知，要他火速赶到汕头抢救海军战士。他今早才从揭阳赶来，刚才听了蔡院长对眼下伤员多，而且重伤员还处于危险期，但医生严重缺乏的情况，正在苦思如何迅速抢救危重伤员之际，却发生了刚才林呖忽然昏厥的情况。

“这昏迷的大婶是谁的亲人?”周局长关心地问。

“是一个叫麦贤得的脑重伤员，现在还昏迷不醒，很危险。”

“哦……”

说话间，门口匆匆进来一个小护士。

“陈主任，你快去手术室一下，林医生请你去！做腹部手术的伤员情况不好!”

陈主任拔脚跟着小护士往手术室去。

不一会，他回来了，摇着脑袋道：“周局长，看来所有伤员要马上转院!”

“怎么?”周局长脸庞呈紧张之状。

“刚才那个腹部受伤的手术失败了，那叫陈炳仁的患者感染了，腹水，属气性坏疽，他已抢救无效牺牲了。这细菌传染速度异快，伤者被感染了，十有八九难救!”

“哦……”周局长觉得形势不妙，问题严峻。他双眉紧锁，右手摸着毛发稀疏的后脑勺，片刻，便当机立断操起话筒。

“喂，王副书记吗？哦……我是周斌，哦，是这样，刚才那个腹部受伤伤员手术失败，伤员牺牲了。陈主任判断为气性坏疽细菌感染……是，建议所有伤员全部转移地区医院……哦……是，是!”

周局长回头对秘书道：“马上通知各方面做好紧急转移的准备！马上转移地区医院!”

“是!”不一会儿，海军水警区卫生科的张科长和海军医院外科陈主任匆匆赶来了，大家指挥着医务人员把20多名伤员都抬上担架。有的抬，有的用手推车推，不到半个小时的工夫，就把所有的伤员转移到隔壁的地区医院。

原来，汕头市是潮汕专署的所在地，有地区医院、市立第一医院、市立第二医院，医务力量还是较强的。但因最近医务工作者响应毛主席关于“把医疗卫生工作的重点放到农村去”的指示，汕头市便抽出三分之一的医务人员组成10多个医疗小组分赴全地区10多个贫穷的山区，这样一来市区的医务力量就显得单薄了。这突如其来的海战一爆发，地区专署接到这一消息后，地委、专署领导马上号召全市医疗部门全体动员，全力以赴投入抢救伤病员的战斗。卫生局领导会合海军卫生部门，于今天凌晨集中在地区卫生局，分析情况，做了初步安排：市立第一医院接受我海军伤员；市立第二医院接收国民党军伤员；留下地区医院准备接受还在空中飞旋，准备战斗的可能出现的空军伤员。但是，市立第一医院这意外情况的出现，怎能耽误呢？周局长马上请示地委主管文教的王副书记，把伤员全部转移地区医院，并布置市立第一医院对手术室和病房做严格的消毒，以备用。

一场抢救我人民海军战士生命的战斗便在地区医院打响了……

2

8 月 8 日上午 11 时，汕头地区医院。

一场紧张的手术结束了。陈主任洗洗手，深深地吸了一口气，便又匆匆走进医务室。

“情况怎样?”蔡院长焦急地问。海军张科长和海军医院外科陈主任也期待地问。

“问题较严重。”陈教授摘下头上的白帽掠了掠额门上垂下的头发，“刚才揭开绷布，做了清创手术，把淤血杂物清理掉。但里面那块弹片，扎得很深，从右额骨穿进去，扎进左侧的脑内，一时难以取出来，恐怕要重做 X 光定位。伤员流血太多，做这种手术还要输血、要麻醉，准备工作要重新开始……”

“下一步你的意见，陈主任?”蔡院长又问。

“刚才做了清创又清除血肿，修补硬脑膜。下一步，我们研究一下，我的意见恐怕要尽快做第二次手术。”陈主任略一迟疑，又道：“这脑颅内深部取异物的手术，我还没有做过，没把握，我的意见是请陈主任……”陈扬夔微笑着把下颌轻轻一翘，指着一早从广州赶来的海军医院外科陈主任。

“不行，不行!”陈主任也摆摆手，“我主要是做胸腔腹腔的手术，这么复杂的脑外伤，我没有把握……”

那怎么办呢?

沉吟片刻，陈主任道：“蔡院长，恐怕要请广州军区总医院。他们有一个脑神经外科，主任刘明锋教授是全国一流的脑神经外科专家。强将手下无弱兵，他们的医生手术都不错。”

“哦……”蔡院长点点头，便向水警区卫生科张科长投去了征询的眼光。

“行，我把情况向首长汇报一下，请他们马上请示广州军区，请他们马上派医生下来!”

“行!”蔡院长和大家都表示赞同。

张科长便拿起电话筒，拨往汕头水警区司令部。

3

浓雾被强风卷走，天空渐渐明朗了，柔和的阳光照射在麦贤得疲惫的身上。他觉得四肢无力，好似在练兵场5000米长跑一样，跑到终端了，但双腿却像注满了铅一样，再也拖不动。

脑门上那只巨鹰的强硬的大爪似乎也松动了，似乎离他而去，但那大爪停落处仍是灼热灼热的痛，脑内好似有一团火在燃烧，喉咙异热，太干了……

“水……”

“唷，他醒了！”

“身边好像有人声，谁醒了？莫非我昏迷么？对，我不是在战艇吗？为什么没炮声？为什么没有海浪声？”他要睁开眼睛看一看他到底在哪里。他眼睛却老是睁不开，好像头上束着什么东西。对了，是绷带！自己头颅受伤了，束着绷带！

他感到嘴唇有一股清水灌进来，在口里转悠一下，便吆吆地流淌进咽喉里。他感到十二分的舒畅，他使劲地喊：

“班长，班长，我……我们胜利吗？”

“唷，二哥清醒了！二哥清醒了！”

这声音多么熟悉！这不是阿有吗？阿有为什么来到艇上？唷，对了，是自己受伤了，战艇安全返航了，自己一定是在医院里，阿有来看望他呢。

“阿有……”他高兴地叫道。

“二哥，是我，阿有，还有阿爸、阿妈和长福叔、百合婶都来看你呢！还有部队首长都来看望你！”

他好像回到自己家中了，亲人都在自己身边，他感到十二分的温暖，一高兴，眼眶竟溢满了泪水。

“阿爸……阿妈……长福叔……首长……”他呢喃着。

“阿得，好好养伤，别想那么多。”麦长福上前安慰道。

“同志，病人太累了，让他休息一会吧，刚才手术折腾了两个多小时，他太累了。”

麦贤得好似听到一个年轻的姑娘的声音，好像是护士，他头脑又有些昏涨了。

“首长，这就是麦贤得。”

声音刚落，麦贤得觉得有一阵杂沓的脚步声。

“他就是那个轮机兵麦贤得？”一个陌生而又温和的异乡人的声音。

“吴司令，是的，他就是那个头部受伤还坚持战斗三个多小时的麦贤得。”

吴司令，就是今早同海军首长一起乘飞机赴汕头参加八·六海战祝捷大会的南海舰队司令员吴瑞林。上午会议刚结束，三天后还要召开庆功表彰大会，他下午就同海军首长和汕头地委邹书记、陈专员一道来医院看望伤员。一进医院，他就十分关切地询问水警区孔照年副司令员：“那个轮机战士伤势怎么样？危险不？”当听到孔照年说已经做清创修补脑膜手术，但颅里还有一块弹片，眼下昏迷不醒时，就担忧地说先看麦贤得。到医院后，蔡院长高兴地告诉他，麦贤得刚才已苏醒了。他不禁一喜，便加快脚步走过来。

“小伙子，感觉好些么？”吴司令伸出大手，拉过放在被面上麦贤得那双有些干瘦的冰凉的手，亲切地抚摸着。

“首……首长……好……”麦贤得感到一双温暖的大手握住他的手了，一股暖流倏地涌上心房。

“小伙子，好好养伤。受伤了，与病魔做斗争，也要有你那股硬骨头精神呐！小伙子，你是好样的，我们把你的事迹上报给军委，上报给毛主席了。毛主席看后很高兴，都称赞你呢。主席还称赞我们仗打得好啊……蚂蚁啃骨头，打得漂亮！”

“毛主席……毛……主席……”麦贤得一听，心里热血沸腾，毛主席知道我们打胜仗了，毛主席知道我负伤了，毛主席还关心着我这小战士，毛主席多好啊！

“哈哈，小伙子，你好好养伤，毛主席打算要在北京接见我们，你伤好了，就上北京见毛主席……”

“太好了，太好了……我伤一定会好的，我……我一定要上京见……见毛主席。”

吴司令对身边的地委邹书记道：“邹书记，这是多么可爱的战士，你们可要尽一切努力啊！”邹书记动情道：“吴司令，您放心，我会把抢救英雄人民子弟兵的生命当成头等大事，认真抓好的，保证麦贤得这些可爱的战士尽早恢复健康！”

中午的时候，阿有回到市委招待所。阿妈已苏醒了，没大事，就被安排在这里，阿爸在照料她。

他们住的是楼下两间客房，门口有高大的法国梧桐树和韩国芒果树，有飞起跳落的小黄莺和小知了。它们不知道周围的世界发生什么事情，只知道不时唱着歌，只知玩知吃知唱，过着它们逍遥的日子。

“阿爸，阿妈，太好了！二哥苏醒了！吴司令和邹书记、陈专员都看望他了……”阿有一进门，高兴得蹦蹦跳跳报喜道。

“哦，阿得终于苏醒了！阿得有救了！”林呖心内大石落地。

“他会说话吗？他说了什么？”

“吴司令告诉他，他的事迹上报北京给毛主席了，毛主席、周总理还表扬他，关心他呢！他就一直念着‘毛主席，毛主席’，吴司令说毛主席准备最近接见他们呢。吴司令要二哥好好养伤，伤好了就上北京见毛主席。”

“首长真是太关心了，当这解放军就是光荣……”林呖絮叨着。

麦阿记听后，也十分宽心，孩子终于醒了，看来是有救了。而且首长那么关心，连毛主席都知道他的事，那么，以后尽管有风险，医院也会尽力去抢救的。

吱呀，房门一声响动，只见百合婶走了进来，手里提着饭盒。

“阿伯，阿姆好些吗？”百合婶把饭盒放在桌面上，关切地问。

“好了，没事，多谢婶子了。”林呖抢着回答道。

“哎，好就好。阿姆，你也别想那么多，阿得命大，会好的。我听昨晚少懒到我家里讲，阿得受伤后，还坚持战斗三个多钟头，得知胜利了才倒下去。这孩子真是硬骨头呢！”

阿有高兴地把二哥刚刚苏醒，部队首长和邹书记他们去看望他，以及毛主席、周总理都在关心他的消息告诉了百合婶。

“哟！那这孩子更不用担心了！毛主席、周总理都在挂念他，有这么多大贵人牵挂他，他还会有事么？”百合婶高兴得眼睛闪着亮光，“来来，阿姆、阿伯、阿有，几碗绿豆汤，喝了解暑。”说完，就揭开盖，便冒出袅袅的热气，香气四溢。百合婶亲自动手，舀了三碗，笑道：“吃，汕头水比乡下水热，吃了才不会浮躁火。这鬼天气，一不小心就会弄出病来呢。”

4

9日8时，地区医院办公室会议厅。

“尊敬的全体医疗战线的同志们，”地委王副书记太激动了，他站了起来，挥着大手，“党把抢救人民子弟兵的光荣战斗任务交给你们，这是党和人民对你们的信任。这班最可爱的人用小艇战胜国民党的大战舰，在四个多小时的战斗中，他们把青春生命都豁出去了，终于把不可一世的国民党战舰打沉了！这大大长了人民的志气，大灭了敌人的威风，为我们共和国壮了国威！我们还有什么理由不尽一切力量抢救他们的生命呢？”

“请党放心，请人民放心！我们一定要让这些可爱的人民战士早日脱离危险，早日恢复健康！”蔡院长霍地站起来，挥拳表态。

“请党放心，请人民放心！”到会的地区医院全体医务工作者都站起来，高呼道。

“有这么一位战士，”王副书记激动得泪花闪闪，干脆摘下眼镜，搁在台面上，“一位可爱的人，他头部受伤了，弹片从右额叶插进左额叶，血流如注，昏倒了！但是，战斗的炮声又把他催醒了，他又爬起来，眼睛被鲜血糊住了，他还挣扎着爬起来，从后机舱爬往前机舱，穿过了一个正常人也难穿过去的小小的舱洞，检查停转了的轮机，从一千多个螺丝中摸出一个松动的螺丝，用扳手把它拧紧，用身子顶住杠杆，保证了机器的正常运转，一直坚持战斗三个多小时，一直到我们胜利了，他才倒下去……他，就是我们最可爱的战士——611艇轮机兵麦贤得！他就在我们的医院里，他，就是我们要抢救的重伤员！毛主席、周总理在遥远的北京城还关心他。我们有什么理由不把他救活呢？”

“学习英雄的人民子弟兵！以麦贤得为榜样！全力以赴，克服困难、打好抢救人民子弟兵的硬仗！”

蔡院长挥臂高呼着。

全体医务工作者群情振奋，决心在抢救八·六海战的英雄子弟兵中献出自己的力量。

这时，整个医院都沸腾起来了。地区卫生局周局长亲自坐镇主持抢救工作，白衣战士纷纷表达了他们的决心，夜班的医生、护士要求不下班，坚守工作岗位，正在休养的吴医生，刚从广州进修回来的林医生都主动跑来，要求担负抢救任务……

一个抢救麦贤得的专门医护小组迅速组成了。各科室都送来最好的物资，在党总支办公室里“要血有血，要皮有皮，要人有人，要物有物”的申请书、决心书雪片似的飞来。在食堂的墙壁上，也贴满了红红绿绿的决心书、倡议书。这里，有老医生豪迈的语言；有年轻护士克服困难、完成任务的斗志；有辅助科室、行政部门支援临时科室的决心……

紧张的准备工作有条不紊地进行着。

第二天清晨十时半，蔡院长带着抢救小组的医生和护士，在办公室里等着从广州赶来的广州部队总医院脑外科的专家——主刀医生的到来！

蔡院长坐立不安，他倒背着手，在办公室里来回踱着步，时而张望着门外的路口，时而瞧着手中的手表：唉！按理应该到了啊！

“来了，来了！”一位小护士从梯口跑上来，一路叫着，“蔡院长，广州医生来了！”

蔡院长一听，深深地吁了一口气，急忙迎了出去。

“哎呀，是孙主任哟。我就知道是你这大神明来喽！”蔡院长一把将走上梯口的中年男医生的大手拉了过来，热情地抖了抖，说不上多高兴。

“你们久等了，路上车出了点小事。”孙主任道。

这时，蔡院长才发现孙主任的额头一片乌青，走路一跛一拐的：“怎么，受伤了?”

“走到增城路上，半路窜出一群猪崽子，司机一个急刹车，一只猪崽被压死了。我们几个也受了点小伤。猪主出来纠缠，弄了半天，给了30块钱才算完事!”

“先歇歇，先歇歇。先检查一下抹抹药。”

“没事，没事。”说着，两人便走进医生办公室。

孙主任顾不得喝茶，便跑往卫生间，洗洗脸，换上白大掛，戴上手套，道:“蔡院长，那个叫麦贤得的在哪里?我们看看去。”

“孙主任，前天手术是陈扬燮主任做的，他跟你一起去。”

孙主任微笑着向站起来的陈主任点点头，一起走向病房。

孙主任同地区医院的人较熟悉，大家对他的医疗水平也较钦佩。因为三个多月前，有一位解放军战士脑袋扎进一颗子弹，也是请他前来做手术的。很顺利，两个多小时就把子弹取出来。手术十分成功，大家都佩服他。

不一会儿，孙主任他们又回到医生办公室。

“蔡院长,”孙主任接过护士递过来的一杯热乎乎的茶水，呷了一口，“准备工作做得怎样?”

“万事俱备，只欠东风。血库门外长长的输血队伍，抢救小组从医生到护士个个严阵以待；你来了，就交给你调度了。你要皮、要血、要人、要物，我保证随叫随到。我就当你的运输大队长。哈哈!”

“行，现在7时40分。大家吃些点心，8时30分，动手术!”孙主任斩钉截铁道。

“行!孙主任，大家都吃了，你就吃饭，这里已准备了，有蛋糕、有牛奶，你吃得饱饱的，大家等你!”

“嘿嘿。你们这么多人看我，我吃不下。”孙主任开着玩笑，便把饭盒拿到走廊口，边吃边望着门口那高高的阔叶桉树，时而吃，时而凝思着。

他知道这手术不那么简单。他赞同大家会诊的意见:弹片太深了，不能从伤口往外取，应从左边颞骨开窗取，距离弹片近。但是，虽然光透视已明确了弹片位置，但颞骨的骨窗是否开得准确，那块弹片扎进颅骨里面的那端是大是小，扎得多深?这些关键的问题还难以掌握。然而，这弹片已扎进去5天了，再不取出来，如果弹片一移动，可能刮断大血管，就会有死亡的危险。再则，延误下去，让周围的脑组织形成疤纹，以后要取更难。如果送到总医院去，有刘明锋教授在场指导，手术把握性就更大。眼前的条件就是这样，病人非动手术不可!

“孙主任，吃呀，牛奶都冷了!”

蔡院长走到他的身后，催促他。

孙主任笑笑道："蔡院长，这左颞骨开窗，看来是不会错的。但是，那弹片的深度、形状还太模糊，我觉得……"

"孙主任，你觉得没把握，干脆送去广州……"

"这也不好，路上颠簸，一不小心，弹片移位，若切断大血管，后果不堪设想！"孙主任咬了咬牙，"算啦，就做吧，请陈主任相帮吧！"

"行，"蔡院长犹豫了一会，见孙主任已下了决心，便鼓励道，"你这大神明，一定马到成功的，我们尽一切力量配合！"

5

11 日上午 8 时 30 分，汕头地区医院手术室。

护士长黄昆华反复检查了手术工具，觉得万无一失了，便低头对躺在手术床的麦贤得道："麦同志，手术要开始了，广州的大医师孙主任主刀，很有水平的，请您配合。"

"好，好，尽管割，我挺得住的。"经过两天的恢复，麦贤得神志已清醒得多了。眼下血压平稳，体温 38 摄氏度多，脉搏有力。他对自己也暗下决心道：手术有什么了不起，敌人的炮弹也打不倒我，我一定要挺住，好好配合医生，把弹片取出来。等身体恢复了，就可以上艇去继续战斗。说不定还赶着上京见毛主席呢！想到这里，他增强了信心，脸庞也呈现了安详的状态。

无影灯亮了，一群医生护士走了进来。一个护士先行注射了麻醉针。不一会，他就觉得昏迷迷的。又觉得左颞骨处刺痛了一下，一阵"霍霍霍"的切刈声，接着就觉得有一支刀子什么的往颅里深处挪动着……

时间一秒一秒地过去了，渐渐地，他觉得那刀子越刈越痛，自己的心脏也嘣嘣地急剧地跳动着……头脑一阵剧痛，天旋地转，神志恍惚，似堕入一个漆黑的无底深渊……

"快，快，麦贤得情况恶化，快输血！"手术室里，传来了蔡院长的命令。

命令传到血库，输血的队伍一阵轰动。一只只挽得高高的手臂伸上来了，"快，从这里抽！""快，抽我的！""我……""我，我，我！"

医生、护士，还有从围墙外涌进来的干部、群众，人人都争着为抢救子弟兵献血！

刚为一位病人做完食道镜检查手术的中年医生，挤近抽血护士的面前，坚决道："我的血是 O 型的，时间要紧，我身体顶得住，快！"一位实习护士也抢着上前去，伸过那雪白的手臂："快，我也是 O 型，我年轻！"

针管，抽出一管一管祖国亲人兄弟姐妹的热血，输进人民子弟兵麦贤得的血管：200CC……400CC……1000CC……2000CC……

麦贤得脸色红晕了。但是，医生的镊子，仍在他颅内搜索、挪动……1 小时……2 小时……10 小时……18 小时，那可恶的弹片仍无踪无影，那可恶的弹片逃哪去了呢……

手术失败了！

17 时 50 分，孙主任额头布满了汗水，疲惫地走出了手术室！

我们最可爱的人麦贤得，第三次昏迷过去了！

6

第三次手术失败的消息，汇报到广州军区。首长决定——马上派飞机，把麦贤得和另外三名重伤员空运广州大医院抢救！

15 日下午 4 时许，一架银灰色的直升机，载着麦贤得和他的班长黄理省以及另外两名重伤员，直达广东的省府——广州。

1966 年 2 月 23 日，《汕头日报》发表了《英雄身边八昼夜》的文章，详细描写了汕头医院广大医务工作者抢救麦贤得的生动事迹。

麦贤得已安静地躺在舒适的病床上，但是，危险期还没有过，高热在折磨着他，必须迅速降温；神志昏迷，长期卧床，保证不发生褥疮，防止感染，也是一件不容易解决的难题。要夺回麦贤得的生命，真是困难重重，一关闯过去，又是一关啊！

……

医院副院长蔡怀祥根据麦贤得的病情，每天都召集医生们会诊。他常对医务人员说："不管情况多么复杂，工作多么辛苦，都不能让麦贤得发生一个小问题。"当麦贤得发高热的那天，他几乎每一小时左右就到病房察看一次。已是第二天了，麦贤得的温度还没有下降，而且烦躁不安。他内心多焦急啊！怎么办？他沉思片刻，与旁边的林有光商量："是不是把安眠药量增大?"林医生表示同意。在抢救的紧张时刻，医生张巍光、林有光为了随时观察掌握麦贤得的病情变化，主动搬进病房住下来。

特护小组的工作更是复杂细致，既要准确地执行医嘱，又要准确地反映和记录治疗情况。他们寸步不离，废寝忘食，细心看护，一天工作 12 个小时以上……就说要把体温从 41 摄氏度降到 37 摄氏度，这就十分不简单。当时麦贤得还不能吃东西，一切治疗都要依靠注射维持；要维持身体的水分，又要注意不增加脑的压力；用了降温剂，要加上物理降温，每一个环节都要求准确，都要注意不影响整体。她们是一滴一滴计算着，终于把体温降下来，保持在 37 摄氏度左右……麦贤得还不能自己吞咽时，她（黄琨美护士长）便用软管慢慢地按时把营养食品喂他。营养问题解决了，却带来了排便的困难。仍然处在昏迷状态的麦贤得，自己大便是根本办不到的，黄琨美同志早就替麦贤得想到了这个困难，她不止一次地用手指把麦贤得的大便从肛门里轻轻地一块一块地挖出来……

二十二、周恩来的叮嘱

1

8 月 1 5 日下午 4 时 30 分，汕头地区医院病房。

年轻的护士扶着崔福俊走出了病房，他踩着刚刚落下来的枯黄的树叶，一直走到通往大门的甬道上。他两眼望着已驶出大门的乳白色的救护车，自己的战友，英勇顽强的轮机兵麦贤得——要上广州医治了！此去，生命的爱神会不会把他挽留下来？可恶的死神会不会滚到远远去，别来找他战友的麻烦呢？此时，他心里像吊上十五个吊桶——七上八下的。他默默地祈祷着，祈祷着医生有回天之力，把麦贤得医好了，强强壮壮地回到他的战艇上，投入新的战斗。

但是，他也知道他的期望是渺茫的，因为军事长杨映松也被炸中脑部，当场牺牲了。返航时，他饱含着泪水命令战艇下半旗，航海兵陈炳仁腹部受伤了，肠子涌出来了，被送到市立第一医院，在手术过程中因染上气性坏疽而牺牲了。全艇一共受伤十多人，眼下处于危险期的还有前舱班长黄理省，他身上中了 72 块弹片，后舱班长罗向文，脑部也受了重伤，还有轮机战士彭得才……但最严重的要数麦贤得！

他自己挂了花，大腿、手臂和背上有三处创伤，现在医生护士的精心护理下已好多了。昨天晌午，他央求护士扶他去看看麦贤得。因为听麦家弟弟来探望时讲，麦贤得情况不妙，手术失败了，现在又昏迷不醒。他大吃一惊，明明做手术前他去看望麦贤得时还问候他啊。他央求护士让他再去见一面。急救室的医生听说是艇长便网开一面。他上前去，见麦贤得脸色苍白，呼吸微弱。他心里阵阵疼痛，多好的战士啊！你……你可不能离开我们而去啊！

13 日傍晚的时候，孔副司令员抽空来看望麦贤得之后，就去看望他。孔副司令员告诉他，今天上午开了庆功大会，海军的首长、广州部队的首长、南海舰队的首长以及汕头地委、专署的领导同志都参加了庆功大会，很是隆重。大会表彰了一批有功之臣，他们611艇有九位官兵被评为一等功臣，有他崔福俊、杨映松、黄理省、麦贤得、陈云乙、彭得才、陈炳仁……并且611艇集体荣获一等功。而且，孔副司令还告诉他一个更令他终生难忘的喜讯——三天后，即是8月16日，八·六海战中十一名有功人员的代表上北京，毛主席、刘少奇、周恩来等党和国家领导同志要接见他们！他崔福俊也被推选为十一位代表之一。他要上京了，要见到伟大领袖毛主席了，作为一个贫苦人家的儿子，一个普通的人民水兵，是来之不易的啊！他太高兴了，高兴得一夜难眠！高兴得喜泪满腮！

但是，高兴之余心里就老是牵挂着战友麦贤得。说实在的，他太疼爱麦贤得了。那晚自己亲眼目睹的情景，始终深深地铭刻在他的脑海。麦贤得太坚强了，受那么严重的脑伤，还能坚持战斗，一般的人是做不到的！而今他想起来，要不是他亲眼所见，他也难以相信，无怪乎医生们都瞠目结舌。他太年轻了，这样可爱的战士，一定不能死去啊！他上京去，见到毛主席、周总理，一定要亲自请求中央领导派全国一流的医生来抢救他！

"崔艇长，回病房吧，不能站得太久，别太疲劳了。"护士扶着他，催促着。

崔福俊点点头，迈着像灌满铅的双腿走回病房。

青翠的桉树上，几只小蝉嘤嘤地啼叫。

2

崔福俊永远忘不了这个幸福的时刻——1965年8月17日13时许。

他来到了首都北京人民大会堂小会议厅，与孔照年副司令员、王云鉴参谋长，还有"海上先锋艇"指导员徐寿祺……共十一名八·六海战的有功人员代表，准备接受敬爱的领袖毛主席和周总理等中央领导同志的接见！

这时，周总理先来开座谈会，听他们汇报。

他有些发慌了，不禁对身边的王云鉴道："参谋长，我的心跳得很厉害。"

王参谋长道："别怕，听说主席和总理他们都很和蔼可亲。"

"我就怕讲不出来，如果等会儿总理硬要求611艇讲，你就讲吧，反正头头尾尾你都在艇上指挥，你讲。"

"不行不行，你是艇长嘛。大胆讲，全面讲，重点讲一讲麦贤得的事迹典型。"

"我知道，只是怕讲不好……"

不一会，忽见宽敞的大厅那边，涌进一群新闻记者，挎着摄影机，不停地跑前跑后。首长来了，谈笑风生，记者把镜头对着走在前面的一位神采奕奕的、健步走来的首长拍照。

啊！那不是我们敬爱的周恩来总理吗？是的，是的，一点也不错！周总理习惯地微曲着右臂，迈着稳健有力的步伐，向小会议厅走来，他身后跟着贺龙元帅和罗瑞卿总参谋长。

周总理精神焕发，一脸慈祥的笑容，走到他们的面前。他伸出有力的右手，一一跟大家握手。周总理的手伸过来了，崔福俊稍一踌躇，觉得好像是总理的手用力地把他拉向前去，他立即像触电一样，一股暖流流遍全身。

“小伙子，你戴了几朵光荣花来见毛主席啊？”

“我……”崔福俊一时不知如何回答。

身边的贺老总一见，摸一摸嘴边的八字胡，笑着解释道：“小伙子，部队的老传统嘛！你受了几处伤，就是几朵大红花嘛。”

这一会，崔福俊才醒悟过来：“3朵！3朵！”

“哈哈……”周总理、贺老总、罗总长都爽朗地大笑起来。

这和蔼的笑声，一下子把大家紧张的情绪消除了。周总理招手让大家坐下，一一问了籍贯，又问知不知道家乡近来的情况，大家一一作了回答。最后，他才听取了击沉国民党军“章江号”“剑门号”两艘军舰的汇报。

当听完孔副司令汇报整个战斗情况后，总理称赞道：

“打得好！主席看了你们的战报，称赞你们蚂蚁啃骨头，打了一个漂亮的歼灭仗。我也在你们舰队的报告上看到，611艇那个轮机兵叫麦贤得的，在头部受重伤的情况下，还坚持战斗三个多小时不下火线，真了不起，的确是毛主席的好战士！他的艇长来了吗？”

“到！”崔福俊马上啪的一声站立起来，向周总理和贺老总、罗总长敬礼，“611艇艇长崔福俊向首长报到！”

“不错，不错！”周总理连连称赞道，“你艇出现这样一位顽强的战士，离不开你这艇长的培养呀！他现在伤势怎样？”

“他现在已转到广州军区总医院，”孔照年副司令员心情沉重地汇报道，“我们上京时，他还昏迷不醒，他那块弹片扎得太深了，在汕头医院做手术不成功，本来已清醒了，又再昏迷过去。这已是第三次昏迷了。”

“哦……”周总理听后，那双浓黑的剑眉紧锁，对身边的贺老总和罗总长道，“老总，瑞卿同志，要派医生去抢救，一定要抢救！这是一位英勇顽强的战士，不管如何，我们一定要千方百计把他救活，使他早日恢复健康。”

贺老总用劲地点点头。罗总长深情地道：“是，总理，我们会想尽办法的！”

“同志们，你们这次战斗打得好，打得坚决！你们发挥了我军英勇顽强的革命精神。运用灵活机动的战略战术，毛主席高度赞扬了你们。你们回去后，就转达党中央和毛主席对伤员和同志们的问候！”

大家激动得泪花闪闪，一个劲地鼓掌。

接着，罗总长道：“同志们，现在是周总理和贺老总接见你们，等会儿毛主席就要来接见你们了。”

大家一听，心情更加激动，不由得又鼓掌了。

座谈结束了，周总理又再次和大家一一握手，并激动地说：“谢谢，谢谢你们！你们为人民立了战功！”

下午2时多，敬爱的毛主席来接见有功人员了！

当时的情景，请看崔福俊在《最难忘的时刻》的记录吧——

> 下午2时多，人民大会堂正厅挤满了军队和地方在京开会的同志，大家翘首以待，等待着中央领导的接见。忽然，只听见会堂大厅门口闪光灯“啪啪”乱响，人们的目光一下子集中到那方突出的焦点上。这时，不知是谁喊了一声：“毛主席来啦！”顿时，全场响起雷鸣般的掌声。同志们望见毛泽东主席那魁伟高大的身躯，迈着矫健的步伐，走在一长列党和国家领导人的前面，频频地向我们招手致意，后面紧跟着走来的是刘少奇、周恩来、邓小平、董必武等十几位中央领导人。
>
> 毛主席和其他中央首长在工作人员陪同引导下，先来到我们八·六海战参战部队代表跟前，从右到左一一与我们握手。此时此刻，我只觉得心脏“突突”地跳得厉害，好似要蹦出胸膛一样。我的手指下意识地搓动着，急切地盼望着毛主席的来临。啊！毛主席到我的面前啦！当毛主席那宽厚的手与我的手握在一起时，我顿觉一股暖流涌遍了全身，激动得热泪盈眶，喉咙里像被什么堵塞着似的，一句话也没有说出来，连预先准备好的“主席好！”“毛主席万岁！”的词语也全忘了。这是一双伟大的手，一双时代巨人的手，一双扭转历史乾坤的手呀！我觉得刹那间有虚幻缥缈之感。这大概不是梦吧……
>
> 接见完毕，毛主席和刘少奇主席、周恩来总理以及其他中央领导人一起与我们合影留念。这张照片，至今我还十分珍惜地保存着。
>
> ……

二十三、萧小俏日记之一：麦贤得苏醒了

8月15日

今天，烈日，无云。医院里的知了在闷热的空气中天真烂漫地告诉我："知了，知了，知了！"

咦，你"知了"什么？你一切都不知道呀！不懂装懂的小家伙！

今天，我们医院与往日不同呀。我们接到了一个十分光荣而艰巨的任务。你知道是什么呢？嘿，告诉你，你能帮我们什么？你只能为我们分享那说不出来的光荣感和紧张感罢了！我们今天，接收了全国闻名的八·六海战硬骨头战士，一位头部负了重伤，头颅两寸深处扎进一块弹片，还坚持战斗三个多小时的钢铁般的人民海军战士，你知道吗？他还昏迷不醒呢，听说在汕头做手术不成功，已清醒了又昏迷过去，这是第三次昏迷了，还不清醒。他进医院时，是我们的院长、政委、副院长和我们的刘明锋主任四人抬担架抬进病房的。他脸色十分苍白，呼吸轻微，他有一张稚气的脸，那双剑眉清秀有力，是一个英俊的小伙子，多么英勇啊！

这任务可不一般呢。军区首长专门亲临我们医院传达党中央、毛主席、周总理的指示，下了死命令："抢救麦贤得只许成功，不准失败！"

你知道吗？我多么幸福呀！我被编进特护小组，而且继续当护士长——当这特护小组的护士长。刘主任告诉我之后，我的心像闯进一只小鹿一样"突突突"地跳个不停。能为抢救这样英勇顽强的人民海军战士出力，能为完成党和人民交给我们医院的光荣而艰巨的任务尽责，我高兴的心情难以形容。真的，我心里暗暗祈祷着：苍天啊，你可要垂爱啊，保佑我们的可爱的人度过险厄，健康地活下来……

太疲倦了，他合着眼睛，呼吸仍微弱的。那装着葡萄糖和消炎药的瓶子还满满的。许曼曼来交班了。我今晚不回宿舍，我陪许曼曼……

今晚，就暂写到这里。

8月16日

今天，薄云，太阳时而探出明晃晃的脑袋，把光线洒下大地；时而钻进白蒙蒙的云缝里去，窗外灰灰的。那知了依然告诉我，它"知了，

知了……”

这讨厌的东西，你“知了”什么？

我们这可爱的人依然昏迷不醒，依然是呼吸微弱的。今天下午，输了1000CC的血，但仍不能清醒，刘主任几乎一天一夜有20多个小时蹲在我们身边。是什么原因呢？院长来了，政委来了，军区首长也来了，大家脸色都是十分沉重的。麦贤得不苏醒，大家心头都压上一块大石，一块沉重的大石啊！我几乎急得要哭了……下午，没人时，我就见到许曼曼眼眶红红的，我也一阵心酸，不觉也流出泪水。一转身，给刘主任发现了，他鼓励我们道：“小萧，小曼，放心吧。我们会把他抢救过来的。”听刘主任的语气，他似乎是蛮有把握的样子。

刘主任，叫刘明锋，身体高大，人十分厚道，工作细心严谨，是全国一流的脑神经外科专家。听说抗日战争前夕就在国内最有名的医学院本科毕业，在青岛一家国民党军医院任职时，他的“刮脑疗疯”① 手术已闻名于世。到中华人民共和国成立前夕，他亲自为60多名脑神经患者开脑颅治疗脑神经病，获得成功。上海《申报》连篇累牍推出《杏林新星——“刮脑疗疯”圣手青年医师刘明锋》，于是举世闻名。中华人民共和国成立前夕，他被调到国民党广州陆军总医院任脑神经外科主刀。中华人民共和国成立后，他便与医院一道被我人民解放军接收过来，一直勤勤恳恳地工作，而今已是我们的脑神经外科的主任了。他把自己的知识编纂成一部书，将要出版问世了。有这样的专家主治，麦贤得是不会有危险的！我深信。但是，他为什么还不清醒呢？我不敢问刘主任。刘主任淡淡的双眉，一天几乎都深锁着。他是在思索着什么妙策，什么绝招？我不敢去打乱他的思路……

8月17日

今天，上午下着微微小雨，窗外的雨丝像外婆的织纱一样一丝连着一丝……晌午，太阳又出来了，雨后的阳光更是酷热，墙上的温度计的水银柱标上33℃。不敢开电风扇，他也知道热了，额头上冒出密密层层的细汗，老是要翻身，一翻身，脑袋就要歪下枕边。他的左颞骨开窗了，那弹片还没能取出来，骨窗口还是扎着绷布，若是压住枕头了，会痛的，时间长了，要发炎的。

他一往左侧翻身，我就慌忙前去扶住他。他太痛苦了，挣扎着一定要这个姿势，我只得把手轻轻插进他的左额边，作为枕垫。我觉得他的脸颊温热温热的，但没有刚来两天那样发烫，体温明显下降了，今天只有39℃，但

① 脑外科手术名称。

是，还是昏迷不醒。许曼曼来了，她见我坐在他的床上，抚摸他的脸蛋，便向我做了个鬼脸。哎，这小鬼，什么都不懂，这是我们当白衣护士的责任嘛！

一会儿，只见他好像睡得太热了，又翻了个身，仰卧着。这会儿，我那小手解放了。我抬起来一瞧：红红的，汗津津的，迎面扑来一股他那男子汉特有的豪壮而酸辣的汗味。

“曼曼。”我往她那张圆圆的银盘样的呈着稚气的脸庞上轻轻一抹，那汗渍就抹在她的嫩脸上，她伸手轻轻地拍我一下：“你坏！”

“曼曼，我如果没有在这里，他翻身了，你可要跟我一样，用手扶住他，别让他压住伤口。”我认真地叮嘱道。

“我才不！我才没有你这雅兴呢。”许曼曼嘟着那樱桃小嘴，一股若无其事的样子。

这小曼，今天是吃错药？她一贯视病人为亲人，昨天还急得哭鼻子呢。为什么今天这态度呢？

我正在发愣，只见她从手袋里掏出一块白底印着牵牛花的新布，坐在凳子上，一声不响地缝着。

咦，这娃是搞啥玩意儿？我不理她，看看她做啥把戏。不一会儿，她那双纤巧的手里，竟缝出了一个小包包，从身上摸出一个塑料袋，掏出一袋棉花，小心翼翼地装了进去，便一针一线地缝了封口。啊，这不是一个小娃娃睡觉的小枕垫吗？我明白了！

只见小曼把小枕垫安放在他的枕头左边上面，她端详了一会儿，嘴角抿出笑意，脸颊浮出两个深深的酒窝儿。不一会，他又翻身了。这会，他的头就被那小枕垫抵住，有伤口的左额就不会滑下来压住……啊，这小曼，脑瓜真灵，她其实早发现这一情况了……

他的体温往下降了。这时，是38.5℃，我揪紧的心放松些了。或许，他真的会醒了……我多么期望这一刻啊！

天气太炎热了，他出了一身汗。一翻身，一股酸臭之气便扑面而来。我道：“小曼，来，为他擦身子，两天了，这次要全身擦，不能让他生褥疮。”我边说边把水瓶里的开水倒在脸盆里，晾着。一会儿，开水的热气散去了，我伸手一摸，微温的，刚好。我就上前去解开他的上衣和裤子，招呼小曼道：“来，你拧毛巾动手。”我解开他的上衣，她便弯腰擦着。我解开他的裤衩，半晌，没见小许擦。我转头一望，只见她脸红扑扑的。咦，这小妹，原来怕羞！“哎呀，我的天！当护士的，还忸忸怩怩，擦！”我叫道。

“好大姐，你擦，你擦，我……”只见小曼那好看的脸庞一直红到耳根。哎呀，也难怪，她才进院没半年，或许真没干过这事！但是，不行，小曼什么都行，这一关一定要帮她闯过。我便装着严厉地道：“擦，就要你擦。”她无奈，双手发颤地往下身擦去，我一见，还不干净，便嗔道，“再擦，全面擦，这小牛牛最容易发炎”，她脸红得像是喝了酽酽的浓酒，只得又重新擦着。我一见，才笑道：“这才对，这才对！”她羞愧交加，狠狠地捣着我的背：“你坏，你坏！……”

窗外，太阳西斜了。满天瑰丽的红霞真讨人喜欢，阳台上那株红玫瑰不知啥时候飞来两只粉蝶，大的是黑色的，两片翼儿镶着金丝，眨巴着鼓鼓的眼睛；那只小的是青绿色的，身子中间长着一簇红斑斑绒毛，两只翼子分别镶上六点猩红点，太美了！两只小家伙绕着那盛开的红玫瑰，团团飞舞。时而高，时而低，时而钻进花心去，津津有味地吸吮着那甜蜜的糖浆……

多么幸福的小家伙！我真的十分羡慕它们，大翰写信要我到他那里去，我俩三个多月没见面了。我何尝不想他，何尝不想见他，何尝不喜欢在花前月下呢喃呢？

我身边有特别的任务啊！光荣的任务啊！“麦贤得不脱离危险期，我就不见你！”我写信恨恨地告诉他，让他安心干他的事，别痴想！嘻……

太晚了，我就写到这里了。麦贤得平静。

8月18日

今天，太阳似火球般一早就露出来了。老天爷可能知道有喜讯一样，大清早，就派了两只喜鹊，登在大院门的榕树上，“喳喳”地叫个不停。

今天，太高兴了！麦贤得苏醒了！

这是我在病房里的第三个夜晚，第三个清晨。与往日一样，医院屋顶的喇叭唱着那亿万人民都熟透了的歌——《东方红》：

东方红，太阳升。
中国出了个毛泽东。
他为人民谋幸福，
他是人民大救星。

我刚盥洗完毕，习惯地走往床前观察他，见他脸庞十分安详，脸颊好似出现一阵红晕。忽然，只见他嘴唇轻轻翕动着，而且跟着那“东方红，太阳升……”的节拍，轻微地发出声音：“东方红，太……”蓦地，眼睛睁开了，两颗黑溜溜的眼珠子转动着，嘴角抿出轻轻的笑意，眼睁睁地望着我……

“啊！麦贤得醒来了，麦贤得醒来了！”我高兴得不能自已，飞奔往护理室去。

“麦贤得醒来了！麦贤得醒来了！”早起的人们都吱呀吱呀地打开房门，纷纷探出脑袋，露出高兴的脸庞。

三天三夜在医院值班的院长、政委和刘主任，都嘣嘣地飞跑过来。他们拥到麦贤得的床前，见着这眨巴着的大眼睛、抿着嘴角微笑的可爱的人，大家无不涌出热泪：太好了，麦贤得，你终于醒来了！

这下子，我们的医院沸腾了，大家奔走相告。军区首长接到消息后，也驱车前来看望。

那天晚饭，我多吃了两碗，尽管菜汤凉凉的……但我的心很热很热，热得两颊也觉得火辣辣的。

8月25日

今天，天气晴朗。飞往别处的两只知了又飞回来了。登在窗外那株浓绿的芒果树杈上，又放开嗓门叫着“知了，知了”。

知了并非吉祥鸟，也非像乌鸦一样的不吉祥鸟，是一种介于吉祥和不吉祥的小蝉。它们的歌唱又不甚好听，心情好时，仔细品味，似乎那尖尖的声音十分悦耳，比黄莺、比喜鹊、比鹦哥来劲；如果心情不好，就觉得十分讨厌它们。那不会变化的呆板的“知了，知了”索然无味的。你瞧，两只小家伙浑身翠绿，小眼睛滴溜溜的，互相眨闪着温柔的眼神，而当路边有行人脚步声响动时，那小眼睛就警觉起来，一飞一跃地攀上高枝，当人们午休了或清晨早起时，就张开嗓门劲叫着。这小家伙，自认为自己聪明绝顶，世界的事情都蒙不了它们，你们都“知了”了？那么，你们知道麦贤得哪天能恢复健康，哪天能乐悠悠地出院去，哪天能驾着战艇飞奔在大海上？

几天来，麦贤得逐步好转了，体温已恢复正常，食量也增加了许多，而且会说简单的话了。虽然右侧肢体有些轻瘫，舌头也有些右偏，但当他心情好时，笑一笑，那憨厚的笑脸还是十分活泼的。他的牙齿十分齐整洁白，两颗门牙大而亮。心地也很善良。今早，吃了牛奶，竟会坐起来了。说：“尿、尿！”然后就要滑下床。我慌忙提了尿壶过去，只见他脸倏地羞红，硬要滑下地，我只得扶着他往卫生间去。他用左手摇了摇，意思叫我不要瞧他。

咦，我才不瞧你呢！

麦贤得能够坐起来了，能够自行小便了，我的心情十分舒畅。

当我扶他上床时，见到他鼻孔流出两道清涕，我急忙用卫生纸帮他抹擦。

8月26日

今天，天气也是晴朗。

麦贤得日见日好。但是，许曼曼告诉我，好像他患上感冒了，昨晚老是流鼻涕。

是呀，昨天下午我也为他擦了鼻涕。我按惯例给他探了体温，37.5℃，基本正常，又不会打喷嚏，又没鼻音，不像感冒。

9时30分，刘主任来了。我把情况向他汇报，刘主任认真检查一番之后，也摇着头说不像感冒。但为什么老是流鼻涕呢？

刘主任就叮嘱我，等一会他的鼻涕流出来时，弄一点儿拿去化验。我按嘱照办了。

化验结果，真令人大吃一惊：麦贤得竟是脑脊液鼻漏！

刘主任获悉后，马上向院长汇报，蔡院长马上组织各科主任会诊，结论一致：麦贤得除颅内留存弹片外，因前额骨折，造成脑脊液鼻漏。这一症状为什么这两天才出现呢？因为原来他不能起床，脑脊液漏往咽喉里去。这两天起床，就直往鼻孔流出来。

医生会诊的意见，是要在他的体力恢复后，能接受手术治疗时，先做脑脊液鼻漏补漏术。

就是说，我们特护小组的主要任务，就是要让他吃好睡好，早日恢复体力，迎接做这项手术。

刘主任悄悄地叮咛我："小萧，你们要下工夫！使他早日增强体质，尽快使他能接受手术。"

8月30日

今天，真怪。麦贤得精神一好，发现自己的右手不能动，很着急，口中"唏、唏、唏"要说话，而又说不出来，用左手比着要写字的姿势。

我们明白了，他知道自己的右手无力了，要用左手写字。许曼曼便到护士室拿了纸笔，我把纸用硬板垫着。我先写上毛主席语录："全心全意为人民服务。"他一见，大嘴咧开，天真地笑着，一个劲地点头，便伏下身子用左手写着第一个字"全"，上面的"人"写歪了，便一气用力涂了涂，然后又写了一下、两下，终于把个"全"字写得端端正正的。我怕他累了，劝他休息一下，他发脾气了，怒目瞪着我，"唏、唏"乱叫。我怕他气坏了，就迁就他，让他写下去。没一个小时的工夫，他便把这9个字写完了，头4个字写得较好，后5字就有些歪斜。

他确实是一个硬骨头的人，一干就不罢休。

下午，刘主任带着南海舰队周科长来了。周科长听了我们的汇报，很高兴。

刘主任说，能这样坚持下去最好，不但要加强体力锻炼，还要加强脑力意识锻炼。他喜欢学习，热爱毛主席，这是力量的源泉，因势利导，很有利于身体的恢复。

周科长也十分赞许。于是，大家便讨论了一下，共同拟出麦贤得每天起居学习生活计划：

（1）上午，读毛主席语录，读报；

（2）下午，学习算术，或学说话；

（3）早、晚，散步；

（4）五天之后，注意引导学洗脸、穿衣、叠被子等。

周科长临走，还吩咐道："目前，全国全军都在大搞学习毛主席著作热潮，麦贤得同志是功臣，党中央毛主席都很关心他，我们在他身体逐步恢复之后，也要帮助他学好毛主席著作，用毛泽东思想武装起来，战胜病魔。"

大家听后，都点点头。

周科长还说，待他回去后，参照部队的学毛著计划，帮助拟订出麦贤得同志学毛著的计划。

二十四、萧小俏日记之二：第三次脑手术

8月25日

今天，麦贤得起得早。5时30分，屋顶的大喇叭还没唱《东方红》，他就翻了身，"唏，尿，唏，尿"。

他的发音只是单词，我慌忙拿了尿壶过去，他又硬要滑下床。我道："麦同志，天还早，凉，你就将就吧，我不看你，我背过脸。"说着，我真的转身背过脸。在我再三哄骗下，他终于"嗞嗞嗞"地拉了。

拉完，我把尿壶拿到卫生间倒了。回来，称赞道："麦同志，你做得好。"他听后，便红着脸笑笑，不一会，又入睡了。

早饭后，学习毛主席语录。他见到里面的毛主席照片，又"嘻嘻"地高兴得大叫，伸开左手一把就抢了去，拿到眼皮底下仔细地瞧，激动得脸像乐开了花。

真怪，同他谈话时，谈到别的，他的反应不明显，问他家有多少人，爸妈怎样，有多少个弟弟妹妹，他都没啥反应，而当说到毛主席，读毛主席语

录，抄写毛主席的话，他的反应似乎很灵敏。真的，他胸中就只装着毛主席，毛泽东思想呢。

我在纸上写上：“问：麦贤得，你是战士吗？”他便用左手颤巍巍地写道：“答，随时准备消灭来犯的敌人！”

午饭的时候，他食欲不振，我便劝他：“麦同志，你要好好听毛主席的话，服从治疗，养好伤，重返前线，争取更大的荣誉。”他听后，便愉快地吃起来了。

下午，刘明锋主任来看望。他看到麦贤得日见好转，心情也很愉快。几天来很少见的笑容又浮现在那温存的脸庞上。4 时多，阳光柔和。他对我说：“小萧，你们太累了，以后，这个时候，我就带麦同志到医院的草坪散步锻炼。你们可以歇息歇息。”我道：“刘主任，你太忙了，让我们带就行吧。”他道：“党交给我们最重要的任务，就是要保证早日治好麦同志，让他早日恢复健康，我们一起努力吧。”说完，他就同我一道把麦贤得扶下床。他把麦贤得的左手拉上自己的右肩，扶着往屋外的草坪去。

自从麦贤得住院以来，刘主任明显消瘦了。脸颊凹陷进去，手上的青筋涨浮，两鬓好似增加了好几根银丝了。

11 月 3 日

下午，3 时多，刘主任叫我到办公室。他对我说：“小萧，麦同志的体质已恢复得不错了，院党委请示上级同意，后天上午要给他做手术。”

我一听，心里十分高兴，这可好了，问：“刘主任，要取弹片吗？”

“不是，现在主要是彻底解决脑脊液鼻漏的问题，先做脑脊液鼻漏补漏手术和前额颅骨整复手术，这手术很关键。脑脊液鼻漏解决了，他的体质恢复就会更快，以后才考虑尽快做弹片摘除手术。这两天，你们特护小组要特别注意他的饮食起居，加强护理，别出现新的麻烦。”我默默地点点头。

“那么，你先回去，跟大家打一下招呼，通知所有特护小组人员今晚 8 时在这里开个短会，叫许曼曼在病房值班，她就别参加，你个别传达就行。”

“是。”我答应着。

离开办公室，我心里想，终于要施行手术了，院党委和首长真是谨小慎微，这样的手术，由刘主任主刀，真是十拿九稳呢。

11 月 5 日

今早，不知道是否因深秋露水重的缘故，窗外那株与芒果树挨在一起的米兰树，繁花似锦。我一推开窗门，一股扑鼻的清香便飘溢进来。

“香，香！”已醒的麦贤得高兴得大嘴咧开，叫着他的单词。

“是啊，真香!”我张开鼻孔用力吸吮着这醉人的幽香，也连声喝彩着，“麦同志，今天一早，米兰花盛开，大吉之兆哪！你今天的手术一定成功的。”

“嘻，嘻……”麦贤得高兴得像小孩子一样，那只左手直摇晃着……

吃早饭了，麦贤得继续吃流食，主要是鲜牛奶、鸡蛋汤。早晨，一般没给水果汁，中午，还加水果汁。

别的事，麦贤得很拗气，听说要做手术，要他配合，做成功了，身体好了，就能上战艇打国民党，打美国佬。他一听，就来劲，左手握得像钢条一样坚硬，笑着“唏唏”乱叫。8 时 30 分，我和许曼曼把他扶往手术室。

刘主任、孙副主任和麻醉科的李主任都在那里了。他们都穿好手术衣，戴上手套。我们把他扶上手术床。然后，我同许曼曼就离开了。里面有手术护士。

我俩在护理室等候。

手术从上午 9:00 做到下午 4:00 共做 7 个小时。

下午 4 时许，刘主任从手术室出来，脸庞堆着笑意，额头上布满了汗珠。一边解开脑后帽子的带子，一边高兴道:“成功了，成功了!”

我像喝了甜甜的蜂蜜一样，从嘴甜到心，我深深地祝贺:“麦同志，你太幸运了！我们也太幸运了!”

11 月 19 日

今天，麦贤得的鼻孔仍有点水样液体流出。我们的心又揪紧了——莫非手术失误又出现脑脊液鼻漏。刘主任说，再搞点去化验。我照办。化验结果，真令人高兴：不是脑脊液鼻漏，是微量的鼻水。我们放心了，麦贤得的脑伤合并症已愈了。我们的目标是准备按照医院和首长的部署，继续加强护理，努力增强他的体质，准备迎接第四次脑手术——摘除脑颅里面弹片的战斗。

下午 4 时多，刘主任又来了，说他要开会，叫我陪麦贤得去散步锻炼。

我挽着他的左臂，沿着院道慢慢走去。院道的两旁都长满了剪得矮矬矬、吐出齐整整新芽的腊梅树，葱翠欲滴。院园里面的阔叶桉树、芒果树，还有梧桐树竞芳吐艳，挺拔多姿。林中的小鸟啁啁鸣叫着。阵阵小风吹过，花香扑鼻，令人心醉。

麦贤得被我挽着走出了院门之后，见到甬道上的水泥路平展展的，不远处一片菊花丛中有两只彩蝶，在上面团团飞舞。他便用力挣脱我的手臂，斜拐着走上去追扑那彩蝶。追来追去，彩蝶又飞去，绕着花丛团团飞舞，他力气虽大，但那两只小家伙也非孬种，扑了半天，却没扑住，闹得额头冒汗。

我禁不住哈哈大笑："麦同志，麦同志，别抓了，你是抓不到它们的。"

"嘻嘻，多好看，你们来啦！"不远处三个六七岁的小男童见他在戏蝶，便觉得好生奇怪，"叔叔无能，小蝶蝶抓不住！"

麦贤得一听，不知是觉得失脸否，竟虎着脸，抬起灵活的左手扒在双眼之下，弯曲着手指，吐出长长的舌头，装着老虎声"唬、唬、唬！"那几个小孩一见，便轰地惊恐地散开。

我急忙走上去，挽住他，道："麦同志，别吓唬孩子，不然，他们晚上要做噩梦尿床呢。"

日色已晚了。我挽着他回病房，心里想，其实，如果他不受伤，倒是一个颇有风趣的人呢。

自从麦贤得能够下床之后，刘主任就天天（当然刘主任有事就由我和许曼曼）带着他锻炼，主要是针对他有轻度右偏瘫的毛病锻炼他的肢体。他也很坚强，真的是硬骨头。你瞧他坐在体疗器械上，展开双臂，扶着双"桨"练习"划船"，那不太有力的右手跟着左手使劲地划，每划一下都引起剧痛。我们便跑过去助他一臂之力，带动他推动右手。不多久，倔强的他就甩开我们的手，自己使劲地摇。汗水从额上直淌，一见，我便劝他休息一下，他便推开我："不要，不要！"依旧划下去。为了恢复右脚的活动功能，他骑上"脚踏车"，拧紧压力强度弹簧，提起那软乏无力的右脚便急剧转动。渐渐地，从几十次到几百次，眼下已能蹬几千次了。他一直蹬到满身大汗为止。他坚持按照我们制订的锻炼计划，每天下午 4 时 30 分之后，坚持锻炼 45 分钟的划船、蹬脚踏车、拍球、越障碍等 15 项锻炼。有时，时间到了，我们劝他停止，他还喘着大气说："来吧！"要继续做下去，我们只好给他下令："停止！"他才停下来。

麦贤得从在病房不能活动到开始恢复功能，仅仅用了 22 天时间。而到目前，他右手握力从不能活动到现在已能握 18 公斤重的东西，而且学会打羽毛球。这么高速度的体质恢复，没有坚强意志、坚强毅力的人是根本不可能的。

说真的，有时，见到他由于艰苦的锻炼，手臂疼痛而脸庞呈现痛苦之状时，我不由得心头一酸，泪水便溢了出来……

1966 年 1 月 18 日

今天，已是农历十二月二十七，要过年了！

大翰对我真有意见了，三天前来信说，我再不休假去看望他，他就要请假到广州来。他的工作也重要呀，他肩负守卫祖国海疆的重担。他是说气话的，他哪会轻易离开自己的战斗岗位呢？当连长的责任重呀！我马上写信给他，说请他原谅，麦贤得太需要我了，因为他对我和许曼曼太熟悉了，一离开，他就要发脾气，对生疏的护士，一发脾气还要打人呢。这时候，我怎好意思向组织申请休假呢。信发出两天了，恐怕大翰应该收到了。唉，大翰啊，你就原谅我吧！你应该理解我的心，我怎不希望能见到你，能日夜捱在一起呢！我是很爱你的，只是也重担在肩啊！以后我会把爱加倍地还给你的！

今天清早，太高兴了，一个喜讯从天而降。一早，广播的《东方红》唱完后，女播音员清脆的声音播出令人为之高兴的消息："今天，《人民日报》头版头条刊载名为《毛泽东思想武装的钢铁战士——记'海上英雄艇'轮机兵麦贤得》的长篇通讯。"然后，播音员便用高昂的声音播发出了《人民日报》的社论《革命硬骨头精神无敌于天下》。我们听后，奔走相告，大家格外高兴。

中央人民广播电台女播音员的声音一字一句地在人们心头中震动：

"今天，我们怀着无限兴奋、激动的心情，读了毛泽东思想武装起来的钢铁战士的英雄事迹。'海上英雄艇'的轮机兵麦贤得，在歼灭国民党军'剑门号'和'章江号'的战斗中，在头部重伤，脑脊液外溢的情况下，坚持战斗三个多小时，直到取得完全的胜利。他真不愧是一个无产阶级革命的硬骨头。

"麦贤得的无产阶级革命硬骨头精神，不仅表现在战场上，而且表现在医院里。他在神志没有完全恢复的时候，仍能记住一个战士的任务，是随时准备消灭来犯的敌人。他在右手瘫痪的艰难情况下，为了早日返回战斗岗位忍痛进行顽强的锻炼。他在敌人的面前是胜利者，在创伤面前也是胜利者……"

我见到，麦贤得怔怔地坐在床上，凝神地听着听着，渐渐地眼睛蓄满了泪水，喃喃道："做不够，不够……"

二十五、萧小俏日记之三：毛主席派老帅们看望他了

1月23日

今天，是正月初四，那裹着节日盛装的广州城，已开始换上平时简朴的服装了。男男女女，有的坐着公共汽车，有的蹬着自行车，匆忙地上班、下班……一切开始回归到平常的日子。

今天上午，接到大翰来信。我见着那熟悉的粗犷的字体，心里就怦怦乱跳，他肯定当头就给我一场臭骂的。

哪知，却出乎意料。其实，这是两封信，一个信封，里面装着两封信。一封是给我的，一封是给麦贤得的。

他给我的信是这样写的——

亲爱的小俏：

新年好！

“每逢佳节倍思亲！”何况我这住在四面环水的孤岛的边防战士。我们举头望着的不仅仅是明月、繁星，还有黑云，还有雨柱，还有展翅双飞的白鹤和海燕……

你想，我们新婚还过不了满月，你们医院的加急电报就飞来了——紧急任务！是呀，军人以服从命令为天职，我娶了女军人为妻子，我无怨无悔，我也是军人啊！但是，此一别，已6个多月了。你知道，每当听着那如怨如诉的大海的呜咽声，每当听着军营门口那株相思树上两只小黄鹂的呢喃声，每当见到我的战友携着探亲的妻子悠闲自在地踩着沙滩的依恋倩影……我的心就飞到你那里。我常常夜里梦见你搭着大船来到我的身边……但是，天亮了，我就知道是空梦一场，空欢喜一场呢！说真的，近来，我心里暗暗萌发一丝哀怨，你小俏太薄情了，心中就没有我！

但是，我的愁绪，我的哀怨，被几天前《人民日报》关于麦贤得的英雄事迹感化了。我看着那篇激动人心的文章，见到麦贤得奋不顾身舍身卫国，负重伤了还坚持战斗三个多小时的感人事迹，我感动得泪花泱泱：尊敬的远方战友啊，你真伟大，我大翰太渺小了！两天来，我们部队掀起学习麦贤得硬骨头精神的热潮，战友们都被麦贤得的事迹感动了，大家决心练好杀敌本领，坚守岗位，时刻准备消灭敢于入侵之敌……战友们在报纸中见到你的名字，大家知道是我的爱人，都说：“连长，你真幸运！”

是的，我真幸运啊！我的最亲爱的人能为战斗英雄——一位人民最可爱的人的身体康复献出微弱之力，我难道不幸福吗……

亲爱的，我明白了，你为什么6个多月没空回来看我，你的工作是神圣的、光荣的。只要党需要你，英雄需要你，你就安心、放心地坚守岗位吧！我，一位人民的边防战士，说句心里话，我是愿意做出这点奉献的！你放心工作吧，我无怨无悔……

我的泪水无声地流出来了：大翰啊，你太可爱了！我以后一定会加倍地把爱还给你的啊！

第二封信是他写给麦贤得的：

尊敬的英雄，尊敬的战友麦贤得同志：

从我的妻子的来信中，我知道你的身体在党和人民的关怀下已逐步康复了，我代表我们守卫在海岛的全体边防战士向您表示衷心的祝贺，并致以战友的敬礼！

您的英雄的事迹深深地教育了我们，鼓舞了我们。我们决心以您为榜样，用您那硬骨头精神保卫祖国的边海防！

尊敬的战友，我身处远方未能为你做点什么，我的爱人小俏就在您的身边，她没什么高明的技术，也没有什么灵丹妙药，但我深知，小俏有一颗洁净的心，有一颗温热的心，有一颗视战友的身体为第一生命的人民战士的心！战友，我作为他的亲人，我支持她，我以一个人民战士，一位你远方的战友的身份向您表示，只要您的身体康复的需要，我宁愿等着您康复的喜讯见报了，我才见到我的妻子！

祝您身体早日健康！

此致

崇高的革命敬礼！

你远方的战友：顾大翰

1966 年 1 月 20 日（正月初一夜）

我把信一字一句念给麦贤得听，他听着听着，热泪盈眶了，哽咽道："大翰，好战友！"

大翰的信，是千千万万封充满滚烫语气的信的一封。自从《人民日报》的文章和社论发表后，几天来，已收了几千封信件了。仅昨天，一天就收了 780 多封。有一位驻守在北京的哨兵，给麦贤得寄来了一小包天安门的松子，祝麦贤得早日恢复健康，永做一株凌风傲雪的革命青松。有许多少先队员寄来一条条红领巾，带来了一颗颗少先队员的赤诚的心，飞到麦贤得的身边……云南中医学院民兵排的来信说："每当我们在报上看到美帝国主义在越南残害越南兄弟时，我们就越加深了对美帝国主义的仇恨。我们要永远握紧手中的枪，把阶级仇恨集中在刺刀尖上，警惕地注视着形势的发展，随时准备打垮胆敢来犯的美国强盗……"北京一位中学生在写信给麦贤得时还把他自己心爱的毛主席像寄给麦贤得。他在信中写道："你最热爱毛主席，我就把我的毛主席像送给你，祝你浑身是力量，早日恢复健康。"

看着这一封封亲切的信，一句句滚烫的语言，我们更感到任务的光荣、责任的重大。

2月5日

今天上午，刘主任同中山医学院黄教授对麦贤得会诊。

会诊认为，自去年11月5日施行脑脊液鼻漏补漏及颅骨修补手术后已3个月，手术伤口愈合好，已无脑脊液自鼻孔流出。

这段时间来，麦贤得睡眠良好，能快步行走，步态稍呈跛行，意识清楚，能用简单语言回答问题，但记忆思维能力尚差，不能记住医务人员姓名，情绪有时兴奋冲动。在日常生活中，需等待他兴奋之后，才能接受医护人员的指导，我们搞卫生，挖洞种树时他也争着参加。但是，10多天前，麦贤得有阵发性头面部疼痛，每次历时2～10分钟，经口腔科检查，左侧牙龈有炎疾，经处理后龈炎消退。

今天，黄教授检查认为，考虑这种情况可能是癫痫性头痛，建议服苯妥英钠及苯巴比妥。

体检，心肺无异常。颅神经检查，右侧面肌力弱，舌伸出时稍偏右，眼底正常。右上肢肢肌力差，右手运动不灵活，左手紧握较前有进步。双下肢均能做单腿站立，能下蹲，反射检查无特殊。

2月7日

今天，麦贤得服苯巴比妥和苯妥英钠已三天了，未见头痛发作。

下午，院长办公室通知，明天中央首长要来看望麦贤得，要我们做好有关准备。

2月8日

今天，又是一个格外高兴的日子。

8时多，院长办公室又来具体通知，说上午9时，毛主席派国务院副总理贺龙和叶剑英元帅要来看望麦贤得。

我同许曼曼急忙服侍麦贤得吃好早餐，告诉他：“麦同志，吃饱饱的，今天上午毛主席派贺龙、叶剑英二位元帅来看望你了。”

他听后，就停住不吃饭了，脸庞呈出孩子般天真的笑意：“哇，毛主席?!”

“是的，毛主席很关心你，专门派老帅贺龙、叶剑英来看望你。”

“啊，贺龙？一把菜刀!”

真怪，他能记住贺龙“一把菜刀闹革命”。

“是的，他现在是国务院副总理，他代表毛主席来看望你。”我反复解释着。

他高兴地伸出左手乱挥着：“好，好，毛主席！”

我们又反复教他一些注意的礼节。不一会，院长和刘主任他们也亲自来了，教他如何回答首长的问话。他只顾一个劲地点头，眼眶有些湿湿的，看来，他是很激动的。

9时，一位护士匆匆跑进来，说贺龙、叶剑英元帅来了。我同许曼曼便扶着麦贤得走出病房。他挣脱我的手，径直跑了过去。我急忙追上去。贺龙、叶剑英元帅迎面走来，见了麦贤得，好似通过照片早已认识了。便笑吟吟地伸出手来，一人拉住他的一只手，把两束鲜花送给他。我便代他接了过来。

二位元帅携着麦贤得的手，一同走进病房，在病床前坐下来。贺龙对麦贤得说：“毛主席对你很关怀，派我们来看望你。”麦贤得激动得嘴唇抽动着：“谢谢，毛主席！”叶剑英接着说：“毛主席要你全心全意把伤养好。”麦贤得又连声说：“谢谢，谢谢！”

贺龙满脸堆着笑，用手摸一摸八字胡，询问了麦贤得的饮食起居情况，听到麦贤得的第三次手术成功，身体恢复很快时，便满意地点点头。又拉着麦贤得的手道：“小麦，你为党和人民立了功，你是英雄。”叶剑英接着道：“现在全军都向你学习。”

麦贤得羞涩地拉扭着衣带，谦逊道：“不够！不够！”

这时，贺龙站起来，轻轻地脱下麦贤得的军帽，细细地观察他的伤口。叶剑英也拉着麦贤得那不灵活的右手，看了又看，然后又说：“毛主席要我们告诉你，要安心把伤养好，你要听毛主席的话，好好养伤，早日康复。”

麦贤得激动道：“首长，我听话，我听话，做毛主席的好战士。”

贺龙和叶剑英两位元帅一听，乐得呵呵笑，连连点头道：“好，好！”

贺龙、叶剑英又嘱咐我们：“要好好地照护他，注意营养，注意休息。”

毛主席和老帅的关心，使麦贤得情不自已，他放开喉咙唱歌：“我是一个兵，来自老百姓……”

贺龙和叶剑英两位老帅高兴地鼓掌，帮他打节拍。贺龙称赞道：“唱得好，唱得好！你负伤之后还能记得这么清楚，你的伤是能够慢慢好起来的。”叶剑英说：“希望你养好伤，重回战斗岗位，如果敌人胆敢再来，就再打！”麦贤得握紧拳头说：“打！”贺龙又说：“要把伤养好了再打。”麦贤得连连地说：“打！打！”

临别了，麦贤得反复说：“谢谢，毛主席！”“谢谢，首长！”

麦贤得送贺龙、叶剑英二位元帅到门口，又情不自禁地举手高呼："毛主席万岁！中国共产党万岁！"

3月7日

今天上午9时，春光和煦，花香满院。国家副主席董必武和中共中央中南局第一书记陶铸又来看望麦贤得。

我们接到通知后，事前也做好了充分的准备。

董副主席和陶铸书记走来了。他们见到在门口迎接的麦贤得的身体已初步恢复了，很高兴。董副主席牵着他的手，一同走回病房。他关切地问麦贤得吃得好不好，睡觉睡得好不好。麦贤得一一地作了回答。董必武称赞道："小麦，你为祖国，为中国人民，为世界人民，为无产阶级，做了一件很好的事情。你狠狠地打击了美帝国主义和国民党。"麦贤得响亮地回答："打！"董必武接着说："全国人民都关心你，你要好好休养。全国人民都在学习你。"麦贤得激动地说："不够！不够！我要听毛主席的话，读毛主席的书。"

陶铸也兴奋道："党中央和毛主席，刘主席、周总理、朱委员长都很关心你的健康。董副主席特地来探望你。你为全国人民和全军树立了一个好榜样。我们要用一切办法使你恢复健康。恢复健康后，回到工作岗位上继续努力工作。"说完，陶铸便从随行人员手中拿过一幅字画，道："这是董副主席亲手题写给你的诗。"

麦贤得一听，兴奋得"啪"的一声，向董副主席敬了一个庄严的军礼。

我代表麦贤得接过这诗幅，和许曼曼帮着展在床上，只见诗写道：

> 钢铁战士麦贤得，特殊材料构成格。官骸气质凛自然，经过锻炼圣凡别。参加革命学毛选，变化气质及体魄。阶级觉悟日提高，斗争起来更积极；思想若能革命化，五官百骸听驱策。杀敌勇敢大无畏，忘我不知伤在额。不下火线固已奇，昏迷还在转轮机。勇撼山岳慑虎豹，威鼓洪涛荡海孽。炮轰敌舰浪中沉，霹雳精神骇残贼。不怕苦，不怕难，不怕死在眼前迫，毛泽东思想哺育此心赤。董存瑞、黄继光、雷锋、王杰、欧阳海，战斗英雄千百辈，君列其中也生色。大庆人，大寨人，各行各业出群英，读书活用获成绩，闻君风者皆感激。为革命、为人民而死，死得其所；为革命、为人民而生，生非虚食。毛泽东思想所哺育的人将以斯言为天下式。

董副主席和陶书记跟麦贤得告别时，麦贤得唱起《掏尽红心为人民》的歌曲来。这首歌是作曲家劫夫根据麦贤得的诗谱成，送来征求他的意见的。他很快就学会了。今天怀着激动的心情唱给董副主席和陶书记听。唱完后，大家鼓掌称赞他唱得好。

麦贤得送董副主席和陶书记走出病房，在满院阳光下，董副主席、陶书记和麦贤得一起照了相。临别他俩还再三叮咛麦贤得一定要好好休养好身体，告诉他现在好好休养就是听毛主席的话。麦贤得便马上立正高声回答："是，谢谢首长关怀！"同时，董副主席和陶书记还叮嘱医院和医务人员一定要好好护理治疗麦贤得，使他尽快恢复健康。

麦贤得和我们一直送董副主席和陶书记到院里的甬道，一辆小车就停在那里，麦贤得急忙扶着董副主席上车，站在车旁，高呼："毛主席万岁！中国共产党万岁！"

3月10日

今天，天气不好，黑云堆满天空，闷雷一个连着一个，轰隆隆地在天际中炸开，雨下个不停。这鬼天气，真叫人不舒服。

或许是天气作怪，麦贤得的食欲大为不振。一个月前也出现这样的状况，那时持续了一个星期。医院便派孙副主任前往他的饶平老家了解他的父母，看他平时在家乡喜欢吃什么。回来后，孙副主任高兴地说，他喜欢吃鱼和面条汤。我们便弄给他吃。真的，他吃得很多。但是，这几天来，他一见鱼和面汤就像见到鸡屎一样，一个劲地摇头。不吃可不行啊！

我正一筹莫展时，下午，他父母亲来医院看望他了。

麦贤得住院半年多了，老父母才第一次来。他父亲长得很高大，长长的脑袋早已秃顶了，秃得光光的，只在脑袋的周围剩下一小圈黑发，额门光滑发亮，要是穿上军装，很像一位部队的大政委。样子十分和蔼可亲。他母亲也长得胖胖的，和一般城里中年妇女那样发福的身体。她进病房，一见到在蹦蹦跳跳的麦贤得，只见她深深地舒了一口气，拉住我的手连声道："谢谢大姐，谢谢大姐，我真想不到阿得还会活下来，在汕头，我看见他全身硬硬的，不会动弹，我想已没希望了。你们真是活神仙啊！我从广播里听到他活下来了，还会说话、会唱歌，真是太高兴了！"

我见麦贤得双眼发直地瞧着父母亲，没开口，便道："麦同志，你瞧谁来了？"

只见他嘴唇颤抖着："阿爸，阿妈……"说完，两股热泪就流了出来。

他父亲走了过来，拉着他的手道："孩子，是党和人民救了你的命，是医院的好医生好护士救了你的命，要好好听党的话，听医生和护士的话，医好了，好出院回部队去。"

麦贤得含泪地点点头。

她母亲也走过去，叫麦贤得坐在床沿上，她摸着他的头颅，见前额的弹洞已缝合了，长得光光滑滑的，只有左边一个凹陷，边沿也干干净净的，就掉头问我："大姐，怎的还留住一个洞？"

我道："麦同志脑子里面还有一块弹片，我们考虑让他身体恢复后，体质强壮些，准备再开刀取出弹片。"

他妈听后，脸庞又布上愁丝，但是一瞬间，又开朗道："大姐，有你们这样的好医生，他一定会好起来的。"回头，她又叮嘱麦贤得道："阿得，要听话，别像在家里一样，处处都要逞强，身体好了，就可再下船去，别劳累这么多同志和阿姐！"

我一听，心里一咯噔，多好的老人！他们没认为自己的孩子是功臣，居功自大，却处处怕麻烦党和政府，怕麻烦同志，好似他的儿子为国献身是应该的！

我一激动，眼眶也潮湿了，对他妈道："大婶，麦同志是很坚强的，他对我们也很好。"

他妈道："这才对，这才对！"

我又问："大婶，可能是天气的关系，他这两天吃得不好，鱼也不吃，面也不吃。"

"大姐，让他去，他饿了，石头都吞下去。让他饿一两天，别怕！"

唷，真有这般做娘的！

我心内宽多了！

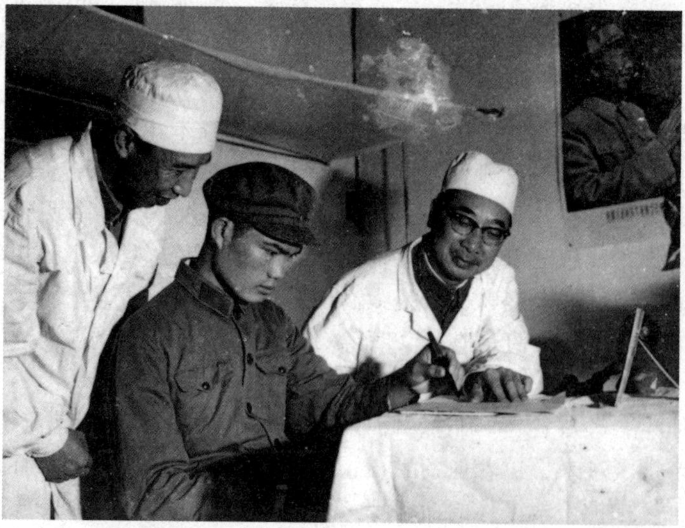

陈明锋医师（右一）教麦贤得写字

3 月 23 日

今天，是一个重要和欢乐的日子——国防部授予麦贤得“战斗英雄”，共青团中央授予他“模范共青团员”的光荣称号。今天召开的命名大会，全国人大常委会副委员长、国防委员会副主席徐向前元帅专程从北京赴广州，并要接见麦贤得。

一早，我同许曼曼细心地做好准备工作。不一会，魏院长和刘主任、海军的周科长他们都来了，教他如何上台，如何向首长敬礼，如何讲话，讲什么内容，周科长一字一句地教他。

8 时多，我便扶着他上车，车一直开往市区的会场。

今天的大会规模很大，会场黑压压挤满人，约摸有五六千人。主席台正中挂着两面鲜艳的五星红旗，中间是毛主席的正面巨像，首长早已坐在主席台上。我们刚踏进会场，全场就响起了热烈而持久的掌声。台上首长都站起来了，用劲地鼓掌，两位英俊的解放军战士走来了，把我们带上主席台。

大会开始了，奏了庄严的国歌，接着只见一位首长宣读了国防部授予麦贤得“战斗英雄”的命令，并代表国防部把“战斗英雄”的奖状授给麦贤得，共青团中央的领导宣读了团中央授予麦贤得的“模范共青团员”称号的决定，并代表团中央把“模范共青团员”称号的奖状授给麦贤得。

我扶着麦贤得走上台前领奖，感到他身子在打颤，便轻声告诉他：“麦同志，沉住气，别紧张。”他听后，只觉他身子一用力，便自自然然地走上前去，他用左手行了个军礼，便把奖状接了过来。

这时，全场又响起了雷鸣般的掌声。

接着是首长讲话。

最后，主持会议的首长宣布让麦贤得讲话。

我又扶着他走上台前。只见台下几千双眼睛注视着我们。我心内也紧张得乱跳，心像要跳出来一样。这时，麦贤得倒是很沉着了，他说着并不清晰、并不连贯的句子，但意思终究表达出来了。他说：“首长，战友们，大家好！”说完，他又抬起左手向大家敬礼，台下又一阵热烈的掌声。接着，他又道：“感谢党，感谢毛主席。我做得不够，我要读毛主席的书，听毛主席的话，做毛主席的好战士。”然后，他振臂高呼：“中国共产党万岁！毛主席万岁！”这时全场再一次迸发出长时间的热烈掌声……

回到座位，我悄声称赞道：“麦同志，你讲得好！”

他笑笑道：“不好，不好，不够！”

大会结束了。接着，徐向前元帅又接见了麦贤得。同时受接见的还有参加这次麦贤得命名大会的解放军海陆空部队的一些先进单位、英雄模范和民兵代表。其中有战斗英雄郝忠云、舒积成，功臣孙孝庆，英雄民兵连长叶永泉等。

接见开始了，徐向前元帅拉着麦贤得的手，关心地询问了他的健康状况。然后，对大家讲了话。他说，麦贤得的英雄行为，是我军光荣传统的新发扬，是读毛主席的书，听毛主席的话的结果……我们共产党人，就是干革命的。要干一辈子革命，学一辈子毛主席著作。活到老，学到老，用毛泽东思想改造我们的世界观，才能真正做到完全彻底为中国人民和世界人民服务，才能做到天不怕，地不怕，压倒一切敌人，我们的军队和民兵就是能够无敌于天下。现在，美帝国主义还把它的反革命全球战略重点从欧洲转移到亚洲，把侵略矛头指向我国，一次再次欺侮我们。我国领土台湾还被美帝国主义霸占着。作为军队和民兵，更应该百倍警惕，时刻做好战斗准备，像麦贤得同志那样，掏尽红心为人民，满怀仇恨杀敌人，随时准备为全中国人民和全世界人民作出贡献……

大会结束了。在车上，我称赞麦贤得道：“麦同志，你现在可了不起了，全国战斗英雄，全军都在学习你喽！”

他却马上挥挥手道：“不够，不够！”

他的脸庞很真诚，没有造作的样子。其实，他人是很谦逊的。

3 月 25 日

尽管麦贤得头脑的思维还没有恢复到正常人的状态，但他的谦逊言行却令人赞叹。

命名大会结束了，我问他：“麦同志，你得到这么高的荣誉，你要抱什么态度？”他毫不犹豫地说：“戒骄戒躁，做一个共产党员。”

做一个共产党员，说得多好！

想起他入党的事，也令人感慨。那是去年 9 月初，他说话还很困难，体质还很虚弱的时候，组织批准他加入中国共产党。他拿着党员介绍信，注视了 10 多分钟。这时，同他住在医院的班长黄理省走过来向他祝贺。他只是摇摇头。黄理省以为他还神志不清，接着说：“这是真的，你为人民立功了，组织上批准你入党了。”当时他还不能说话，他拿起铅笔，颤颤巍巍地写了两个字：“不够！”

近来，天天都在广播他的事迹和全国各地向他学习的活动的消息。清晨，我陪他在园林上散步，听着广播又在播他的名字了，我提醒他说：“麦同志，你听！大家都向你学习了。”他使劲地摇摇头：“不要，不要！”

上午，9 时多，广州部队举行向麦贤得学习大会，上级派车来接他去参加大会并同与会者见面。我陪他走出病房，小汽车已停在门口。我扶他上车，他一边摇手一边说："不要，不要。"便直往外走。他知道战士参加大会都步行去的，他也要同战士一样，步行着去会场。来接他的首长向他解释说："小麦，你的腿还未正常，像你这样走路，到会场要两个多小时，人家已散会了。"这样才说服他上了车。

吃晚饭时，许曼曼教他写字，写了"战斗英雄"四个字，并同时写上"麦贤得"的名字，用箭头标上去。麦贤得一见，用笔把"麦贤得"三个字涂掉。然后，写上"义务兵"三个字。

傍晚10时多，忽然狂风大作，走廊上传来"哐、哐、哐"的声音，这是窗门没关好被风刮后发出的撞击声。他慌忙爬起床，就要跑出去。我同许曼曼马上把他截住，许曼曼就奔出去关窗门。他挣脱我，冒雨跑向西边还在撞击的窗门。我急忙追上去，一起把窗门关闭。他反复检查了，见没事，才放心地走回病房。

许曼曼这时悄悄告诉我，不久前，她值夜。夜已深了，他老是翻来覆去没入眠，不知侧耳在听什么，忽然倏地爬起来，就闯出房门，她急忙跟上去，他一直跑到隔壁的水龙头边，把"叮当、叮当"地没拧紧的水龙头关闭了。听说麦贤得在战艇上，机器上那管道渗出一滴油，他就要用铁盒子一滴一滴接装起来。这回重伤之后，神志还没完全恢复的时候，他仍然关心着国家的财物。可见他不为名不为利，不怕苦不怕死，把国家的利益和人民利益放在首位的优良品德已是刻骨铭心了。

二十六、萧小俏日记之四：第四次脑手术

5月3日

今天凌晨3时多，麦贤得突然大叫一声，四肢抽搐，呼吸停止。我马上叫许曼曼往主任办公室报告。不一会，刘主任就赶来了，接着魏院长、孙主任、吕主任都赶来了。他们紧急会诊，进行抢救，约摸3分钟麦贤得又恢复了呼吸。我捏了一把汗。大家做了分析，认为产生这一情况的原因，考虑有三种可能：一是外伤可能性大，因疤纹形成及异物刺激可能致癫痫发作；二是脑脓肿已形成所致，但术后病人情况好，故不像；三是倘若脑内出血，病后是不会这么快恢复的。后两种可以排除。根据以前首次发生的癫痫病的脸部齿龈肿病的迹象，初定为癫痫病发作，服用Caimnel治疗，必要时做腰穿。

魏院长强调，癫痫发作既然发生了第一次，就可能发生第二、第三次，明天防治癫痫方法要落实，医生不但每人要熟悉，因病情复杂，大家都要及时向刘主任汇报，孙主任要协助。要力争控制癫痫病的发作，保证按计划做摘除弹片的手术。

天亮时，大家便疲倦地离开病房。

我见麦贤得呼吸正常了，悬在心头的大石才落地。

5月10日

今天上午，魏院长在医院召开麦贤得手术动员会议。

魏院长说："根据麦贤得同志的身体恢复情况，院党委请示上报首长同意，定于本月18日为麦贤得同志做颅内弹片摘除手术和颅骨修补手术。手术方案自去年11月底就开始制订，现在定下来的是第六个方案，也是定案。这是经过本院专家集思广益，并征求全国有关权威专家定下来的。为了保证手术的成功，我们已请国务院派来权威专家，解放军总医院脑神经外科专家段国升教授、第四军医大学外科主任曾广义教授等前来配合。现在，离做手术仅剩下一周时间，准备工作很紧，各科室要各就各位，要认真细致地做好准备工作，要百分之百保证手术的成功。现在，党中央、毛主席、周总理都在关注我们，全国人民都在关注我们，每天的信件数以百计，有许多远方的朋友还从天南地北寄来治疗脑外伤和轻度瘫痪的秘方和一批批的慰问品，大家都有共同的心愿：早日把麦贤得的伤治好！同志们，这是压力，也是动力。我们这一次手术，实际是一场战斗，也可说是一场新形式的八·六海战！首长说，只能成功，不能失败！"说到这里，魏院长环顾一下到会的各科室正副主任。（我因是特护小组护士长也列席了会议）他又对着刘明锋主任道："刘教授，你是主刀，你发表意见吧！"

刘教授呷了一小口茶水，轻声细语道："我任主刀，感到压力很大，但有院党委的支持，有党中央、毛主席、周总理的支持，有全国人民的支持，有本院全体同仁的支持，有段教授和曾教授等专家的指导，我还是满有信心的，我一定尽最大的努力，保证一刀成功！"

他的语音刚落，大家便报以热烈的掌声。

我们深知，刘教授是从不说大话的。他对麦贤得这一手术，几个月来，已经花去了他大量的心血。他几乎日夜都钻在主任室里面，有时盯着那密密麻麻的像蛛网一样的脑颅解剖图，有时伏在桌面上画着一个一个的头颅，瞄着刀口的位置。一个多月前的一天，人们都下班了，半夜里，我见到主任室灯光还亮着，我知道刘主任还在"攻关"，便跑过去催他该"下班"了。我来到他的窗口，看他弄来一个人体头颅标本，对照X光照片，根据麦贤得的头颅弹片的大小，刈了一块约摸 1 ×2 厘米的弯刀形弹片，镶进头颅里面，然后，用镊子用力一拔，拔出来之后又插进去，累得满头大汗。

我一见，便激动地道：“刘主任，天这么晚了，你还不休息。”

他好似没有听到我的声音，口中只管唠叨道：“深度 2 厘米，2 厘米？准吗？”

我又不忍地喊道：“刘教授，夜已深了，你可休息了。”

他这才反应过来：“嘿嘿，小萧，这回可有把握了。”

“唉，其实也难说呀，”刘主任好像是自言自语，“压力太大了，中央首长在关注，全国人民都在关注，这是我平生中唯一一次感到压力最大的手术。虽然明明自己感觉蛮有把握的，但晚上双眼一合上，就觉得毛主席、周总理飞来了期望的眼光，全国无数双热切的眼睛盯着我，心跳就加剧……”他见我那专注聆听的脸孔，便歉意道：“小萧，我谈得太多了。”

我斗胆宽慰道：“刘主任，你一定会成功的！”

此后，他还坚持精益求精，夜夜都钻在主任室，都在训练拔弹片……我还听他的爱人黄姨说，他还常常钻进图书馆里面，忘了回来吃饭……

刘教授在大会上的表态，使大家放心了，也为大家共同打好这一仗鼓了气。

5 月 18 日

上午 9 时，手术开始了。

我与许曼曼都抱着既兴奋而又担忧的心情，在办公室里等候。广州部队和海军的首长也在手术室的门口，向手术室投进无限关切的眼光。

“嗒……嗒……”时间一秒一秒地过去。

我多么希望手术室房门吱呀一声打开，刘主任高兴地说：“小萧，手术成功了！”

我如坐针毡，把许曼曼拉在身边，双手抓住她那双洁白绵软的手掌，不自主地搓摸着，心突突乱跳。

“萧姐，你摸我的心。”许曼曼把我的手拉上她的胸前，按在她的胸口，那松软的胸脯急剧地起伏着。啊，小许的心跟我一样哟！

是的，同麦贤得在一起已近一年了。从他昏迷不醒住进医院，一直到能蹦蹦跳跳地在地上乱跑，能提几十斤的东西，能打球，能种树，能唱歌，能忆起童年的往事……这一切，花费全院同志们多少心血啊?！我同小许可说日夜守在他的身边，与麦贤得同呼吸、同命运啊！今天，手术成功了，麦贤得就完全跳出死亡线，不久就可以康复出院了！这一喜讯，将会牵动北京中南海毛主席、周总理和老帅们的心，将会牵动全国人民的心。如果手术失败了，那麦贤得的生命将不堪设想，国内国际的影响将不堪设想……

我双手紧紧地握着许曼曼的手，望着半墙上的时钟："嗒、嗒……"时间一秒一秒地过去了……

下午3时40分，吱呀一声，手术室的门开了，医生们纷纷走出来了。我见刘主任走出来了，我见他摘开那雪白的口罩，我注视着他那敦厚的脸孔，我希望他嘴角咧开——微笑着。

真的！真的！刘主任口罩摘开了，嘴角浮现出那微微的笑意了！啊，手术成功了！我紧紧地把许曼曼拥抱在怀里，我头伏在她的胸前，我哭了，我泪如泉涌，成功了！成功了！……

我感到脖子里嗒嗒的一阵温热，啊，那是许曼曼滴下的滚烫的泪珠……

这场手术，做了6小时45分钟。

第七章

太幸福了

二十七、惜别依依出院时

1

也许是海滨风沙大，麦阿超走路养成了阔步疾走的习惯，从流花车站下车，抽不到一根纸烟的工夫，他已来到了坐落在流花客栈对面的军区总医院。他在门口小卖部买了两瓶炼乳、4 包葡萄糖粉、12 个红皮苹果，满满地装了一袋，提着径直往医院大门走去。

医院把门的是两个年轻的解放军战士。两双炯炯有神的眼睛警惕地注视着过往的路人。阿超心里道：部队医院就是部队医院，这气势就与地方不一样。

“同志，”麦阿超走上前去问，“我是来探望病人的。”麦阿超说着半生不熟的普通话。

“病人叫啥?”一位较高的战士板着脸孔问道。

“麦贤得。”

“麦贤得?”那战士瞪大眼睛，审视着他的脸孔，片刻，便道，“麦贤得不接待探病的。”说完，就抬头望着门外，不理睬他。

“同志，我非进去探望他不可，我是他哥哥呀!”麦阿超忍不住自报家门。

“什么?”那战士惊讶地又瞅着他，半晌，又摇摇头，“你骗人！他只有一个哥哥，当陆军的，不久前才来看他，报纸也登了，谁不知道。”

“不，我真是他哥哥，是房亲哥哥，是我家叔叔托我来看望他的。我一定要进去看望他!”麦阿超也是一个急性汉子，他忍不住就要走进去。

“站住，”那矮个战士走上来了，拦住他，“你有证件吗?”

“有，有，”麦阿超急忙从后裤袋掏出工作证，“在这里，我是汕头水运公司的。”

那矮个战士接过去瞧了瞧，与高个战士交换了眼色，道：“麦同志，你在这儿稍等，我进去请示一下首长吧。”说完，便走进医院里头去。

约摸十多分钟的工夫，那战士便带着一位身着白大褂、体格魁梧的中年医生出来了。

那医生走到门边，把麦阿超请进门房里面坐定，和蔼地问道：“同志，你是麦贤得的阿哥?"

"是……"麦阿超迟疑了一会，便如实道，"是房亲的阿哥。"

"噢……"那医生沉吟了一下，又问，"他以前认识你吗?"

"认识，认识，"麦阿超连声道，"在家乡时，他常常下海捕小鱼虾，我拉网泊，就很熟。我到汕头水运公司后，他在钩钓船上。到汕头卖鱼，也常常到我家串门，很熟。受伤前不久，他到百合婶家做客，我们还一起唱歌呢。"

"噢，那太好了!"中年医生用力拍一下大腿，脸呈兴奋之状，"麦同志，就这样，你先在这里喝喝水，我到里面交代一下，你十分钟后就到78145号房见他。"

麦阿超一阵欣喜，终于要见到阿得了!便连声道:"谢谢!谢谢!"

医生说完，便噔噔地走进医院去。

约摸十分钟后，那矮个战士便领着麦阿超沿着西面的甬道走去。

麦阿超沿着石阶一步一步走向病房。这里的病房倒也精致，门口种满了鲜花，有海棠、玫瑰、菊花，还有爬到半墙上的牵牛花，浓密如盖，有的还盛开着花朵。尤其是那菊花，叶绿如茵，花茎挺拔，含苞待放，有几朵已开了，有黄的，有白的，几只小蜜蜂嗡嗡地绕着花丛飞旋。这么雅致的环境，啥伤都会养好的!麦阿超心中赞叹着。

迎面就是护理室。几位长得活泼的护士站在柜台前，含笑望着他。麦阿超也笑着向她们点头:"医生，我看望我弟弟麦贤得。"

一位年纪大些的圆脸姑娘翘了翘那浑圆光滑的下颌，悄声道:"在东侧，78145号。"

麦阿超觉得，这里的护士怪怪的，说不热情吗但个个含着笑;说热情吧?站那么多人，却没一个来带他去。麦阿超如坠五里云雾中。

他不管三七二十一，甩着大脚板往病房走进去。到门口，只见阿得一个人静静地坐在床沿上看书，便高兴地喊道:"阿得!"

麦贤得蓦地抬起头来，一见门口的麦阿超，只见他一个咯噔，霍地站起来，手中的书掉在床上，嘴唇颤了颤，叫道:"超兄，超兄!"便一跃跑过来，紧紧抱住麦阿超，一跳半尺高，"超兄，超兄……"

此时，麦阿超见到这小兄弟终于大难不死，而且动了那么多次的大手术之后竟能一眼就认出他，不禁一酸眼泪流了出来:是喜泪，老天垂爱啊!他仰起脸瞧着麦贤得，也见他泪花泱泱，他紧紧地把这小兄弟抱着，连声道:"阿得，你好!"

"哈，哈，哈!"身后响起一片欢笑声，"成功了!成功了!"麦阿超转头一望，只见一群医生护士悄悄地拥簇在他背后，个个高兴得脸像开了花，那个中年医生上前拍着麦阿超的肩膀，道："谢谢你，麦同志，因为你成功地配合，使我们的手术得到意外的验证！要不然，我们打算要专门回老家找一个半生不熟的家乡人来让他认一认，你一来，我们就不费力啦，真是老天相助！告诉你，你弟弟麦贤得同志手术经你的验证，可以充分地证明百分之百成功了！他取了弹片后，记忆力恢复如初，瞧，他刚才一眼就认出你了！哈哈！"

哦……原来医生刚才让他来验证阿得的脑力恢复状况喽！无怪乎没人在病房陪阿得，没人带他进来见阿得，医生们真是用心良苦哟！

"来，喝杯茶。"刚才那年纪稍大的护士递上一杯热茶。麦阿超接过来，说声："谢谢！"

"麦同志，"中年医生对麦阿超道，"你们兄弟久别，该好好谈谈。不管怎么说，中午我们医院请客，谢谢你的成功配合！""谢谢医生，我同弟弟谈谈就走，我还要赶路呢。"中年医生道："饭后才走。"说完，便与麦阿超握握手，就带着医生护士离开了。

"阿得，头还痛不痛？"医生走后，阿超问。

"不痛，不痛了。"麦贤得连连答道。

麦阿超呷了两口茶，站起来，摘下麦贤得的帽子，用手摸了摸，见左脑骨没长毛发，便问："伤在这里？"

"嗯，从这里取出弹片的。"麦贤得答道。

麦阿超又细细地端详："咦，真怪，5月18日才取弹片缝伤口，眼下头皮已愈合了，医生真不简单。是谁主刀的？"

"刘主任，叫……叫刘明锋。"麦贤得有些口吃了，"就……就是刚才同你说话的医……医生。"

麦阿超觉得麦贤得语言还有障碍，就没有多问，只道："你三餐吃得还正常吧？"

"嗯，一顿两碗，有鱼，很好！"

麦阿超又看看他的脸庞，见下巴甚饱满，一说话那些嫩肉一抖一抖的，知道他的吸收能力很好，便放心道："你爸托我出差一定要来看望你。其实，我也很想念你。那天你在汕头医院时，那情形谁看后都担心，想不到还能活下来，而且恢复得这么快。该感谢医生和护士呀！"

"感谢首长，感谢毛主席、周总理，感谢医生，感谢护士……"麦贤得机械而又真挚地念叨着。

"好，好，"麦阿超怕谈太久了，影响麦贤得休息，便道，"你好好休息，身体恢复了，就回到洪洲湾看看家乡，散散心。"

"嗯，我要回洪洲，我要回去看海，看乡亲。"

门口一晃，一位身材修长的护士进来了，那护士一副佛脸，显得十分善良。她笑笑道："同志，谢谢你的关心啊！"

"说到哪去！"麦阿超慌忙道，"应该谢谢你们，谢谢医院，谢谢党和毛主席啊。"

"超兄，她叫小俏姐，对我好，很好！"麦贤得情不自禁，连声称赞。

麦阿超又瞅了一眼，觉得很像不久前上映的电影纪录片里的那位护士，便道："阿妹，电影里搀扶着阿得的护士就是你？"

那护士嫣然一笑，露出一口洁白的石榴齿，谦逊道："这是我们应该做的。麦同志舍身卫国，我们做的只是平平常常的事呢。"

2

已是农历七月了，晚饭后，西边的太阳还挂在树梢上，光线还颇强烈。院后的球场上，麦贤得和萧小俏正在打羽毛球。由于运动激烈，麦贤得满头大汗。

萧小俏穿着红色的运动服，额头上也细汗层层，背心湿透了一片。她喘着大气，把掉落在地的羽毛球拈上来，提议道："麦同志，歇歇吧，太累了。"说着，便从草地上拿了一条毛巾擦了擦汗，见麦贤得也走来了，她又一弯腰从地上拿了一条毛巾，丢了过去，"歇一会，擦擦汗。"

麦贤得满脸红扑扑的，三下两下，那条黄色的毛巾也湿透了。

歇了一下，萧小俏又提议道："麦同志，我们洗脸去，洗后，我陪你散散步。"

麦贤得还不过瘾，央求道："萧姐，再打一会吧。"

"不，"萧小俏慈爱地道，"走走，你明天要出院了，我想跟你聊聊天。"

"嗯，"两天前，刘主任已跟他谈了，告诉他身体已基本恢复了，首长研究后，要让他转往疗养院去。确实，刘主任、萧姐他们对他太好了，他真是惜别依依啊！明天就要走了，确实非跟萧姐聊聊不可，也该感谢感谢她。

他俩便走向西边墙脚的水槽边，萧小俏拧开了水龙头，就把麦贤得的毛巾洗了洗，拧干，递给麦贤得。麦贤得接过去，心内一阵感动：掐指算起来，自从去年 8 月 15 日自己不省人事住进医院到明天出院，整整 370 天了。这 370 个日日夜夜，医院的全体医务人员，上从魏院长、刘主任，下至萧姐、许曼曼等护士，在他身上花了多少心血啊！吃喝拉撒，无微不至的关怀，谁家的父母亲人能这么体贴呢？说具体些，他这条命也是他们给的啊！瞧，我这一手能抬几十斤的人了，竟连拧毛巾那么简单的事，萧姐还是争着做。或许这 370 个日日夜夜她做习惯了！想到这里，麦贤得的眼眶潮湿了。他接过毛巾，徐徐展开，望着毛巾那两朵洁白的水仙花，痴痴道："萧姐，你——水仙花！”

“扑哧！”萧小俏一听就笑——麦贤得又发呆了！瞧他呆呆地望着毛巾，便嗔道：“快擦脸、洗手，别占位，等一会打篮球的人们歇了也要来洗脸呢。”

麦贤得听后，才用劲地擦擦脸，洗洗手，萧小俏又一把接过毛巾，洗干净，装进胶丝袋里，提在手上。麦贤得拿着球拍，两人并排着沿着西边丛林中的甬道走去。

丛林是一色的阔叶桉树，树上归巢的小鸟啁啁啾啾，晚风轻轻地穿林而过，空气格外清新。

“麦同志，你明天要出院了，住院一年多了，有啥感受？”萧小俏笑吟吟地问。

“同志们都很好，对我好，比家里的亲人还好。谢谢，再谢谢！”麦贤得的话语不多，但满脸的真挚，“萧姐，大翰兄好，我出院了，你要看他！一年！”

“嗯，是的，一年多了。我确实该去看望他了。”想起在远方孤岛守卫祖国海防的爱人大翰，萧小俏的心就酸楚楚的，他确实太苦了。这一年多来，首长曾多次安排她去探亲，但她就舍不得离开这位特殊病号——麦贤得。大翰一切都知道，反复写信表态道，要她好好照顾麦贤得，我们能在英雄身边工作，能为英雄的康复贡献力量，也是幸运的。大翰感情是真挚的，当她把麦贤得头部弹片取出的喜讯报告他之后，他还为此寄来了两块美丽的珊瑚石，一块送给她，一块送给麦贤得，表示衷心的祝贺呢。

“萧姐，大翰兄，问他好，来广东，汫洲走走，也有珊瑚，红珊瑚送他，很美！”麦贤得天真地笑着，好似这时候就陪着大翰和萧姐回到他的汫洲湾一样。

“麦同志，明天你就要走了，我有几句话跟你谈谈，可要记着。”

“是。”麦贤得认真地望着萧小俏那张白净清秀的瓜子脸和那双美丽的丹凤眼应着。

“你虽然手术成功了，肌体恢复都不错，但转到疗养院后，第一，要按照医嘱准时服药，那几种西药都不能停；第二，平时要多吃水果，保证大便畅通，不能便秘，特别是天气变坏时，更要注意；第三，你年轻气盛，脾气不好，平时要多看书，修养自己，有气时要控制住自己，发脾气会影响身体，主席说的，要戒骄戒躁……”

麦贤得听着听着，双眼已饱含着热泪，嗓门发颤道：“萧姐，你好！疗养院，看我呀！”

“嗯，”萧小俏心内一酸，眼眶也湿湿的，“阿姐一定会去看你的。”

前面，浓阴里露出一截白墙。路，渐渐到头了；天，渐渐黑下去了，但这对 370 个日日夜夜结下的特殊的战友之情，却天长日久，无尽无了啊！……

二十八、毛泽东主席单独接见

1

“小麦，你怎的老是翻来覆去？睡吧，车上要两夜两日呀。你到北京，还有任务呢。”躺在对铺的艇长崔福俊，亲昵地对麦贤得道。

“艇长，睡不着，心跳。”麦贤得侧过脸，对着老艇长道，“艇长，你见过毛主席，他对你说了什么？”

“没说什么，人那么多，主席哪有工夫跟我说什么。我只觉得握住他大手的时候像触电一样，全身热乎乎的，泪流满面，心几乎要跳出来呢。太幸福了！”崔福俊又笑了，好像回到那人生最难忘的时刻。

麦贤得一听，心痒痒：“艇长，火车慢慢的，司机没吃饭？”

“别急，小麦，反正后天的这个时候我们就在北京城里了。”崔福俊转移话题，“小麦，你这两年身体自我感觉怎样？”

一说身体，麦贤得又有些烦躁了。唉，自从出院后，他便转到广州海军疗养院。医生护士的精心护理那是没得说的。只是癫痫病太顽固了。有时一星期就要发病一次，间隔最长也只是一个多月，几乎搞得医生护士晕头转向，自己也被搞得精疲力竭的。病发之前，他会觉得自己浑身不舒服，啥事都觉得厌烦，脾气十分暴躁，见谁骂谁，搞得医生护士也很不痛快。他觉得自己好像是十多岁的孩子一样，病一发作，自己痛苦难忍，无法控制自己的行为，那痛苦的情形是难以形容的。他在精神好些时，见到护理人员为他忙得团团转，洗衣服洗被席，送汤送药，心里觉得过意不去，有时竟产生了这么下去，倒不如死了算了的念头，不用拖累这么多的同志。这样挨下去，哪天是个头呢！但是，一想起毛主席、周总理、老师们，还有全国人民和医务工作者对抢救他生命所付出的代价，又觉得自己应该好好活下去，咬紧牙关，配合医生，战胜伤病，早日康复。自己完全康复了，回到自己亲爱的战艇上，就不会拖累医生护士，就不会麻烦组织。但是，这时不时发作的顽固的疾病，使他痛苦难堪，他对自己的愿望似乎感觉十分渺茫。这下，被艇长一问，他能说些什么呢？

“艇长，那病，顽固，我……我很气!”麦贤得声音有些悲凉。

“小麦，这可不行哟!”崔福俊投过灼热的眼光，“‘世上无难事，只怕有心人。’小麦，你与疾病做斗争的道路，一百步可说已走了八十步了。剩下这二十步，关键还是凭你的坚强意志，与疾病做斗争的坚强意志。这道理，你比我还懂。疾病就像敌人一样，你越勇敢，它就越怕你；你若畏惧它，它就猖狂，就折磨你。”

“是，艇长，你说的是。”麦贤得深深领会艇长这意味深长的一席话。

火车已驶进暮霭苍茫的京广线，一个劲地往祖国首都飞奔。

2

1967年11月29日下午5时许，在瑰丽的霞光中，麦贤得来到了魂牵梦系的北京城。

他们下榻在北京公主坟的海军大院招待所8号楼。

隔日，11月30日，大会隆重召开了。海军首长萧劲光、王宏坤……出席了会议。海军首长讲话之后，就由代表登台发言。

麦贤得第一个上台发言了。会场发出了热烈的掌声。与其说代表们是冲着麦贤得学毛著而报以热烈的掌声，不如说是冲着他发扬我军“一不怕苦，二不怕死”的革命硬骨头精神，在八·六海战中立下赫赫战功而报以战友般的最热烈的掌声的。与会的战友可说是对麦贤得太熟悉也太陌生了。除了几位曾经看望过麦贤得的首长外，这4000多名代表，大家都同全军指战员一样，同全国人民一样，是在学习麦贤得“一不怕苦，二不怕死”的硬骨头精神中，从电台、报纸中知道他的事迹的。麦贤得惊天地泣鬼神的事迹太生动，太感人了，而人们大多只能在报纸中，从新闻纪录片中看到他那英勇顽强的形象，今日，这从死亡线上走回来的“钢铁战士”竟活生生地站在主席台上，向着他们讲话了，向着他们谈自己在病中学习毛主席著作的体会，谈自己的家史，谈自己在战斗中负重伤继续坚持战斗的感人事迹……他的语言还有障碍，说话口齿不大清晰，但字字句句滚热烫人，说出一个人民海军战士忠于祖国、忠于党、忠于人民、忠于敬爱的毛主席的赤诚之心啊!

隔日傍晚，大会休息。崔福俊带着麦贤得和几位战友踏着首都金碧辉煌的灯光，在天安门广场上溜达。天安门实在太美了，人民英雄纪念碑、人民大会堂、历史博物馆、故宫博物院都在其中或周围。崔福俊来过，走到哪讲解到哪。不知啥时候，背后却跟来两位年轻的记者，他们也非常关心麦贤得，问这问那，有时还帮他们拍照呢。

“麦英雄，明晚，是你一生最最幸福的日子，你这时有啥感想?”一位挎着照相机的胖记者问麦贤得。是呀，首长已通知了，明天晚上，毛主席要接见他们，要同他们合影，而且，合影后还要单独接见他！这是作为一位普普通通的人民战士特大的荣誉啊！也是他人生最幸福的时刻啊！

“高兴，心要跳出来！”麦贤得实话实说。

说着，他们走往金水桥了。远远望着，毛主席的巨幅彩色画像就高高地悬挂在天安门城楼中央，那慈祥的脸庞，那温柔的眼睛激励了多少中华儿女奋发向前啊！

“毛主席、毛主席！”麦贤得拉着崔福俊，指着毛主席巨幅画像，惊奇地呼叫道，“艇长，毛主席、照片一样不一样？”

“一样，一样！很慈祥，很温和，对我们战士很爱护。”崔福俊兴奋地道。麦贤得啪地一个立正，向着那巨幅画像庄严地行了一个军礼。记者的闪光灯啪的一声亮了，照了一张“金水桥麦贤得和艇长崔福俊瞻仰毛主席画像”的难得相片，隔日便发表在《人民日报》上。

3

人生最难忘、最幸福的时刻到来了！

1967 年 12 月 3 日晚 10 时 15 分，在中华人民共和国的首都北京城里的人民大会堂，伟大领袖毛主席、周总理接见了麦贤得等 4000 多名海军代表，并同全体代表合影留念。

合影时，首长把麦贤得——著名的战斗英雄安排在第一排中间的位置，离毛主席、离周总理很近很近，他的两旁，大都是中央首长。他麦贤得太幸福了。这是多么崇高的荣誉啊！

闪光灯倏地亮了，一下，两下……这历史难忘、千载难逢的镜头在一瞬间定格了！

合影完毕。大家兴高采烈地目送着毛主席、周总理他们走出会议厅……

一会儿，首长又过来了，带着他往小会客厅走去。告诉他，毛主席要单独接见他，要瞧瞧他这“钢铁战士”是啥样子的！

他的心像闯进一只小鹿，突突地跳个不停。真的，自己从童年，从懂事起，就日夜思念着敬爱的毛主席。眼前，中国人民的大救星毛主席就要接见自己了！这是长夜喜梦吗？他用左手狠狠掐一下右手的虎穴，不，很痛，不是梦！千真万确！

前面就是别致的小会客厅了。他迈开脚步，跟着首长走了进去。啊，毛主席！身材魁梧、神采奕奕的毛主席笑容可掬地站起来了，伸出那双巨手。麦贤得也把那双发颤、曾经操纵着战艇与敌搏斗的钢筋般的大手伸过去，毛主席的手握住他，多么温暖啊！麦贤得热血沸腾！

闪光灯一闪一闪地亮着，这是幸福的永恒的留影！

“小麦，你身体好得多了？”主席关切地问。

“好，好，主席好！我好多了！”麦贤得热泪盈眶，颤声答道。

“小麦呀，要用你的硬骨头精神战胜疾病，养好身体，为人民立新功。”

“是，是，主席，我要为人民立新功！”

麦贤得此时激动得喜泪满腮。他，太幸福了！太幸福了！

他不知道自己是怎样离开毛主席的，他如堕入那神奇的五彩缤纷的充满祥光的太空之中……

他回到下榻处，拿起了纸笔，激动地记下了这难忘的时刻——

世界上什么人最亲？伟大领袖毛主席最亲！

世界上什么最大？伟大领袖毛主席的恩情最大！

世界上什么最深？革命人民和伟大领袖毛主席的阶级感情最深！

……

是您的光辉思想，教育我树立“只要还有一个人，这个人就要继续战斗下去”的革命英雄主义精神，满怀仇恨杀敌人。

是您的光辉思想，鼓舞我“下定决心，不怕牺牲，排除万难，去争取胜利”，与创伤作坚决斗争，决心锻炼好身体，重返前线，随时准备消灭来犯的敌人。

是您的光辉思想，勉励我“谦虚、谨慎、戒骄、戒躁、全心全意为人民服务……”在荣誉面前不自满，永当一名“共产主义义务兵”。

是您的伟大形象，使我从昏迷中恢复神志。

是您给我第二次生命，是您哺育我成长。

敬爱的毛主席啊，我非常非常地想念您，非常非常地渴望见到您。多少年来，我一直盼望着能有一天见到您老人家。

每当我在银幕上看到您的伟大形象时，我总觉得放映得太快了，您的伟大形象我永远看不够。

刚到北京，我就到天安门前，看您的巨幅画像。我好像看到您迈着稳健的步伐，在天安门城楼上，从东端走向西端，又从西端走向东端。我幸福地接受您的检阅。

我跑到您和革命群众一起席地而坐过的金水桥头，好像您就在我的面前。

到北京后的每天早晨，我都站在窗前，面对着天安门、中南海方向，望着初升的太阳，一遍又一遍地祝愿您老人家万寿无疆！

我等啊，盼啊！最最美好的愿望实现了，最最幸福的时刻终于到来了……

二十九、男大当婚

1

“政委，廖教授到了。”窗外传来警卫员小郑的声音。

王欣扶一扶近视眼镜，把病历搁在桌上，马上站起来迎出门去，见警卫员扶着廖敏从大理石阶上走来。

“哈，哈，廖兄真是说到就到，有失远迎了！”王欣急忙跑下去，握住廖敏丰腴的大手，亲切地顿了顿。

“王兄你重任在肩，怎敢打扰你。”廖敏也半开着玩笑，“院长说你这儿任务紧，我哪敢耽误？院里的事交代一下就来了。”

廖敏是广州医学院生物遗传学名教授，在国内是屈指可数的。他是王欣中学的同学。那年中学毕业后，王欣弃学从军，投入到抗日救亡运动；而廖敏继续攻读，后来留学国外，攻读生物遗传学，深得名师传授，回国后成为一方权威。这次，应王欣的邀请专门到湛江来的。

走进会客厅，宾主坐下。小郑便献上两杯香茶。

“廖兄，真是遇上难题了。我派黄医生到军区医院请教刘明锋主任他们，他们的意见就是我电话跟你讲的一样。有一个重大的问题，需请教你这位大专家。我也把他父母请来了。劳你尊驾，一起研究研究，做一个抉择。”

“嗯……”廖教授摸一摸尺把长的黑胡，呷了一口茶，问：“啥重大问题？”

王欣道：“你看看病人之后再说吧。”王欣狡黠地笑笑，又猛道，“哎呀，你瞧我，只管说话，你还没吃早餐吧？小郑，叫服务员准备早餐，牛奶、糕点，边吃边谈。”

“别，别，我吃了。吃后才上飞机的。”廖教授急忙阻挡道。

王欣一听，就道：“小郑，那就算啦，叫服务员上水果拼盘。”

不一会儿，服务员便把水果拼盘端上来，王欣用牙签戳了一块苹果递给廖敏：“这里的水果新鲜，没加防腐剂的，请！”廖敏接过：“谢谢。”

吃了水果，两人便走往隔壁看望麦贤得。

走到门口，只听见里面传来一阵朗读毛主席语录的声音：“我们的同志在困难的时候，要看到成绩，要看到光明，要提高我们的勇气……”

“他就是麦贤得。”王欣悄声道。说着已到门口，他喊道：“小麦，暂停暂停，廖教授来看望你了。”

只见坐在办公椅上的那个白嫩嫩的战士霍地站起来，热情道：“廖教授，你好！”

他就是麦贤得。廖教授也慌忙走上去，拉住他的手：“麦英雄，您好，您好！”他边说边观察他的脸色，有些苍白，眼皮有些松弛，不那么结实，但眼睛炯炯有神，脸色还很清朗，便放心了。又问：“麦英雄，三餐吃得可好？”麦贤得答道：“好，很好，早餐蛋糕、牛奶，午、晚餐有鱼有肉。”廖教授又问：“平时做哪些锻炼？”麦贤得答：“羽毛球、篮球、乒乓球、跑步，都行。”

廖教授又问了一些有关生活和学习的情况，用听筒在他身上前后听了听，便满意地点点头，示意王政委，两人便同麦贤得告别了。

回到会客厅，廖教授问：“王兄，请他的保健医生过来一下吧。”

王欣支唤小郑道：“请李教导员和黄医生。”

片刻，李教导员和黄医生过来了。王政委作了介绍，三人便热情地握手。廖教授问：“黄医生，你跟麦英雄多长时间了？”

生得矮个的黄医生，圆胖胖的脸庞，像弥勒佛。他笑笑道：“已一年多了，去冷水滩之前就跟他，之后便一起去了冷水滩，和李教导员一起照顾他。”

“这一年多来，他临床有何症状？”廖教授一丝不苟地问。

“按照军区医院刘教授的处方，继续服用苯妥英钠和苯巴比妥，有时也服些冬眠灵。但是，一年多来有时一星期左右，有时一个月左右，就要发生一次癫痫病，大小便失禁、抽搐，挺吓人的。”

“哦，那么，他晚间睡觉可不能离人哟！”

“嗯，”李教导员接嘴道，“我们三人住在一起。”

“在什么状况下，他最会发病？”廖教授又问。

黄医生沉思一下，缓慢道：“三种情况：一是精神受到刺激时，比如受气；二是天气不好时；三是感冒或其他病发生时。”

“噢，那他在什么状况下最容易刺激受气？”

“没顺他的意愿做事、违逆他、伤了他的自尊心等。”

“他对女同志的态度如何？”廖教授单刀直入。

“噢……”黄医生双眼迷惘地望望一副古板脸孔的教授，认真道，“比对男同志和气。当他发脾气时，女护士前去劝说，他就较尊重，没恣意发作。平时也较喜欢接近女同志，聊天、打扑克。这样，那餐食欲也就增加很多。就是有时一兴奋，举止未能控制，闹得一些护士不很愉快。因此，首长才决定安排到冷水滩农场的‘和尚庙’，改变一下环境。但到冷水滩后，发病的次数比在疗养院多，脾气更暴烈……”说到这里，黄医生挽起手臂，露出一块乌青，道：“这是不久前被他打的。”

李教导员补充道：“他这人个性很强，在冷水滩采药，他对草药熟悉，每次都要拼命地采。日午了，我劝他回来，他一定要采得比别人多才愿意回来；我多说几句，他就发脾气，真没他办法。唉！”

廖教授沉思着，点点头。李教导员和黄医生见没事了，就告辞了。

“王兄，你这舰队的大政委，恐怕真的要来当红娘了。”

“嗯，你也有这意思？其实，去冷水滩前我们就磋商了，也派人物色，就是他身体不好，不敢决定。这回，就请你跟他父母一起研究研究。只要能使小麦康复，千里红线我来牵。只是，他真的能结婚吗？”

“行，王兄，你在学校可是物理学的优等生，你忘了一道普通的定律？”

“啥定律？”王欣丈二和尚摸不着头脑。

“同性互相排斥，异性互相吸引嘛！哈哈！”廖教授又摸一摸那半尺黑胡：“看来，他这样的状况最好是找个姑娘跟他结婚，能日夜照料他，体贴他，生活有规律，同正常人一样生活，心情欢愉时，体质就会慢慢恢复的。不然，老是这样下去，不行哟，一星期发一次病，体力消耗很大，加上西药的副作用，后果不堪设想哪！”

“噢……”王欣微微地点点头，“廖兄，我请你来正是此意，我们担心的是，他这癫痫病，结婚后对后代是否会遗传？我们派人前去请教军区总医院的刘教授，他们认为没有遗传的可能。但是，为慎重起见，我们特请你这遗传学泰斗前来，一起研究研究。同时，我们也请他父母亲来了，如果能定下来，就可抓紧行动。”

廖教授蛮有把握道：“政委大人，根据遗传学的观点看，这外伤性损伤引起的疾病，并非先天就有的，不像有遗传基因的遗传性疾病，这外伤性造成的病是后天所致，也非细菌所致，根本没有遗传基因。因此，刘明锋教授他们的看法是正确的，我可以打保票，这种外伤性癫痫病，绝对不会遗传！”

王欣一听，心头的大石蓦然落地，异常高兴道：“那太好了，太好了！有你这句话，我可就放心了！”他略一迟疑，又问：“按照他身体的状态，你看结婚后，有利于还是不利于身体的恢复？”

“唷，王兄。从辩证的观点看，可以肯定地说，利大于弊！你不是说他父母亲来了么，能否见一见？”

“行，他们昨天晚上就来了。”王欣唤道，“小郑，你请麦大叔和大婶过来一下。”

“是。”小郑应道。

片刻，会客厅门口就走进一对中年人。男的个头高，穿着半旧的白的确良上衣，一件已褪色的草绿色军裤，脚着一双褐色的青胶凉鞋，脸膛红紫，秃顶，脑门光亮，一双眼睛分外有神。女的体格强壮，上身穿着斜纽缝的浅灰色暗纹夏衣，下着黑色宽阔的长裤，脸略呈古铜色，下巴光滑微翘。廖教授用遗传学家的眼光瞟了一眼，就知道这是一对在风里浪里滚大的善良的渔家夫妇，麦贤得继承了他们的刚强、坚毅、驯良的优点。

王欣一见，急忙站起来迎了过去，拉住他俩的手，热情道："大叔，大婶，昨晚睡得好吗？"

"好，好，很好。这里的空气比乡下好得多！"林呖连声称赞着。麦阿记也微笑着点点头，一副憨厚态。

"来，我介绍一下，这位是广州来的廖教授，这两位便是麦贤得同志的双亲大人。"廖教授亲切地拉住他们的手，用劲抖着，"久闻英雄有对好父母，今天终于见到了。幸哉，幸哉！"

"孩子取得些成绩，也是首长的平时教导，教授，你别太夸奖了！"麦阿记谦逊地道。

"来，来。"王欣道，"坐下谈，坐下谈。"

于是，大家便分宾主坐下。服务员送上四杯热茶。

王欣道："大叔，大婶，这次请你们来，也请了廖教授来，主要是商量一下小麦日后的身体恢复问题。"王欣呷了一口热茶："小麦自从1966年8月中旬从军区总医院出院后，就转到海军广州疗养院疗养了两年多，身体日见好转。为了便于身体的康复，变换一下环境，安排他到湖南冷水滩部队'五七'干校，也住了一年多。这几年来，他学习很认真，右手不便，左手写字写得很好，虽然语言有障碍，但读毛主席语录还行，每天都写日记，头脑思维已逐步恢复，能记起童年的往事，恢复趋势是良好的……"

说到这里，王欣便瞟了小麦父母一眼，见林呖嘴角满意地抿着笑意，麦阿记眼睛也露出喜气，便轻叹一声道："但是，他的外伤性癫痫病，时不时就要发作。有时一个月，有时一星期就要发作一次。发作前后，脾气很暴躁，有时还动手打人。如果发生在夜里，救治不及时还会出现麻烦。几年来，我们从疗养院里挑了素质好、责任心强的同志当保健医生、当护理员，终于保证了不发生事故。"

"政委，实在辛苦了大家，麻烦组织了。"林呖感激地插嘴道。

"不，小麦舍身为国，顽强杀敌，为人民立功，医治恢复他的身体，是党和国家义不容辞的责任，毛主席、周总理和其他中央首长都反复强调的。"王欣激动道，"只是，大叔，大嫂，这癫痫病也是一种慢性病，主要依靠多方面条件配合，才可望逐步根治，避免发作。"

“哦……”麦阿记不解地问，“要什么条件呢？”

廖教授开口了：“大叔，这种病，关键是要安定病人的情绪。就是说，要给他一个良好的生活环境；再则，这种病，常常发作在半夜三更，要有一个懂得护理知识的人长期同他生活在一起，以便照顾他的饮食起居。”

“是的，”王欣谦恭地用商量的口吻道，“大叔，大婶，说句实话，目前部队当医生的，特别是护士，大都是女同志，男医生大都已成家了，有的没成家的也不一定合适，所以要长期安排一位男医生陪他住宿，实在也有些困难。因此，本来我们议了一个方案，听说小麦家中还有许多弟妹，能不能安排一位到部队入伍，学习医疗知识，然后就安排照料他哥哥……”

“政委，不行不行！”林呖快人直语，“政委呀，你不知道，阿得未受伤前，脾气就暴躁。亲弟妹，要骂要打就更没顾忌了，你安排他弟弟或妹妹，是来当他的拳头砧的喽！”

王欣和廖教授一听，不禁“哈哈”大笑。王欣道：“是呀，是呀，大婶说的也在理。但是，你二老看有啥办法更为妥善些呢？”

麦阿记和林呖沉思了半晌，也想不出两全之策。麦阿记摇摇头道：“麻烦，实在是麻烦！”。

王欣试探着提出了他刚才与廖教授商量的方案：“大叔，大婶，我们反复考虑了，看能不能帮小麦找对象，让他结婚，以后夫妻俩互相照顾。”说完，王欣眼睛紧紧瞪住二老的脸庞。

林呖一听，心内猛地一咯噔：啊，瞎子叔真的是半仙！阿得真的有婚星了？但她又长叹一声，阿得眼下这样子，有哪个姑娘愿意跟他？倘若真的有哪位金玉心肠的姑娘跟他，谁能受得了他那鬼脾气？唉，难，难，难！

林呖摇摇头道：“政委，难！”

麦阿记也把头摇成货郎鼓，一脸无奈：“这事难办，政委，难哪！”

“嘿嘿，《红灯记》的李玉和有句名言，叫‘天下事，难不倒共产党员！’只要大叔大婶认为好办，再难我们也要想办法！”王欣坚决道。

麦阿记、林呖迟疑一下，林呖便道：“政委，我们跟阿得商量商量，才服从你们，行么？”

“行行，这婚姻大事，焦急不得。你们好好跟小麦商量商量才定。”

2

湛江的湖光岩，蔚蓝的湖面像一匹舒展的大锦缎，湖水晶莹如镜，清洁如玉。波光潋滟的水里，倒映着如鲫的游人。

太阳西斜，游人渐渐散去，远游的小鸟归巢了，扑棱棱地噪叫着。

麦贤得带着阿爸阿妈，在湖边的小道上徜徉。

麦阿记见前面有两张石椅，便道：“阿得，阿爸阿妈没你有劲，双腿酸了，歇歇吧。”

“歇就歇，嘻嘻！”说着，麦贤得弯腰从小道上拾了几颗小石头，“嗵、嗵”丢往湖里，砸在水面上悠游的小鱼儿身上。

“阿得，别闹，别摔伤小鱼。过来。”麦阿记坐在石椅上，林呖也紧挨着丈夫坐下，“过来，坐坐，阿爸阿妈有话跟你谈。”。

麦贤得便把攥在手里的石头丢进草丛里，听话地坐在父母对面的石椅上，面向湖泊。

“阿得，”麦阿记慈爱地道，“你这几年身体恢复了，真该感谢毛主席和周总理，感谢党啊！”

“是，谢谢！”麦贤得点点头。

“还要谢谢医院的医师和护士！”林呖补充道。

“是，谢谢，再谢谢！还有首长，战友……”麦贤得的话语，还是短句。

“是的，”麦阿记深情地道，“阿得，三四年了，你的命是党和政府费了九牛二虎之力才抢救回来的。老是这么地连累党和政府，我们做父母的也过意不去。”

麦贤得睁圆那如湖水一般清亮的大眼睛，迷惑不解：“是，是过意不去……”

林呖直爽道：“孩子，你年纪不轻了，你瞎子老叔给你算了命，说你去年就浮婚星了，要娶媳妇呐。你要不要娶媳妇？娶媳妇，可日夜照顾你，首长也有这意思，你自己的意思……”

“这……”麦贤得迟疑地惊望着双亲，半晌，摇摇头，“不行，不行，身体不好，拖累别人！”

唷，这孩子，还是一片好心肠！二老相视一下。林呖又道：“孩子，首长说的也在理，说真的，你受了这伤，得了这种缠身的病，一年半载是好不了的。若长久这样下去，部队也要安排医生、护理员日夜跟着你，很麻烦。没结婚，女同志又不能没日没夜地跟随你……首长考虑后，跟我俩商量，看可否帮忙找个姑娘，让你结婚，婚后互相照顾，这也是好意的，你认为行不行呀？”

麦贤得一听，痴痴地呆在石椅上，双眼望着那扑朔迷离的湖水，不知想起了什么，惊喜道：“阿爸阿妈，湖光岩连洞庭湖，洞庭湖丢下竹笠，半……半个月后就在这湖光岩上浮……”

“别乱讲，别乱讲。洞庭湖在湖南，离这里十万八千里，别异想天开。”麦阿记摆摆手道。

“阿得，谈正经事，”林呖又把话题扯回来，“你的意思怎样的？”

麦贤得的思维又被阿妈扯回来了。他又沉默不语，半晌，无奈道："阿爸……阿妈，不行呀，谁……谁要嫁我？我不行?!"

"孩子，"林㖞双眼已潮湿，"那老教授讲，你的病结婚后，可能比没结婚好得快。你是能结婚的。要说有哪位姑娘愿跟你，这……只要你说行，中国这么大，金玉心肠的姑娘或者也有。首长帮助找找，阿爸阿妈也帮助找找。咱们自家身体不好，条件不要太高。以后结婚了，碰上困难，我们当父母的年老了，首长和家里你兄弟都会帮你的。"

麦贤得听着听着，双眼已蓄满了泪水，缓缓的泪水无声地落了下来。

"阿得，我中午跟你爸商量了，如果首长一时难找到好姑娘，要在俺汫洲湾找，有一个人，不知你合意不合意？"林㖞投石问路。

"谁？"麦贤得惊愕地问。

"就是你的同学，麦素云。"

"噢，她……她还没成家？"

"嘿，她还没成家！"

"素云，"麦贤得摇摇头，"她……她会爱我？"

美丽的霞光，亲昵地洒落在平静的湖面上，波光粼粼，那旖旎的波光是多么的闪亮，多么的温柔！

3

凛厉的海风无力挤进墙缝，紧闭的北风窗外，传来一阵一阵强风的呼啸声。仲秋的阁楼，仍然暖烘烘的。

麦素云翻来覆去就是不能入眠。今晚，姑母的一席话，还在她耳际中回响："素云，阿姑跟你讲的都是实情，同意不同意，就听你一声。然后，我才跟你阿爸阿妈商量。"是呀，婚姻自主，这是宪法规定的。当然是我素云的一句话，但是，这一句话，一句千钧啊！麦贤得，小学初中的老同学。论品质，论地位，论家境，论他的公祖的为人处世，哪一桩可以嫌弃的呢？说内心话，她今年已二十三岁了，跟她同龄的姑娘早已当阿妈了，而她一直挨到今天这年华，为谁呢？要说为麦贤得当然不能这么讲。他俩同学六载，那时童稚无知，不懂男女之情。走出校门了，他整天下海捕鱼，醉心着争取当兵，从来不谈男女之事。当兵前夜，她和赛凤前去送行，记得自己写的是"友谊长存"，落款也是以同学相称。这"友谊"嘛，是同学之谊呀，没越规，没越矩。而他受伤前夕，在汕头姑母家中意外的相逢，说真的，那时见到他那穿着军装的英俊模样，真是怦然心动，心里真的产生了爱慕之情。或许真的有缘分。但这麦贤得，根本就没把她放在眼里，像对待老同学一样对待她。当时她就怀疑，或许他这个人的那根主管男女之情的神经出了毛病了，不知道人间还有男女之爱呢！但是，她回家又细想，也难怪，眼下战备那样紧张，他真的没工夫想男女之事呢。

爸妈见邻居的姑娘一个个嫁出门了，也劝她拣个好人家，阿妈也托人寻了几户人家，但她都不合意。这是为什么？她自己也说不清楚。过了不久，不幸的消息飞来了，麦贤得在战斗中不幸身负重伤，生命垂危，在汕头住院。当时，她内心也十分痛苦，要去看望他吗？一般的同学关系，自己一个未婚女子，还没主儿，去了，人多嘴杂，一传开去，倘若麦贤得有什么不幸，自己落个不明不白的名声，这怎行呢？时间匆匆而过，不久就听说汕头手术失败，他被飞机载往广州了。后来，又听说扎进脑颅里面的弹片取出来了，但是，却得了癫痫病，手脚不灵活，说话也吃吃瘩瘩的，生活难以自理。实在心痛。同学哟，别说自己有所心仪，就是普普通通的同学，她也心痛啊！几年了，她妈托人寻了几个对象，又一个一个地吹了。今天，姑母代他来提亲，真的有缘么？她麦素云真的注定要跟麦贤得么？

听姑母说，他的脾气，他的疾病现在比前两年好些了。倘若真的会好起来，会一日一日好起来，那以后的日子便是如花似锦的，那前程普通的渔家子弟谁能比呢？

她心乱如麻。

对，大胆答应姑母，见见面。瞧他的身体状况才定吧。

南窗外，一弯钩月挂在墨黑的海面的远山上，那如华的月影，悠悠地洒落在那古老的木楼。

4

前面就是自己魂系梦牵的汫洲湾了。

那里，有浸满自己汗渍和体温的大海，有同自己血肉相连的父老乡亲：长福叔、细舅、阿龟兄、阿武、沙毛、阿蜞、秋生、阿富爸……还有自己的弟妹阿有、贤妹、贤细……一张张脸庞是多么的熟悉，好像就一个个呼之欲出。

县武装部那草绿色的吉普车，沿着崎岖不平的乡间公路，徐徐地驶进汫洲湾。

汫洲人民公社社址就在前面的山坡上，绿树掩映中露出了崭新的平房。大门的上面，一幅鲜艳的条幅写上："热烈欢迎战斗英雄麦贤得同志回家乡莅临指导。"

大门口，公社党政领导、武装部领导和一群少先队员，戴着红领巾，拿着鲜花，背着腰鼓，铿铿锵锵地敲打着。大家都抱着敬仰的心情，来见一见从本乡本土送出去、立了战功光荣回乡省亲的全国著名战斗英雄。那些少先队员都抱着一种神秘感：这战斗英雄会不会跟平常人一样，为啥头颅砸进那么一块可怕的弹片，鲜血脑髓迸流了，集中全国四面八方一流的医生，搞了近一年才能取出来。他在战斗中昏迷了，倒下去了，眼睛被鲜血和脑髓糊住了，却还能爬起来，还能在那众多螺丝中，在黑暗中寻找出松动的螺丝，还能操纵战舰，坚持战斗三个多小时，直到胜利了才倒下去。这个家乡叔叔，从来没蒙面的战斗英雄，是不是长着三头六臂的，像孙悟空一样有着七十二变的本领呢？

麦贤得走下车了，县武装部的李元部长和两个陌生的海军叔叔跟着他走过来了。他身体魁梧，走路左腿拖着右腿，他是伤了！

“咚咚咚”，领头的大锣鼓敲响了；“哒哒”，鼓手敲了敲鼓沿；接着，大家便一个劲地敲起来，“噼噼啪啪”，大门外高高吊着的长长的鞭炮响了，浓烟滚滚。那炮烟夹着香气，漫天翻滚。大家一定睛，麦贤得已走到眼前了。

“乡亲们好，同志们好！”他挥舞着有力的左手，微笑着向大家问好。

“麦英雄好！麦英雄好！”公社党委林书记迎上去，握着他的手，高声道。

“热烈欢迎战斗英雄麦贤得回家乡莅临指导！”不知谁带头振臂高呼。

“热烈欢迎战斗英雄麦贤得回家乡莅临指导！”全场跟着高呼。

欢声雷动，鼓角雷动，汫洲湾沸腾起来了！

孩子们奔走相告，不一会儿，公社门口来了无数的乡亲，他们要来看广播里日夜播送着的家乡英雄。这可说是汫洲湾有史以来最大的盛事啊！在整个汫洲，整个饶平县，乃至潮汕平原，哪有一个乡里能出他们这样一位全国的战斗英雄呢？而且是受到敬爱的毛主席单独接见的呢？瞎子老叔说得好，这是国粹，也是乡粹！他麦贤得是天上的战星，他头上有三尺祥云呢！

午饭，公社党委盛情地置席款待了英雄。桌上，有咸菜大蚝汤、大赤蟹、大龙虾、狗母鱼、乌鳗、尖头鱼……满满地摆了一桌。

麦贤得坐在东一位，李部长、李教导员、黄医生……依次坐在贵宾位上；公社林书记、郑部长、郭副书记和麦长福依次坐在主位上。麦长福把盏。一壶茅台酒。

麦长福挽起袖子，分宾主依次斟酒。林书记高高举起酒杯，笑容可掬地道：“来，今日麦英雄莅临家乡指导，还有李教导员、黄医生和县李部长莅临指导，我代表公社党委、公社武装部表示热烈的欢迎，干杯！”

“干杯！”大家一饮而尽。

林书记见麦贤得那杯酒还满满的：“麦英雄，你……”

“林书记，麦同志还不能饮酒，就免了吧。”黄医生帮着解释道。

“噢，噢，免，免了！”林书记会意，连连说道。

“麦英雄，你真了不起哟。”林书记谈兴正浓，“当广播播出《人民日报》的长篇报道后，俺家乡四万多人民群众，无不欢欣鼓舞。大家都为家乡出了英雄而高兴。当汕头地委、地区专署、广东省委作出向你学习的决定后，全社所有的人民群众纷纷开展学习你的革命硬骨头精神……广东军区的首长、地委、专署、县委的领导同志都先后多次到浒洲看望你的父母，指导浒洲开展学习你大无畏革命精神的热潮。你这次回来，可要好好地指导指导家乡的工作，教育鼓舞家乡的人民……”

“不够，不够！林书记，我不够。”麦贤得谦逊地道。

“来，来，边吃边谈。”林书记见大家都听着他说话，停筷了，便站起来，把那朱红朱红的赤蟹，用手剥开，“来，这只有蟹黄，麦英雄你辛苦，你吃……来；这只，李教导员你路远，尝一尝俺浒洲的土特产；来，黄医师……李部长。”

“长福叔，给您，谢谢您送我入伍！”麦贤得把放在他面前的赤蟹递给对面的麦长福。麦长福心头一热：啊，这阿得，当英雄了，还忘不了自己这小小的民兵营长啊！他急忙三下两下地把赤蟹剥开，他知道阿得的右手还不灵便，剥蟹艰难。便站起来递了过去，道：“阿得，你吃，你为人民立功，应该你吃。”

5

行李安置后，大家稍事休息，阿有便来催促，说亲人都在他家久待了。

麦贤得十分兴奋，巴不得马上回家见乡亲。他打开大包裹，说：“阿有，糖，糖！”

黄医生补充说，这是麦贤得在广州吵着要买的白兔糖，回家请乡亲的。几年来，麦贤得发的营养费和薪贴，都是护理医生代理。

阿有接过白兔糖，便要上前挽住二兄。麦贤得大手一甩：“不要，不要，我自己走。”

麦长福对着李教导员和黄医生道：“那就让我带回家吧？”

李教导员连声道：“行，你们先带回家，自家人见面，谈天说地都行。我们去了大家反而拘束。你们先谈，傍晚，我们才过去。”

于是，麦长福、阿有便带着麦贤得回家了。

走进家门，只觉一阵异香扑面而来。原来昨晚露重，天井上的桂树繁花似锦，满院飘香。树尾上新筑的鸟窝，“喳喳喳”地撒满阵阵的喜鹊的噪叫声。

麦贤得走进门，见屋子里已坐满了乡亲，有细舅、若霞嫂子、长福妈、还有阿武、秋生……大家一见，都纷纷站起来，异口同声道："阿得，你回来了！"

"回来了，大家好！"麦贤得见满院都是笑脸，心里甜透了，一个一个地握手。

长福妈激动得泪珠盈眶，拉着他的手，道："孩子，长得比以前高了，胖了。来，婶婆瞧瞧，说你伤了脑瓜，伤在哪里？让我瞧瞧！"

麦贤得一听，便摘下军帽，弯下腰，把脑袋伸过去，道："婶婆，就伤在这里。"

长福妈颤颤巍巍地伸出干枯的手掌，轻轻地摸了摸，仔细端详着，半晌，高兴道："孩子，好了，好了！要不是你说伤，谁相信你曾负了重伤呢，医生真贤哟，好好的。"

细舅也走了过来，细看着，道："真的，无事了。毛发长得齐整整的。"

说着，大家便高兴地祝贺他。

"阿有，把糖发给大家，食甜。"麦贤得说完，回头见天井边挤了一群小孩，大家都伸长脑袋往里张望，争着见邻居的大英雄。麦贤得又道："阿有，糖、奴仔！"

阿有便把糖粒撒给那些娃娃们，孩子们接住糖，高兴得嘻嘻哈哈笑着。

麦贤得见若霞嫂子牵着一个六七岁的小孩，问："嫂子，这是谁家孩子？"

"唷，就是小儿。你离家乡时还在肚里的那个孩子呢。快，小菊，快叫叔叔。"二弟当年在海上被国民党军队抓去当新兵，杳无音信，由麦贤得父母做媒，若霞嫂子就嫁给一直单身的阿龟兄。

"叔叔。"小菊羞涩地叫道。

"乖乖。"麦贤得一把将她拉了过来，抱在膝盖上，"你爸怎的没来？"

大家一听，哑然无声。小菊嗫嚅道："我爸他……他去年没了。"

"哦……阿龟兄去世了！"

若霞嫂子道："嗯，他几年前被蒋光头的飞机炸伤了，拖了四五年，去年秋天去世了。那年你们打沉了国民党大战舰，他高兴得喝了一瓶二锅头，连声称赞你道，'阿得好样的，为阿兄报仇了！'真谢谢你，叔叔！"

麦贤得一听，神色黯然，悄声道："阿龟兄……"

"来，来，"林疬见气氛阴郁，便高声道，"喝茶，食糖！"

麦阿记也帮着把桌面上的糖粒分发给大家。

"啊哈，真热闹哟，我们来迟了！"门外传来了百合婶那大嗓音。

大家往门外一望，只见百合婶、素云、素云妈走进屋子来了。

大家纷纷站起来让座。若霞嫂子、阿武、秋生等见来人多了，挤不下，便先告辞了。

“百合婶，你也来了?”麦贤得问道。

“听说你要回家了，我前天就来等你呢。”百合婶站起来，踮高脚尖摘下他的帽子，“来，让婶子瞧瞧，伤得怎样?”她边说边摸：“唷，滑滑的，毛发也长得像刷子一样，无疤痕，哎哟，这医生真是华佗再世哟!”百合婶的眼睛露出异样的光芒，招呼着素云妈：“阿嫂，你过来瞧瞧，谁说他曾经受伤，没疤痕呢。”素云妈听着，只笑笑地坐，她不好意思过去瞧。

麦贤得看着麦素云有些拘谨地坐在门边矮凳上，自己也觉得心怦怦乱跳。他知道这就是相亲了。百合婶带她和她娘过门来相亲的呢。他不知道要跟她说些什么，以往同学之间，谈天说地无所顾忌，今天，他脑瓜一时转悠不过来，瞧着麦素云那好看的鹅蛋脸，一双大眼睛滴溜溜地不时向他瞟来，他脸有些发烫了。

“阿得，你几时回家的?”麦素云忍不住先开口。

“嗯，我上午才回……回家的。”他一紧张，有些口吃，“素云，沙毛没来?”他又问。

“我弟弟也当兵去了，那年在汕头我忘了告诉你，他也当海军，在虎门。”

“嗯，虎门有林则徐，烧鸦片，你去过么?”

“没有。”

“喝茶，喝茶。”林呖见阿有冲好的三杯茶正在冒烟，便招呼道。

麦贤得一听，便蓦地站起来，走过去，双手托着茶盘，先递到素云妈面前：“婶子，喝茶!”

“谢谢，我自己来。”素云妈见麦贤得右手不灵便，茶盘倾斜着，三茶杯里的茶水溢出一半，慌忙接住茶杯。

麦素云见他走路斜斜的，右腿无力，左腿拖着，说话时的嘴角也有些右偏，口舌不清，心内就觉得甚是痛苦。唉，阿得与四年前的阿得，真是判若两人哪!

喝了茶，又谈了片刻，百合婶子便带着素云妈、素云告辞了。

麦贤得客气地送到门口。

麦素云她们回到家里，素云爸已坐在竹椅上。见她们回来了，劈头便问：“看得怎么样?”

百合婶便问素云妈：“阿嫂，你觉得怎么样?”

素云妈怏怏地摇摇头：“人还不正常，说话、走路都不好。”

“听说时不时还要发生癫痫病，看得出吗?”素云爸像法官一样审问着。

素云妈火了：“你是医师么? 这病不发作，谁能看得出? 你有能耐，自己过去看。”

百合婶道：“目前还患病，他父母实话实说的。因是这样，才要找一个能互相体贴的人，阿云跟他是同学，互相了解，以后若能成亲，部队便要把阿云招进去，去学医，好互相照顾。人，我们都瞧了，就是这个样子，大家就斟酌斟酌吧！”

百合婶又道：“素云，这是你自己的终身大事，好与不好，你自己要有一个主见。”

麦素云脸上一阵红，一阵白。半晌，便颤声道：“阿爸，阿妈，阿姑，我……我心乱如麻。让我考虑考虑。明早，我再告诉你们吧。”

下卷

第八章

红海湾姑娘

三十、老艇长的责任心

1

星期天，老艇长崔福俊伴着妻子娄玉兰，在宕石海滩上徜徉。

岁月不饶人呐，他的眼角已悄然爬上鱼尾纹了！他迎着朝霞欣赏着宕石的沙滩的良辰美景艳阳天：几只白鹭在不远的海面上悠翔。海浪像小山一般，一个拥着一个向沙滩扑来。潮来了，沙滩变成海；潮退了，海变成沙滩。没有永远的海，也没有永远的沙滩。

可是，崔福俊此时的眼里，却又有新的发现：那排山倒海的巨浪，实际都是海水组成的。何谓浪，只是由大量的海水拥簇着，众多的海水的力量，把前面的海水推向前方去，直接与沙滩碰击，与沙滩上的岩石碰撞，才激起高高的浪涛。浪涛其实也是海水，只是这些海水比别的海水幸运，涡聚在沙滩的羽翼之下，与沙滩为邻。滔滔的巨浪，在半空中闪亮着灿烂的浪花，在晨光中、烈日中、晚霞中大展其风采，去引诱游玩的异乡人和小孩，自以为是地表现自己的虚荣。但是，崔福俊也意外地感到，这在半空中大出风头的浪花的海水，是不是老是那些海水？在浪涛后面暗暗出力的海水，是不是永远就沉默不语，永远就像默默耕耘无怨无悔的老黄牛一样，平平凡凡地度过它的日日夜夜？不然！因为，汹涌腾起的巨浪隐去之后，第一个高潮中充当浪花的海水实际已经掺和进茫茫的大海中去了，而重新激起浪涛的浪花的海水，有的或者就是老是做着“浪梯”的海水，这回也该轮到它大展风采了。崔福俊想，其实，只要是沧海中的一粟，都有可能成为半空中巨涛的浪花，都有大展风采的机会。只是，你要始终酷爱大海，愿当这沧海集体的一员，愿意甘当默默的“浪梯”！

他崔福俊，也曾经当过很长很长时间的“浪梯”，也当了几回了不起的“浪花”。让他大展风采，让他扬眉吐气，让战友们为之羡慕的是连续两次上京受到毛泽东主席的接见，这是令他永生不忘的喜事。缘由便是那场著名的八·六海战，一场潮水与岩石的激烈的撞击，涌起的滔滔的巨浪，绽放出令人耀眼的众多的美丽的浪花：他崔福俊算一朵，孔副司令员算一朵，石天定算一朵，徐寿祺算一朵，王瑞昌算一朵，姜宜资算一朵，洪板波算一朵，戴寿怀算一朵，余昭玉算一朵，黄理省算一朵，尤金山算一朵，陈文乙算一朵，彭得才算一朵，麦贤得算一朵……这回，巨浪隐去了，浪花又涌入大海之中，大海又把他们分派到东西南北去。或许是那场巨浪涌得太高了，太阳光把它照得太耀眼了，这些浪花裹着光环涌进大海之后，它们便成为不平凡的“一分子”。

是的，自古治军以胜败论英雄，以功过行赏罚。他们这些八·六海战的功臣们，几年来，几乎一个一个都升迁了，有的上舰队，有的上北京，有的被调到其他舰队。在本水警区的，有的提一级，有的提几级。拿他崔福俊来说，八·六海战结束后，就从艇长逐级地升迁，眼下已是副大队长之职了。又比如，原来的战士陈文乙，已提升为“英雄艇”的指导员了，彭得才已转到军校学医去了……但是，论这些，一般人看了他崔福俊还是吃亏了、委屈了。作为一个在海战中，两艘“集体一等功”之一的“海上英雄艇”的艇长，至今还蹲在这宕石滩里，当一个小小的副团级！人家石天定、徐寿祺、王瑞昌……有的上舰队了，有的上广州了，有的升上水警区领导了。当听到这些之后，他都粲然一笑，他自己承担这样的担子，已够重了！他还有一个学习提高的阶段，能做好这样的工作，不辜负党的信任，已是十分不错了！要知道，他仅是一个读三年书的小童工出身的穷孩子啊！他能成长为人民海军的团级军官，已是十分光荣的事。而那些牺牲的战友，不是一腔热血报春秋，受重伤的麦贤得，今天还在与疾病作顽强的斗争？他们根本不可能也不跟世人的眼光计较这庸俗的东西！

“玉兰，我打算要帮小麦找一门亲事，你看行不行？”崔福俊与并排走着的妻子娄玉兰商量道。

娄玉兰正兴致勃勃地欣赏着一群小孩在海滩上击水嬉戏，一听，便停住脚步，睁大秀丽的大眼睛，吃惊问：“你说什么？”

“小麦已到结婚年龄了，该谈亲了。”崔福俊重复道。那双慈眼被晨光照得半眯着。那几条鱼尾纹显得更深。

“你呀，”玉兰娇嗔道，“别异想天开。小麦那个样子能结婚？你是要打算拖累人家姑娘一辈子啊！”

崔福俊凝神地望着半空中的云彩，只见几团祥云从东边的海面徐徐飞来，一对亲昵的海鸥在水面上低翔。他道：“玉兰，你不知道，这件事，我考虑很久了。自从那年同他一起上北京见毛主席时，我见他身体已初步康复了，只是还常常发癫痫病。医生说，这种病，一年半载是难以康复的。看来，主要还是要有一个良好的生活环境，要有一个贴心的人日常照顾他。不然，他病发作常常在半夜三更的，老是要配一个男医生跟在身边，是困难的。玉兰，小麦还只有20多岁哪，一辈子，老是这样，能行么？”

玉兰望着丈夫那心事重重的样子，便打趣道：“你这老艇长，倒要当起他父母来了。”

“你这话就差了。玉兰，你不知道，小麦真太可惜了。战斗中你没在场，谁在场，谁不感动才怪。今天，一见他时而天真时而发呆的样子，就会想起那战斗的情景、那战前生龙活虎的小麦，我的心就痛！我真有点内疚。你想一想，目前，战斗中幸存下来的战友，有的升迁了，有的成家了，日子都过得圆圆满满的。一想起牺牲的战友，一想起小麦我心就阵阵地痛，就彻夜难眠呐!”

玉兰是知道丈夫这菩萨心肠。但是，她深知，像小麦目前这样的状况，要找对象确非易事。她又道：“你别空费心，你们上级领导有没有这个意图呢?”

崔福俊连连点头：“听说在军区总医院时，就有一些浪漫的姑娘写信向他求爱，但当听说他那后遗症后便怕了。到疗养院后，也有几个自告奋勇的姑娘上门看望，怀有此意，但见面之后，也就销声匿迹了。组织也认为，如果真的有姑娘爱他，也可以考虑让他结婚呢。”

玉兰道：“就是嘛，按他目前这样的身体，恐怕没有哪一位姑娘敢爱他。结婚了，一辈子都要陪他，这可不是儿戏哟!”

说着，两人已穿过一片干涸的岩石滩，只见不远处的小灌木林中，走出一对年轻人，手拉着手，时而弯腰拾贝壳，时而把贝壳拿在眼前，两颗脑袋紧挨在一起欣赏着，时而传来嘻嘻哈哈的欢笑声。崔福俊心里道：多么幸福的年轻人！啊，这不是陈文乙吗?!

陈文乙一抬头，也发现他俩，便拉着那姑娘的手飞奔过来，边走边喊道：“老艇长、娄姨，你们也出来逛海滩?”

“唷，小陈，小巧，”玉兰惊喜地应道，“你们玩得真乐!”

“老艇长、娄姨，你们好。”小巧也羞涩地打招呼道。

小巧是陈文乙的未婚妻，这几天从惠来到汕头探亲的，昨晚小陈陪着她往老艇长家造访，他们都认识了。

“这海湾真美！姑娘，你陪你娄姨玩玩，小陈，我们坐下谈谈。”

玉兰知道丈夫的性格，他心中有事，非马上弄出个头绪不行，一定要跟小陈商量麦贤得的事，便识趣地招呼小巧往海边走去。

“小陈，”崔福俊拉了拉陈文乙，坐在沙滩上，“有一件事，我想跟你这指导员磋商一下。”

“啥事?”陈文乙睁圆眼睛，认真地问道。

“你看能不能帮小麦找找对象，让他建立家庭?”

“这……”

“组织已有这意思了，只是一时难找到合适的人选。”崔福俊重复道。

陈文乙沉思了片刻，摇摇头道："难，难，他那样子，恐怕相见时难成更难！"

崔福俊料不到，自己的构想，还不上一刻钟的工夫，就被淋了两盆冷水。

"小陈，试试吧，说不定姻缘无错对，城里人眼光高，我们就往乡下找寻。我的意思，我们过几天到红尾湾中队去，顺便找老赵谈一谈，汕尾的姑娘纯朴，对我们部队也有好印象，说不定……"

"行！"陈文乙也来劲了，"汕尾的姑娘长得漂亮，要不是我已定亲了，艇长也帮我找找，哈哈！"

"文乙，文乙！"海滩上传来那小巧姑娘清脆的声音，"你快过来，沙蚕！有沙蚕！"

他俩抬头眺望去，只见玉兰和小巧正弯腰在水边上抓沙蚕，又笑又叫。

陈文乙一见，便撒腿飞跑过去。

2

一股异香弥漫整个会客厅。

一盏酒精灯火正红，火舌上的干鱿鱼噼噼啪啪爆响，散发出来的香气真令人垂涎欲滴。赵书记烤干鱿鱼数一流的工夫。寒冬腊月，海湾风大，躲在家里，一瓶二锅头，一片干鱿鱼，另加妻子那娴熟的手艺煮出来的热腾腾的紫菜虾米汤，再加一小碟凤阳府五香花生仁，这便是他待客的美味佳肴了。

"来，干！老崔，小陈。"赵书记高兴地举起酒杯，与崔福俊、陈文乙碰杯，便一饮而尽。

几杯酒落肚，老赵已觉得脸庞火辣辣的。他又再斟，崔福俊伸手挡道："老赵，别再饮了。"

"说往哪去，今晚难得空闲，多饮几杯无妨。"老赵又抢过崔福俊的酒杯，满满地添上去。

"不，不，"崔福俊那温良的脸庞一本正经道，"老赵，今晚有一个任务，要交给你办。"

"啊，啥任务？酒喝够啦，就办得漂亮；酒喝一半，就办一半。哈哈，干！"

"不，"崔福俊把老赵的酒杯抢了过去，"老赵，你听我说，话听完啦，如果你答应我陪你喝个通宵，醉了，就同小陈躺在你客厅上。"

"哈哈，行！这样说，你讲吧。"老赵见崔副大队长一本正经，知道真的有事，他那粗糙而威武的脸孔也露出一副悉听尊便的样子。

"是这样，我要请你当红娘，帮我的一个战友介绍对象。"崔福俊故意绕个圈子。

“嗨，是这码事，是——”老赵眼睛瞟了瞟陈文乙，“给这家伙？”

陈文乙一听，脸倏地赭红，争辩道：“我没这份福气，我年底要完婚喽，要请赵书记你喝喜酒呢。”

“嗨，那……”老赵迷惘地问。

“麦贤得，战斗英雄，一等伤残军人。”崔福俊亮了谜底。

“嗨，麦贤得？他要结婚？”老赵那布满胡子的大嘴张得像乒乓球一样，半天合不拢，“他行么？”

“行！”崔福俊蛮有把握道，“他这几年来身体恢复得好，现在湖南冷水滩‘五七’干校，会打乒乓球、篮球、记忆力逐步恢复了，只是语言表达不大清楚，有时要发生外伤性癫痫病。因此，需要找一位姑娘结婚，以后可以互相照顾，对他的身体完全康复有利。”

“组织的意见呢？”老赵慎重地问。

“组织有这个意思，只是希望他在冷水滩劳动锻炼身体恢复了，然后才准备操办。我们可以先物色物色。”

“嗨……”老赵右手支着下巴，沉吟良久，道，“条件是啥？你说一说吧。”

“条件么？”崔福俊掐着手指，“一是政治可靠，出身好，政审要像战士入伍一样把关，不要有海外关系，最好是共产党员；二是相貌要说得过去，中上等的人才，因为小麦是名人，经常有领导看望，记者采访，要上桌面的，不三不四不行；三是要有一定的文化，结婚后，部队准备吸收入伍，穿上军装，学当护士，以便护理小麦；四是年龄与小麦相近就行。”

老赵听着听着，一眼盯住眼前那碟花生仁，发现有颗异大，便伸手用拇指和食指一把就夹住，丢进张开的大嘴去，边嚼边思索着。不知是花生仁异香诱发了他的智力否，只听他骨碌一声把嚼烂的花生咽下去，眼光发亮了：“有了！她——理想中人！”

“谁？”崔福俊惊喜问，他料不到老赵手中有王牌，竟一发即中。莫非真是千里姻缘一牵即成！

“李玉枝！”

“噢，就是‘八一’军民联欢节跳忠字舞那位扎着长辫的姑娘？”崔福俊惊讶地问。

“正是她，正是她！”老赵拍掌道，“哈哈，料不到崔大队长对姑娘的记忆力还这么强！”

“嘿嘿，”崔福俊也不好意思道，“她长得很出众，也很纯朴，糖专公司到部队慰问她都去。”

“对了，”陈文乙也想起来了，“就是八一节到我艇慰问的那个姑娘，听说还当什么主任的呢！”

“对，她是汕尾商业服务站副主任，共产党员。”老赵这回又伸出那还沾着一手花生皮的食指和拇指又嚓地夹住一颗第二号大的花生仁，张开大嘴，丢了进去，又津津有味地咀嚼着，边嚼边道，“这娃穷苦出身，家庭弟妹多，十五六岁就在镇公安分局当勤杂，以后便到糖专公司糖专营业部干，勤奋好学，年年被评为学毛著积极分子，今年还参加全省学毛著积极分子代表大会，口碑很好。”

崔福俊听后，满心欢喜，欣然道：“那太好了！你先了解一下，看她有没有谈对象，如果没有，就可以牵针引线。我回水警区与领导汇报一下，确定后，我们就正面与小李接触。”

“行，行！”越书记也是部队转业的干部，雷厉风行，爽朗道，“成功了，你可别忘了请我喝喜酒喽！”

“放心，老赵。成功了，我自己掏腰包买茅台，也要让你喝个痛快，不醉不休！”

“哈哈！”老赵纵声大笑，他或许预感着茅台酒是吃定了，那国色天香正涓涓地流进他的咽喉里去，那滋味令他毛孔舒畅异常，因而那笑声特别的痛快。

“老赵，别吵醒孩子呗！他们明天要早起读书，你是喝醉了。”妻子在里房高声地警告道。

老赵吐吐舌头，扮了个鬼脸，戛然无声了。看来，他也是怕老婆的角色！

三十一、李玉枝心思：是喜是忧两茫茫

1

今天中午，开完会，我与往常一样，到赵书记家中喝茶。刚好客厅没其他人，赵书记半开玩笑半认真地问：“小李，你今年芳龄多少？”

“我——”我睁眼望着赵书记，只见他一张似乎颇认真的脸孔，便笑着道，“赵书记，我团也入了，党也入了，你还问我的年龄。你是不是要给我当媒人呢？嘻嘻。”

“是呀，书记近来老是走海边盐田，鞋底烂啦，要向你小李要一双媒人鞋穿穿喽，”赵书记风趣地道，“嘎，说真的，小李，你有没有谈对象，你跟叔说真话。”

我见赵书记来真的，觉得脸颊火辣辣的，莫非他手中有牌，真的要帮我介绍对象。我心里慌得怦怦乱跳，轻轻地摇摇头。

“真的没找对象？你可别骗阿叔哟！”赵书记点燃了一根纸烟，深深吸了一口，“小李，如果真的还没找对象，叔叔跟你物色物色，岂好？”

来得太突然了！我的脸庞觉得又一阵滚烫，一定通红通红的。我扭着辫梢，心里想：论年龄么，已有二十二虚岁了，在乡里的同龄姐妹，其实也大都谈恋爱或定亲出嫁了；论工作么，自己目前已在镇商业部门工作，也算正式工了，而且负担了商业站副主任之职。同事阿姐阿姨也有许多热心的要帮我介绍对象，而且，确有许多英俊的小伙子在悄悄地注意我呢，甚至写情书呀，要约去看电影呀，说真的，爱神时刻绕着我身边团团转。唉，只是自己家中弟妹八人，排我为大，家中大小事父母几乎交给我出主意。如果自己一定亲，家乡习惯，不多长时间就可能要过门去。那么，家中的担子就全落在父母肩上了。这一大群弟妹的日子要如何打发呢？于是，我便谢绝了好心的阿姨阿姐的张罗，也故意疏远了追求的小伙子。但是，眼下书记亲自出马，要为我介绍对象，自己怎可把门紧紧关闭？要知道，赵书记对自己是很关心的，很爱护的。他绝对不会介绍一个让自己难堪的人物的。

这时，我心内平静些了，忸怩道：“赵书记，你手中有啥王牌，就摊出来吧。”

“哈哈。”赵书记纵声大笑。他就是这性格，十分开朗豪爽。

“小李，你真的相信叔叔，那我就给你摊牌。”赵书记又深深吸了一口烟，“其实，他，你是认识的。”赵书记故意绕圈子。

“我认识？”

“是呀，你认识，全潮汕、全国人民都认识他！”

“他是谁？”

“全国著名战斗英雄嘛，响当当的！”赵书记随手从身边的桌子上拿一本书给我。

“啊，麦贤得！”我身上热血沸腾，端详着《毛泽东思想武装的钢铁战士麦贤得》这本小册子，封面上那英勇顽强的年轻战士，头上扎着绷布，双手操纵着轮机，在大海上冲锋陷阵……真的，麦贤得我太熟悉了！全国8亿人民都太熟悉了！我们的汕尾湾住的就是汕头水警区的海军战艇，这两年来军民联欢活动，我常常带着职工上战艇慰问。海军战士也常常到镇参加学毛著和传达中央文件的大会，一说起麦贤得，他们都引以为豪。有的说：“是我们中队的。”有的说：“是我们战艇的。”有的说：“他最近还上京，毛主席单独接见呢。”是呀，《人民日报》都登载了，他同他的老艇长，就是那位像老师一样斯斯文文的常到镇来的那个大队长，一起在天安门金水桥上瞻仰毛主席画像，我一瞧就认出来。真的，麦贤得笑容可掬地受到毛主席的接见。麦贤得太幸福了，他长得高高的，脸庞嫩嫩的，态度十分谦恭。有人说他受重伤了，腿断了，手断了，不会说话。瞧那样子，五官端正，脚手齐全，真是乱说的！我就要跟他谈亲？赵书记说的就是他？这是真的吗？

“小李，你意下如何？他可是一个一等伤残军人哟！”赵书记含笑地瞧着我的脸庞，征询道。

我不知怎样回答。我这个旧社会穷苦贫民的女儿，幸得有党的培养，才能从一个不懂事的、仅读小学三年书的女孩，今天成长为一个光荣的共产党员，成为一个镇商业站的副主任，而且光荣地出席地区、省学毛著的积极分子代表大会，与省、市的领导和部队首长一起开会学习。这一切，没有共产党领导的新中国，我这个渔民的女儿能得到吗？而麦贤得，也是渔民的儿子，也是为了保卫新中国的安全，为了保卫沿海渔民不受国民党的欺凌，为了大壮中华人民共和国的国威，才英勇受伤的，而且在重伤时刻，还坚持顽强战斗。现在他身体伤残了，他是多么需要有一个人在身边关心他，爱护他，过着一个正常人一样的生活！这一切，我理解，不然，他要娶亲干啥呢?!

“赵书记，我跟我爸我妈商量后才答复吧。”我不知道这句话是怎样说出口的。好像我已同意了，我觉得自己的胸口跳得十分厉害。

“行，行！应该，应该！你跟你爸你妈好好商量。”赵书记欣喜异常。

傍晚，掌灯时分，弟妹们有的睡了，有的钻在房间里读书做作业。我见爸得闲了，便跟他们谈。

爸妈都是旧社会的孤儿。爸爸告诉我，爷爷原来是一个远近闻名的木匠，那年被英国佬抓去筑炮楼，三餐半饥不饱，举斧无力，昏倒了，被英国佬活活打死。妈妈也曾经告诉我，她三岁时，外公出海捕鱼，在一场海难中葬身海底。她随堂哥度生，七岁时就当童工，在饥饿中挣扎挺过来的。二十岁时就嫁给也是孤儿的爸爸。真是苦瓜藤结了两个苦瓜子。结婚后，夫妻俩在海边筑了一间土屋，搭了货架，卖些水果糖粒，但却饱受国民党兵和富人的欺凌。幸得解放了，共产党给了他们幸福，日子就过得越来越甜了。爸妈每当见到我高高兴兴地唱着歌上居委会、上镇政府做事，见到弟妹们背着书包唱着歌上学堂，高兴得脸上皱纹都舒展了。爸爸逢年过节，吃着丰盛的美味佳肴时，就对我们姐弟道：“孩子，我们一家是共产党救的，千万不能忘记党和毛主席的大恩情啊！”

“阿爸，阿妈，我有一件事跟你们商量。”我羞涩地道。

阿爸是过来人，一见，就猜中了几分，便问：“有啥事，痛痛快快讲，别忸忸怩怩的。”

“中午，赵书记帮我介绍对象。”我怯懦道。

“唷，介绍后生兄？”我妈一听，惊喜道，“那该谢谢他！赵书记介绍的，不会错，是哪家的儿子？”我妈是快人快语，好像马上就要把女婿带到她眼前一样。其实也难怪她。跟我一样年纪的邻居姐妹，有好几位已抱着娃娃回娘家了。每当妈妈一见，就羡慕道：“哎哟，孩子真嫩，乖！唉，我家玉枝，哪时也给我生下一个胖娃娃呢！”我便半羞半嗔道：“妈，你紧张什么？我又不是不给你找女婿，我要找好的，找你合意的！”

这回，妈妈终于盼来了，她追问道：“他是谁呀？”

我沉吟片刻，便道：“你们都听过他的名字，全国人民都在学习他。”

“唷，麦贤得！”我爸一声惊叫。

“嗯。”我认为不必解释。

“哟，就是广播常常讲的那个伤着脑子还坚持打国民党美国佬的那个海军？”阿妈惊愕地问。

“嗯，就是他。”我重复道。

“不行不行！”妈妈脸刷的阴晦了，“我以为你寻了几年，是寻一个什么样的好姑爷，你就寻了一个无脚无手伤了脑袋的人当女婿，你是神经病了！还是跟阿爸阿妈开玩笑！”

“不，阿妈，你不了解！他五官端正，脚手齐全。”我慌忙从文件包里找出了一张两年前的旧报纸，这是我下午往图书馆借的，专门拿给爸妈瞧的。我指着跟毛主席握着手，笑意盎然的麦贤得，“妈，就是他，脚好手好呢。”

阿妈眯着老眼，左端详右端详，半晌，唠唠叨叨：“真的，倒是生得精精神神的，还嫩白嫩白呢，好靓！”

阿爸也探过脑袋，扶一扶老花眼镜，瞧了瞧：“嗯，样子倒也英俊，倒是可以考虑考虑。”沉吟片刻，他便朝里屋唤道：“阿快，去请你添伯过来，说阿爸有事跟他商量。”

房间里的布帘一摇动，便露出一个剃得光光圆圆的脑袋：“要叫添伯？”

“嗯！”阿爸重复道，“你就请他老人家过来我们家坐，你说阿爸有要事跟他商量商量。”

弟弟李快便奉命而去。

添伯是阿爸的结拜兄弟。两人在海上滚大的，情同手足，家遇大事，必请他合谋。

片刻，添伯便笑呵呵进门了。他当头就问：“老弟，又有何贵干？”

我急忙抬上茶："添伯，喝茶。"

"玉枝你今晚有空，陪你爸你妈?"添伯接过热茶，问道。

我含笑地点点头。

"老兄台，今晚就是为玉枝的事，才请你过来合谋合谋的喽。"阿爸也打开天窗说亮话。

"哦，玉枝有好机会了!"添伯乐得抚摸着半寸胡茬，随手从裤袋里摸出一包香烟，丢在茶几上，"老弟，这是女婿孝敬的。'丰收牌'，酸甜酸甜的，够味道。玉枝，是找上对象了?"

"这对象可不一般，"阿爸一本正经道，"叫麦贤得，你听说过么?"

"麦贤得，八·六海战那个大英雄?毛主席接见的?"只见添伯惊得半天合不上口，几根短须微微打颤。

"是，就是他。"阿妈便随手打开那张报纸，展示给添伯瞧。

我脸庞火辣辣的，坐也不得，站也不得，便躲进二妹的房间里，瞧她做作业。

二妹的耳根长，约摸是偷听我们的谈话。她睁着大眼睛，睫毛眨了眨，盯了我半天，劝道："阿姐，这你可要千万谨慎，别冲动，听说麦贤得有后遗病，跟他，一辈子的事哟!"

我默默点点头，轻声道："玉娇，你放心，你姐姐会知道怎么办的。"

"玉枝，你出来。"阿爸在厅堂唤我了。

我便走了出去。看来，他们是商量好了，有个统一意见。是行还是不行?我心内也有些紧张。

"玉枝。"添伯叼着"丰收牌"，像一个老师爷一样，语重心长地道，"玉枝，这门亲事，是政治亲事。你是干部，又是党员，赵书记亲自介绍的，是好是坏，是同意还是不同意，都不能一句话说完。你们不是天天念着毛主席语录，叫'没有查，就不能发言'嘛。"

我扑哧一笑，纠正道："添伯，不是，是'没有调查，就没有发言权。'"

"对，对，对!"添伯狠狠拍着自己的后脑勺，"你瞧我，我刚才还听小女儿在念，踏出门槛就忘了。对，凡事都要了解了解，古人说，百闻不如一见，要亲眼见一见，是好是坏才能发表意见。这门亲事，关键是他的身体，如果恢复有七八成，以后细心护理，他病好了，那就是天下难找的男人了。你对赵书记说，同意见面，看人才定。"

阿爸阿妈和添伯已同意与他见面了。就是说，只要他身体基本过得去，就可以答应了。我这时的心跳得十分厉害，真有点怕。他身体不好，就不要他!他身体不好，不就更需要人照顾吗?他身体不好，就躲开他，那不就太残酷了？不知怎的，赵书记跟我提亲后，我好似处处都为他着想，这是缘分吗？

2

自从那把“同意见面”回复赵书记之后，说心里话，我真希望尽快见到他，瞧瞧他究竟伤到何种程度，有什么后遗症，能不能通过精心的护理得到恢复！

但是，时光如流水，一月一月悄然而去。我一直没有接到见面的消息。一次，赵书记告诉我，他目前还在湖南“五七”干校，没有那么快回到汕头。在此期间，也有许多好心的同事帮我介绍对象，有一个在部队当指导员的干部，也通过人介绍亲自上门提亲。但是，我心里装着麦贤得，我决心同他见面以后才谈。于是我推辞了。说真的，自从赵书记介绍后，我决心见一见他的面，是好是坏，看后再说。在这段时间，工作也够忙了。我被定为“政治苗子”，参加了路线教育工作队，春节后就往镇渔队，几个月后又到海城，日夜搞调查，做群众工作。一晃，又是一年了。隔年3月份，我便被调到公平公社任妇女干事，与莫姨在一起。莫姨是公社妇女主任。

莫姨很疼爱我，关心我，教我如何做妇女工作。她家安在公社里面，下乡回来，煮有番薯，有稀粥，就招呼我：“阿枝，过来。”每天有说有笑的。日子过得好快乐！

5月份，我便与县妇女主任可英姨一起往潮州南春路地委党校学习。一天中午，汕头水警区的李干事到党校找可英姨，然后，可英姨便把我叫去，对我介绍道：“这是汕头海军的李干事。”然后，李干事便热情地与我握手，并道明了来意，说麦贤得已从湖南干校回汕了，现在身体恢复不错，要我准备与他见面。

我一听，脸刷地火辣辣的。真的要见面了！我此时有两点担忧：一是担忧他身体真的不好，超出我的意料之外，难以接受；二是担忧他如果身体康复了，眼光太高，瞧不起我。我心乱如麻，心通通乱跳。

李干事对可英姨道：“李主任，你看可否这么设计，我们明天安排他打乒乓球，你明天就带着小李，另加一位其他的女同志，自称是去部队采访的报社记者，观看他打乒乓球。我们不道明真相，让他自如些。小李你就认真看，意见如何，我们再交换。行不行？”

李干事瞟瞟我们，可英姨道：“行，就这么安排，小李你的意见呢？”

我羞涩地道：“就听李同志和可英姨安排吧。”

李干事走后，我忧心忡忡道：“可英姨，我有点怕。”

可英姨安慰道：“别怕，你这样的行为，本身就看出你的思想境界。你的品德是崇高的。理直气自壮，大胆去，看后再定。人嘛，男大当婚，女大当嫁。男女相亲，瞧来瞧去，是年轻人正常现象，没啥可怕的。英雄也是人嘛，你就别怕!”

在可英姨的鼓励下，我心踏实多了。隔日上午，她跟同来学习的谢姐就陪着我，乘上公共汽车，半晌，便来到汕头宕石码头。

海军营房，就坐落在巉岩削壁、依山面海的宕石半岛上。军营里，金凤树浓密如盖，遮天蔽日，戒备森严。我心内怦怦跳得慌，虽然老是自我警告：“别怕，我是理直气壮的。”但是，心房就不服从指挥，还自管跳它的。说实在话，这几年来，我什么场面都瞧过，全镇几万人口的集会，我上台讲话、跳舞唱歌，汕头地区、广东省学毛著积极分子大会我上台发言，几千双火辣辣的眼睛注视着我，我都神态自如。但一遇到这平生没碰过的事，心就乱跳。我真这么不中用！我狠狠咬咬嘴唇，心里骂一声：玉枝，你真孬种！这下，倒好了。我神态自然地随着可英姨走进军营去。

站岗的战士可能是首长已有交代，他们都礼貌地跟我们点点头。没走几步，李干事便笑吟吟地过来接我们了。他把我们领到绿荫中的一座大厅，里面已听到“哒!”“啪!”“啪!”的乒乓球声和一阵一阵的喝彩声。

我们走进去，见有一群战士在观看打乒乓球。约摸七八个在观战。两个身着白背心，打得浑身大汗的战士鏖战犹酣。我一眼就瞧出，位于东侧，面向大门的长得高大、浑身白嫩的战士就是麦贤得！他约摸一米七八，长脸形，白净白净，浑身肌肉结实，走近些瞧，那双长长的剑眉刚劲有力，一双黑白分明的眼睛炯炯有神。

李干事把我们安顿在南面中间的已备好的椅子坐。麦贤得也发现我们来了，举止有些拘谨，连连失了两个球。

“麦贤得，加油哟！麦贤得，加油哟!”周围的拉拉队为他鼓劲。

只见对方拉了一个高高的弧圈球，落在他右边的台面上，高高向左边旋转过来。他看得真切，左腿移步，一侧身，便狠狠地扣了过去，斜刺里扣在对方的左边角上。对方一个咯噔，料不到麦贤得球的落点这么神出鬼没，便失了一分。

“啪啪啪!”大家高兴地鼓掌，为麦贤得庆祝。

麦贤得这球太漂亮了，竟不自觉地向我们瞟了一眼。我眼睛接触着他那火焰般的眼神，不禁脸庞又热热的。他一闪神，连连失去三分。

“麦贤得，加油哟！麦贤得，加油哟!”拉拉队又鼓劲了。

但是，瞧着瞧着，我觉得麦贤得握拍的是左手，右腿移动不自然，显然力气不足，有时高兴起来，一笑，嘴角也稍稍右偏，渐渐地，尽管对方有意让他，但比分还是拉下来，已是15:8。麦贤得不服输，越紧张，越出漏洞，有时，竟连对方没带旋的球也接不住了，他脸庞急得红扑扑的，一脸窘态。

瞧到这里，我心内暗暗为他加劲，但于事无补，他败局已定。唉，麦贤得啊麦贤得，你要是不受伤致残，按你这样的体格，这样的顽强意志，这样的拼搏精神，你一定不会输的！我恍惚中觉得他像高山顶上的一株青松，不慎染上锈瘢病，很需要一个负责任的技术员精心地照料它。唉，麦贤得啊，你人生的路还长哟！听说在医院有许多人向你求爱，但都因为你身体不好，而不敢爱你。而你这样的身体，是多么需要一个爱你的人在身边精心地、细心地、全心全意地服侍你，让你过一个正常人一样的生活啊！如果哪个姑娘都不敢亲近你，都不敢爱你，你就要一辈子孤身一人，你病了，你痛苦了，谁能日夜陪着你呢！你是为祖国、为人民受伤的，你伤得光荣，连毛主席、周总理都关心你，你的伤牵动了全国多少人的心啊！但报纸上说你得癫痫病，轻度偏瘫的现实确实太残酷了，确实让人望而生畏了。但是，这是你的过错吗？这是你的责任吗？这一切后果难道一定要误你终身吗？你一定要单身只影过一辈子吗？不，不，我李玉枝陪伴你！这千斤重担，我李玉枝帮你一肩挑吧！

我不知自己这时为什么浑身滚烫，心房急剧跳动，一股共产党员的责任，一股献身的豪情汹涌澎湃，如大海的巨浪排山倒海而来，如高山悬崖的瀑布飞流而下，我再也无法犹豫了，我咬咬牙，下定了决心：贤得啊贤得，李玉枝就陪你一辈子吧！……人间的感情不能代替爱情，但正气能战胜世俗卑陋的观念！一股从心底里迸发出来的正义感，驱使我做出了这永生无悔的正义的抉择！

离开大厅了，我觉得泪眼模糊，可英姨连声问我：“玉枝，你觉得怎样？玉枝你觉得怎样？”我沉湎在激动的情绪中，双唇难启。她仰头望我，惊讶道：“你是怎样了，玉枝，脸那么红？”我才觉得自己太激动了，我不能自己道：“可英姨，我决心陪他一辈子！”

可英姨迷惑而板着脸道：“玉枝，这可要三思而后行哪！你还是慎重考虑，听说他癫痫病一发作，很可怕！”

我坚决道：“天塌下来，我来顶！”

可英姨又道：“你还是回家跟你爸你妈和亲友再商量商量，再定吧。”

“婚姻是我自己的事，我自主。你帮我说服说服我爸妈吧。”

可英姨见我态度这么坚决，也大为感动：“玉枝，你真了不起哟！”她睁大眼睛久久地望着我的脸孔，半晌，缓缓道：“玉枝，但愿你的选择不会错！祝贺你们幸福！”

三十二、余芝松报喜

1

这场表演，实际上是一场朴实无华的考试，麦贤得所取得的优异成绩，并不是他的球艺高超，演技卓绝，而是他的朴实无华——一个实实在在的冠以“战斗英雄”+“一等伤残军人”双重桂冠的麦贤得。

而这铁面无私的考官，却是一位将要伴他终生的姣好而纯情的姑娘。这位姑娘，有一颗温良的心，一颗洁净的心，一双慈善的大眼睛，一双能穿破在世俗眼光下显现出来的麦贤得那令人望而生畏的外表，还一直瞧准麦贤得那隐藏在胸腔里面滚热发亮的心！于是两心相印，两颗火热的心跳动在同一节拍上——冲破了重重世俗的迷雾，冲破了层层常人难以逾越的栏栅，终于在险峰上融合在一起了，撞击出时代的最强音——一首震撼中华大地的最美丽最高尚的爱情交响曲！

一个多月后，汕头水警区政治部组织科接到李玉枝的来信，这是她经全家协商同意正式与麦贤得谈亲的表态信。水警区党委秘书余芝松接到信后，高兴得抚掌喝彩道：“太好了！太好了！”

余芝松便拿着信件，匆匆地走往政治部张副主任的房间，报喜道：“张主任，李玉枝同意了，同意了！”

张副主任便是麦贤得的大队的张政委，他眼下任政治部副主任，主管政工工作。麦贤得是他的老部下。这几年来，他的心也时刻挂着麦贤得，听说李玉枝同意了，心里也异常高兴，连声说：“好，太好了！”他又马上道：“小余，麦贤得的意思呢？”

“哦……”余芝松道，“我还没去征求他的意见，他哪会不同意？”余芝松想，这样的姑娘，真是百里挑一，麦贤得不同意，那就怪了！

张副主任慎重道：“这是大事，工作要细致，双方都要合意，才能安排他俩正式会谈，小余，千万不能疏忽喽！”

“是！”余芝松认真道，“那么，我马上去征求他的意见。”说完，余芝松就径直走往麦贤得的房间。

麦贤得刚起床，在哼着谁也听不清楚的曲调。看来，他心里很高兴呢。

“小麦，起床了。”余芝松问。

“嗯，余秘书。”

余芝松边说边走进麦贤得房间，坐在他的床沿上：“小麦，那天你的球打得不错，记者看后，还称赞你呢。”

“嘻，嘻。不好，不好！输了。”麦贤得谦逊道。

“不，你已尽了最大努力，比以前进步很快，特别是那个高旋球，还被你扣下去，真不简单。要是我，也不一定能扣下呢。”

“嘻嘻！”麦贤得对扣下那个旋球，至今还乐着，余芝松一称赞，他又津津有味地回味着。

“小麦，那天三位记者，那年轻的长得真不错哟！”余芝松半认真半开着玩笑道。

麦贤得一听，脸倏地一片通红，他记得那天后半场球为什么一路败下去，也由于多看了那年轻的女记者几眼，走神了的后果。莫非被余秘书发现了，他十分害羞。

说真的，自从去年 8 月回泔洲湾相亲，同学麦素云不敢爱他、亲事泡汤之后，他心内也苦闷了好一阵子。认为自己确实身体不好，别拖累人家姑娘，死去这条心吧！回到冷水滩几个月后，还往湖南韶山瞻仰毛主席故居呢。今年春节前夕就回汕头，他决心在潮汕这块生他养他的乡土上好好调理自己的身体，身体好了，一切都好办。但是，人呀都是父母所生，都是血肉之躯，都有七情六欲。每当见到人家特别是战友陪着妻子或未婚妻或女朋友在海滨散步的时候，每当见到生得俏丽淳朴的花季少女的时候，他的心就怦怦乱跳，脸庞就刷地红红的：要是能建立个家庭，多好啊！

“小麦，组织给你介绍一个对象了，你乐意不乐意？”

麦贤得望着长得矮胖胖的余芝松，见那脸孔一本正经，知道不是开玩笑，便怏怏道：“余秘书，难，组织别费心了。”

“不，她已同意谈亲了！”

“什么？她同意？”

“真的，她向我们组织写信表态了。”

“谁？”

“她呀——”余芝松故意拉着长脸，“她就是那个扎着乌黑长辫的女记者哟！”

“啊，就是她——”麦贤得喜出望外，“她爱我？”

“是的，她来信了，表态了，同意跟你谈亲。”余芝松说着，掏出一包大前门烟，抽出一根自管吸着，他知道麦贤得不会吸烟，不能喝酒。他又慢悠悠道，“现在，是看你了，你爱她不爱她？同意不同意？”

“哦……”麦贤得心里沸腾着，真的，有这么美丽温存的女记者爱他？

他又问道，“余秘书，她是哪个报社的?”

“不，她不是记者。”余芝松全盘摊开了，“小麦，其实这门亲事，在前年春节前夕，你的老艇长崔福俊同志征得组织同意，到汕尾镇帮你物色的。那时，这位姑娘就同意跟你见面。只是那时你还在冷水滩，待到你到湛江舰队时，首长约你爸你妈前去商讨为你定亲一事，你妈说你在家乡有一位同学，平时你们关系还可以，她未定亲，便认为能讨这门亲最好，两人原来互相了解，方便以后生活。当这亲事吹时，你心情不好，身体又不好，就让你回冷水滩去。这回，条件已成熟了，你回到汕头来了，我们便安排她来跟你会面。”

“噢……”麦贤得真相大白。心里十分感激老艇长，感激组织。他问：“她是汕尾人?”

“嗯!”余芝松点点头，“她今年 3 月份调到海丰公平公社任妇女干事。是共产党员，今年二十一岁，原籍汕尾镇，离我们汕尾军港不远。”

“哦……”麦贤得又问，“她叫什么名字?”

“李玉枝!”

“李——玉——枝!”麦贤得呆呆地怔在凳子上，半晌，喃喃道：“谢谢你，李玉枝!”

“你同意了?”余芝松不放心地问。

“同意!……同意见面!”

2

余芝松一听，便高兴地道：“小麦，亲事办成，你可要请我吃喜糖喽。”说完，便径直回到政治部去。

他将情况向张副主任、谭政委汇报，大家甚喜。大家认为是好事一桩，李玉枝的高贵品德确是难能可贵的!为慎重起见，首长还决定派余芝松往洴洲一趟。虽然去年小麦回家乡谈亲吹了，但时隔半年多，不知家中是否有再为他谈亲，这是其一；其二，小麦这亲事，也要征求小麦父母的意见，然后，才逐级向上汇报请示，获准后，才约双方面谈。

这天，余芝松一早就从汕头出发，来到洴洲湾，已日近午时。麦家父母热情地款待了他。这时正好是五月天，鱼肥蟹黄。吃饱饭后，茶过三巡，余芝松便道明了来意。

麦阿记、林呖一听，真是喜出望外。林呖还不放心道：“余同志，是说真的吗?”

余芝松笑呵呵道：“我跑了半天路，会来跟大婶开玩笑么?”

林呖点点头，感慨道：“瞎子叔说得有理，婚星要浮，乌云白云都挡不住哟！阿得真的注定要浮婚星了?”

余芝松又问：“大叔，大婶，近来你们有没有为他找对象?”

麦阿记摇摇头道：“没有，没有！自从去年8月那桩亲事谈不拢之后，县武装部也帮物色了几位姑娘，人家都嫌弃他的身体，不敢爱，就搁了。我们做父母的哪有这个能耐，也认为别耽误人家的姑娘，算啦。”

“噢，那你们对这桩婚事有什么意见呢?”余芝松进一步探询道。

“能有啥意见?”林呖利落道，“孩子眼下是部队的人，部队首长待阿得比父母还亲，想得还周到，连娶媳妇也劳心费神。首长拿主意就行了。只要姑娘心地好，会爱阿得，生雅生丑是父母的事，我们不嫌。我这当娘的，只希望他们婚后，会恩恩爱爱，阿得身体会日见日好，也就了却一桩心愿了。真谢谢首长同志。”林呖说到这里，鼻头发酸，她揉揉眼睛。

“是的，首长对小麦是十分负责任的。”余芝松也肯定道，“其实，部队一贯对伤病员都是极端负责任的，这是我们人民军队区别于国民党反动派军队的不同点。麦贤得同志舍身卫国，身负重伤，还坚持战斗，为人民立功，成为全国人民学习的楷模，连毛主席、周总理都十分关心他。为他找对象，建立家庭，过正常人一样的生活，有利于身体的早日康复，是部队从上到下首长的心意。大叔大婶你们也知道，两年来，部队首长包括地方党政都为他的婚事花费了许多的心血，但都未能见效。这个李玉枝姑娘，还是他的老艇长崔福俊同志亲自往汕尾牵线物色的，幸亏这姑娘心地善良，品德高尚……”

“谢谢老艇长，谢谢李姑娘!”麦阿记、林呖连声道谢。

“大叔，大婶。”余芝松又慎重道，“虽然是部队首长搭的线，但这婚姻大事，也不能马虎，是孩子的终身大事，你们好好考虑。首长也准备派人到汕尾李家当面再征求她父母的意见，然后，我们定一个日子，你们双方父母到汕头部队营房见面，当面磋商磋商，做一个最后的定择，你们看行不行?”

“行，行，多谢首长，多谢余同志。”麦阿记、林呖十分感激。

余芝松回到部队之后，向首长做了汇报，首长经过研究后，并决定把情况拟成简短电报，向基地、舰队、海军逐级汇报。余芝松便照办了。隔日，电报就发了出去。

几天后，北京海军总部首长便专门复电，作了三点批示：一是关于麦贤得同志的婚事，组织出面帮助解决是对的，要继续主动帮助解决，李玉枝同志这种崇高品德应该褒扬；二是假若亲事谈成，李玉枝可以吸收进部队，安排学习医疗知识，以便护理麦贤得同志；三是如果李玉枝不乐意入伍，由部队出面帮助调往汕头工作，以便照顾麦贤得同志的生活。

汕头水警区领导接到这一批示后，十分高兴，马上安排负责同志往汕尾李家报喜去。

三十三、宕石滩相亲

1

地委党校学习结束了，李玉枝忐忑不安地回到汕尾家中。

如何向爸妈回禀相亲的事呢？说真的，她主意已定了，就是要嫁麦贤得，当麦家的媳妇，终生陪麦贤得，服侍他、照顾他，让他身体早日恢复，让他过正常人一样的幸福家庭生活。理由很简单，他舍身卫国，为保卫祖国而受伤致残，没有人照顾，没有姑娘日夜照顾他，他的身体就难以恢复，如果谁都怕负这个责任，麦贤得终生就只能孤身一人，那致残的身体，那治了四五年而未见好转的癫痫病就会折磨他一辈子，他就会在痛苦中度过一生。不管他的政治声誉多好，事实上他一发起病来，是痛苦不堪的。一个为捍卫祖国尊严，保护人民生命财产安全，保卫祖国领海安全而受重伤，在毛主席、周总理关怀下，在广大医务工作者和无数关心他的人的抢救护理之下活下来的人民英雄，于情于理应该有一个幸福的生活环境。她李玉枝做出这样的抉择，是不会错的。她深信！

眼下，关键的问题是要说服父母亲，说服亲戚朋友，取得大家的支持。

这艰难的工作，李玉枝是怎样做的呢？请看李玉枝在《我无悔的选择》一文中的记述吧：

> ……麦贤得在我的印象中是位战斗英雄。记得我刚参加工作时，报纸、广播多次刊登和播放他的英雄事迹。宣传画、练习本、课本的封面全是他的照片。那时候，我也和大家一样，十分崇拜英雄，但要我陪英雄一生，我感到实在是太突然了。
>
> 当时亲戚朋友得知这个消息，都劝说我要三思。有的说，听说麦贤得留下癫痫后遗症发作起来很吓人，麦贤得喜怒无常，脾气暴躁，动不动就要打人，麦贤得有严重的语言障碍，无法沟通，好多姑娘与他见面都给吓跑了。好好一个人，不乏追求者，偏偏嫁个残疾的丈夫，名声好，也不能当饭吃，吃苦受累自己的事。有的说，你在公社当妇联干部已很好了，还是做好自己的工作重要。种种议论，使我陷入沉思，如果我答应了这门亲事，就意味着我要丢下我热爱的妇联工作，终身陪伴一

位伤残的丈夫，何必要这样做呢？或许别人说得有道理。但我又想，英雄为祖国人民光荣负了伤，英雄应该有个家，如果谁都不愿挑起这副重担，那他的健康岂不是会越来越糟？今后的日子又怎能过好？我应该用一颗爱心去温暖他，给他个温馨的家庭。在英雄的高尚精神激励下，我给了组织上一个肯定的答复。这是我一生中最慎重最认真的一次选择。我现在可以自豪地向大家说，对于这个选择，我从来没有后悔过……

我回家试探父母的态度，母亲当时很犹豫，说我是老大，很多东西指望我，又担心他生病的身体，父亲却说："既然组织上给当红娘，我们应该相信组织，麦贤得为党为人民做出了这么大的牺牲，理应成个家，我们家儿女多，就算把玉枝献给国家吧。"

或许也该麦贤得和李玉枝姻缘天配，从定亲到"偷看"，到父母双方（特别是女方）的支持，这"五关"悄然而过，虽是有波有浪，但却有惊无险。

但是，一个意外的事件却从天而降！1971 年 9 月，中华大地出现了震惊中外的"9·13"事件。在党的"九大"中被确定为毛主席接班人的林彪，为了达到篡党夺权的罪恶目的，早在无产阶级"文化大革命"期间就同江青反党集团结成联盟，迫害广大干部群众，制造大批冤假错案，给社会主义事业造成了无可挽回的损失。林彪在"九大"被确定为毛主席的"接班人"之后，意识到江青、张春桥等人的势力的发展有超越自己的趋势，图谋提前"接班"。林彪明知要毛主席支持自己提前"接班"是不可能的。他自以为手中掌握了党和军队的许多权力，提前"接班"的条件已经具备，因此，便加紧进行抢班夺权的阴谋活动。他在庐山召开的党的九届二中全会上大搞"天才论"，并要毛主席同意他"当国家主席"，遭到毛主席的严厉批评。1971 年 8 月中旬至 9 月中旬，毛主席去南方视察，同沿途各地党政军负责人进行了多次谈话，他尖锐指出："有人急于想当国家主席，要分裂党，急于夺权。""庐山这件事，还没有完，还没有解决。"并且指出：林彪对这事"当然要负一些责任"。毛主席还批评林彪宣扬的"天才论"，一针见血地指出，林彪搞"大树特树"，"名曰树我，不知树谁人，说穿了是树他自己"。

这年 9 月 5 日，林彪、叶群从他们的党羽的密报中获悉毛主席的谈话内容，决定对在旅途中的毛泽东采取谋杀行动，发动反革命武装政变。8 日，林彪下达了发动政变手令。由于毛泽东机警地改变了旅程和行动规律，于 11 日提前离开林彪的儿子林立果"联合舰队"虎视眈眈伺机动手的上海，12 日下午突然回到北京，使林彪集团谋杀毛泽东的阴谋破产。12 日，林彪准备带他的死党黄永胜、吴法宪、叶群、李作鹏、邱会作等南逃广州，图谋另立中央，实行割据。并将265号专机秘密调往山海关，供在北戴河休养的林彪夫妇等使用。周恩来发现后马上追查该专机突然去山海关的行动。林彪见阴谋败露，于13日凌晨同叶群、林立果一道乘飞机仓皇外逃，叛党叛国。该机途经蒙古温都尔汗失事坠毁，林彪等最终落得个死无葬身之地的可耻下场。林彪集团的余党或自杀毙命，或束手就擒。猖獗一时的林彪反革命集团，终于彻底覆灭。

毛泽东、周恩来机警地粉碎了林彪集团的政变阴谋，保持了全国局势的稳定。9月18日党中央发出通知，向党内高级干部通告林彪仓皇外逃，自取灭亡。10月1日以后，逐级传达，使党内外了解事情真相。

而8月底，李玉枝写信答复汕头水警区政治部组织科，同意与麦贤得正式谈亲后不久，刚好出现了“9·13”事件，10月正是传达这一事件的时候，全军上下，全国上下都忙，水警区当然只得把此事搁下来了。直到春节前夕，水警区领导研究后，才决定请麦、李两家家长及主事的亲友前来宕石谈亲。

2

傍晚，吃饱饭后，麦贤得在房间里发怔。

明天就要相亲了。他深知，这次相亲与去年在湴洲湾的相亲有着本质的区别。这次，是组织已经做了一年多的工作，女方全面了解了自己的情况，女方父母在基本同意的前提下，男女双方及双方父母至亲相约进行的，成功率较去年高得多。

能谈成功，能建立一个家庭，有一位贤妻照顾自己的身体，当然好处很多，因为人嘛毕竟有私生活呢，同志之间一些事是难以代替亲人做的。

房间门打开了，崔福俊和陈文乙走了进来，见麦贤得双手支着下巴，坐在床沿上发怔。

崔福俊便道：“小麦，明天要相亲了，高兴不高兴？”

“唉，成还是不成？”麦贤得不知是问自己还是问老艇长。

“成，九分成！”陈文乙鼓劲道，“姑娘跟他父母亲友都谈拢了，你的情况我们一点儿也没隐瞒。相亲时，你不要造作，是怎样就怎样，谈吐举止自然就行。”

“是的。”崔福俊也一本正经道，“小麦，几天前我与小陈和李副政委一道往汕尾李姑娘家，又当面做了工作，把你目前身体的情况原原本本地都跟她父母谈了，他们都没有不同意见，同意前来当面谈亲相亲。她一家子都是善良人家，父母都是孤儿，对党对祖国一往情深，这是基础。小陈刚才讲得有道理，你明天就照日常一样，是怎样就怎样，言谈举止自如就行了。”

“嗯。”麦贤得心内踏实多了。是的，两个月前，他俩还根据组织的意见交换了照片。他端详着她，只见她一条黑油油的长辫挂在肩膀，垂下脊背，一双会说话似的大眼睛，鼻翼高高的，那小巧玲珑而两边微翘的饱含笑意的嘴唇露出细小洁白的石榴齿，淳朴温柔的脸庞焕发出青春的活力。虽然那天打乒乓球仅是瞧了几眼，这回瞧这照片，更是真切。至于心灵嘛，她能瞧得起我这伤残的人，心灵一定像十五的月亮一样皎洁的。她太美了，外表美，心灵更美！她太可爱了！他希望这场亲事能成功，能有这美丽而可爱的姑娘陪他终生，太幸福了！

“艇长，谢谢你，小陈，谢谢你！”麦贤得一股真挚之情溢于言表。

“贤得，你确实应该谢谢老艇长。他为你的婚事真是费尽心血了。一年多前，他到汕尾，就找书记老赵，就往姑娘家谈你的事，还跟娄姨磋商，跟水警区领导研究策划……”

“小陈，别讲这些！”崔福俊摆摆手制止道，“小麦，但愿千里姻缘一线牵，明天马到成功。祝你幸福！”

3

宕石海军招待所的小会议厅，一场特殊的相亲开始了。

矮墩墩的党委秘书余芝松主持了这场相亲。

厅里桌椅摆成长方形，余芝松坐在正中主席位置上，左边是麦家，有麦贤得、麦阿记、林呖和贤得的细舅林汉虎；右边是李家，有李玉枝、李城丁和阿添伯。中间摆上三盆嫩绿的万年青，生机勃勃。

余芝松笑眯眯道：“大家好，我们今天相约在这里相会，应叫相亲吧，也叫谈亲吧，准确应叫相亲谈亲恳谈会议。”

大家忍俊不禁，都抿出笑意。

余芝松继续说：“其实，今天不谈，双方的情况都基本了解了。我们组织都把双方基本情况向对方交底了。麦贤得同志和李玉枝同志其实也都认识了，而且也互送了照片，只是未当面谈话交流而已。这门亲事，自从前年底小麦的老艇长崔副大队长与汕尾镇赵书记谈起牵线以来，其实已跨越了两年的时间，由于小麦一段时间在冷水滩没能回汕头，近几个月部队工作又较忙，故一拖再拖。其实，这并非是坏事。婚姻嘛，是终身大事，并非是我家乡浮山圩买猪崽子一样——价钱谈妥就捉进猪笼嘛，马虎不得！大家冷却冷却，充分酝酿，亲朋好友多方协商协商，权衡权衡，把握准了，以后成婚了，和和睦睦，才是我们组织，当然也是父母亲朋的愿望喽！”

“对对！”添伯首先赞成，“余同志说得在理。这婚姻大事，马虎不得，马虎不得！部队首长做事真是比当父母的还精细呢！”

林汉虎也接声道："是的，我甥儿阿得，生在这新社会，真是太幸运了！虽然为国流血受伤，但当兵人，受伤流血是正常的事。我姐也说过，如果当兵的不打仗，国家要招那么多的兵去吃闲饭？打仗便有伤亡嘛。要是旧社会那当国民党兵的，受伤了，丢在路边谁去管你？阿得受伤了，毛主席、周总理都那么重视，一个医院医完去另一个医院，现在，不但脱离了危险线，而且恢复得几乎同正常人一样，还得了个'战斗英雄'的荣誉，受到党中央毛主席的接见、器重，真是麦家公祖有灵啊！今日，组织比父母还亲，还负责任，竟花费了苦工，到处帮他找对象，操办他的婚事，我这当舅父的，首先表示十二分的感谢！"

李城丁刚好坐在麦贤得的对面，会议厅的光线十分明亮，他仔细观察着麦贤得的脸庞，见那张脸孔跟不久前玉枝给他瞧的照片一模一样，只是精神得多了，长长而有力的剑眉下面那双眼睛透出缕缕威武之气，嘴大而阔，嘴角也长长微翘，脸庞白净而丰满，看来是一副福相。

"添兄，你觉得怎样？"李城丁悄声问坐在身边的添伯。添伯轻声道："行，行！"李城丁又道："双眉很像杨子荣，有力，真有男子汉的气概！""恩。"

"大家有什么谈什么吧。"余芝松又高声道。大家叽叽喳喳的私议声便停住了。

"我再把小麦的情况介绍一下，他的脑伤的后遗症状……"余芝松又重复说。

"算啦，余同志。"李城丁也是直性人，他打断余芝松的话，"我谈一谈吧，小麦的事，我们平时听广播知道一些，这两年来，部队首长也跟我谈了很多，他确实是一个英雄。当英雄的哪个不去冲锋陷阵？哪个不去牺牲不去受伤？不牺牲不受伤怎会成英雄？怎能配得'英雄'这个称呼？他因为受伤了，婚事才会三波四折，才会拖到今天。不然，按他这样的人才，不知有多少姑娘愿意跟他呢。我直性子人，直话直说。既然他受伤有后遗症，我女儿玉枝她愿意跟他，我们当父母的谁不担忧呢？我们都是旧社会的孤儿，没有共产党，没有毛主席救我们，我绝对没有今天这么多儿女，绝对没有今天幸福的家庭。我对她娘说，既然组织看中俺家玉枝，俺没什么报答党和毛主席的恩情，就当把一个女儿献给党，嫁给国家吧！"

大家一听，啪啪地鼓掌，赞赏这位心胸豁达开朗的父亲。

林呖感动得心酸酸道："谢谢阿叔，谢谢阿婶和玉枝！"

这时，李玉枝坐在凳子上，像坐在针毡一样觉得不自在。她心内不知是啥滋味，她低头扭着那乌黑的长辫，脸蛋儿红扑扑的，有时一抬头，瞟一眼对面的麦贤得，见麦贤得的眼睛也盯住她，不禁心旌摇曳，巴不得这个"相亲恳谈会议”快快结束，当面与麦贤得谈谈，听听他学习和生活的情况。

“太好了!”余芝松见这场相亲将是功德圆满了，便道，“这么吧，现在分开谈谈，算作分组讨论吧。你们双方父母就谈谈，小麦和小李也可以单独谈谈。然后，就自由组合，宕石的山和海都很美丽的，大家边游边玩边谈，大家在这里多住几天，有什么谈什么。还需要部队组织帮助什么的，尽管提出来，只要组织能做到的，一定尽力而为!”

大家走出会议厅，麦贤得却还怔怔地坐着没动，像屁股生根了。李玉枝一见，也故意让大人们先出去，然后道：“阿麦，我们一起往山上走走，行不行?”

“行，行，山顶很好玩。”麦贤得乐了，“后山，有松树、柳树，还有鸟。”

麦贤得走在前面，路高高低低，坑坑洼洼，他右腿伤，走得不自然，但步子快。李玉枝在后面跟着。无话。过沟，爬坡，她喘息急剧了，大气呼呼，细汗冒出来。

“阿麦，等等。”玉枝不禁唤道。

麦贤得回头一见，玉枝被撇下了两丈多远，便停下来，伸手采着路边的小松树的松蕾，“哎，松蕾，有籽。”他高兴得大嘴咧开。

玉枝大气呼呼跟上来了：“阿麦，我们不是比赛登山的，也不是急行军，你别走那么快行不行?”

“嗯，我还没急走，正常走，我腿长。”麦贤得把松蕾一层一层地剥开，“哎，汕尾有没有松树?”

“瞧你这个人，认识没几天，就‘哎哎哎’的，我名字叫李玉枝，今后就叫我玉枝，知道么？不准你叫‘哎’。”玉枝半嗔半教道。

“知道，就叫玉枝。”麦贤得认真地点点头，“哎……”

麦贤得高兴得把手中的松树籽一把撒往草丛去，忽然，“扑啦”一声，草丛里飞出两只在陶情的鹧鸪，扑棱棱地飞上丈把远的一株大枫树去。枫树叶儿正红。

麦贤得蓦地扑进刚才鹧鸪钻出的刺蓬里，双手乱摸，不一会儿，他惊喜地呼叫：“玉枝，玉枝，有蛋，鸟蛋!”说着，他手就高高举起来，捧着三粒赤褐色的鸟蛋，高兴得手舞足蹈的。

玉枝见他那傻乎乎的天真相，心甜醉。咦，真像一个无邪的小孩!

“别闹，阿麦，俺坐坐，谈谈。”玉枝提议道。

“坐就坐。”麦贤得很听话，双眼骨碌一转，见枫树下有一块大乌石，手一指，“那里，那里。”

玉枝怕路边谈话，草中有人，便道：“阿麦，我们还是回屋里坐吧。”

“行，回家就回家。”

于是，两人便一前一后回到宿舍了。玉枝想，让他先开口，瞧他能说什么。半晌，他嘴巴像上锁一样，手又不停地摸那三粒鸟蛋，像和尚捏念珠。

“阿麦，你身体感觉怎样？”

“吃药。”

“工作忙些什么？”

“种菜。”

他说的就是短句，有问有答，无问无话，看来，阿麦语言确实有障碍。唉，就别难为他了。你瞧，他急得额头汗渍渍的。

“玉枝，鸟蛋给。”他亲热地把鸟蛋塞进她的手，“滚水煮，剥开，香！”

“嗯。”玉枝心头一热：他倒是很体贴人，要是婚后，细心护理，身体好了，会幸福的。她想。

4

麦阿记、林呖、林汉虎陪着李城丁、添伯，在背风的大石洞口座谈。山溪叮当，水清澈见底。小鱼小虾在白沙石缝里，有的悠游，有的乱钻，半浮半沉的水草被搅得打抖。

“李兄，添兄，谢谢你们对阿得的错爱。”麦阿记真诚致谢。

“婚姻的事，新社会了，还是让年轻人自己做主。这件事，要紧还是阿枝。老艇长和赵书记一提亲，她可说就三分同意了。她今年6月来这里看他打乒乓球，看他身体还是不好，很需要人照顾，内心就有八九成乐意跟他，照顾他。这孩子，一贯来心地善良，也很孝顺。她母亲就不愿意让她远嫁，她身下弟妹多，家里一切事务都由她帮我主意。说心里话，如果结婚后就到部队来，我以后的日子就艰难些了。”李城丁句句真挚，肺腑之音。

“嗯，阿叔。”林呖开口了，“阿得一贯脾气暴躁，人太刚硬，有阿枝这温柔的姑娘陪他一生，真是我家公祖在天有灵喽！”

说话间，只见丛林中传来一阵脚步声，绿荫里冒出阿得和阿枝。

“阿爸，阿妈，添伯，你们在这里坐？”玉枝这“阿爸”包含着麦阿记和李城丁，这“阿妈”当然是指林呖了。林呖一听，心内甜如蜜，道：“哎，阿枝你跟阿得玩去？”

“阿得！”李城丁站了起来，“你这宕石熟，带我同你添伯玩玩。”李城丁示意添伯，目的是单独考察考察这未来的女婿。

“嗨，我带你们。”麦贤得来劲了，“往山上走，上面有鸟，有字。”

“麦兄、阿嫂、细舅，玉枝就留下陪你们，我们跟阿得走走。”李城丁回头对麦阿记他们致意道。

“行，行，你们尽管逛逛去，山路陡，小心就是了。”麦阿记叮嘱道。

麦贤得在前面带路，三弯四转，不一会，前面就是烈士陵园了。半坡的大石写上一行大字，麦贤得顺口念道：“‘虚心使人进步，骄傲使人落后。’阿叔，阿伯，毛主席说的。”

李城丁与添伯对视一下，添伯赞道：“不错，这是毛主席语录。”

李城丁放心了。原来第一次提亲的时候，人们传说他无脚无手，其实，他不但五官端正，脚好手好，爬山一般人还跟他不上，而且会念毛主席语录，还一字不差，没事没事。

“阿叔，阿伯，烈士英勇，厉害。为人民而死！”麦贤得一副肃然起敬之状。他又用手往半山腰指了指：“上面，有李梨英，革命母亲，献出三个儿子，一个女婿。光荣，光荣啊！”

三十四、喜结良缘

1

将军山像一个慈祥的老人，张开宽广的胸怀拥抱着公平乡的村村寨寨。山前有一道潺潺的山溪，清澈的流水日夜地流淌唱着古老的歌。溪的两岸是高耸云天的苍绿的甜竹、苗儿竹。日暮的时候，远游的鸟儿便叽叽喳喳地投林来了。

山溪的拐弯处，有一座美丽的村子，叫洋心村。村里陈娘鑫杂病缠身的老母亲黎姆，这时双眼噙泪，望着即将出门的李玉枝。

“阿姆，我去后会回来的，就只有一个月，一个月后就回来。我没在这里，你叫小妹来陪你，寒冷的东西不要吃，多注意，病是不会发作的。”李玉枝安慰道。

“孩子，你尽管去，这是你的终身大事，阿姆是棺木蛀去一截的人了，你别挂心。你日头刚出，路还长呢！”黎姆用手揉一揉眼睛，“阿姆是牵挂你，听说他发病时比我的病还凶险，你的责任可重喽！”

黎姆的心慈，她知道玉枝婚事已定了，是好是坏都是前世所定。她眼下只祈祷老天爷作美，促成玉枝这桩姻缘成功，以后那英雄身体会日见日好，玉枝这好心的姑娘日后家庭幸福，这就叫报应，善有善报喽！

她认识玉枝，是七八个月前的事。那天中午，村长带了一个扎着长辫的姑娘，介绍说这叫李玉枝同志，公社妇女干部，要来她家“三同”的。并说，“三同”就是同吃同住同劳动。她见这姑娘一脸稚气，驯良驯良的，心内就喜欢。但是，自己是杂病缠身的人，怎可拖累人家好闺女，就婉言谢绝。村长说，因为你身体不好，玉枝同志知道后才自报来的。这姑娘佛心！黎姆便把十岁的女儿安顿与大伯的闺女一起住，把铺盖被席洗涤一番。那晚，玉枝姑娘来了，一进门就动手打扫卫生，争洗衣服，哄孩子，布置铺盖，对人嘴笑鼻笑。不久的一个晚上，黎姆着凉，胃部感觉闷痛闷痛的，连连打嗝，下半夜时，就哮喘起来，喘得几乎要断气了。玉枝姑娘被惊醒来，慌忙把她扶起来，帮着捶腰，给开水给药片，弄得一晚没睡。她平静下来了，见玉枝姑娘疲劳得很，她心痛了，流泪道：“孩子，你真比我的女儿还好哟！”一晃七八个月了，玉枝姑娘真是像对待亲娘一样爱护她，天天帮着她洗衣服，煮饭。她视玉枝也为女儿一般，教小女儿称呼她为“阿姐”，教孙子称呼她“阿姑”，儿子陈娘鑫到汕尾镇去，也去看望玉枝的父母，像认了一门好亲戚一般。眼下，玉枝姑娘就要成亲了，她为玉枝姑娘高兴，人生的终身大事哪！她也为玉枝姑娘担忧，这个英雄的女婿不平常啊！她是过来人，人生的辛甜酸苦辣她尝多了。她佩服这个心地善良又有胆有识的姑娘，但从今以后，玉枝姑娘的担子重哟！

黎姆又深情地望了玉枝一眼，转身打开那老衣柜，掏出一条粉红色的长枕巾：“孩子，阿姆没什么，这是一点儿心意，里面有一对鸳鸯，在戏水，图个吉祥。阿姆祝你们一生幸福，偕老百年！”

“谢谢阿姆。”玉枝接过那枕巾，只见两只鸳鸯相依相恋，击水悠游，阿姆真是一番好意呐！

“玉枝，谈了半天啦，谈完了没有？”外厅上曾勇催促，“天晚了，你不是说还要跟莫姨告辞吗？”曾勇已等得有些不耐烦了。

“黎姆，那我就走吧，你要多注意身体呀。”玉枝又叮咛了几句，便走出厅去，只见曾勇已把他的简单行李挂在单车架上了。

玉枝跟黎姆全家告辞之后，就同曾勇，沿着蜿蜒的溪岸走向公平公社。

一路上，水声汩汩，蛙声阵阵，虫蝉低鸣，明月高悬，银光如水，好一个山村的夜景！

“曾勇，你究竟跟玉娇谈得怎样了？整天像地下党一样，吱吱噜噜的。行还是不行？也没向父母作一个交代？”玉枝关切道。

“你整天忙，要交代也要逐级上报，没跟你这当大姐的汇报，怎可越级跟父母汇报呢？”曾勇也幽默地回答。

玉娇读书毕业后，在镇当武装民兵，曾勇是公平镇武装部副部长，抽往县民兵训练当教练员，认识了玉娇，知道是玉枝的妹妹。他俩谈得来。玉娇也经常到公平看望玉枝，便经常同曾勇接触，久别生情，半年来，两人正在热恋之中。

玉枝觉得曾勇蛮不错，为人豪爽，有正义感，遇事敢作敢为，工作十分有魄力，平时对她也很关心。两人跟莫姨一起经常驻队洋心村，工作互相支持。有这样的人当妹婿，也真是百里挑一的。玉枝想，自己要嫁给贤得，而贤得是一个有伤残的人。俗话说：“嫁鸡随鸡飞，嫁狗随狗走，嫁山羊满坡跑。”与麦贤得结婚，以后有孩子，有家庭，哪能长期在汕尾呢？何况贤得又是很需要她护理的人，以后汕尾娘家她就帮不了多少。如果玉娇和曾勇成亲，有曾勇相帮，汕尾这个家就免她挂心了。

“那究竟谈得怎样？”玉枝用力推着单车，又问。

“五成五成。”

“五成五成？”玉枝不解。

“对，我同意，就是五成，她那五成我不知道。我俩在一起的时候，谈天说地，一说到这事，她就嘻嘻哈哈说‘问我姐’，真像是我跟她姐姐谈恋爱一样！”

“别乱讲！”玉枝羞赧道，“这小鬼，自己的事她自己早已有主意啦！哪是问我？她早就告诉我，她早就同意啦！你五成，她也是五成，不就是十足，真有你们这一对呢！”

其实，自家的妹妹玉枝哪会不清楚。只是玉娇对自己尊重，自己近来又忙于与麦贤得成亲的事，玉娇见她忙，就没敢打搅她罢了。作为姐姐，她一眼就瞧出妹妹。瞧她那双美丽的大眼睛，光芒灼人，一股热恋人的眼神，玉枝一眼就瞧出来了，还哄人！几天前，她妹妹就向她露底了。

说话间，他俩已回到公社。梳洗完毕，玉枝就去莫姨家。

孩子们已入睡了，莫姨的丈夫郭书记上县城开会去，莫姨在灯下看报纸。见玉枝来了，往她脸上看了看，便道：“瞧你，那么晚？还没挽面？来，出嫁的人这工夫俭不得！”说着，她便拿过针线篮子，找出纱线、白粉，舀了半盆清水，便把玉枝按在竹椅子上，自己坐在门沿，用一道干净的毛巾帮玉枝擦擦脸，把那纱线，一头咬在嘴里，一头用手握着，往她脸上一夹一夹地把她那张红嫩嫩的脸庞上短短的汗毛，一撮一撮地拔出来。边拔边说，“玉枝，这结婚，在普通的农家，省俭是省俭，礼节很多，讲究很多。如果在旧社会富人家庭，就够你忙一月两月的。你连一个休息天都没有，明天就要上汕头去，真有你的！”莫姨亲昵地用食指轻轻地戳一下她那白净发亮的额门。

“哎，莫姨，听说旧社会富家闺女出嫁有许多有趣的礼节？”莫姨道，“其实，我们婚事新办不需那一套，但确也很有趣。单是那些歌谣就多是劝人孝顺敬老、夫妻恩爱的，唱几首给你听听也无妨。你先听一听《合房歌》吧。”

夫妻双双坐床墘，庆贺洞房吃甜丸。
男欢女悦堪匹配，双双偕老到百年。
夫妻双双坐床边，庆贺洞房吃甜丸。
夫唱妇随同偕老，早得贵子状元儿。

玉枝心内赞道：“好歌好歌！但是人人生状元儿，天下哪有那么多状元呢?”

莫姨接着又道：“又有一首《蚊帐歌》也很有意思。”

放落蚊帐绿共青，上有帐楣绣荷花。
鸳鸯枕头双人枕，早得贵子入书斋。
放落蚊帐绿又深，上有帐楣鸳鸯禽。
鸳鸯枕头双人枕，恩爱和好嘴相斟。

玉枝听后，笑哈哈道：“莫姨，古人真贤，编出这好歌。”

“还有呢!”莫姨又用湿毛巾擦了擦玉枝刚拔干净的额门，又轻轻揩着白粉，搓了搓，“我再唱一首《牵被歌》，也够味儿。”

头个被角绣芝兰，芝兰开花贡贡香，
芝兰开花花叠蕊，胜似二女共五男。
二个被角绣石榴，石榴开花嘴含须，
石榴开花好结籽，好男好女盖潮州。
三个被角绣牡丹，牡丹开花花相幔，
牡丹开花真富贵，早得贵子朝内官。
四个被角绣玉兰，玉兰开花满树香，
玉兰开花是好命，早得贵子把五关。
被角绣有双龙儿，二边绣有金鸡啼，
早生贵子早得福，郎是贤夫女贤妻。

唱毕，莫姨笑吟吟道：“玉枝，祝你早生贵子，明年抱个胖娃娃吧!”

玉枝听后，满脸羞红，斗胆撒娇道：“莫姨，我明年一定抱胖娃娃见您，教他叫‘老姨’!”

“嘎嘎”，莫姨乐坏了。她又关切道：“要不要我明天陪你一起去?”

“不要，你家中有老人孩子，郭书记又没在家，不要了。”玉枝谢道。

“嗯，我忘了问你，你明天就要往汕头去，你又要回汕尾，哪赶得及?你要往海城搭车还是往汕尾搭车?”

“算啦，十多天前我往汕尾办事，已跟我父母和亲友讲了，近来在抓农田冬种，我确实没工夫请假，就算了。我不往汕尾去，直搭车上海城，然后就往汕头。”

拔了额门、左脸颊，莫姨又湿了湿毛巾，往她右脸颊擦了擦，又一下一下地拔。毕了，莫姨又用那鹅蛋形的白粉轻轻地擦着她的脸蛋。这回，莫姨左右端详这嫩糍糍的脸蛋儿，像一朵花，红艳艳的，终于满意地笑了笑，用手摸了摸：“真雅真雅，麦英雄瞧了一定满意的。嘿嘿!”

玉枝倏地脸庞泛红，羞羞道：“不打扮，他也满意，他不会审美的。嘻嘻!”

“喂，玉枝，阿姨跟你说句真话。”莫姨一脸认真。

“什么?”玉枝不解。

“他身体不好，你们新婚，夫妻生活可全靠你把握，你可要关照他的身体。懂吗?”

玉枝脸红得像一朵海棠。半晌，羞羞地点点头。

2

初夏的宕石海滨，军营的后面，满山披红挂绿；军营面前的海，因刚刚下了一场暴雨，海水混沌不清，而且韩江上游卷下来的枯干残叶，涌满了海滩。暴雨初霁，骄阳格外妖艳。

玉枝在码头下车，沿着绿树掩映的石路，沿东走往军营。走着走着，迎头已见那军营的大门，两个解放军战士在站岗，门口却有一个五十开外的婶子带着一个八九岁的小男孩，举头向这路口张望。她走近一瞧，原来正是麦贤得的母亲和他的小弟弟。

“阿妈，你好!”玉枝一见，高兴地飞跑上去。

“啊，阿枝你可来了!”林呖见走来的正是自己的新媳妇，高兴得心里乐开了花，“来了，终于来了！阿国，快叫，叫二嫂!”

“二嫂，二嫂!”阿国睁着大眼睛，瞧着眼前这个陌生的人——二嫂。

“你们都来了？早。”

“我来，还有你爸、细舅和阿国。其他人无得闲，算啦，反正部队通通安排得妥妥帖帖的，免用我们费心。”

玉枝挽住林呖的手臂，边说边走回营房去。

新房安顿在招待所的客房，首长早已安排了。他们走过去，见麦贤得也忙得满头大汗，在贴窗纸、墙纸。有两位战士在帮助布置新房。

麦贤得见玉枝来了，高兴得嘻嘻笑着："玉枝，你来了。"

"嗯，来了，搭早车来，你歇歇，我贴！"玉枝放下小包裹，就夺过麦贤得手中的窗纸，动手贴。麦贤得说："胶水，胶水！"玉枝一见：哦，原来还没糊胶水，她不禁暗笑道，人说娶嬷兴，我这嫁的，也乐得颠三倒四的。她慌忙把窗纸背放在桌面上，麦贤得蘸胶水，小夫妻忙得不亦乐乎！

"二嫂，茶，喝茶。"阿国递上一杯热茶。

玉枝接住，称赞道："细叔乖。"便呷了一口，觉得甚香……

傍晚8时多，海风轻轻吹，堤岸垂柳依依，大海浪涛呼啦呼啦唱着诱人的歌。军营灯火通亮。新房里挤满了祝贺的战友。

今晚的婚礼，由麦贤得所在大队的老政委、现政治部张副主任主婚，老艇长、现副大队长崔福俊证婚，政治部邱主任也出席了婚礼，政治部还来了余芝松、徐干事等。一间房子满满挤了一二十人。

婚礼开始了。

张副主任乐呵呵地道："麦贤得同志和李玉枝同志的婚礼现在开始，大家热烈鼓掌祝贺！"啪啪啪，大家一个劲地鼓掌。张副主任又道："现在，请新郎新娘讲话。"

今晚，麦贤得穿着一套崭新的军装，胸前戴着一朵大红花；李玉枝穿着一件粉红色的确良上衣，穿着深蓝色的裤子，胸前也戴着大红花，小夫妻俩便站起来，双双走上前去，向主婚人张副主任和邱主任行礼表示谢意，又转身向一旁的老艇长崔福俊和战友陈文乙行礼，向贤得的父母亲行礼。然后，又向参加婚礼的全体战友行礼。麦贤得吃吃道："谢谢首长，谢谢战友，我……我真高兴！"说完，一股热泪流了出来。

李玉枝接着道："我……我要说什么呢？"她脸庞红透了。

"贤得他是特殊的人，我对他的爱也……也是特殊的爱！"玉枝此时要说的话太多了，但她不知从何说起为好。

张副主任又宣布道："现在就由余秘书主持文娱节目。"

余芝松耸耸肩膀，厚嘴唇堆着笑意，他乐滋滋地上任了。对主持婚礼他还有一手呢。去年以来，军营里有几对结婚的，都由他主持这联欢节目。

今晚，余芝松没按老规矩，让新郎新娘面对面咬住吊在空中的喜糖，因麦贤得的口舌还不灵便，首长又交代别闹得太过分。于是，他出了特殊的一招。

"下一个节目，由新郎新娘各自独唱一首革命歌曲，好不好？""好！"大家欢乐地高声表示支持。

麦贤得想了想，便站了起来，整了整衣服，清清喉咙唱了《沙家浜》的唱段《高山顶上一苍松》，只听他唱道：

高山顶上一苍松，
巍然屹立傲苍穹。
八千里风暴吹不倒，
九千个雷霆也难轰。
……

他吐字并不那么清晰，但满腔热血，满腔正气，声如雷霆，震撼了人们的心。只见邱主任与张副主任对视一下，张副主任伸出手，轻轻地揉着眼睛。

接着，轮到李玉枝唱了。唱什么呢？她知道，今晚这场婚礼之后，她的双肩担子的斤两。她将要承担的责任，这是普通的新媳妇难以想象的啊！她决不退缩，她霍地站了起来，挺起胸膛，她唱了京剧《智取威虎山》的唱段《专拣重担挑在肩》：

共产党员，时刻听从党召唤，
专拣重担挑在肩。
明知征途有艰险，
越是艰险越向前。
……

林呖望着这如花似玉的新媳妇，跟她的阿得相亲相爱，一股暖流遍布全身，觉得眼睛有些模糊了，她高兴得哭了：孩子，你太幸福了！

老艇长崔福俊听着听着，长长嘘了一口气，赞叹道："小麦，你终于有一个幸福的家了，日后的路子还长呢！祝你们幸福，祝你们偕老百年！"

第九章

家有贤妻

三十五、蜜月虽甜也有泪

1

夏夜的宕石滩，满地银光。雨后的海，风平浪静。海面波光粼粼。雨后的山林幽邃空寂，安睡的松林散发着浓郁的松脂香味。有几只小鸟小蝉在呢喃梦呓。隔海相望的不夜的汕头市区，时而传来一阵一阵隐隐约约的汽车的喇叭声和外海驶进港湾的巨轮的汽笛声。静是相对的，动是绝对的，大自然的规律就是这样吧。

转眼，蜜月已悄然过了十多个夜晚了。一对幸福的人儿又沉醉在大自然的宁静的暮霭之中。麦贤得对这小鸟依人的美丽的妻子，真是太爱了。他常常冲动着要说句心里话、感激的话、爱昵的话，但往往想得许多许多，话一到嘴边，就叽里咕噜地说不出口，说不明白，只化成一句话："玉枝，你真好！"李玉枝对这个蜜月，说实话，应该是如履薄冰、如临深渊。她始终牢记婚前莫姨叮咛的那句话："玉枝，他身体不好，你们新婚，夫妻生活要靠你把握，你可要注意他的身体。"是的，那个晚上，闹洞房之后，黄医生也把她拉到一边，认真地叮嘱她要注意小麦的身体。同志的千叮咛万嘱咐，都是千金难买的金玉良言啊！她知道，莫姨、黄医生都是为了他们好，为他们幸福。她一个花季姑娘，刚刚披上婚纱，刚刚进入洞房的姑娘，心头就藏上了正常的婚姻不应该有的负担。这或许是太沉重了，准确地说是太残酷了！但她却认为，这是自己从开口承诺与阿麦结婚之日起，就做好了心理准备的。但是，当这现实来到她面前的时候，也实在是给她一个沉重的心理压力啊！一天，二天，三天……平安无事地过去了。她心头如释重负，她庆幸阿麦听话，也庆幸自己对他的饮食起居花费的心血见效了。

但是，阿麦的脸色却像3月的天，时阴时晴。开初三天，很乐，无忧无愁。但是第四天之后，就闷闷不乐，半天不开口。特别是李玉枝一直搁在心上的一个问题：为什么新房没贴"喜"时，问他就一触即发，"喜啥，不喜！"这是为啥？她丈二和尚摸不着头脑？真的，他脑子还不好，又有什么事想不开呢？玉枝躺下，苦苦思索，检点自己这几天究竟哪些做得不对，哪些得罪了他？没有，没有哟！那他为什么对她发脾气？那天晚上，玉枝久久不能入眠。她见阿麦躺下之后，不知是今天爬山的缘故否，不一会，就呼噜呼噜打鼾了。不一会，他翻了一个身，惊叫道："玉枝，玉枝，我打敌舰，有罪吗？有罪吗？"然后，"啊——"他惊醒了，满头大汗。玉枝慌忙用手擦擦他的额头，"阿麦，你怎么啦？你怎么啦？"他眼睛惊恐地望着李玉枝，像不认识的样子，半晌，又渐渐入睡去。玉枝再也无法入眠了。渐渐地，远村的犬吠了、鸡鸣了，天渐渐发白了。突然，他又惊叫道："玉枝，玉枝，我不认识他，我不认识他啊！他叛党叛国，是坏蛋！毛主席爱我，我爱毛主席，我没错啊！"他又满头大汗，眼睛圆圆睁开了，布满惊恐之状。

"阿麦，你究竟发生了什么事？告诉我，我是你的妻子啊！"玉枝爬上床，拿了一条干面巾，轻轻地给他擦脸、擦头。

麦贤得双手抓住李玉枝的双臂，唠唠道："玉枝，林彪是大坏蛋，我没跟他说话，你告诉他们别问我！"

李玉枝惊愕道："你们究竟发生了什么事？"

麦贤得憋得脸庞通红，再也说不出什么了。

天亮了，他们吃完早餐。招待所服务员小郭进来收拾东西。

小郭是李玉枝的汕尾同乡。这几天来，一有空，他就到他们房间座谈、喝茶，陪玉枝和贤得。

玉枝见阿麦上厕所去，便轻轻拉一拉小郭的手，示意他留步。然后，悄声问："小郭，我问你，我还没来的时候，阿麦发生什么事没有？"

小郭惊讶地睁大眼睛，盯着李玉枝，摇摇头道："没……没有啊！"

"不。"李玉枝固执道，"小郭，他一定发生过什么事的，不然，他昨晚老是说梦话，老是恐慌。"

小郭沉吟良久，望望门口，见没人，便悄声告诉她，原来，两个月前，在传达"9·13"事件的大会上，麦贤得听了传达之后，一时震惊，对林彪叛党叛国既气愤又觉得突然，一时神志不清，口中含含糊糊地说着谁也听不明白的话语。大家认为他受伤脑子不好，但个别人却不放过他，要他检讨，而且联系到毛主席会见他时，林彪也在场的事，要他交代当时林彪跟他谈什么没有。这么一整，他就病了，几天就发了一次癫痫病。幸得上级首长及时发现，制止追查，便把他送到设在葫芦市里面一个山沟里的装备部去，只是这次结婚的时候才送他出来宕石的呢！

天啊，原来阿麦是挨整哟！李玉枝一听，觉得天旋地转，她不理解，真的不理解！他这样一个头部严重受伤的人，用了近一年的时间才从脑颅里取出弹片的人，一个在毛主席、周总理关怀下，集中全国专家的智慧才抢救过来的濒临死亡线的生命，也蒙上这莫须有的罪名，挨整，她真不理解！据医生说，因"文化大革命"乱批乱斗，在军区医院里，有规定一个"麦贤得说的话没有政治色彩"的人，竟要追查他的责任！要知道，法律上有这样的规定："神经病者所造成的犯罪行为不追究法律责任。"他这样的病态，受刺激后发生的病态，难道要用正常人的要求去规范他，对不正常人说的错话也要以正常人的要求去整批他吗？何况他的胡语谁也听不清楚呢！不行，不行，我一定要找首长，要讲个明白！

小郭见她惊呆了，便劝她道："枝姐，你冷静些，这时候，从上到下的是非很难讲清的，既然首长已安排他到山沟里避锋芒了，就暂时避一避吧。古人道，'贤者避势'。部队大部分官兵都私下议论着，麦贤得这个英雄是打出来的。别怕，总有一天，党和毛主席会给个公道的说法的，你就沉住气吧！"李玉枝噙着泪，感激地道："好兄弟，谢谢你。我听你的，我好好劝劝他。"

中午，李玉枝还是想不通，她便走到舰艇大队办公室，找了老艇长崔福俊，要问个水落石出。

老艇长听后，见办公室四下无人，便悄声安慰她道："小李，部队的一些事，你还不能理解，你放心就是了。小麦这个英雄是真材实料的，是从死亡线上由毛主席、周总理关心下救过来的，跟林彪沾不上边。老帅贺龙、叶剑英、徐向前，还有董必武副主席、陶铸同志都很关心他，眼下国家处于风云变幻的时候，毛主席、周总理都很忙，总有一天会给小麦一个公正的说法的。眼下部队首长对他总的还是保护的，安排到山沟里避一避，也不会错。当然，日后对小麦宣传会降温，这也是目前国家形势所决定的。你也应该有思想准备。你应该相信，党和国家永远需要小麦这样保家卫国的战斗英雄！爱国主义和革命英雄主义永远是中华民族的瑰宝啊！"

李玉枝听着听着，心头的迷雾散开了：是呀，她相信党和毛主席一定不会忘记阿麦的，他是毛主席树起来的，她相信党一定会给阿麦一个公正的说法的！她热泪盈眶，哽咽道："老艇长，我相信党，相信毛主席。谢谢你啊！"

新婚的麦贤得夫妇

老艇长轻轻拍着她的肩膀："小李，你可要挺住啊！有什么事，你尽管找我，找小麦的战友，天塌下来，我们一起扛！小李啊，组织百里挑一才选中你，你可不要辜负党的期望哟！"

崔福俊带着李玉枝，走出房间，走出军营，来到空旷的海边。他指着那滔滔的南海，意味深长地道："小李，生活同大海一样是不平静的。你瞧那海燕，哪里海浪越高，就往哪里搏击，她永远是生活的强者！"

李玉枝望着碧波万顷的南海，望着在风口浪尖上冲击的海燕，望着在强风巨浪中仍然屹立着的海上那乌黑发亮的磐石，喃喃道：“老艇长，请你相信我，请党相信我吧！”

2

李玉枝回到宿舍，见麦贤得双手抱着头，闷闷不乐地坐在床沿上。

“阿麦，吃药吧。”李玉枝把苯妥英钠、冬眠灵等药片倒在一张白纸上，倒了半杯开水，哄道，“吃药，阿麦。”

麦贤得把头抬起来，怒视她，嘴唇颤了颤，喝道：“李玉枝，你往哪跑?”

“我……”李玉枝从没见过他这样愤怒的脸孔，吓得浑身有些哆嗦，“我往海滨去。”

“我……我们是夫妻，你一人去海……海滨?”他霍地伸出有力的左手“啪”的一声劈在她的右臂上，又狠狠一扭。李玉枝觉得一阵疼痛，一瞧，那雪白的手臂像一张滴上墨水的白纸一样，缓缓地润开，片刻便呈现一大片的乌青。

在玉枝的记忆中，这是她平生第一次挨打。记得童年的时候，她很乖，父亲在海滩卖水果，她煮饭后装在饭盒上提往海滨去，让父亲吃，回家后又收桌洗碗，然后背着书包念书；公社化的时候，阿妈往生产队干活去，在海边挑蚝壳，家里粮食不足，煮稀饭后，稠的舀给弟妹吃，一些又装在饭盒上，提给阿妈吃。阿妈叫她：“阿枝，你也吃。”她尽管饿得走路乏力，还骗阿妈说：“我吃了，你吃！”阿妈吃完后，她就收捡碗筷回家。把剩下的粥汤喝了，背上书包上学去。一年中秋节，阿妈与社员们一道到大山上烧火灼土作肥料，父亲在海滨铺子过夜没回家，她姐弟四人在家里等呀等，等到黄昏，满天布上星星了，阿妈还没回来。她和弟妹们十分害怕，听说大山里有狼狗，阿妈会不会被狼狗叼去了？姐弟四人抱在一团，怕得呜呜大哭……后来，阿妈终于踏着月光回来了！……她这个当大姐的，在弟妹们眼中，真像半个慈娘一样，父母把她视为掌上明珠；痛惜还不够呢！大声的话从没喝吆过，哪会打她呢？今天，竟然挨这新婚刚刚十多天的丈夫打了，打得这样重！玉枝瞧着手臂上这越来越大片的乌青，她没哭，没流泪。她知道，这是丈夫的病态，如果丈夫不受伤，不发病，他绝对不会打她的。玉枝咬咬牙，忍住疼痛，一抬头，见丈夫也惊愕地望着她那乌青的手臂，便颤声道：“阿麦，打已打了，你还是吃药吧，吃药了病就会好。”

麦贤得知道错了，脸颊微微颤动，两股热泪流了出来，哆嗦着手，接住玉枝递过来的药片，喝上一口开水，一仰头，便骨碌一声吞了下去。然后，一声不响地跑出门去。玉枝一见，便追了出去："阿麦！阿麦！你要往哪去？"忽见护理麦贤得的李干事从路口走过来，他见阿麦跑了，便一闪身追了上去。她一见，才放心地回到房里。她把房间收拾一下，便坐在床上，怔怔地想：看来，她这担子是不轻的，从今天起她的路子是不会平坦哟！……想着想着，门口传来一阵脚步声，李干事回来了。他满头大汗，气喘吁吁道："小李，热水壶有水吗？"

"有，啥事？"李玉枝诧异地问。

"小麦一出门，就跑到菜地去了，不久前田埂被大水冲垮，这几天他老吵着要去砌，我劝说你新婚，待蜜月过后再干嘛，他不听我的。这回跑出去就干起来了，干得浑身汗水泥水，我回来拿开水让他喝。"

她一听，慌忙拿水壶给李干事："李同志，剩下不多，你先拿去，我再去烧一壶，随后我就送去。"李干事接过水壶，便一阵风出门去。

她烧了开水，又拿了一条毛巾，匆匆往后面的菜地去。走了片刻工夫，就见绿油油的菜地里，浮出两个脑袋，在上下移动着。她走近一瞧：哪个是阿麦，哪是李干事，谁能认出来？两人都像泥鳅一样，头上脸上满是泥巴。

她一见噗嗤一笑："喂，停停，喝开水！"只听左边那个"泥鳅"开口了："待一会，要完工了。"——他是李干事。阿麦像闷葫芦一样，把一块大石用力举上畦面，不一会，冲坍的田埂便砌得严严实实的，与原来两边笔直的田埂一样牢固雅观。她手中只有一条毛巾，给谁呢？当然给李干事，她递给他："李干事，你先洗脸。"李干事接住随手递给麦贤得："小麦，你先擦。"麦贤得扬手一推："你擦。"说完，便收拾工具，"通通"地跑往山坑去洗手脚。她一见，又回转头，要去重新拿毛巾，李干事把毛巾丢了过来，李玉枝伸手接住。李干事一瞧，见她手臂一片乌青，便惊愕地问："你手臂伤了？"她脸倏地飞上两片红云："今早……往……往海滨跌下的。"李干事一听，摇摇头："你骗我，跌下伤脚伤手掌，那会伤手臂？"停了片刻，他便叹了一声道："这是他的病态，我跟他半年多了，也被打了三四次。小李，你可要理解他，原谅他呀！"李玉枝感激地望着李干事那真挚的脸庞，深情地道："谢谢你！"

李干事说完，便跑回宿舍了。她拔腿跑往山坑找阿麦了，那道长辫在背后随风飞舞。

3

又相安无事过去了几天。李玉枝打算待麦贤得情绪转好之后，才就他挨整的事，安慰安慰，劝解劝解他。

这天，她陪麦贤得爬上宕石顶的风吹亭，累得腰酸腿酸，从腰到脚，一路酸下去。傍晚，麦贤得因跑得欢，也困顿地早早入睡了。李玉枝收拾完毕，伸伸腰，也躺下床，不一会，就进入梦乡了。

这时，她好像又爬上山顶了，同阿麦一道，手拉着手，站在凉亭前的大石上，俯视着下面乱石岗下的万丈深渊，自己觉得很害怕，紧紧攥着阿麦的坚硬手臂。太可怕了，下面黑洞洞的，不小心，摔下去，一定会粉身碎骨的。她转移了视线，抬头望着远处的大海，那阔荡荡的海面上，涌进了许多许多巨轮，有写着她不认得的外国字，也有许多小小的渔船，还不时传来一阵阵刺耳的汽笛声。她摇一摇阿麦，惊喜道："阿麦，唷，那船太大了，四层楼的!"但猛觉阿麦忽然身子一阵激烈地颤抖，"啊"地惨叫一声，一头摔下万丈深渊，她紧紧把他抱住，坠下去，坠下去……她惊叫一声"啊——"

她醒来了，满身大汗，猛然摸着阿麦，发现他还在床上，高兴得紧紧抱住他，但是，却感觉他浑身抽搐，真怪！她猛然打亮电灯：不好！阿麦嘴巴布满白沫，眼睛睁得怪大怪大的，四肢抽搐发抖，被单被踢开了，大小便失禁，流溢出来，污染一床，一股污秽之气布满空间。天啊，这是癫痫病发作了！他刚才那"啊"的声音是他的惊叫声哟！她怕得猛地爬起来，手忙脚乱，不知所措，连声道:"阿麦，阿麦!"但麦贤得抽搐越来越厉害了。李玉枝迅速穿上外衣，开门出去，嘣嘣敲响隔壁黄医生的房门。黄医生知道出事了，赶紧打开房门，提着药箱飞跑过来。他打开药箱，急忙给麦贤得注射了一支镇静针。一会儿，麦贤得就渐渐平静了。

这一惊，非同小可。李玉枝可说平生从没碰过。在洋心村时，黎婆的病仅仅是胃病、气喘，样子没这么可怕。而她早知道他的病会不时发作，样子吓人，但想不到竟这么可怕！她见麦贤得安定下去入睡了，便对黄医生歉意地道:"黄医生，惊动你了，麻烦你了。你就回去休息吧!"黄医生怜爱道:"小李，这回够你受了，你可要挺住啊!"李玉枝坚强道:"黄医生，你放心，我挺得住的!"黄医生又关切道："太晚了，你简单收拾一下，明天再清洗吧。你也太累了，休息一会吧。"玉枝道："谢谢，谢谢!"黄医生便背着药箱回房去。

黄医生走后，李玉枝要把那污秽了的床单拖下来洗涤，但被单和床单被麦贤得压住了，她怕一拉动，又会惊醒他，便倒了开水，加上洗衣粉，用毛巾蘸湿，把露出来的污迹小心翼翼地擦去。她粗粗整理一番，因刚才的惊恐和劳累，使她感到精疲力竭了，眼皮不听使唤地想瞌睡。不行，她又狠狠睁开眼，她怕阿麦又醒来，病又发作了，或者要喝水，但那双该死的眼皮十分沉重，老是要垂下来，她干脆往抽屉里搜出一盒"虎标牌"万金油，擦在眼皮上，猛觉得两眼甚热，精神为之一振。她再也不敢入睡了，双眼紧紧地盯住麦贤得那张显得十分苍白而疲惫的脸庞。

她太担心了，从此后，这位自己的心上人，自己的丈夫，一位英雄的丈夫，伤残的丈夫，眼前又被冷落挨整的丈夫，一月半月就要发病的丈夫，他的康复、他的生命、他的幸福……千斤的重担，将要由她这弱女子承担起来了，尽管组织会帮忙，但她作为他的妻子，责任更重啊！玉枝啊玉枝，你可要挺住啊！“小李，组织是百里挑一才找上你的，你可不要辜负党的期望啊!”是的，我一定不辜负党的期望!

渐渐地，远村上又传来了“喔喔喔”的雄鸡的报晓声，窗外的天空渐渐发白了……

又十多天过去了，麦贤得在李玉枝的精心护理下，在黄医生的医治下，准时服药，调节情绪，渐渐地体质又恢复过来了。转眼，新婚已满月，李玉枝婚假也到期了。随军的问题，不知是首长忙否，也没曾提起，李玉枝也不便再问。其实，此时，她对自己妇联的工作也十分热爱，又不甘愿马上放弃。她见阿麦身体日见日好，况且这癫痫病也属慢性病，并非一月半月就能治愈的，黄医生跟她讲了，宽慰她。于是李玉枝便要回公平公社工作去了。

麦贤得病好之后，十分懂理。他知道玉枝该回单位去工作，不能长期陪他。他见着心爱的新婚的妻子就要离别了，不禁一阵心酸。又想起那天自己动手打她的事，十分内疚道：“玉枝，那天我错了，我不该打你。我——”

李玉枝一听，也甚感动，心里道：他还会知错，他是好心肠的人啊！便笑笑地宽慰他道：“不，是你的身体不好，我……我谅解你。”麦贤得一听，便高兴了。

隔天清早，李玉枝便收拾了简单的行李，麦贤得陪她，小夫妻手拉着手，双双来到宕石车站乘车。一路上，她反复叮咛道：“阿麦，我走后，你可要听黄医生、李干事的话，准时服药。有啥事，要克制自己，别随便发脾气，更不能打人呢!”

“嗯!”麦贤得深情地注视着妻子温良的脸庞，点点头道，“玉枝，你可要多回来看我啊!”

“嗯!”玉枝也点点头，“我休假一定会来看望你的!”

不一会，汽车已到点，要出发了。麦贤得送李玉枝上车。李玉枝猛地从衣袋里掏出一张折成燕子尾的信纸，递给他，道：“阿麦，给你!”

麦贤得接住，只听“叭叭”两声，汽车便轰隆隆地开出车站，沿着广汕公路飞奔而去。

麦贤得慌忙展开那张燕子尾信，《送夫君麦贤得》——

李玉枝那熟悉的字便跃进他的眼帘——

山中自古藤盘树，
阿妹甘愿树盘藤。
不是阿妹慕富贵，
慕你舍身杀敌人。
钢铁意志破敌胆，
报国豪情万众钦。
你身伤残不孤独，
阿妹陪伴你终身。
蜜月虽甜也有泪，
此生无悔情满襟。

瞧着瞧着，麦贤得泪流满腮，举头望着尘土飞扬的广汕公路，望着远去的汽车，深情地呼唤道："玉枝，玉枝……"

三十六、赵书记年关探婚情

1

李玉枝回到公平公社，放下行李，见日将午，便拿了一包喜糖，来到莫姨家。

莫姨下乡还没回来，两个小孩子，一男一女，放学在玩耍，一见便亲切地招呼道："枝姐，枝姐，你回来了。"叫着便忽地围住她。

"乖，阿姐给你们糖。"说着，便把糖一人几粒地发给他们。

这时，门外响起了"铃铃铃"的自行车铃声，她举头一望，见是莫姨回家了，车把上吊着一捆青菜。她急忙走出去，帮着拿下青菜。

"玉枝，你几时回来？"莫姨惊讶地问。

她笑笑道："我也刚回来，一回来就向你报到了。"莫姨把车放好，便牵着玉枝的手，端详着她的脸庞，半晌便道："胖了些，也白了。他对你好么？"

玉枝脸庞粉红粉红的，羞赧道："还好！"

莫姨又惊叫道："你是怎的，这大热天，还穿这长袖衫，你是怕晒黑了，他嫌你?!"

真的，玉枝这时穿着暗花白底浅黄色长袖外衣，莫姨知道她在公平时，喜欢穿短袖衬衣，便觉得有些反常。

“莫姨，车上风大，我就穿长袖衣。”玉枝解释着。

当下无话，莫姨热情地留她吃午饭。饭后，莫姨要她好好休息，一路坐车颠簸，明天才工作。晚饭后，玉枝洗盥完毕，她打算看望曾勇，顺便问问汕尾家中的近况。一天都没见曾勇的影子，觉得甚怪，莫非上县城开会去？她便往公社几位领导房间坐，分发喜糖报喜，然后，就往曾勇房间看看，见他房门上锁了，一问，才知道他上县城开会去了。她觉得天还早，便又往莫姨家喝茶聊天。

莫姨见她，便高兴地换了茶叶，往炉里加炭，瞟了她一眼，道：“下午睡得好，精神比中午好多了。咦，你又穿长袖衣，你是怎么了？”

莫姨甚异，个中定有奥秘！见孩子们都睡去了，便轻声道：“玉枝，实话告诉我，你这手臂一定有问题！”

玉枝慌忙道：“没……没有，莫姨，没有！”

莫姨是过来人，经历的事多，尤其是男女之事。她板着脸孔，怜爱地道：“脱下来，我瞧瞧！”

玉枝见遮拦不住了，只得把外衣解开，脱了出来。莫姨一见，唬得半天合不上口：“啊，这么一片大乌青的，是怎样弄出来的？他打你？”

“没有，没有！”玉枝遮拦道。

莫姨慌忙从抽屉里拿了一瓶碘酒和药棉，蘸了蘸，便轻轻地为她擦摸，边擦摸边叹道：“玉枝，别骗我，听说他脾气暴躁，有时还会打人，你一定是被他打了。你这么乖巧的人，为啥还没办法顺他，你怎可去忤逆他，弄得被打成这个样子呐！”说着，一颗豆大的泪珠已在眼眶里打转了。

玉枝一听，既心酸，又委屈：我哪有不顺他的意呢？我哪会去忤逆他呢？玉枝咬咬牙，控制了自己，强装笑脸道：“莫姨，六七天前，他又发病了。他一发病，双手乱扫，不慎被他打着。伤了，没什么，几天就会好的……”

“唉，玉枝！”莫姨深知玉枝的涵养，如果真的被打，她也不会讲的，便叹了一声，“玉枝，生米已经煮成熟饭了，以后，你可要逐步摸住他的脾气，好好调养他。夫妻的事，不是一朝一夕的，多些理解就好。”擦摸了一会，莫姨见那片乌青隐退了很多，又道：“穿上，别着凉，明天再过来，再擦几次，就好了。这样吧，你结婚前也没回汕尾，你干脆明天就回汕尾，看望看望你爸你妈。你结婚了，也要去回禀。当爹娘的，一定也担惊受怕的。你回去，跟他们谈谈，也使他们宽心。”

玉枝一听，心内十分感激，莫姨确实真好！但又担忧道：“莫姨，那公社工作……”

“别，别担心。我还顶得住。你回去几天后再来，工作哪天干得完？我顶就是了。”

“真谢谢莫姨了！”

隔天，玉枝便回汕尾去。父母亲见她回家了，而且胖了，白了，悬在心头的大石扑地落地。但无意中，她母亲见她手臂一片乌青，又追问她。她只能告诉母亲是阿麦发病了，在病中被无意伤到的。她妈一阵心酸：新婚也发病，我的天啊！

玉枝也趁空往汕尾的同事家座谈，顺便分发了喜糖。大家见她胖了，精神很好，都为她高兴。但有一些深交的姐妹，见她大热天穿着长袖衣，也感诧异。有几个干脆笑着把她的外衣剥开，见她手臂上的乌青，均叹息不已。

2

转眼，冬至已过，新春将要来临了。李玉枝屈指一算，已近半年没去看望阿麦。

从通信中，知道他目前已往葫芦市那边去，身体好转些，但也发了几次病。每当想起阿麦发病那痛苦的样子，玉枝心如刀割。但是，自从结婚回来后，公社就忙夏收夏种，接着又忙计划生育，紧接着又忙秋收冬种……一环紧扣一环，她见大家都忙透了，也不好意思开口谈休假，虽然莫姨也催促她几次，但她认为，还是先干好工作，临近大年春节，才一并休假。假日时间长些，可帮阿麦调理调理，收拾收拾。但作为玉枝，这段时间来，空闲时间也没浪费，她买了许多医疗护理书籍，认真地学习医疗护理知识。她觉得，从今以后，作为麦贤得妻子的她，当务之急是掌握这门知识逐步摸透他的发病规律，科学地进行护理，配合医生，使他的身体逐步好转，以至最后根治这后遗症。她也深知，这不是简单的事情，并非一年半载的事。但她有信心——总有一天，阿麦会好起来的！

春节即将来临了。莫姨向她“下令”了：“玉枝，你该去看望他了！”

“是的，我该去看望他了。可是，莫姨你就忙多了。”

“没关系，我还干得来，你去吧。”

于是，这天，玉枝收拾了简单的行李。带上了《医疗护理知识》，带上了莫姨给她的一布袋子番薯和芋头，乘车直往汕头去。

隆冬的汕头，海风甚烈。且今年冬行春令，毛毛的细雨，裹着北风，飘飘洒洒落在路人的头上、身上，真是寒冷刺骨。她到宕石渡口了，知道葫芦市就在潮州城的公路旁。她两年前往设在潮州的地委党校学习时，从车上望去，西边山下那染着浅黄色的一列列平房，被许多高高的木麻树包围着的就是军营。他的妹妹麦贤妹就在那里的海军医院里。听说他从葫芦市进去还要走很长的山路，他的营房设在山沟里面。不要麻烦他的战友吧。她决定自己乘车寻找去。嘿，人家说夫妻的心是一对磁铁，不管在天涯海角，两心都会互相吸引。真的，山多深，路多远，只要知道在哪里，千山万水她都会找到他的。她深信!

过了渡口，坐了公共汽车，不一会儿，便来到葫芦市。下车，步行往军营去。一问，知道小姑就在那木麻树里的院子。拐了几道弯，迎面墙上就有一块长长的招牌——“海军 427 医院”。她上前一打听，小护士告诉她：“有，麦同志就在里面。你稍等，我去叫她出来。”

片刻，甬道上走出一个妙龄的姑娘，正是她——麦贤妹。

“哎哟，二嫂，你来了?”麦贤妹惊喜道。她接过二嫂的包裹，带往位于一侧的宿舍去。麦贤妹三年前入伍。那天，她跟阿妈阿爸一道往广州看望二哥。海军首长设宴请了英雄的父母，她这当妹妹的也沾光了。首长见她长得身体好，又听说她在家乡也是武装民兵，便打趣道：“小妹，要不要接过你哥哥的枪杆，到部队当兵?”她一听，高兴得一跳三尺高：“要要，谢谢首长。”于是，首长向饶平武装部挂了电话，她回去验身体，就被吸收到海军来，送到海军卫校学习，两年后就安排到海军 427 医院来了。

“二嫂，先喝杯水。”麦贤妹递上一杯开水，然后，就往食堂打了两份饭。姑嫂俩就简便地吃了午餐。

饭后，麦贤妹请了假，就带着李玉枝沿着山间小路，走往深山里的军营去。

“贤妹，”玉枝跟贤得一样称呼麦贤妹的名字。“军营怎的设在这深山沟里?”玉枝不解地问。

“二嫂，这是军事秘密，你就别问了。”麦贤妹认真道，“你作为军属，前去探亲，只管安排好夫妻生活，其他的事你就别过问，部队有纪律的。以后你就慢慢会习惯的。”

玉枝也是地方干部，一听就懂：“嗯，多谢你的嘱咐，我注意就是了。”

隆冬的山野，山风甚冷，山溪流水叮叮咚咚，小鱼儿迎着白白的坑水往上冲去。

两只小蜂绕着坑边的茅花飞旋，不知道是否觉得茅花没滋没味?磨蹭一下，便飞向远方去了。

走了一个多钟头的路，山坳里又露出一排黄色的平房。麦贤妹道：“二嫂，到了，就在这里。”

玉枝张眼四顾：啊，四面高山，悬崖削壁，不远处还有一排排像电影里见到的云南石林一样的嶙峋怪石：有的像张着大口的猛兽，有的像扑展着翅膀的巨鹰，有的像摇晃着脑袋的大蟒，有的像蜷缩翻腾的长龙……真吓人！

麦贤妹见二嫂在发怔，便安慰她道："别怕，住几天就习惯了。这里有许多战士。"说话间，她们已走进军营。

但是，军营里面静悄悄的，只有几个手揣着枪走来走去的小战士。来到麦贤得的房间，门也上锁了。麦贤妹一打听，原来，刚才东面大山失火，麦贤得跟着官兵们一起灭火去了。姑嫂俩举头一望，真的，东面半山上还冒着浓烟呢！

李玉枝慌忙道："贤妹，我们也去帮灭火！"

身边的小战士道："免啦，刚才火光冲天，现在已熄灭了。过一会儿，他们就回来了！"小战士连忙招呼她俩往会议厅，便捧上两杯热茶给她们。

路口传来了一阵谈笑声。接着，门口就冒出一个头发蓬乱的脑袋："哈，玉枝，贤妹，你们来了？"

李玉枝一瞧，麦贤得像从火堆里捞出来一样，整个身子都是烟灰，脸庞黑黑的，要是他不开口，根本就认不出来。她噗嗤一笑："哎呀，你弄成这个样子！莫是变成牛魔大王了！"

说着，麦贤得就带了姑嫂俩往他房间去。她俩连忙帮他找了衣服，李玉枝帮他解开纽扣，麦贤妹打水，姑嫂俩忙了半天，帮擦帮洗，麦贤得才露出庐山真面目。

当晚，驻军首长郭主任听说李玉枝来探亲了，便上门来看望。他称赞麦贤得是一个闲不住的人，身体一好，就往邻近的农村帮助插秧、割稻，还帮助贫困农民做好事呢。

李玉枝心内也明白：他是60年代毛泽东思想哺育的人，学雷锋做好事的传统不会变，她更深深地爱着他。

3

年关将近了，街道的李主任往赵书记办公室商量拥军优属的事。临别，见屋里没人，便悄悄告诉他："赵书记，你近来有没有听到李玉枝的事？"

"啥事？"赵书记惊愕地望着这四十开外的街道主任，"是不是结婚期间被小麦打的事？""不是，汕尾的机关部门都在议论纷纷，她的左邻右舍也吱喳个不停。"

"吱喳个啥？"赵书记有些惶然。

李主任又往门口望了一眼，见没人，便把嘴巴凑在赵书记的耳朵边，轻声道："人家在议论说那麦贤得不会男女的事，玉枝嫁给他，只图个夫妻名分呢，像守活寡一样呐！"

"啊……"赵书记惊叫一声，眼睛张得比铜钱还大。沉吟片刻，便摇摇头道："不会的，绝对没可能！部队对这个问题是极谨慎的。听老崔说，婚前还请了专家研究，绝对不可能！"

主任也和声道："是呀，这个问题部队一定不会儿戏的，或者是造谣。"

李主任走后，赵书记心头像压上一袋沙包，沉甸甸的。他决心弄个究竟。他先从周围同志作了侧面的了解。找了几位可靠的人，旁敲侧击。大家的说法都与李主任一样，而且，几个较深交的还带怨责的口吻道："老赵呀，看来，你这个月老是牵错线了。人家好好一个闺女，你不是害了人家吗？这花季的姑娘，要守一辈子活寡，要是你自己的女儿，你舍得么？"

真是晴天霹雳，把老赵轰得一个踉跄！是呀，李玉枝可才是一个20出头的姑娘哟，是一个良家的女子，党组织培养的"政治苗子"啊！自己本想对党对部队负责，也对他们这对年轻人负责，与老崔一道牵针引线，想的是要促成一桩美好姻缘。如果仅仅是夫妻的吵闹，有道是"天上小雨地下流，小两口争吵不记仇"。小夫小妻，谁家没嘴长嘴短的？小吵小闹，有说有笑有哭才像个家。不久前，传说玉枝蜜月被小麦揍伤了，她倒没当成一回事。这小麦身体不好，有时用力不注意，扭伤了小李的手臂，是什么原因伤的，也很难说呢！小夫小妻的事，别管得太细。他这当书记的，抓的是大事，夫妻间的打情骂俏他能管得来吗？但是，李主任他们说的这个问题，却非同小可！关系到小李的终生问题，千万不能大意。是好是坏，他要管到底！

老赵坐在沙发上，茶几上那包"大前门"，一根连着一根，烟缸有七八个烟蒂了，他还想不出万全之策。忽然，他想起明天要慰问汕尾海军。对了，有办法了！老赵狠狠拍一下响腿……

真够忙，忙得抽不出身来。转眼已是农历腊月廿九，汕尾镇已布满大年的气氛了。大街小巷挤满置年货、买新衣的人们，小溪小河遍布杀鸡宰鹅的。蒙蒙的天空弥漫着节日的云彩和雾气，不时响起噼啪、噼啪的儿童的老鼠炮声。

一辆人货车，在广汕公路上飞驰。老赵眼光注视着前方，表面看好似笑意绵绵，雍容和态，但内心却似汤煮。他恨不得把这人货车变成直升机，顷刻飞往汕头去。坐在赵书记身边的是他的老伴。闷了半天老伴道："瞧，大年到了，你还小题大做，到了麦英雄那里，人家会怪我们老两口是神经病不？"

老赵哄道："老夫老妻，就帮我个大忙吧！"老伴亲昵地白了他一眼，无话了。

车后斗上不时传来"哦、哦"的大鹅的高叫声。老赵心里烦躁地道："哦，等一会叫你们落进滚汤里，看你们会叫不会叫！"

明天就是除夕了，公路人影车辆稀疏，汽车全速地飞驰。只四个多钟头的工夫，便来到汕头宕石水警区。首长一见到老赵，今年格外的热心，年关到了，还带着老伴载了一车大鹅大肉，还有鸡蛋鲩鱼来慰问他们，真是十二分的感激。杨副司令员使劲地跟他握握手，中午也请了老赵喝茅台。老赵下午还有要事，只喝了五杯，又握手告别了。他回头找上舰艇大队部，终于找到崔福俊了。他把车后斗上留下的一只大鹅和三只猪蹄及二尾草鱼搬下来，塞给老崔，道："老崔，叫警卫员把这些搬回你家去，让小娄母子摆弄，我们上车！"崔福俊见老赵和太太来了，便亲切地打了招呼，而老赵口中喷出浓浓的茅台味，知道他有些醉了："老赵，喝杯茶，喝杯茶，有啥事，坐下慢慢谈。"

老赵一听，也觉得喉咙有些热辣辣的，便道："行，喝杯茶也行！"于是，同司机就走进大队部的小客厅。茶过三巡后，老赵迟疑片刻，便支唤司机去关照汽车，悄声对崔福俊道："老崔，我这次赴汕，除慰问你们部队之外，还有一个任务，需要你配合完成。"

"啥任务呀？"崔福俊迷惑不解。

老赵便把几天前李主任他们同他讲的有关麦贤得夫妇的事告诉他。

崔福俊一听，双眉紧锁，沉吟良久，便轻轻地摇摇头："不可能，不可能！如果真的这样，小李在这里整整一个月时间，一定会找组织的。这并非小事呀！"

老赵的老伴也凑嘴道："是呀，大队长，他就大惊小怪的……"老赵喝道："你懂什么？"然后又道："老崔，这也难说，小李是年轻姑娘或许害羞，不好意思说出口；或者想再过一段时间观察后再说，都有可能。"

崔福俊一听，觉得老赵说的也不无道理，意识到问题的确不简单："那你的意见呢？"老赵沉默不语，憋得脸膛红得发紫。半晌，只见他嘴唇哆嗦道："老崔啊，我们这两个大媒人，你是代表部队的，我是代表地方的。我们为的是一个目的，要为麦英雄创造一个幸福的家庭，如果我们牵针引线的结果是这对年轻人不幸福，婚后心情不好，不是反过来更影响麦英雄的身体康复吗？再则，小李仅仅是二十出头的小姑娘，仅二十出头呐！如果真的是那样，那不糟蹋了人家姑娘，误了人家一辈子的青春吗？"

老崔听着听着，脸庞也乌云密布了：是呀，老赵说的句句是理，"那么，你的意思呢？"

老赵大手高高举上去，狠狠地一劈："老崔，我今天把夫人请来，就是让她学侦察员的。嘿嘿……我们要负责到底。现在，我们一起往小麦他们那里去，让我老伴向小李了解一下，让小李说实话。如果真的，我们就请部队首长研究决定，提请婚姻登记部门解除他们的婚约，让小李解脱，以后如何照顾小麦，再另想办法吧！"

崔福俊一听，十分赞赏老赵这敢作敢为、负责到底的性格，赞同道：“行，应该这样办！”

说完，两人便上车。汽车驶上渡船，过渡口后，便沿着宽坦的潮汕公路飞奔而去。

不一会，到葫芦市了。老崔便指挥司机左拐弯，汽车便沿着弯弯的山路驶进深山里的军营去。

下车后，他们便搬下大鹅、猪肉和大橘，上门看望小麦和小李。

李玉枝正在门口清洗走廊，一见老赵他们，真是喜出望外：“赵书记，老艇长，阿姨！”她放下扫帚，飞跑过来。

李玉枝大气呼呼地跑到他们身边，拉他们的大手，摇晃着：“是什么风把你们吹来哪！我正月还要上门向你们两位拜年，你们倒先来了。这怎叫我同阿麦当受得起呢！”

“嘿嘿，你们住在这深山里，辛苦了，我就同老艇长和你姨姨来看望看望，没什么大不了的事。”老赵爽朗地笑着道。

崔艇长端详着李玉枝的脸庞，白里透红，腮边挂着几滴水珠，似没有悒郁之状，倒也宽心了许多。但他知道她涵养良好，情绪不易外露，便在心里思索着如何打探出真情的良策。

李玉枝把他们带进房里，只见麦贤得正在擦窗户，也干得头额汗珠层层。他见赵书记和老艇长来了，也惊喜得大叫：“老艇长，你好！”说着便从凳子上跳下来，双手在裤上揩了揩，就握着老崔的手。

“哦，阿麦，你还不认识赵书记和阿姨喽！”李玉枝才想起来，急忙拉着阿麦的手，连声道：“他就是我常跟你讲的赵书记，大恩人，和崔艇长一样的大恩人哪！”

麦贤得一听，啪的一个立正，向赵书记行了一个庄严的军礼：“赵书记，你好！谢谢，谢谢您啊！”

说着，李玉枝连忙冲上三杯热茶，捧上来：“喝茶，先喝杯茶取暖。”

赵书记呷了两口茶，瞧瞧手表，见已是下午两时多了。日色已不早，他便凑在崔福俊耳边，如此这般地嘀咕了一阵子，崔福俊连连点头。

片刻，赵书记和崔福俊便站起来，赵书记道：“小麦，你带我们参观参观你们的军营。”说着，又对司机道：“小兄弟，我们一起参观参观。”那司机便识趣地跟着出门去。

他们走后，赵书记的老伴便同李玉枝拉了几句家常，然后，便单刀直入道：“小李，我今天为啥从老远的汕尾赶到这里来，我只想问你一句话，你要跟我说实话。”

李玉枝一听，惊愕地望着阿姨，见她是一副严肃而真挚的脸庞，她觉得好像问题严重，便嗫嚅道："阿姨，你尽管问。如果是小李我做错什么，或者阿麦做错什么，对不住赵书记和阿姨的，请赵书记和阿姨尽管批评就是了。"

"不，你们没做错什么事。"阿姨心情沉重地道，"你老书记是生怕他们这两个年近半百的阿叔做错了事哪！"

"赵书记，不会的，你们不会错……我同阿麦更没乱说什么呀。"她有些担忧了，怕有些人搬弄是非。

玉枝迷惘地望着阿姨那张温良的脸孔，点了点头。

"那么，你跟阿姨谈谈，你跟小麦结婚半年多了，你们的夫妻生活正常不正常？"

她一听，两片脸颊绯红，像一片红云般霍地弥漫到耳根，蓦地双手严严实实地捂住那发烫的脸庞，半晌，才放下来，脸庞还是红晕晕的，她声音轻得几乎自己也听不见："阿姨，正……正常。"说完，那好看的嘴唇轻轻咧开，含羞拍拍自己微凸的肚子，"阿姨，我肚里已经有孩子了。"说完，羞得紧紧捂住脸庞。

"哈哈哈！"老赵从门外走进来了，刚才玉枝的最后一句话，他听到了，乐得纵声大笑。这爽朗的笑声，吓得蹲在门口的两只小鸡子吱吱地飞跑了。他如释重负地道："小李啊小李，你这一句话，买来你叔叔二百多公里的路程啊！我心头的大沙包丢了，大沙包丢了！哈哈哈！"

赵书记拿起茶杯，一口便把半杯凉茶喝下去，道："小李，家中有酒吗？"

"有，有，有一瓶白兰地。"李玉枝说着，便从柜子里拿出白兰地。老赵一把接住，用嘴把盖子咬开，咕噜咕噜地一个长喉，便把空瓶丢在地上，朗声道："小李，这两三个月来，汕尾风声四起，那些唾液几乎要把叔叔淹了！这回，我回去，一定要好好辟谣，为你和小麦洗清名声……"

李玉枝是聪明人，她一听，就知道一切了。她沉吟片刻，便道："赵书记，真使你和老艇长费心了。事实终归事实，待新年后，我抱一个小小麦回汕尾给乡亲们瞧瞧，那飞短流长也就自然没有了！"

"对对！"赵书记抚掌大笑道："那时候，你抱着那个小小麦，我派一班潮州大锣鼓，绕着汕尾镇，把四街六巷通通游一游，让那些长舌妇瞧瞧，我们的麦英雄和小李有接班人了！哈哈！"

"哎呀，老赵你又喝酒了！"崔福俊和麦贤得他们也回来了。老崔一进门就闻到浓郁的酒味，见老赵那高兴的劲儿，便知道一切了，心头的大石也蓦然落地。

太阳已西斜了，柔和的光线泻落在静寂的军营。老赵夫妇和老崔告别了小麦和小李，坐上汽车，沿着那弯弯的铺满阳光的山路，跑出山门去。

这时，远处的葫芦市，偶尔传来一两个新年的鞭炮声——年关到来了！

三十七、麦贤得心曲：今年的春节不欢乐

1

我真讨厌这鬼天气，满天都是雨丝和白雾。过新年，理该晴天才对呢。

玉枝这个人，好是好，但女人终归是女人，办事忸忸怩怩的。出门便出门，就要梳辫子呀抹香油呀。不然，早些出门，早就到葫芦市了！瞧，这回雨点又大了。

唉，也不能全怪她。那黄干事夫妇同那个穿空裆裤的小崽子也要跟着去。忙了半天，那小崽子还钻在被窝里，爬起来了，也跟着大人一样刷牙呢。那几个老鼠齿，刷与不刷都一样的！要出发了，又闹着“要拉大便!”拉他的头！一进厕所门，一蹲就半天，好好的天气也给拉下雨呢！真该死的小家伙！

这回，可就坏了。整个天空像破漏斗一样，雨稀稀拉拉地下。这回，注定要在这鬼山窝里过一个窝囊年了！

还是李玉枝坏。当家属便当家属，却像“统战部长”一样，战士呀家属呀，大的小的都搞“统战”，都要“团结一致”的，还说得美：“远亲不如近邻，你身体不好，老麻烦大家。”连从汕尾带来的几个芋头也分发完了。就像黄干事那小崽子，整天就猫在我房间里，有时就蹲在她膝盖上，有时在房间里蹦蹦跳跳的。又那么不耐吓，我装几下老虎相，他就吓得哭闹着跑了。这小家伙，以后，就不让他进我房间，今天明明要往汕头市区去的，有要事的，也给这小崽子误了，拉屎一拉要半个钟头。

明明昨晚与玉枝谈妥了，正月初一上市区军分区司令部为杨参谋长拜年。杨参谋长对玉枝好，原来听说挂职在海丰当县委书记的。听说我们结婚了，他还送了礼物贺喜，还称赞玉枝高尚的品德。这样的首长，值得尊敬，去拜访他，我乐意。最重要最重要的，我还要去问他一个重要的问题呢。

就是说，我被树为“战斗英雄”，是毛主席、周总理同意的，八·六海战的功臣十一个代表，都受到了毛主席、周总理、邓小平等许多国家领导的接见，国防部也是中华人民共和国的国防部。我这个“战斗英雄”的命名，

是毛主席、周总理和邓小平总书记同意的。命名之前，贺龙元帅、叶剑英元帅、徐向前元帅还来考察呢！怎的，林彪叛国投敌了，与我何干？我并不认识他，他叛国投敌我也要打倒他呢！如果他不死，我还要用战艇大炮轰他呢！可气的是，有人说毛主席接见我时林彪在场，《人民日报》的照片上有见到毛主席同我握手时林彪也在旁边。这就怪了，林彪要在，要挤上来，我能叫他走吗？接见也只是十几分钟的事，毛主席问我身体好吗？要我养好身体，为人民立新功。我就认定毛主席这两句话。我就不管他林彪在场没在场的！如果说凡是同林彪在一起的人就坏，那天下的坏人不就太多了？主要还要看人的本质。我不坏！我打敌舰，受伤了，毛主席器重我、接见我，是对我的鼓舞和鞭策，是我的一生最最幸福的时刻，与他人何干?!

有人问我，我说你自己去问林彪。你对八·六海战都怀疑，你不配当人民海军！

我的想法是不会错的。崔艇长也鼓励我：你的英雄是真的，头脑的弹片能假吗？毛主席亲自接见能假吗？别管那些闲言杂语，安心养病。但可气的是，在这山旮旯里，养病空气好是好，只是人心内苦闷了，就没有知心的老领导老战友，水平高的人，像崔艇长这样的人可以谈吐心曲，真苦闷。

玉枝来了，她是我的妻子，但部队的事她不懂，只知叫我食药、食水、食鸡蛋、食青菜……把我像养牲口一样养。我有头脑呀，我有思想呀，我心内苦闷呀！我要问她，要说给她听，一些部队的事，又不便告诉她。她要带我去见杨参谋长最好。他是首长，职务高，水平一定也高的。我可以把一些想不通的问一问他。

可是，这鬼小崽子，这鬼玉枝，这一拖拉，就把老天拖拉下雨了。哼，这回可去不成了！我头有些痛了，胸腔里一股怒火在猛烈地燃烧着，我觉得李玉枝就像国民党一样，太可恶了！

她从小崽子家出来了。她说："阿麦，这天气坏，今天不能出门了。"

怒火在胸膛中燃烧，熊熊火舌冒上咽喉，冒上脑际了，冒上头发去了。我不能控制自己，我大吼道："坏，你最坏！你是国民党！"我狠狠地把那张竹椅子一踢，飞出门外去。我又跑往床里，把她的行李袋抓起来，摔往门口去："李玉枝，你坏，你……我要跟你离婚！你是国民党！"我破口大骂着，还骂了许多许多，我不知道我骂了些什么了……

我头痛得很厉害，喉太干了，我不能开口了……我倒在床上了。隐隐只听到李玉枝哭了。

不一会，我的喉咙一片湿润，一股清甜的水流进来：啊，李玉枝给我喂水，她眼中还含着泪啊……我的好妻子！她不坏，她是大好人呐！

2

今天，玉枝她要回汕尾了。不知怎的，我的心像浸透了梅子汁一样——酸透了！

我的头不会痛了，我恍惚想起那天痛骂她的事，心里十分内疚。天下哪有像玉枝这样好的妻子，尽管我怎么地骂，怎么地不讲理，怎么地发脾气，她都忍气吞声，没回我一句话。骂痛了，她只管独自流泪。唉，那天，我不该骂她是“国民党”。是的，国民党太坏了。她那么爱我，那么关心我爱护我，怎可骂她是国民党?！我也不该提离婚。是的，这样好的妻子，离了以后怕再也找不到了！幸得她没答应我呢！唉，就怪自己这脑子，这脾气，胸中一燃烧起怒火，就地塌山崩，什么话都骂，我以后要控制自己呢！

嘻嘻！昨晚听玉枝说，她肚子怀有孩子了，太好了，我也有孩子了，我有种了！以后，若生下一个男娃，就更好了！不，生女娃也行，女娃听话，我说什么就听什么，不会气我。不，还是生男娃好。生男娃，长大就送他当海军，也上英雄艇去。接过我的班。我眼下身体不好，不能上战艇。毛主席叮嘱我要养好身体，要为人民立新功，不能上战艇，就不能干轰轰烈烈的事业，当然学雷锋做好事，也行。但没上战艇那样来劲，再打一个八·六海战来劲！真是的，生个男娃就可以接我的班。

她李玉枝真行，也能怀娃娃了！以后，我真不能发脾气了，要好好对待她，让她也感到幸福。不然，跟我这样的人，身体不好，刚结婚，有的人还说长道短的，连我受毛主席接见也可指责，她也跟我受屈，她太亏了！

今天，天空晴朗，太阳早早就出山了。我送玉枝到路口，她眼眶红红的，唠唠叨叨叮咛我：要注意身体呀，要忍性别发脾气呀，还悄声道：“阿麦，你可要想开些，别苦闷，总有一天毛主席会说公道话的。”

“是的。”我点点头，“我就相信毛主席。”咦，玉枝知我心！

我问：“玉枝，你哪时会再来看我?”

她告诉我，她工作闲时就来看我，来侍候我。那时，或许就带着我们的小毛毛来呢！

嘿嘿！玉枝也抿着嘴笑了，笑得很开心。她笑很好看，我越看越爱看。可是，她摆摆手，走了。走在那弯弯而长长的山间小路上。我高声呼唤道：“玉枝，你可要回来看我哟！”

玉枝走远了，听不见了。

路边柳树上有鸟儿吱吱叫。真讨厌，多嘴的家伙！

三十八、这个姑爷不讲理

1

李玉枝：老辈人说，女人生孩子，是一半棺木一半眠床，真没假！生孩子时，那痛苦之状难以明言——阿妈为我额头擦汗的毛巾就擦了两条，都湿透了。

孩子终于出世了，而且是男娃，全家子比过新年还高兴。二妹说，比生细弟还高兴呢！阿爸眯着老眼瞧瞧半天，说："太像他爸了，那嘴、那鼻、那眉眼，真无半分厘差池，好像是同一个模印出来的一样！"我阿妈还不认识阿麦，只觉得这孩子长得秀气、精神，特别是那大眼睛，乌溜溜的，真像会说话一样。小妹清红，却把他当成一个艺术品，老是坐在床沿上端详。时而用手指轻轻抹着他的脸蛋儿："乖，乖，叫小姨，叫小姨！"开初，他还没怎样反应，十多天后，他竟会跟她玩了。笑，嘴巴咧开，嫩红嫩红的，双脚敲打着床板，像打鼓一样。听说他爸爸出生时也喜欢敲床鼓，敲出两个脚盅凹进两个小洞洞，看来是祖传的！我喝住小妹："清红，别玩他！"清红不服，"我就要玩。"边说又边逗他："你是我家共有的，不是你妈一人的。是吗？乖乖！"他又乐得咚咚双脚乱敲着。

从待产到生孩子这五十多天来，我真如公园里的稀有动物一样，全家子都绕着我转，绕着我母子转。阿妈亲自上市场买肉买鱼，阿爸在商店下班了，也常常亲自上市买乌鱼。阿爸说，乌鱼是好鱼，妇人生产，月内吃乌鱼，加益母草，可活血去淤，而且吃后有奶汁，有营养，母亲和儿子都会强壮。出月时，我就觉得自己胖了很多，原来的衣服都穿得太紧身了。

吃午饭时，小清红高兴地跑进房里，眉飞色舞："大姐，报告你一个喜讯！"我说："什么喜讯，你考试一百分了？"

"不！"她故意绕着圈子，"你猜！"

我装着气愤道："别太狡猾，我不猜！"

"嘻嘻，我姐夫来了！在镇招待所呢。"

我一听，喜出望外：啊，阿麦来了！他怎样来的？

"真的，我放学在路上，碰上赵书记，他指着身边那高大的海军军官说他就是姐夫，要我先报喜去，还有几个海军叔叔呢！"

哦，阿麦真的来汕尾了！春节后，我再没空去看望他，后来孩子临月了，又不能去。听说他病又发作了几次，我真担心。贤妹写信劝我别挂心，反正是老病，病过就好了。我只是担心他晚上发病时，跟他一起的同志没及时发现，出事了——幸亏还平安。但最使我担心的，还是他的脾气，一不顺心，就凭着他的思维逻辑，满世界都乌烟瘴气的，惟独他自己正确，对一些社会的不良现象也缺乏分析判断的能力，又不会谅解人。古人道："水至清则无鱼，人至察则无徒。"用他60年代的眼光要求眼下的人和事，哪会顺心呢！唉，他来了，一定是赵书记和崔艇长安排他来看望我们母子的。有些话，我还要规劝他，别在汕尾出洋相！

2

蔡招娣：姑爷来了！这个姑爷可不简单，当英雄的！全中国都知道他名字。其实，我这当岳母娘的还与他从未谋面呢！听玉枝她爸讲，长得很威风，有男子气概。哼，我玉枝闺女长得有模有样的，在汕尾也可说是一朵花呢。这姑爷如果没样没相的，我玉枝哪会轻易爱他呢?！唉，其实话也不能这样说，这闺女自小心地善良，自小就听党听毛主席的话，一听赵书记说这姑爷是保卫祖国受伤伤残的，老艇长又亲自上门提亲，人还未见面，她就答应几分了！真是妈祖保佑呀，公祖在天有灵，这姑爷病虽是病了，但还会生孩子，还能生下这英俊的小外孙！瞧，那小脸蛋、小鼻子、小嘴巴、小眼睛，你就是越瞧越疼爱呢！并不是我老人家吹牛，这娃抱往哪里，谁不称赞才怪呢！听玉枝他爸说，这娃跟这姑爷真像同个模印出来的一样。嘻乎，这姑爷可就太威武了！

姑爷来了！赵书记和崔艇长都一起来。赵书记介绍认识了。他笑笑地恭颂我："阿妈，你好，谢谢!"言语不多，有礼貌，有教养，不愧是英雄。咦，瞧他的模样，真像一个放大了的玉枝怀中的小娃！我也笑着连连应道，"哎呀，你来了!"我连忙张罗要煮饭，他们说已在镇上吃了。说着，他见到厅堂中那个大摇篮，便笑咧咧地跑过去，见孩子沉睡去了，便伸手抹他的脸蛋，"喂，睡啥，快醒，快叫爸爸!"孩子被他一弄，真的醒来了，哇哇直哭。只见他一把抱起来，高高地一耸，便抛上半空，那娃来到这世界还没碰上这玩法，竟在空中乐得咯咯咯地欢笑，哎，真有这对父子呢。

喝了几杯茶，赵书记和崔艇长见他父子乐，也高兴得笑呵呵的，也站起来端详这娃娃，都称赞生得太像他爸爸小麦了！玩了一会儿，赵书记和老艇长就笑眯眯告辞了。他们忙别的去了。

同来的还有一个后生的海军同志。他也跟着娃娃玩。孩子是不是知道今天他爸来了，也乐得半疯了，嘎嘎嘎地笑闹个不停，不一会竟"卟"的一声拉屎了，淋在他爸的裤子上。他爸轻轻拍着他的屁股："坏，小坏蛋！"我便把娃娃接过来，玉枝用毛巾帮姑爷擦了擦。然后，就把姑爷拉进里房去，不知嘀咕些什么。

3

麦贤得：嘿嘿，我终于当爸爸了！这小家伙，长得真帅，大家都说像我，真的，很像。其实，我儿时便没照相，说像能准吗？赵书记、老艇长都说像，像现在的我呢！父子嘛，像是没错的。能像我就行，应该像我。我要好好培养他。长大了，也当兵，上战艇去！

这小家伙，很喜欢笑。一笑，那嘴巴像一颗张开的大蚬子一样。只是还没牙齿，像没齿的老人一样。哪时才会长牙齿呢？没牙齿真太没劲了。

玉枝叫我进里房。我见她胖了，白嫩了，脸颊红粉红粉的，也可爱。她吱喳吱喳地告诉我，要我别乱跑，社会复杂，在市场上别惹是生非，别管不是自己该管的事。嗤嗤嗤！这个李玉枝，把我当成七八岁的小孩子。我当父亲的人了，还用你李玉枝教导？真是太那个了！我就专门要到市场逛一逛，不符合党章国法的事，我就要管。不管，我哪像一个人民的战士呢?!

我招呼着小黄，一起遛街去。咦，前面走廊里有两三个妇女和小孩在印煤块。看那妇女，瘦得像一根茅秆一样，印没一下就喘了三四口大气。真的不是干活的料！看来是生病了。你瞧我的！我上前去，道："阿婶，你歇歇，我来！"我一把就夺过她的煤模杆子，我刚印得来劲时，那一堆煤泥就完了。我问："阿婶，还有煤泥吗？"那一旁的小姑娘连连摇头："姑爷，没有了，谢谢你！"那婶子也连声："谢谢！"谢个啥？帮干这点儿活就谢？咦，那小姑娘为啥叫我"姑爷"，嗯，她在哪里认识我呢？真怪！

小黄又唠叨了："老麦，你老是这个样子，出门就找闲事干，你再不注意身体，再不听话，我要向上级汇报！"我便央求道："算啦算啦，小黄，别汇报，学雷锋，学安业民，小小螺丝钉，别汇报！"

小黄还是好哄的。我一央求他，他就听我的，又傻傻笑了。嘿嘿，这小黄，挺趣味呢。走进大街了。其实，这汕尾的大街，也是小小的，两边都是矮屋子，没像汕头、广州一样有高楼大厦的。街路两旁，摆满了卖鱼的，路太挤了。这时，有学生弟弟背书包上学了，还有下海捕鱼的，上市买东西的，整条大街人来车往。人既然这么多，政府也不把街道扩大些。我今晚碰上赵书记，一定要跟他提提意见。

铃铃铃，三个小青年骑单车从前面来。前面那瘦猴的嘴叼着一根吸了一半的纸烟，头发盖过耳朵，流里流气的。唉，人这么挤，车开得那么凶，撞上人怎行？

“哎哟，我的脚盘，啊——”一个中年妇女被碾住脚板了，蹲在地下痛叫。而那3个小青年不理不睬，竟装作没瞧见，继续飞车而过。真是的，一点礼貌道德都没有呢！我姓麦的要管管！

我胸中怒火燃烧起来了，一腿飞出去，刚才碾住那妇女的单车便被我搁倒下去了。瘦猴摔倒在地上“哎哟”痛叫着。我一跃上前去，一把当胸扭住他，喝道：“你眼瞎了？你压伤那大嫂了，还不上去道歉？快！”

“呀呀呀，你这家伙，狗咬老鼠多管闲事！”另外那两个青年丢下单车，并围拢上来，挥拳就要揍过来。

不讲理！我又用右手揪住另外一个矮胖的家伙，又对小黄喝道：“小黄，扭住那一个！”

“呀呀呀……”另外那个像竹竿的家伙“嗷嗷”怪叫着，一把拦腰抱住我，就要用力摔。只听小黄喝道：“住手，快住手，不能揍，你们知道他是谁？”

那3个家伙停住手了，惊望小黄。只听小黄高声嚷道：“他是战斗英雄麦贤得！”

“麦贤得，麦贤得？”那三个家伙一听，慌张地对视一下，嘟哝几句，便推着单车溜了。

不好，他们还没向那大嫂道歉。我一伸手，把跑在后面的那辆单车拦住，逮住的又是瘦猴。前面那两个家伙便不见了。

这瘦猴怕了，脸孔发青。

我喝道：“瘦猴，道歉去！”

瘦猴终于乖乖地放下单车，我一把将他扭住，走往那还蹲在地面上的大嫂面前，见她脚板被压得皮开肉绽，血渍渍的。我一见，怒火又燃烧起来了，“啪”的一个耳光就扇在瘦猴的脸孔上。他也太不经打了，竟呜呜大哭了。边哭边叫：“解放军打人哇，呜呜，解放军打人哇……”

这回，乱套了。四面八方围拢了许多男男女女。一个身材高大的中年汉子冲上来了。瘦猴一见，哭得更惨了：“阿爸，这海军打人，打我……”那汉子长得粗野，冲上来，要打架了。好小子，要动真格？我也要教训教训他：子不教，父之过！你教这个瘦猴，不学雷锋，不做好事，乱闯伤人还要寻打架：“好哇，你来吧！”我蹲好马步等待他上来。

“不行，不行！同志，他是战斗英雄麦贤得，不能打！”小黄上前拦住他。

“麦贤德，麦贤福都行，他打我的孩子，哪家的兔子英雄?!”

“哎呀！阿田兄，别打别打了！”李玉枝来了。她原来认识他。后面还跟着岳母娘，战战兢兢的。嗤，她们就好管闲事，不在家好好带孩子？这歪风邪气我一人就镇住了，还需出动你们这杨门女将吗？真是的！

4

李玉枝：哎哟，阿麦真的惹是生非了！我担心的事情偏偏就发生了！

我飞奔出门而来，跟着报信的小邻居阿弟。

阿弟说，就在西大街上，姑爷跟阿田兄的儿子瘦猴打架了！

你瞧你瞧，那鬼脾气，不节制自己。这回，真的出事了！阿弟说，不是，是瘦猴单车压伤一个过路大嫂的脚板，没道歉，姑爷路见不平，拔刀相助的。

说东道西，事情终究闹出来了！啊，整条西大街挤满人，前面拐弯处，热闹得像观看玩猴子的。啊，阿麦正拉开马步，像拳击运动员一样，要动真格了！阿田兄那模样也不示弱，捕鱼半辈子，风里浪里滚大的人，力气也不弱的，打起来，谁输谁赢且别说，这影响，阿麦这英雄的名字，汕尾这个英雄的姑爷跟汕尾的乡里阿舅打架了，这臭名声就够阿麦洗一番了。谁理解他是病态呢?!

我慌忙冲上去，同小黄一道，钻进他俩的中央，劝说阿田兄道："田兄，你大量大福，他身体不好。你原谅他吧。"我母亲也赶上来了，拉住阿田兄的手臂，央求道："田兄，姑爷还患病，你好好人别同他一般见识，托福了托福了！"

这田兄一见我母女俩，那绷紧的脸孔便松弛了，不情愿地问："他是——"我母亲慌忙道："他就是玉枝的姑爷哪。"

"唷唷唷，大水冲了龙王庙——自家人不识自家人了！是大姑爷唷，算算！"那阿田见有台阶可下了，打架也非乐事，便识趣地收场，一个转身便不见了。

我回头见阿麦还瞪着怒眼，骂骂咧咧："坏小子，瘦猴的，一点文明礼貌都没有！"我上前一把挽住他的手臂，劝道："阿麦，快回招待所，老艇长回来了，有事找你。"

他一听老艇长有事找他，便乖乖地跟着我和小黄往镇招待所去。阿妈也不放心跟上了。

到了招待所，他没见到老艇长，便问："李玉枝，艇长在哪里？"我骗他说："艇长出去，一会就回来，你坐坐喝杯水。"说着，服务员小贤便托上3杯热茶，我劝阿麦喝了，也递一杯给阿妈，我同小黄都喝了。我见阿麦平静些了，便批评他道："阿麦呀，我在家里就劝你，出门别管闲事，你偏偏不听我，要是我和阿妈走迟几步，真打起来，不就出大事了。你的身体……来到这里，都是乡亲，打输打赢都无理讲啊……"

我见阿麦听着听着，脸涨得通红，眼睛睁得怪大的，好像喷出火焰了。我鸡皮疙瘩倏地浮上了：糟了，他受不了！真的，只见他把手中的茶杯“啪”的一声，狠狠摔在地上，那杯子粉碎了。他破口大骂道：“李玉枝，你坏，你是国民党！你为公还是为私？”他大气呼呼。小黄慌忙劝道：“老麦，枝姐说得不错呀！”他手一甩，也骂道：“你也坏，不错？李玉枝为私，她是汕尾人偏心汕尾人！瘦猴不讲理，还是我不讲理？压伤人，不赔礼就跑行吗？”他气得脸发白了。我妈也苦口婆心劝：“大姑爷呀，你别气，就算玉枝说错了，你对！”阿麦手又一甩：“你也坏，你也偏心汕尾人！我不要，我不要！李玉枝，我不要你！离婚，离婚！小黄，你叫赵书记、老艇长，离婚！”

我见两个小服务员站在门口上，吓得探着脑袋不敢进来，我委屈得泪水扑簌簌直掉下地。他气还没消，吼道：“小黄，我命令你快叫老艇长来！”

他话音刚落，老艇长和赵书记闻讯赶来了。见他那凶凶的样子，便示意我们暂时避开。我便跟阿妈走出门了。阿妈也泪水涟涟。我心内十分痛苦，阿麦啊，你为什么这么不讲理呢？你要到哪时候身体才会康复呐，才会同正常人一样生活，一样识别、处理这错综复杂的社会世事呢？！

“阿妈，我……玉枝连累你了。”我同情阿妈，是我拖累了阿妈哪！……

5

蔡招娣：孩子，说什么连累不连累？阿妈是年近黄昏的人了。你日头刚出山，来日方长呢！他这个样子，你熬到哪一天才出头呢？玉枝呀玉枝，你命好苦哟！你自愿的，你谁也不能怪！天下好男人成千上万的，你偏偏选中这个像孩子一样不懂事又专要管闲事发脾气的怪人。你究竟为了什么？

麦贤得岳父

我跟你爸结婚三十多年了，从来没红过一次脸。你新婚就让他揍伤了，结婚不上一年，他就口口声声要“离婚”。说什么“姻缘好合”，说什么“偕老百年”，刚一年，孩子刚刚出世，戏就一场比一场大！这会儿，全汕尾都滚沸起来了，我与你爸的老脸要搁往哪里去?!

我气得昏了。头痛得要裂了。玉枝平静了，安慰我道：“阿妈，你别气，你别气呀。你气坏身体了，我就更遭罪了。是阿枝不好，你不能责怪他呀。他身体不好，他还患病呢。阿妈，真的，他是打国民党，打美国佬受伤，要是他不受伤，他是不会这样不讲理的，你谅解他吧。”

是的，是的，女儿是自己生的，她的心比玉还洁净！唉唉唉！这姑爷确实也英雄，他路见不平，拔刀相助，他也有他的理由呀。唉……孩子已经出世了，生米煮成熟饭了，是好是孬都是自家姑爷。观音娘娘啊，你大慈大悲，保佑我女儿玉枝的姑爷身体平安，夫妻恩爱，家庭幸福美满啊，阿弥陀佛！

第十章

天冷月更亮

三十九、乡道弯弯

1

我这一生，有两顶帽子：一顶是我喜欢的，那是五年前我那在广州读书的孙女阿丽专门在五羊新邨给我买的，那顶黑色灯芯呢帽子，能挡风。上年纪的人，后脑勺怕风，冬日戴上去，暖烘烘的。那闺女很乖。另一顶帽子，是那“割尾巴”的年代，浒洲公社那个石书记送给我的，那帽子还有个雅名叫“暴发户”。贤得他爸在船队，没沾边，我就当上了“户主”。这“大帽子”，像石帽一样重，我被压得喘不过气。

人生在世，“三衰六旺一平平”。其实，我这妇道人家，从来也没打算要出什么风头。只是想，我同贤得他爸都是穷苦渔家子女，在旧社会，饱受日本鬼子、国民党的欺负，几乎被弄得家破人亡。幸得毛主席、共产党救了我们穷人出苦海，我家翻身了。我生了九个孩子，说来见笑，眼下兴计划生育。那时我生得腻了，要计划也无技术计划，便一个一个生下来。生儿报国，是我的心愿。阿庆长大了，闹着要当兵去，我就送去了；阿得长大了，也闹着要当兵，我也送了；阿贤妹这闺女，见大哥二哥都去当兵了，心也痒了，要去，我也送；接着，还送了阿哆、阿七去当兵。一共送了五个儿女去当兵，有海、陆、空、坦克兵，说来真趣味。有一年，他们都回来看望我，穿上各色各样的制服，实在是太威武了，乡里乡亲都说我好命！好命就别说了，说光荣嘛，确实光荣！大年一到，村里开军属会，那红门联就领了五对呢……我家的屋子太少了，没那么多门楣可挂，我拿一副给贤金，一副给他细舅，说：“挂挂光荣。”春节一到，孩子们穿着军装回来，我这当母亲的可像邓小平检阅三军一样，嘎嘎嘎……

你瞧我，一高兴就说跑题了。话说回来，一想起那“割尾巴”的年代，我心还痛！那年，不知墙上那广播出了啥毛病，好端端的却说什么要“割尾巴”。说家里养猪、养鸡、养猫、养狗都是“尾巴”。反正有“尾巴”就要割。听说清朝末年，我爷爷一个早上往县城去，那道辫子被割了，哭了三天。看来人的“尾巴”被割去了，这回轮着要割牲口的尾巴了！一天，来了三四个“后生仔”，拿着记工簿，来到我家，就要登记。凡是长尾巴的牲口都登记。那时我养了三头猪、一只猫、一只狗、七只鸭，都记了。我同他们辩，那鸭的尾巴尽是毛，不算尾巴，不像猪狗猫一样，尾巴肉里长骨头的，不能计在内。他们虎着脸说："也要算，反正会叫的就算。"唉，要记你们就记去吧，我又不是种鸦片，我怕啥？

可是，没过几天，公社就派来了四个工作组的女同志，把我叫到老屋去，她们抬上凳子坐在门口，要我交代问题。这就怪了！我有啥问题可交代？她们来真的了，硬说："你家里尾巴比别人多，是典型，要割！"我气愤道："我养牲口有什么罪？猪才三四十斤，那花猫才抓来一个多月，那老狗可是养了五六年的，鸭子才刚刚发粗毛，你们就要割它们的尾巴？"我愤愤道："要割，你们的尾巴也试割割，看痛不痛！"那些姑娘忍不住笑了，说："阿姆，我们没尾巴呢。"我又气愤地道："没尾巴就割脚趾，试试。"她们笑弯了腰："阿姆，你搞错了，是割资本主义尾巴，你家养猪养鸭养猫养狗都是家庭私有制，会产生资本主义，所以要割了才会变成共产主义，才不会卫星上天红旗落地，这是姚文元同志和张春桥同志说的呢！"我越听越糊涂了。人不吃饭不吃肉那不是变成神仙了？要吃饭要吃肉，不去种田不去饲养那天上会掉下集体养公社养，那年公社化万头猪场养的猪比老鼠大不了多少，哪能宰来吃？这些孩子看来是还没饿着呢？我一听便闷闷不开口，一连几天都不开口。

她们可不简单呢，听说是奉了公社那个石书记的指令来管制我的，她们四人两班轮流去吃饭洗澡，把我关押在我家的老屋里。我气糊涂了！

这天，吃饱晚饭后，她们便把我带往大队前面的广场，场下已有许多人，一直把我带上台。电灯亮亮的。那石书记黑着脸讲话，说今天是八·六。啊，八·六？那不是阿得打国民党美国佬战舰的日子?!

我知道，这同十年前不一样了。那年，我同丈夫、大儿子阿庆一道往广州去，阿得被命名为"战斗英雄"，自己同丈夫一道上主席台，同部队许多首长一道合影呢。那时多么荣耀啊！这是自己做梦也想不到的。当兵的子弟，打敌人是分内的事，受伤也是常有的事，首长就给这样的荣誉，我真感激。大家都说阿得勇敢，硬骨头。这倒是不错。他从小就硬骨头，从小就要当董存瑞、黄继光呢。他用自己的血肉换来光荣，为父母公祖争光，我也高兴。但是，今天，怎的在这八·六的日子要叫我上村里这平时放电影的广场，而且也上主席台。但我感觉空气不一样，整个场子都闷闷的。那石书记讲话了，说了一些我根本听不懂的话，什么"张春桥同志论资本主义的土粪""姚文元同志论林彪反党集团的社会猪糟"。哟，原来不准养猪不准养牲口是那个张春桥和姚文元说的哟！石书记又说："林呖是资产阶级的暴发户……"哟，我是暴发户，我也发财了！这一听我又糊涂了……"凭着儿子是英雄，就胡作非为，多拿集体，大养其猪，大发其财！"我一家也只养了三只猪七只鸭一只猫一只狗，日子也是粗粗过得去，儿子当兵去，没劳力赚工分，养几头牲口帮补帮补，哪能叫“暴发户”？这石书记今晚是喝酒醉了，胡说八道！他又胡诌了，说“麦贤得是假英雄，你们别怕，要批判林呖的资产阶级。”啊，阿得是假英雄？那扎进头脑里的弹片会假？毛主席老人家接见的会假？毛主席接见的照片我还保留着，锁在老柜子里呢！

真的，我糊涂了！他们呼口号，不知呼叫些什么，要我老实交代问题，我不知要交代什么？我干脆闭口半个字也不吐，让石书记斗去吧。我瞧他那黑脸孔，像从棺木里才翻出来一样，说的话不像毛主席领导的共产党，他不知是从哪里来的？会不会是张春桥同志和姚文元同志派来的？反正，我认准了，阿得是听毛主席的话，听共产党的话打国民党的，打美国佬的！不会错，我送阿庆、贤妹、阿哆去当解放军也是听毛主席的话，听共产党的话的，喂猪，猪粪还可以下田，靠自家的汗水换点钱弥补生活，养儿孙，并不是什么大罪过！要斗要批你们就批去吧！反正，总有一天毛主席会说公道话的，只要共产党的天不变！

我抬头望望台下，也见到许多乡亲在掩脸，好像不忍心瞧我，还有贤金媳妇、若霞嫂子……好像耸着肩膀在抽泣。哭啥呢？我才不哭呢，我没做亏心事，半夜敲门心不惊！忽然，孙子阿伟和光蛋妹趔趄着跑上台来了，阿伟递给我一壶水，道：“奶奶，给你！”“哟，阿伟、光蛋妹，乖！”“滚！”不知谁大吼一声，两个小娃吓得“哇”的一声哭了，边哭边跑下去。是哪个该死的？

那晚被斗后，回到老屋，已很晚了。我翻来覆去不能入睡，老是想，这天道真的要变了么？不会的，不会的，广播上明明还播着毛主席的名字。那个“张春桥同志”和“姚文元同志”是什么货色呢？他们是不吃米不吃猪肉鸭肉的？怎的连人家种地养牲口都不行？明明阿得是毛主席接见、周总理接见的，那“战斗英雄”的奖状有红红的大印，哪会假？唉，我看这石书记不是真正的共产党人，真假是非还颠倒了，是他们故意要把水搅混！但是，全泩洲喂牲口的并非仅仅我这老太婆，有的养得还比我多，那为什么不抓不斗，偏偏来斗我这老太婆？莫非真的是阿得犯错误，我被牵连着呢？不行不行，明天要叫大媳妇他们往汕头看看，看阿得有没有被人抓起来。

隔日，大媳妇碧爱拿饭来了，我悄悄叮嘱她。她说免挂心，昨天六叔已上汕头去了，见二叔和细姑都在葫芦市呢，二叔还在操场打篮球呢。我一听，心就放下了。孩子们平安就好，我这老太婆活了六十岁了，死也不腥了，瞧那石书记能把我怎样。

2

大媳妇又送晚饭来了。我见她眉头打结，长嗟短叹的。我问她有啥事?她摇摇头，说没事，看来，她是为我担心。

已关闭二十多天了。她们老是要我承认是“暴发户”，这真是“硬要竹竿屈入瓮”。我活了这把年纪，向来做人来去分明，不明不白的钱物我分文分厘也不要，家里有上顿没下顿，暴发哪去？我哪会去承认?！我理也不理她们。她们说，不承认。石书记就说要关到承认为止。

阿得他爸出海回家了。他来看望我，那几个鬼姑娘老是盯着。我骂道，人家老夫老妻要说私房话，听个屁！不识趣的丫头！

她们背着脸走开了。但还倒转头偷窥我们。

他爸悄悄告诉我，不是阿得的事牵连我，阿得这几年不大光荣。前几年有人以毛主席接见时有林彪在场整了阿得，这两年静些了。雷锋都不光荣，做好事的人几乎没有了，英雄不吃香了，这是大气候的事。毛主席年老了，听说周总理也生病了，又太忙，管不了这些事。我的事是这公社下面搞的，那个石书记听张春桥和姚文元的话，兴“割尾巴”，这是大气候。三个月前有人也要他带头“割尾巴”，干违心的事，他不听他们，他们就无穴挖出鲦，从我养猪这里入手，这可苦了我了。他爸还劝我说，听阿有回来说，他已把汫洲发生的事汇报给县委老书记和武装部的李部长了，他们都很气！骂石书记乱搞，看来，他们早晚会保我出来的，要我忍耐……

哦，县委书记、李部长他们知道了！我相信这共产党的天是变不了的，一定会有人出来说公道话的。

他爸又告诉我说，家里的叔侄和我娘家的侄子们三四十个“后生仔”在酝酿着要上公社找石书记论理呢！我一听，便紧张叮嘱他爸道，要劝住这些“后生仔”，别莽撞，别闹事。反正，她们也没骂我也没打我，关在自己家，只是出入不自由，关多一天少一天也无妨，别惹出事来，相信汫洲湾众人的眼光，千万别闹事！

他爸点点头走了。临走，他犹豫再三，还是告诉我，阿国腿上生了无名肿毒，几天了，昨晚痛得从眠床头翻往眠床尾。我一听，心就痛，这娃才十多岁，我又不能去看他。他爸又不会管这种事，真是祸不单行啊！

四十、大哥故乡行

1

婚后，年年都回一趟洴洲湾。今年，因军务忙，一推再推，这时候，才回家。

古人说，树高千丈，落叶归根。远离故土的人，心还是系着家乡。一踏上洴洲湾的土地，就觉得全身热烘烘，从脚底一直热遍全身。别瞧这乡道弯弯的，但它绕着山脚，沿着小溪流，错落有致地直从村外伸展进村子里去。两路都是柳树。今年不知是不是雨水太少了，树叶便不那么茂盛，有几株树梢还秃秃的，像一个生了疮疱不会长头发的“臭头人”呢。但是，山脚坑边的小草，依然是翠绿翠绿的，丛林中还有几只姑嫂鸟在鸣啭。传说古时候阿嫂跟阿姑上山砍柴，阿姑给老虎叼去，阿嫂见阿姑那带有血污污的长辫挂在树杈上，一吓变成了小鸟，终日惨叫着“咕咕咕”“咕咕咕”……一年叫过一年，一代叫过一代。姑嫂真有情呢！人嘛，都是血肉之躯，都有七情六欲。是的，别瞧我这当兵已近二十年的人了，每当空闲时，一想起家乡，一想起阿爸阿妈，一想起弟弟妹妹和妻儿，就有一般情愫在胸中缠绕，就觉得能马上回家乡团聚最好呢。这天伦之乐真是什么山珍海味什么歌咏舞会都不能代替的呢。走进村里，巷还是原来的巷，房子还是原来的房子，老牛还是原来的老牛，只是脊梁上那些毛发干枯些，稀落些。但是，乡人好像是变了，变得有些陌生。原来相见时，都露出欣喜的笑脸：“啊，阿庆，回来了哟!”“哟，阿庆，长胖了!”“阿庆，到我家里喝茶。”这会儿，见到我，有的“嘿嘿，你回来了”“嘿嘿，啊，阿庆——”然后，就像躲瘟疫一样，一闪身不见了。转到巷口时，见长福妈在喂鸡。原来长福妈很会喂鸡，满院子都是大鸡小鸡的，这回，竟只剩下一只耷拉着翅膀的老母鸡。记得那老鸡很像当兵那年养的那只黑母鸡，那年还不会下蛋，有人谑称为“青年妇女鸡”。我走近她老人家面前，她还没觉察。唉，人呀，一老就呆滞。“婶婆，你好!”老人一愣，抬头望望我，“啊，你……你不是阿庆么？唷，你回家了。”老人说着，老眼眨了眨，好像眨出泪花了，抬手用袖口擦了擦：“阿庆，快回家去，快回家看你妈妈，你细弟!”啊，家中发生了什么事?!我心头一阵揪紧：“婶婆，我家中出事吗?”老人举头张望一下门口，见没人，便长长叹了一口气，把我拉近她身边，她凑近我耳朵悄声道：“孩子呀，这回事情不好了！这两个月来，你妈险些被人斗死，你细弟阿国一只脚不明不白生了一个大恶疮，肿得像大冬瓜一样，痛得像杀猪般叫。”啊啊，真是祸不单行，“婶婆，人家要斗我妈干什么？”我吃惊地问。老人又道：“哎呀，阿庆呀，你们部队不知道吗？眼下这乡下，大兴“割尾巴”，凡是有尾巴的都割。你家的牲口多，尾巴多，你妈就变成惹风的树，割得最厉害。你妈被关起来，关了38天。是阿得打蒋光头的那个日子。你叔也被抓去斗呢，斗了一晚，你长福叔不服，要跟他们辩理，那当了十多年的营长也被罢官了！那个叫石书记的还准备开除你妈的党籍呢！哎，阿庆我倒忘了问你，你妈几时入的党？无怪她平时说的做的就同人家不一样，真像那党内的人。”老人边说边把糠槽边沿的糠巴搅了搅，又“嘟嘟”地叫了几声，但那老母鸡已吃饱睡去了。老人又道：“阿庆，快回家去，你妈没错，养那几只猪几只鸭有什么罪？一时兴一样，兴这割尾巴，我就不知道谁出的主意，那个短命仔是食斋的不?!”

我辞别了长福妈，加快脚步，匆匆走回家。刚到门口，就听屋里传来：“哎唷，哎唷，痛杀我哟……”我一进门，只见阿妈守在床边，阿国在床上翻滚。妻子碧爱站在一边垂泪。“阿妈，我回来了！”阿妈一听，扭转头一望，惊喜道：“阿庆，你回来了，你回来了！”阿妈瘦多了，去年还黑黑的头发，一年没见，两鬓已白花花了，脸上布满了皱纹——阿妈老了！妻子见我回来了，嘴角也添上笑意。问：“你吃饭了吗?”我摇摇头，她便往厨房去。阿妈又道：“阿庆，你知道家里出的事么?”她眼眶布了一层雾水。我摇摇头：“刚才在巷口看到婶婆，她告诉我了，我知道一些。”

不一会，六弟贤细、七弟贤佳还有堂兄贤会听说我回家了，也纷纷来了。大家见我回来，如感到有主心骨一样，情绪甚好。

这时，阿妈又把她如何养猪、如何被关闭三十八天、如何在八·六挨斗，我的堂表兄弟们如何准备闹事又如何被她禁止等等都向我陈述了一遍。我不禁问：“那你承认什么没有？比如那个‘暴发户’?”我妈一听就跳起来：“什么‘暴发户’，家中穷得米瓮跌死筒，发了什么？我有什么可承认的，那石书记不是来看了几次么？他们无眼也有洞?!”

这时，我这老兵，好像又碰上了一个棘手的新问题。我陷入痛苦的沉思：在我的记忆中，阿妈确实是在乡里，在左邻右舍至汫洲湾十里八乡中，人们对她的品行为人都无可非议的。当那年八·六海战阿得立功受奖之后，老人也从来没有居功骄傲，始终保持原来劳动妇女那样的本色，参加集体生产劳动，利用空闲早晚在巷口上卖甘蔗，让过往路人乡人解渴。大概是1969年的事吧，县武装部李部长陪同汕头军分区政委往汫洲探望她老人家，发现她还在卖甘蔗，卢政委便指示李部长道：“李部长，英雄的母亲在路口卖甘蔗，不甚好看。你能不能与地方政府协商协商，安排一下？”于是，她老人家（其实那年她才50岁左右）才被安排到大队大米加工厂。一连干了六七年了，目前家中还是祖上遗留下的老屋，她躺的也是祖母嫁来时爷爷从山里买来的老眠床，阿六、阿七还躺在楼板上，家中只有六人可坐的长凳短凳，家里来人就要往婶婆家借凳子。谁不佩服她的胸怀开阔呢？也由于她大公无私乐于助人，有一副热心肠报国心，大队党支部才把她这大把年纪的人吸收入党。其实她也没使党逊色。她在自己的岗位上，默默地干，保证机器日夜轮转，跟同事们一道，保证全村人有白白的大米煮饭……

哦，对了，近来有的报纸发表了张、姚的文章。说要深挖资本主义的土壤，对资产阶级实行全面的专政，要铲除私有制。按这个角度来说，阿妈在家大养其猪，确实属私有制，确实属张、姚文章所反对之列。而张、姚乃中共政治局委员呀！这样高级的干部公开在报上发署名文章，却是不多见的。而这汫洲公社的党委书记，甚至县委书记，甚至部队的党委也都是中央所管的，下级服从上级，这是党的纪律。自己可是一个入党15年的老党员了，这纪律还不懂？但是，林彪原来是党的副主席啊，还是党章定的“接班人”呀，他还叛国投敌呢！那张、姚的文章是对还是错？这几年中央的文件，有时说东，有时说西，有时批“左”，有时批“右”，这形势大局，我们基层的确也难捉摸！那阿妈什么都没承认，他们哪会放她出来？我觉得里面定有文章。

我对家中兄弟们道：“阿妈已自由了，眼下当务之急是先找医生，把阿国的病治好。阿妈挨斗的事，你们通知所有的堂表兄弟不要插手，由我管，我会理个明白的！”

大家十分信任我，听后，都点点头。

阿国的脚越来越肿了，阿妈在乡里找了几个医生，药吃后都不见好转。隔几天，她便背着阿国到汕头葫芦市找贤妹她们的海军医院。

2

一回到家乡，我就去看黄冈河。这黄冈河，由于河面宽敞，水深且净。一般的内河，有这样清净的水质，是很难找到的。因为这河发源于闽粤交界的大山，饶北那苍茫茂盛的大山的泉水，从几千几百道山坑中淙淙流淌出来，汇成一道江河，这河水清澈无比，就一直穿过黄冈城，流淌进大海。原来的黄冈城，只是位于北面那座古老的城，古称瓮城。辛亥革命时，著名的黄冈起义就发生在这里呢。城北有一座大山叫石壁山，山上有一佳景叫石壁庵。是一处旅游的胜地。而这河南，分布有汫洲、百洲、汛洲、风洲、大沃……是潮汕著名的水乡。原来，水乡人家进城，都要凭渡船过河。这河面宽达五六百米，一遇上台风暴雨，人就去不得了，一到傍晚，艄公安睡去，更不能过河。这对近十万人口的水乡来说，甚是麻烦。现在，看着眼前这新河新桥，人们无不说还是共产党领导的中华人民共和国伟大，1958 年“大跃进”时，县委号召，全县人民动员整治黄冈河，在黄冈河上筑上了三座石拱桥。此后，河南河北交通往来，就十分方便了。但这可苦了那渡船了，它被浅搁在沙滩上，老艄公也转行卖油条去了。黄冈河配上这三座大桥，加上两岸那撑天遮日的金凤树，还有那亭榭楼影，真是可与杭州西子湖媲美呢。西湖水静有柳。虽是雅致清幽，但绝无这黄冈河的气势，湖中的水绝没有这黄冈河的水鲜活而清纯！我一年多没回乡了，也没看望黄冈河了，今天走上这凤江桥，眺望着这轻波荡漾的河，真教我如醉如痴。

“大哥，大哥！”忽然，三弟阿有叫我，“大哥，县委书记要见你，要跟你座谈。”

三弟阿有这几年进步了，已当上了县委常委。因年纪轻，资历浅，工作还没经验，压力也较大。最近虽然阿妈挨整了，他也知道汫洲公社书记搞得太过分了，根本没有顾及他的面子和阿得及我这做大哥的面子，但是张春桥、姚文元的文章那么讲，上级又布置“割资本主义尾巴”，阿妈的猪也分明比一般的农家养得多，长得快，他自己是外出干部，又是县委常委，也不便出面干预自己家乡的事，尤其是自己妈妈的事，虽然他把情况如实向县委书记反映了，老书记也专车往汫洲找公社书记谈了，还批评了他。开初他还不接受，但后来还是解除了对阿妈的禁闭。这不能不说三弟阿有是花费了一番苦心的。老书记要找我座谈，一定是三弟告诉他我回家乡来的。

我便跟着三弟走进县委大院，不一会儿，县委书记便派一辆吉普车把我接到城郊公社去。老书记在那里驻队。

城郊公社位于黄渔公路的中段南侧，离县城只有四五公里，依傍黄冈河支流，山清水秀，风景宜人。老书记见我来了，便高兴地把我迎进小会客厅。

县委书记长得身材魁梧，脸庞被当年战火烧得粗糙糙的，但红光满面，举止温和而斯文。

我们便分宾主坐下，司机小余把小水罐装满水，搁在炉子之后，知道我们有要事，便识趣地回避了。

“小麦，回家乡几天了？”水沸了，老书记边烫杯边问。

我一把将他手中的水罐子接过来，道：“老书记，冲茶我熟。我已回家三天了。”

烫杯后，我就装茶，高冲，刮沫，然后，低筛出满满三杯茶水。老书记见那三杯茶水汤色一样均匀清亮，便笑笑道：“小麦，你真是正宗的潮汕人，冲茶功夫不错。”

茶过三巡之后，他悒然道：“小麦呀，你妈这几个月受屈了。我们地方工作做得不好呀，你要多多包涵哟！”

我望望这年纪已五十开外的老县委书记，一位参加了解放战争转业到地方的老战士，我顿觉他身上好像散发出一股真挚的新老战友之情。我轻声道：“老书记，这也不能怪县委、怪地方呀，这是上面的大气候，我理解。”

“是的，上面的政策确实太难掌握了。”老书记双眉微蹙，轻轻叹了一声，“小麦，我们话这说这罢，说句心内话，最近几年，上面的政策变来变去，捉摸不定。本来，毛主席重新启用邓小平同志，还启用了一大批老干部，全国各行各业开展大整顿，形势好转了，我们地方也可以开始放开手脚大抓发展生产，大抓发展经济了，但没上一年的工夫，上面又搞了什么‘批经验主义’‘批林批孔’，近来，竟又把发展生产同抓政治工作对立起来，提出什么‘卫星上天，红旗落地’，我们真被搞懵了！……来来，喝茶，茶凉了！”老书记说到这里，见我听得发呆了，茶盘上三杯茶冒着香气，便招呼道。

我见他谈的情况跟部队的情形一样，也接住话茬道：“老书记，其实，部队也跟地方一样，‘九·一三’事件后，开初部队根据毛主席、党中央、中央军委指示，叶剑英元帅亲抓。没几个月就肃清了林彪的余党，形势发展很好，特别是去年邓小平同志兼任总参谋长以后，大抓军队的整顿，部队面貌焕然一新，官兵们情绪高涨。但是，这几个月来，特别是张、姚文章发表后，大家的心又揪紧了……”

老书记脸色沉重，点点头：“小麦，其实就是这样，在这错综复杂的斗争环境中，我们地方一些基层干部，政策水平就显得太低了。比如你们汫洲那个公社书记，对上面布置的‘割资本主义尾巴’一事，我们县委照常布置是应该的，下级服从上级嘛。但具体执行上，应把握政策，把握火候。一个多月前，得知你妈被关闭挨斗的消息后，我亲自往汫洲去，找了公社书记，他还跟我争辩，说你家猪养得最多，三头，在乡里算暴发户！只要是暴发户，是什么人就挖什么人。这是上面的布置，他这样抓错在哪里？我当下派人到你家了解情况，‘暴发户’也是一个普普通通的农家，只是家中那三头猪正在长膘，富在哪里呢？唉，小麦，说心里话，这近十年来，我们这地方干部确实难当，本来抓经济、抓发展生产、抓改善农民的生活，是为官一任应干的本分，但你要干却不能干，造成眼下农村这个穷苦落后的样子，上面的方针忽左忽右……当时不管公社书记说得有理没理，我便给他下了死命令：‘放人，不能关闭，以后，再慢慢进行思想教育。’他还拖了几天，最后，不得不放！”

“谢谢你，谢谢你，老书记。”我感激地道，“我听我妈说是上边干涉的，他才放人，我就估计一定是县委啊！”

老书记歉意道：“我们县委发现问题太迟了，一直待到她被斗后我们才知道。想起来，我对他的批评还不够狠，原则性还不强……”

“老书记，这你就言重了。我妈能放出来，她老人家和我们当儿子的就十分感谢你了！”

“这感谢的话就别提了。”老书记语重心长地道，“小麦，我今天请你来，并非我向你讨功念劳，也并非推脱责任，我主要的目的，是想跟你谈谈，你是一个部队培养近20年的人民军队的军官、部队的教导员，是做思想政治工作的，这次回家探亲，我们地方工作做得不好，你应该原谅。我们地方一些基层干部政策水平太低，你就别再计较了。你要教育好亲友，要劝他们别闹事，别把事情闹大！你看行不行？”

麦贤得大哥麦贤庆

“行行！”听着老书记这发自肺腑的话，我马上表态道，“老书记，你尽管放心，我麦贤庆受党教育多年，受部队教育多年，你的交代就是党交给我的任务，我向党保证，我一定圆满完成任务！”

老书记一听，满意地笑了笑。他站起来拍拍我的肩膀：“小麦，我的教导员，好样的！”

四十一、葫芦市兄妹

1

麦贤得感觉最近军营后面的小灌木林的鸟儿十分恐慌，时不时就往营房的屋檐下窜，而且那“叽叽”的叫声似乎是像求援的一样。特别是在午休的时间，树林里时不时传来“嘣”“嘣”的沉闷的响声，鸟儿便“呀呀”地飞出来了，钻进屋角里“叽叽”地颤声叫着。那声音真令人可怜。

他觉得这事情必须管一管。于是，他今天就放弃了午休，吃饱午饭后，就钻进那密密匝匝的刺蓬里，蹲在地上，屏住呼吸，观察动静。

“嘣”“嘣”，耳边响起两声脆响，他睁大眼睛，透过密叶缝瞧去，发现在东面的树林里有一个十三四岁的男少年带着两个五六岁的男童，那男少年握着鸟枪，正在瞄准着树上的一只白鸽，只听“嘣”的一声，那白鸽便一头栽了下去。那两个小童高兴地飞跑上来，争着拿牺牲的白鸽。啊，那白鸽一定是苏教导员家的。这几天苏教导员的妻子老念叨着笼子里的白鸽越来越少了，原来是被这几个小坏蛋消灭进肚里去的！

麦贤得猛地一跃，便跳出刺蓬，大喝一声：“小坏蛋，敢吃鲜?！啊——”他一声高叫，一个箭步扑上去。那少年一见势头不妙，背上枪，提着战利品，一跃便翻过围墙去不见了。麦贤得冲上去。被甩下的两个小娃像惊弓之鸟“哇哇”地哭了。

“唬、唬、唬！”麦贤得装着老虎脸，双手举在眼前，十只手指一开一合，舌头长长地吐出来，“唬、唬、唬！”

“哇、哇——”那两个小娃亡魂丧胆，“妈妈，妈妈，我妈啊——”

不行，不行，他们太小，耐不起吓唬。他便决定不再吓他们。他们也是那跑了的坏蛋带来的。这回，那家伙却自顾自跑了，留下这两个小娃，瞧他们哭得鼻涕要垂到胸前了，他有些怜悯他们了。他弯下腰，柔柔地问：“喂，小弟弟，你们叫什么名字，告诉叔叔，就放你们回家。”

那两个小家伙对视了一眼，看这个阿叔现在并不像刚才那样唬人，笑眯眯的，就放心了。那个脑袋留着鼎子圈长发，周围剃得发白的小家伙嘤嘤道：“我……我叫小鼎子。”那个剪着小平头，头发旋着两个发涡的抹抹鼻涕，嘤嘤道：“我……我叫小洞洞。”

“好，一个叫小鼎子，一个叫小洞洞。”麦贤得觉得十分好笑，这两对父母实际是两对笨蛋，连一个好听的名字也不会安！但内心叫一叫“小鼎子……小洞洞”，觉得也十分顺口且有趣，算了，就跟着叫罢。“小洞洞，小鼎子，我问你们。”

小洞洞抹抹鼻涕，小鼎子擦一擦浓发，怯懦道：“行，叔叔你问。”

“刚才跑的那个坏蛋是谁?”

“他不是坏蛋，不是坏蛋，”小洞洞那双小手摇了摇，提出不同意见，“他是我小叔叫阿标。”

“是坏蛋，大坏蛋！”麦贤得火了。双眼火辣辣的。

“哇！”小洞洞一见，吓得又哭了，青青的鼻涕又流出来。他不知道领导不喜欢人家提不同意见。

“别哭，小软蛋！”麦贤得哄道，“他不是坏蛋怎么闯进军营打鸟，捣乱秩序，打教导员家的鸟，还不坏蛋?”

“坏，坏，是坏蛋。”两个小娃怕他，只得跟着称坏蛋。

麦贤得见他们承认坏蛋，也高兴了。但这时候，他觉得自己可惹来一件麻烦事了。那坏蛋溜了，丢下这两个小娃，他要带往哪去？真是的！

“叔叔，我要尿尿。”小洞洞嗫嚅着，睁着双眼，惊恐地望望麦贤得。

“拉尿就拉尿，不必请示。”麦贤得十分宽宏，“往草丛拉就行。”

小洞洞用小手拉出那小牛牛，但憋得两颊通红，拉了半天，就不见尿出来，“叔叔，尿不出来……”

“笨?!”麦贤得骂道，“用劲拉!”

“嗨，嗨，叔叔，没尿没尿。”小洞洞一定是刚才被麦贤得唬得尿拉不出来了，他聪明骗说没尿。

嗤、嗤！这可就麻烦了！这两个小娃要带往哪里？他们是谁家的孩子？

“小鼎子，你爸妈叫啥名字?”麦贤得问。

小鼎子没尿，但额头至今还冒着汗：“我爸就叫阿爸，我妈就叫阿妈。”

“扯?!”麦贤得又骂道，“阿爸就叫阿爸，阿妈就叫阿妈，你就叫你，我就叫我，这是怎么说的!”他又火了。

“哇，哇!”这会轮到小鼎子哭了。

“小洞洞，你，你说!”

“我爸叫大犁，我妈叫素云。”

“哦，你妈叫素云?”麦贤得十分惊讶。他想起洴洲家乡的老同学就叫麦素云，这小洞洞的母亲也叫素云。真怪真巧!

“你妈姓什么?”

“我妈就叫素云，她没姓什么。”

“人人都有姓，就偏偏你妈没姓!”

问不出究竟，麦贤得唯一的办法就是先把这两个小家伙领回房间，每人先给几粒酥糖慰劳慰劳，解放军优待俘虏嘛。这两个小家伙看来也算俘虏之列。然后，就让这两个小家伙带路，送他们回家去，不然，留在房间里，今晚尿床了，明天要叫阿贤妹洗涤，那可又要挨骂了。

“走!”麦贤得命令道，“往正门走，别爬墙，到我房间去，食酥糖。”他俩眼睛登时发亮了，便跟着他走出树林，沿着毛茸茸的小径向大门走去。

远远的，麦贤得就见到一个少妇，戴着竹笠，在大门口探头探脑。

小洞洞眼尖，一见，高兴得高声嚷道：“阿妈，阿妈，我在这里!”

那少妇一听，也惊喜地应道：“唷，小洞洞!”

“她是你妈妈?”麦贤得问。

“嗯，我妈妈。”小洞洞假装聪明地推理，“一定是我小叔回家告诉她，说我被你抓住了，叫她来救我们的。”

“啊！她能救你们！”麦贤得一听，又火了，“要是我不放你们，瞧她如何救你们！”

“哇哇！”两个小娃又被吓哭了，“叔叔，放我们吧，放我们吧！”

“嗯，这才差不多！”麦贤得又高兴了，“小洞洞、小鼎子，等一会我放你们，你们就要告诉说是叔叔宽待俘虏的。知道么？”

“知道，知道。”两个小娃连声道。小洞洞又抹了抹刚刚流淌出来的鼻涕。

走到大门口，麦贤得就把他们交给那少妇：“阿嫂，要教育儿子，别乱打鸟，鸟是养的，知道么？”

“知道。”那少妇身材高挑，虽是一身乡下人的打扮，但举止温存。

啊，声音熟熟的！麦贤得仔细一瞧，这不是麦素云么？那椭圆形的脸，那闪亮的黑瞳仁！

“素云！”麦贤得十分惊奇。

“啊，你——”那少妇惊愕地瞪着眼前这解放军，“你……你不是阿得吗？”

“嗯，素云，你怎的也来葫芦市，你……”

麦素云怔怔地望着麦贤得，半晌，嗫嚅着：“阿得，想不到会在这里见到你，你……”

麦素云见在门边站岗的战士在注视他们，便道：“阿得，你有空么？你跟我们回家去，我丈夫在家里，喝杯茶，聊聊。”

“哦，你嫁到葫芦市？”

“嗯。我家就在村子中央的榕树下。”

“哦，榕树下有一口大塘，大大的？”

“哦，你去过？”

“嗯。你等我一下，我拿一件东西，我本来下午也要去的。”说完，麦贤得便匆匆回房间拿来了一包用报纸包得严严实实的东西，便跟素云一起往村子去。

2

林呖背着小儿子阿国，坐了半天汽车，终于来到葫芦市。

咦，这哪里叫作“市”？比汫洲公社还小，屋子还破旧呢，只不过在公路边，日夜车来车往。那军营就在村子东南面，林呖背着儿子，就走了进去。门卫把她母子带到麦贤妹的宿舍。

麦贤妹见老母亲和小弟弟来了，高兴极了：“阿妈，弟弟，你们怎的能走到这里？”

“傻丫头，路在嘴上嘛。”林呖把阿国放在麦贤妹的床上，“快，煮几碗稀粥，我母子饿得肚里在发牢骚了。”

麦贤妹瞧一瞧手表，还不到中午一时，便道：“食堂还没关门，我往食堂看还有没有饭。没有，请厨师再煮。”说完，见阿国双眉打结，眼睛潮潮，便问：“细弟你是怎的？哭了？”林呖忙道：“快去打饭，吃饱再谈，因是阿国的事，才来找你，快，打饭去。”麦贤妹这才仔细瞧着阿国，见他垂在床下的那只右脚板包裹着黑漆漆的布，跟他的裤子同一颜色。哎呀，阿国是脚害病了！麦贤妹安慰道：“细弟，别怕，这里的医生技术高，一定能医好的。”说完，才往食堂去。

不一会，她便提了两个盒饭回来了。放在桌子上，揭开，里面有咸菜瘦肉、荷包蛋、炒春菜、豆芽。林呖一见，笑笑道：“啃，比除夕夜还丰盛！来，阿国，吃饱饱。”

阿国道：“我要荷包蛋。”林呖便把有荷包蛋的盒饭摆在他面前，又夹了一撮瘦肉给他。母子俩便津津有味地吃起来。

林呖边吃边问：“你二哥呢？他有没有睡中午觉？”

麦贤妹气气道：“我劝他睡中午觉，他就不听我。自从6月农忙以来，几乎天天不睡中午觉，天天跑往乡里帮农民刈禾、插秧、种地瓜，中午也忘了回来吃饭。回来时，厨房已关门了。一饿，就跑到我这里来，我煮饭煮慢了又骂我，我真拿他没办法呢！阿妈你这会来最好，你就骂骂他，他怕你，听你的。”

“这阿得，就是贱骨头，干什么都不顾早不顾晚，无三餐无四顿的，也不顾自己的身子骨！”林呖边吃边絮叨着。

麦贤妹窝了一肚子气，这时全部端出来，向她妈告状：“他越来越不像话了，几天前，听说二哥没把工资寄给汕尾二嫂。以前二哥月月都委托事务长寄五十元给二嫂养孩子，这个月已到月底了，二嫂还没有收到钱。我认为不对，就问事务长。他告诉我，是二哥月初全部支去了，一分不留。原来事务长不同意他支的。他说他有紧要事，是他自己的工资，为啥不能支？事务长无法，只得由他了。昨天我问他工资拿往哪去，他就用眼瞪我，一声不吭。再问了，他就骂我多管闲事。他当哥哥的事难道要妹妹管？‘是我管你还是你管我？河水倒流了！’他不讲理，我也无法了。我就不知他钱花哪去呢！”

“唉，这呆仔！已是人家的父亲了，能脚干手干当阿爸的么，你二嫂一月那五十多块钱如何养她母子，又要连累她爸妈了！你去找他回来，我问问他！”

麦贤妹又瞧了瞧手表，见还不到上班时间，那外科医生还未上班，就往他房间找去，见房间门上锁了，又往操场找去。她中午见二哥在食堂吃饭，怕是走不远。但找遍整个军营，也没见到他的影子。她便往大门问那站岗的战士。那战士道，他刚刚跟着一个少妇和两个小娃往村子去。无奈，她只得回房间。

林呖见没找到阿得，就无奈道："别理睬他。我们下午先找医生，把阿国的脚医好，我今晚才找他算账！"

忽然，门外出现一个二十多岁的小伙子，长得瘦黑瘦黑的，手中提着一竹篮，笑着问林呖道："同志，你是麦英雄的妹妹吗？"

林呖一听咯咯大笑道："你这小青年是近视了，我这把年纪能当他的妹妹，我是他的阿妈！"

"哦……"那小伙子一脸难堪，门外光线太强，看不清楚。他嘴唇哆嗦着，忽然，只见他放下竹篮，竟"扑"的一声跪在地上，头像捣蒜一般，"大恩人，大恩人，你是大恩人的母亲啊！你受我一拜！"

林呖和麦贤妹一见，慌忙把他扶起来，连声说："小兄弟，究竟是为啥事，你慢慢讲，何需动这大礼呢！别使我折寿了！"

3

麦贤得跟着麦素云往村子里走去。他边走边想：天下事真怪，有缘无缘都不由人。读小学，流着鼻涕就在一起，她长成大姑娘了，挑肥拣瘦也放纵了许多时光岁月，挨到我伤好些了她还名花无主，本来也可同我结成连理的，但我这伤残确也吓人，竟吓跑了她。听说她远嫁了。嫁往哪里，我也没细问。今日，转眼也已六个年头了，却无意中抓那打鸟的小家伙，抓的竟是她的儿子小洞洞。唉，真是人却无缘天有缘！看来我跟这素云的友情是老天注定的！

拐了几道弯，便来到大榕树下。他对这株大榕树，也觉得很有趣味。别的榕树，只有一株，而这株榕树却两株合抱在一起，周围长了许多小榕树，像新会的"小鸟天堂"的榕树林一样。虽然没那里的繁盛，但也成一景，浓荫蔽日。只是这里的榕树枝头少了许多许多的小鸟，树下多了三头大水牛。那老牛们躺在树下反刍纳凉，浑身布满乌豆般的苍蝇，一翻身苍蝇便"嗡"地飞旋。他瞧着，心内便嘀咕：这么不卫生，无怪乎那老姆会生那怪病呢?!

他道："素云，你先跟我往那大姆家行不行？"

素云问："那大姆叫甚名字？"

麦贤得道："不知道，就在那边。"他用手指一指拐弯处。

"是你家老亲？"

麦贤得摇摇头。

麦素云不解，因多年不见，感到他人似乎精灵又似乎怪怪的，便不敢多问，就懵懵跟他朝巷子里走去。那小洞洞和小鼎子却一溜烟跑了。

门很破旧、低矮的老屋，砖墙灰泥已剥落。屋里一个二十多岁的瘦黑汉在补破竹筐，噼啪噼啪地响。

黑汉子一见他们，便惊喜道："解放军，素云嫂！"

"哦，这不是番薯婶家么？铁汉，你妈好些了吗？"素云又不解地问："阿得，你怎认识铁汉？"

麦贤得烦躁了："什么铁汉铁汉的，大姆病了！"说完，他便把手中的东西搁在桌面上，对铁汉道："小兄弟，安宫牛黄丸，给大姆服。吃完了，病不好，再找我。"麦贤得边说边解开报纸，铁汉见真的又是一盒包装精美的安宫牛黄丸。只见他瞧着瞧着，浑身一个哆嗦，连连磕头："谢谢大恩人，谢谢救命恩人啊！"麦贤得一见，又火了："搞什么名堂，救人救人，到底救谁呢，你在这里磕头，还不倒开水让大姆服药！"他边说边帮着拆开药丸。

"铁……铁汉，咳……解放军真好！真……"里房传出番薯婶激动的唠叨，"素云嫂，你……你来……"麦素云一听，便掀开布帘走进去。"素云嫂，他……他，你认识吗？大恩人啊！你代我谢……谢。"素云点点头，轻声道："他就是英雄麦贤得，我家乡兄弟。""哦，是麦英雄，是麦英雄，真是天下第一好人啊！"

铁汉端着开水进来了，老人颤声道："孩子，你可要记住，大恩人叫麦英雄，麦……"

"你们在搞什么名堂！"麦贤得在外面发火了，"点点事，值得提？素云你真坏蛋。谁要你把我的名字告诉她？真坏！"说完，便咚咚跑了。

麦素云慌忙追出去，见他已无影无踪了。只得喘着气跑回来。一问，方知原来番薯婶的病急需安宫牛黄丸。这药金贵，每粒近十块钱。这对一个普通的农民家庭，是想也不敢想的。听医师说后，儿子铁汉急得蹲在地上大哭。一连几天，看着病情日渐加重的老娘，铁汉茶饭不思，坐卧不宁。那天下午，铁汉又哭了，边哭边用手捶着自己的胸："铁汉啊铁汉，你真是牛屎还不如啊，眼睁睁看着亲娘活受罪！"正在这时候，"吱呀"一声，竹门被推开了，穿着海军制服的麦贤得走进门来，见这哭成泪人的铁汉，张口就训道："男子汉大丈夫，哭啥？你娘生你这哭包的，管啥用呢？"他问明了因由之后，转身就走——隔日就送来了安宫牛黄丸！今天，相隔仅半个月，药丸刚刚吃完，他又送来了！

4

母女送走了铁汉之后，林呖心里想，这阿得，确实也还是那副热心肠。

唉，行善积德，荫益儿孙哪，由他去。

“阿妈，你哪时被放出来的?”麦贤妹听六弟说，她妈被禁闭了，她一听，心内痛苦。家庭养牲口也要挨斗，她想不通。要前去看望阿妈，六弟又说阿妈叮嘱她同二哥千万别回家，别被阿妈牵连。反正关闭在家里，她没做亏心事，管他们关与不关！话虽这么说，她不敢把阿妈被关斗的事告诉二哥。但自己晚上一躺下，也心如油煎。这回，见阿妈出来了，就放心了。吃饱饭后，她才关切地问。

“放出来两个多月。你大哥回来了，县委书记安慰了我们，就算啦，反正没甚大事，我劝你大哥别闹事。”

“不会的，我大哥不比二哥，他办事稳重。”

“你也别老说你二哥坏话，其实你二哥心地好，只是受伤了，人脾气暴躁呢。”

“阿妈，就是这个暴躁，我有时被他气得半死呢。”麦贤妹说着，拍拍那微微凸起的肚子，“我肚里已有四个多月孩子了，林汉斋他又在汕头工作，不能帮我，二哥他像大孩子一样，每天一早出门去，到村里帮生产队干活，无钟无点。回来了，食堂大门关了，我只得用电炉煮给他吃。侍候他吃饱，收拾一下，别说午休，连上班也迟到了。他每次回来不是一身泥就是一身水，那衣服一洗就是半天。更气人的是，他喜欢玩，有一次，几个孩子在大门口放鹅吃草，他见大鹅好玩，便赶大鹅，把人家一头大鹅赶到大水牛的脚蹄下，鹅掌被踩折了，我只得帮他说好话赔了钱。最近以来，经常半夜三更，还不见他归家，一连几个晚上，都不知他往哪里去。有一天晚上，天下了大雨，我焦急万分，有战士回来告诉我，说二哥在庵埠电影院看电影。我一听，连忙带上雨伞，跑了过去，他哪里在看电影？他在守大门呢。电影换场了，他脸赤脖子红地在高声大嚷维持秩序。我一看，才知道他老是那么晚回来的原因。那晚，我硬逼他回军营，他说电影还没结束，要待到结束才走。那守门的大伯告诉我，说二哥成为电影院义务保安员了。他一出场，治安秩序就好得多，人人都怕这麦英雄呢！无法，我只得跟着他在大门口等电影放完，才打着雨伞陪他回来。隔日中午，我又劝他，‘二哥，你再别多管闲事了。管电影不是你的任务，你这样无三餐无四顿，身体累坏……’他一听，就吼道：‘坏，坏什么？你懂什么？做好事就是任务！你管我还是我管你？二哥？二哥就是我管你！’他不讲理，我也气了：‘好，你管我，我以后就不管你，你要干什么就干什么！’他一听更火了，吼道：‘麦贤妹你是什么东西，没有我你哪能当兵？坏蛋！连你那鸡笼也是我编搭的，不要就全不要！’他说完，便冲冲地往小厨房里拿了一把菜刀。三下两下就把篾片砍了，整个鸡笼便散开了，养在里面的十多只小鸡、母鸡吓得喔喔喔惊叫着飞跑了。唉，阿妈你瞧这气人不气人!”

“咯，咯，咯!”林呖一听，又好气又好笑，“这个阿得，怎变得这么蛮不讲理的！哎，阿妹，你二哥近来身体可好?”

“还是那个样子，比在山沟里好些，但出来葫芦市已三年多了，还是一月半月发一次病。难治。”

“喂，阿妹，能不能请首长把你二嫂也调来葫芦市，可互相照顾。”

“难，难，原来部队首长就有这意思。但自从他结婚后，开初是二嫂工作放不开，后来有孩子了，要来，组织又没表态。也不知道是什么原因？这只能慢慢做工作。”

“唉——”林呖无奈地叹了一声，“反正，相信首长就是了。也别太勉强，组织有困难，你就别催得太紧。”

麦贤妹点点头，又瞧瞧手表，见已是上班时间了，便道：“阿妈，我们就往医院去，二哥还没回来，就别理他了，今晚回来再谈。”说着，一弯腰，便把阿国扶上背去。阿国重，贤妹背没几步，就一个趔趄。林呖一把把阿国抱过来：“我来，瞧你这‘后生仔’，没三两力气。”她背上阿国，噔噔地走出门去。麦贤妹把门上锁，小跑着追上。

四十二、边关战火又燃起来了

1

一年一度的冬节到来了。讲洲湾的乡俗，农历“冬至日”称为冬节，全家都搓糯米丸，吃了糯米丸就是全家团圆。天增岁月人增寿，吃了丸，就增了一岁。因此，远游干活的人一般都要回家吃这团圆丸。阿七在三屿农场，下午也回家来了。

吃了糯米丸，阿七抹抹嘴便要找伴儿打扑克去。林呖叫住他：“阿七，你且别走，家里的凳子长刺么？屁股坐不住的！阿妈有话跟你讲。”

长得胖圆圆的阿七只得留步。他掏出一包“红球”烟，递一根给在剔齿的阿爸，丢一根给在哼无字曲的六兄阿细，便又坐回凳子上，迷惘地听阿妈的发落。

阿妈收桌洗碗后，那双湿淋淋的大手擦擦围裙，便问：“阿七，你今年多大年纪了?”

“我——”阿七迟疑了一会，“我今年十八岁了。”

“你十八岁了，你大哥、二哥、五哥都十八岁就应征去当兵了，家里有你六哥，你打算不当兵了？”

阿七觉得怪，他眼下已是公社农场的正式职工了，居民户口，全家已有三个哥哥和一个姐姐当兵去了，阿妈还要他去当兵？他觉得甚异，睃一眼在静静吸着“红球”的阿爸。

阿爸确实苍老了，今年才六十多岁，但头发已脱得稀稀落落，下颏上那稀疏的胡须也白花花的。阿爸一年三百六十五日，几乎天天都在海上漂泊，和阿妈一道辛辛苦苦养育了他们九个儿女。阿爸任劳任怨，虽然二哥当英雄了，他当上了省革委会委员，但居功不骄傲，照样下海，照样风里来雨里去。他常说：“英雄不能当饭吃，我们要用汗水改造世界。”眼下，四个兄姐还在部队，三哥在县里工作，四哥上大学，都在城里成家了，眼下家中就剩下他和六哥两个强劳力。他在农场能赚工分，阿爸阿妈年老了，他和六哥一道常常劝两老别出门，在家理家务。但料不到阿妈还要送他去当兵，他真想不到。

“阿七，你当兵的事，是我跟你妈商量决定的。”阿爸猛吸一口“红球”，把蒂头掉在地上，用鞋底揉揉，“你就报名去吧！”阿爸的口吻没有商量的余地。

“阿爸，阿妈，你们拖磨了一辈子，阿哥阿姐都还在部队，你们年老了，应歇歇。我跟六哥挣钱养你们。”阿七央求道，“不是阿七不听你们的话，我走了，剩下六哥，以后日子更艰难。”

“呆子，生你这呆子！”林呖发火了，“阿妈这人用你养？你们三屿农场广播线断了么？”

阿七懵了：“广播线？”

“嗯，你没听广播这几天讲的是什么？”林呖把灯火挑亮，高声道，“广西那边要打仗了！越南人已侵入我们国家来了，国家正在动员青年应征入伍，你长得这百多斤的汉子，还打算蹲在三屿农场食鲜鱼休养喽！”

啊，中越边界摩擦了，越南侵略者多次入侵我边境，制造事端，殴打我边境村民。这一切，阿七不但跟阿妈一样听广播，而且他还能看报纸，都瞧到了，听到了。但是他只是气愤而已，激动而已。他并不是没有打算去应征入伍，去消灭侵略者，保卫祖国，而是他生怕父母亲年纪老了，他放心不下。再则，几年前阿妈挨斗、挨批了，他怕阿妈有气，再也不送儿孙当兵了。料不到在这国难当头，她竟主动要送他去当兵！阿妈真的不简单，不简单！

说话间，大门吱呀响动了，细舅笑呵呵走进来。见一家子都坐在灯下，气氛有些凝固，便问："姐夫，阿姐，你们在开会？"

"嗯，"麦阿记应道，"汉虎，你这当细舅来得正好，我们在商量要让你七甥儿去当兵的事。"

"啊？"林汉虎一听，觉得这家子真够怪，"你们还打算要送阿七去当兵？"

"是呀，就要送他去当兵。你这当母舅的帮帮说服他。天顶雷公，地下舅公，他听你的。"林呖先发制人。

"啊哈，阿姐，你四年前被关了三十八天的滋味你忘了？'八·六'那天蹲汽灯下的滋味你忘了？那时人家可没看你这四个儿女当大兵的大军属的脸面！都没看你阿得脑子那块弹片挖了一年才拿出来的脸面！都没看阿得当大英雄受毛主席接见的脸面！谁把你当成一个英雄的母亲呢?！阿姐，你被关斗那三十八天，我们这帮娘家的兄弟姐妹侄儿都为你捏了大把汗水，你就别再多事了！乖乖留下阿七，他好端端在公社农场干活，一月挣几十块钱，回家买米买菜，你同我姐夫都六十多岁的人。我姐夫在大海里漂泊了几十年，你还要让他再漂泊几十年吗？你挑八索箩挑了几十年，挑断了上百副绳子，你还能再挑几十年吗？再挑断一百副绳子吗？"林汉虎越说越激动，双眼已滚出热泪。他大手一挥，一把将阿七逮住："甥儿，你父母不要你，就跟细舅往俺家去。你不要干活，舅舅养你！要你当兵，没门！让你妈你爸自己去当！"

林汉虎边说边把阿七拖出门。阿七不知所措，急得边走边嚷："细舅，细舅！"

林呖拔腿要追出去，麦阿记拦道："他妈，让他们去吧。汉虎的心是好的，慢慢来。"

林呖被劝住了，回头对阿六道："阿细，你明天往民兵营去，代你七弟报名。"

"是，"阿六应着，又担心道，"阿妈，你四年前被关斗，不知人家会不会批准阿七去？"

林呖一听，又火了："国家正急需兵力，谁能阻拦？是哪一级批准的？"

阿六道："最后是县武装部批准的。"

"好，武装部还是不是李部长在当部长？"林呖问。

"嗯，还是李部长。"

"我明天上县城找他。"林呖要干的事，谁也难阻挡。她对麦阿记道："他爸，你明天往我娘家去，跟汉虎讲，说他姐姐送阿七当兵当定了，别再阻拦了！"

麦阿记眯着老眼，瞧着妻子的脸孔，觉得那倔强脾气真的跟男子汉一模一样。他也无可奈何地点点头。

2

林呖一早戴上竹笠，甩开大脚板，匆匆地走上那弯弯的乡道。

太阳刚刚在海面冒出来，她已来到县城了。冬阳十分暖和，她走得身子有些发热了。前面就是凤江桥，武装部就在桥那边。那年送阿妹当兵时，她跟来了，一直送到武装部，待阿妹换上军装，她帮阿妹把便装拿回，李部长见到她握着她的手夸奖她是光荣的母亲。那年，阿得回家相亲，也是李部长陪着部队首长一起来的，阿得光荣那几年，只要上面一来首长，李部长就陪着往她家去，那年自己在巷口卖甘蔗，被首长发现了，也是李部长出面帮忙安排她到大队碾米厂的。四年前，本来工作组有人要开除她出党的，听说也是李部长在会议上据理力争保了她的党籍。李部长了解她一家子，了解她这个老太婆，找李部长错不了！

前面就是凤江桥了。这桥挺牢固的，都是油麻石砌的。不管怎说的，还是共产党好，还是新中国好。以前在那旧社会，她当姑娘的时候上黄冈城，就是坐渡船的。遇上暴雨，还要在城里人家屋檐下过夜呢。瞧，眼下这大桥宽大宽大的，汽车还能通过呢！她正想着，只见前面一个穿着军装的矮胖矮胖的军官从桥面走来。她一见，觉得好生面熟——啊，这不是李部长吗？真是太巧了：“李部长，李部长，你好！”林呖加快步伐迎上去。

“啊，你——”因阳光当头射来，那军官瞧不出她是谁，走近了，一瞧，“啊，这不是英雄的母亲吗？大姆，你上城了，办年货？”李部长一把握住老人的手，顿了顿。

林呖高兴道：“李部长，我是专门来找你的。”

“找我，有何贵干？是不是要请我到你家吃饭？哈哈！”李部长风趣地道，“喂，大姆，阿大近来有没有来信？”

“有，一个月前来了一封信，听说他准备上前线去。”

“哦，那你就别挂心喽。他保卫祖国光荣喽。”李部长安慰她道。

“咋会不挂心的，当兵子弟，难免要打仗的。李部长，你放心，大姆早就跟你挂上号了，只要我的儿子长大，十八岁了，就一个一个送去部队，你可别忘记了，阿七今年十八岁了！”

“啊？”李部长料不到这大姆这时候还来真的。眼下中越边境前线吃紧，部队为了补充兵员，正在动员青年应征入伍呢。接到任务后，他还担心下面思想工作难做。哪知这送了四个儿女当兵的大姆还上城找他要送第五个儿子当兵呢！

“大姆，我看阿七就别去了，你身边不是就剩下阿六、阿七吗？那个阿尾又还小。你两老都上年纪了，就留下阿七在家赚钱养老少吧。都送去了，你日子可艰难哟！”李部长是实干家，没有响亮的口号。

“不，李部长，我听广播天天讲越南侵略者在广西惹是生非，欺负我们中国人，近来国家号召青年当兵，阿七刚好十八岁。就让他去吧，您要支持呐！”

李部长望着眼前这纯朴而坚强的大姆，瞧着瞧着，心头一酸，眼眶潮湿了：多好的大姆啊，大儿子上前线去了，二儿子海战受伤致残了，五儿子和唯一的女儿眼下都在部队服役，说不定前线吃紧，也要开拔去了。眼下，她又要把在家的七儿子送进部队去，送上前线去。这是她明明知道边关战火烧起来的时候。明明知道儿子入伍了，生死难卜，吉凶难卜的时候！

啊，谁说和平时代送子当兵是望子成贵呢？谁说这边关战事发了征兵困难呢？胡说八道！瞧瞧我们这大姆吧！

李部长紧紧地攥住林呖的大手，铿锵有力地道：“行，你叫阿七报名去！上县城检查身体，只要合格了，我保证把他送往部队去！”

“谢谢，谢谢李部长！”

“不，大姆，应该谢谢你，我代表县人民武装部、代表县人民武装委员会谢谢你啊！”

太阳升高了，柔和的光线照在那美丽的黄冈河上，波光粼粼的老河倒映着这一幅揪住人心的情景。

3

阿七身体检验合格了，今天就要当兵去。

林呖一早对丈夫说：“他爸，你今天就别下海了，送阿七当兵。”

“今天没安排出海，我想修修船。”麦阿记在收拾工具。

“修船不打紧，回来你加班吧。这次阿七当兵，我们要隆重一些，要让人家瞧瞧，俺家送子当兵，不是图名图利的。俺是凭良心的，俺往时送阿庆、阿得他们，只送到村口，这回，大的孩子们都出门去，送行的人少了，我们就送他，一直送往县城，让他知道我们当父母的一片心。也让他光荣光荣！”

“行，你说得有理！”几十年来，老两口有唱有和。有时夫唱妇随，有时妇唱夫随，合合拍拍的，这回又妇唱夫随了。

大队书记和民兵营长带着锣鼓班来了。锣鼓响了，鞭炮响了，小学生扭着秧歌舞来了。林呖按照送阿七的哥姐们的方式，熟脚熟手地安顿妥帖了，当然忘不了装上一撮乡土，让阿七带去。他叮咛阿七道：“孩子，俺麦家的孩子出门没一个当狗熊的。边关打仗了，你大哥已上前线去了。你去当兵，是去上前线的，要像你二哥一样，冲锋在前，要干一点颜色出来让你爸你妈瞧瞧，知道么?”

阿七双眼饱含着泪水，用劲地点点头：“阿妈，阿爸，你们放心。既然当兵去，阿七一定会为你们争气的!”他望着头发稀疏、腰杆微驼的老父亲，望着两鬓白斑斑的老母亲，阿七热泪簌簌而落，哽咽道：“阿爸阿妈，我走后，你们可要注意身体。阿爸，你就别再下海去了。”

麦阿记也有些伤心了，眼眶潮潮的：“孩子，你就安心上前线去吧。阿爸知道自己照顾自己的。”

林呖心头也酸酸的，但她不让远别的儿子伤心，装着笑脸道：“别啰唆，放心去，男子汉应该有男子汉的样子，像你二哥一样，干出茶色来!”

阿七挥泪离别了乡土。林呖、麦阿记一直送往县城去。若霞嫂子的光头弟也一同当兵去了。她同大叔大婶送孩子上县城。他们一直把孩子送到省城的大路口，望着阿七、光头弟上车了，他们还怔怔地站在公路边，一直望着那浅黄色的汽车消失在暮霭之中。

林呖此时才一阵心焦，噙了几天的热泪才滚落下来……

4

虽然时令刚刚进入初冬，广西贵县天气已有些寒冷了。

夜深沉，深锁在茂密的丛林中的军营，有一间房子的窗户，还露出一缕淡淡的灯火。

屋主人是一个显得十分威武的中年军官。他正在一丝不苟地整理着抽屉。屋里有大小两张床，妻子和三个孩子都入睡了，发出了高高低低的轻鼾声。

他手脚放得很轻，生怕惊醒他们。妻子明天还要上纸厂上班呢，大儿子明天还要上学。

他真料不到，妻子随军还不到四年，就要随他转业回乡去了。小女儿阿丽，随军时才只有一岁多。广西山清水秀，风景秀丽，就叫她“阿丽”，其实，那丫头长得确实也秀丽，眼睛大得出奇，十分喜欢笑，一笑就嘻嘻地笑个不停，出门碰上不高兴的事，一脸愁绪回到家里，一见她那笑脸，也给她笑跑了。大儿子阿伟，也乖，今年已十岁，是小学三年级的学生了。这几年，也练就了一口标准流利的普通话。这倒好，不像他这当阿爸的，半辈子的老军门，还是一口自己听得分明别人听得糊涂的潮汕普通话。

他小心翼翼地收整着那些弟妹亲友们寄来的旧信件。他当了几十年兵，没啥财富，就是这些信件。他这当大哥的，弟妹们都尊重他，遇事就写信跟他商量。他的复信虽然自己常常写上“仅供参考”，但弟妹们受用率极高。

在家中，弟妹们都把他的信当成“最高指示”呢！他翻着翻着，眼睛一亮，那是一封当空军的五弟写给他的信，那封令他心里至今还阵阵发痛的信！

“……大哥，我真不理解，我追求进步会错吗？我当兵已五年了。自从入伍之日起，我就听阿爸阿妈的叮嘱，听大哥你的教导，决心像二哥一样，做好工作，英勇杀敌，为人民立功。五年了，整整五年了！我几乎日日夜夜都把心扑在工作上，从一个新兵成长为一个班长，代理排长。年初，政委找我谈话，要我好好干，组织考虑把那‘代理’二字摘掉。就是说，我要成为一个真正的军官了，像大哥、二哥一样能够长期在部队服役，我真热爱部队这火热的生活呀！只是，遗憾的是当了五年兵，还没见到战火，还没见到敌人，我真希望有一天，我能像二哥一样在战场上冲锋，能在炮火中立功……但是，大哥，一切都化为乌有了！这批提干该提的已提了，而我，名落孙山！我仍当这代理排长，带着一排战士往河北平泉县建飞机场去。我想不通，这是怎搞的呢？帅指导员找我谈心，说：‘你安心去吧，一些事，你以后才清楚。组织会给你一个公正的答复的。’什么事呢？我又不便问。我背着沉重的包袱出发了，往那荒山野岭建飞机场去。不知是啥事？我写了一封信给阿爸，已两个多月了，一直没有复信。我怕家里有事，又写信给我在糖厂的同学。那同学复信了，他告诉我一个不幸的消息：阿妈被人批斗了，说她是‘新生的资产阶级分子’，被关了三十八天，可喜的是已放出来了！啊，大哥，你不是几个月前回家探亲吗？你写信给我，为何没告诉我家中发生的事呢？……一晃三个月过去了，我任务完成后，回到部队。那天，帅指导员又关心地说：‘小麦，实话告诉你，你家里出事了。是路线问题。’我心中已有数了。解释道：‘指导员，请组织放心。我父母都是穷苦人出身，一贯听党的话。他们说什么也不会做出损坏国家和集体利益的事的。请你们放心吧。指导员你是怎知道的？’指导员犹豫了一会，便道：‘你们家乡公社写信到部队来的，首长要我做做你的工作，对这提干问题要有一个正确的认识。待组织把问题弄清楚后才解决你的事。’……大哥，就这样，我的提干泡汤了。组织要弄清这问题难呀，那材料是盖公章送来的，还听说要我们部队把我这‘新生的资产阶级分子’的子女遣送回乡，你想这不完了！幸得部队首长明智，没遣送，只是批示调查落实，但这一待……”

他看到这里，长长地叹了一声。是的，家乡那公社书记确实太“左”了！那次他回乡后，家乡老县委书记跟他谈了。感情是那么恳切的啊，他理解，他控制亲戚不闹事，安慰了父母一番。探亲假期满了，就安然回部队了。但是，竟料不到，刚放下行李，师部的杨秘书就通知他，说浒洲公社有控告材料到部队了，要他上师部做一个解释。因他刚回家归来。真太那个了！他当时也十分气愤，但“一纸进公门，驷马难拉回”啊！首长也难挤出时间安排人力回他家乡调查核实，但作为部队用人上，这就需“慎重”了。于是，五弟隔年便复员回乡去，而他却仍然当他的“副教导员”。首长们见他工作积极肯干，虽是政治干部，但却是1964年大比武练出来的，军事训练也干得来，于是要劝其转业吗？又舍不得；要提干吗？又是那一封“家乡的信”。于是，一搁就把他搁老了。这几年，部队干部转业两批了。轮到这第三批，他也被定为对象。但全师所有的转业干部都宣布了，有的已准备要走了，唯独他仍没宣布。杨秘书告诉他，近日就要宣布了，唉，早走迟走都要走，他悄悄告诉妻子。妻子一听，愣了半晌，然后，也如释重负道：“走就走，反正到地方也一样，甘愿当牛使，还怕没田耕？”

他把五弟那封信又小心翼翼地装进信封。他一封一封地叠起来，剪了一段纱线，一丝一缕地捆起来。他觉得这些信很有意思，都是满纸温情啊！自己是粗人，待儿女长大了，让他们整理整理，修改修改，看可否收集成一本《麦门家书》？他笑了，笑自己的想法太奇妙了！

隔天一早，通讯员就敲响他的门，说有紧急任务，要他马上到营部去。他马上奉命而去。

到了营部，团长、政委已在等候他了。团长拍一拍他的肩膀，道：“老麦，原来初定你转业的决定，暂时解除了。这么吧，你们的教导员出差了，你跟营长一道，把部队集中起来，马上开拔。中越边界发生摩擦了，准备战斗！”

政委微笑道：“老麦，团长说了，你是老军人，我就没啥话解释了。有思想问题吗？”

他毫不犹豫地道：“团长、政委，军人以服从命令为天职，只要麦贤庆在役一天，还穿军装一天，首长一声令下，我一定冲锋在前！就请首长放心吧！”

团长和政委相视一下，满意地点点头。

傍晚，麦贤庆回到家里，妻子眼巴巴地瞪着他，问：“阿庆，早上你匆匆往营部去，有啥事？”

他迟疑了一下，觉得应该告诉她了：“碧爱，我们要打仗了。”

“要打仗，你不是就要转业了吗？”她惊愕道。

“不，首长说，暂时解除我转业的决定，我们部队要开赴前线去。”

“唉，阿庆，我看就算啦。反正已决定你转业了，人家与你同批决定转业的都准备好要走啦。你向首长请求请求，就放我们回去吧，反正迟早都要转业。”

他瞅着妻子那张和顺而哀怨的脸庞，半晌，摇摇头道：“不行，碧爱，我是军人啊！只要我身上穿一天军装，我就有保卫祖国的使命。要是国家需要我转业回乡了，一个命令，我也会重新穿上军装开赴前线的。1962 年大备战不是这样吗？这没有商量的余地！”

妻子一听，知道再说也没用了，两眼登时盈满泪水：“阿庆，这仗真的要打起来吗？”

“我明天就要出发，要开赴前线了，按形势看，这仗非打不可。那越南侵略者实在是欺人太甚了！不打，他们是不会收敛的。”

妻子泪眼汪汪地注视着丈夫。她有些怕，她怕丈夫这一走，就扔下他们母子四人，永远不回来。她紧紧地拥抱着丈夫，怕他马上就飞走一样。

他轻轻抚摸着她的头发感慨道：“唉，碧爱，你嫁给我这当兵的，吃的苦太多了。十多年了，在家里，你孝敬公婆，爱惜弟妹，勤耕业计，阿爸阿妈都称赞你。来到部队了，这几年，你又要上班又要照顾三个孩子，真苦了你。要是我在战场中有甚不测，你可要挺住，好好照料好三个孩子。”他停了一下，语音有些酸楚了：“有好的人家，你尽管嫁去，只要不亏待孩子他们就行了。有甚困难，你尽管找三弟他们，我兄弟照样会关照你们的，孩子是我兄弟的侄儿啊！……”

“别说了！”妻子用手捂住丈夫的嘴巴，“阿庆，我们公祖行善积德，会保佑你们打胜仗，平安归来的！”

这一晚，窗外的天空很冷很冷，但月儿却分外的明亮。树林里传来一阵阵蝈蝈儿的私语声。

就要出发了，麦贤庆把那捆好的旧信包郑重地交给妻子：“碧爱，我没回来，你就把孩子和这包东西带回家吧！”说完，他便与热泪汪汪的妻儿作别了。他同营长一道带着全营的指战员，告别了贵县的父老乡亲，走了六天六夜的路程，来到了中越边界的广西靖西龙邦公社鲁利村。麦贤庆驻扎在一个姓农的房东家里。1979 年 2 月 16 日，我中央军委已决定向越南侵略者反击，一场中越自卫反击战打响了！

那是一个黑漆漆的寒夜，村子死一般静寂。他心里明白，就要打仗了，要抢占敌方山头了，一场恶战要开始了。

他检查了各连的准备情况之后，回到宿舍，躺下去，但辗转反侧，老是不能入眠。他知道，明天之后，他就要带着连队，在深山老林中穿插前进，就要指挥战士们，甚至自己要冲锋在前，炸碉堡、排地雷、攻险隘，他或许在一瞬间就到另一个世界去了！但他不怕死。既然来当兵，他自从入伍时就做了随时牺牲生命的心理准备。但此时此刻，悬在他心头的，却有一块沉重的大石——他觉得太冤枉了，这个结不解开，这块大石不搬去，自己牺牲了，还会殃及在家、在部队的弟弟妹妹，甚至儿孙们，全家不知道到哪个时候才能透过气来？那他死也不瞑目啊！

他想到这里，蓦地爬起床来，点燃了灯火。他决定向洴洲公社党委写信，请求他们为家母平反，恢复家母的名誉，并向他们这些弟妹们所在的部队来信澄清。他挑亮灯火，伏在桌面上，铺上信纸，沙沙沙地奋笔疾书——

尊敬的洴洲公社党委会、尊敬的书记同志：

你们好！

中越自卫反击战明天就要打响了！现在，请允许我以一个洴洲人民儿女的身份，向你们汇报一个振奋人心的消息——我，作为一个人民解放军的营级军官，一个受党受部队教育近二十年的人民解放军战士，我和我的战友们，现在就开赴在这战场的前沿。明天，我们就冲进熊熊的炮火之中。或者，我会带着我的战士们，长驱直入，夺关杀敌，为国增光，为家乡父老增光。凯旋归来；或许，明天，不知哪时哪刻，或在行军中，或在战斗中有一颗流弹飞来，或有一股敌人涌来，我会在激战中献出生命……但是，作为一个共和国的战士，为国杀敌、为国捐躯我死而无悔！

尊敬的家乡父母官，尊敬的家乡公社党委负责同志，在这千钧一发之际，请你们允许我，一个人民的子弟兵，向你们致以一个尊严的军礼！同时，也请你们接受一个临战的子弟兵，或许是我一生中最后的一个请求——为我母亲平反，恢复我母亲的名誉！并把事情真相寄送原来公社书记已发信去的我们兄弟姐妹所在的海陆空部队，澄清事实，还我们一个清白！可以吗？这是一个身处远方战场前沿的人民战士的请求，如果你们认为不过分，可行，就答应我吧。那么，我尽管在战场中战死，我死而无悔！

真的，我可以以一个我母亲的忠实儿子、一个人民的忠实子弟兵、一个有近二十年党龄的共产党员向你们保证，我母亲是心底无私的，我母亲的所作所为是不会辱没一个英雄的母亲的名字的！……

此致

崇敬的革命敬礼！

麦贤庆

一九七九年二月十四日夜十二时

于广西靖西中越边境前沿

隔日，天刚蒙蒙亮，他便把早起的房东农阿弟叫到房间，托他把这封信邮出去。

轰隆隆！轰隆隆！……我军炮队万炮齐鸣，成千上万的炮弹压在敌军的阵地上！

“嘟哒哒……”我们的进军号角吹响了！全副武装的麦贤庆，精神抖擞，大手一挥！命令道：“同志们，跟我上！”

一支热血沸腾、怒火中烧的步兵部队，在我军强大的炮火的掩护下，冲进深山丛林……

岁月不饶人呐，若霞嫂子转眼已到浒洲湾二十年了！她来的时候，只带着小光头。同阿龟结婚后，生下了光头弟和光头妹。一眨眼的工夫，光头弟也长得牛高马大了，比他父亲阿龟长得高了一个头。但可惜的是，当光头弟在“突突突”发育的时候，他父亲竟不能逃脱美蒋飞机炸弹的厄运。伤后病了三个年头，在一个早上去世了。扔下她母子四人。

今年，光头弟也刚好十八岁了，正是应征入伍的年龄。光头弟兴冲冲地报了名，验了身体，幸好他的胸脯不像他爸爸一样，是鸡胸的，他的身体是甲级的。于是，他同阿七一道入伍了，一道上前线去。临别，光头弟对她说：“阿妈，我入伍去，要学习阿得叔，也要当硬骨头，也要立功，当英雄，让你光荣光荣。”

若霞嫂子见长得像铁塔般的孩子，放心了。她相信这儿子上部队去，一定会为她争气的，因为小时候，他常常闹着她讲阿得叔的故事，闹着长大要当兵，要成为阿得叔一样的英雄。

孩子终于如愿以偿，终于穿上那草绿色的军装，终于也跟阿得一样戴上闪闪的红五星了。她同大叔大婶送孩子往县城的时候，帮着儿子换上军装，帮他戴上帽子，见那在晨光下闪烁着的小五角星，她心头就暖暖的。说真的，想起自己苦难的一生。跟二弟结婚，过不了几年温暖的日子，二弟就被抓去当壮丁。一去就泥牛入海无消息。跟了阿龟兄，虽然他很疼爱她，但毕竟长得矮人一截，出入也觉得比人家逊色，但终也和和气气地过了十多年的好日子，却料不到丈夫也死在国民党军的飞机底下！她这余生之年，不，说准确些，她今年才只有四十五六岁呀，她没啥别的希望，她只是指望把这三个孩子抚养成人。好了，小光头今年已十八岁了，能跟阿记叔一道出海去，光头弟今年竟应征入伍去了！只剩下光头妹，今年也十六岁了！儿女们都长大了，她有个依靠。以后小光头娶上媳妇，她也可当奶奶了，到那时儿孙满堂，也挺惬意的啊！

古人道，家中富贵临门，才算好命格。光富不贵不行，光贵不富也不行！若是光头弟能当好兵，立功了，受奖了，图个好名声，她脸上也有光呢，这就叫贵！小光头出海捕鱼，当上舵公，收入年年增多，不久也会富起来的，那就真是富贵临门了！

但是，她屈指一算，光头弟已入伍有两个月了。入伍后十多天来了一封信，就再也没音没信。听林呖婶子说，阿七也没来信。这是为什么？

每天一清早，墙头的广播一响，她就竖着耳朵听着新闻，虽然普通话她听不甚懂，但光头妹懂，她是初中生，她专注地听，光头妹翻译给她听：“今天中越自卫反击战打响了！”“今天，我军占领老山了。”“今天，我们进攻谅山了。”“今天，我们占领高平了！”啊，胜利的消息一个接着一个，她心内十分振奋，但心里也阵阵揪紧，光头弟还没来音信，问婶子，阿七也没来音信。她两天前在婶子家蹲了一天，却得到一个意外的信息——阿庆来信了！阿得的大哥来信了，但信是寄给公社头人的，后来一打探，原来是战争爆发前夜写的，距今天已有一个多月了！阿庆也参加战斗了，他带的步兵营冲占茶灵八姑岭了！她失望了，光头弟没事么？平安么？啊，佛祖保佑，保佑我儿子光头弟顺利立功，平平安安回家来哟！

她心内祈祷了一阵子，又匆匆地走往林呖婶子家。

林呖见她来了，道：“你又来问信是么？嫂子，你就别担心了，孩子既然入伍去了，就是部队的人，就让孩子冲去，别挂心。反正当兵就要打仗，不打仗，国家要招这么多人去吃闲饭？”

若霞嫂子觉得婶子这话已说了二十多年了，以前听时，觉得婶子是在说大话。但当阿得受重伤时，见她也不在乎，咬咬牙又送阿五去、送阿贤妹去，眼下又送阿七去。她老人家胸怀真宽敞呀，宽敞得可以驶船！这时候，一听大婶又说这句话，她本来已噙在眼里的泪水竟在眼圈里打了几个转儿，不敢淌出来，倒流进眼里去。

忽然，村口上走来一个穿着绿色邮服的邮递员，高声叫道：“麦阿记，有信。”林呖一阵欣喜：“来了。”说完，就同若霞迎了过去，那邮递员又道：“伍若霞，有信。”若霞一高兴，热泪终于簌簌地落下来。当她拆开信，知道儿子在部队打胜仗，为人民立了功，更是乐坏了。

今年，不知啥原因，天井的桂花树还没吐出芽儿。春风吹来了，才见枝头露出星星点点，小喜鹊儿倒是知春，“喳喳喳”地叫个不停，一声声叫得人们心里乐陶陶的……

汫洲湾，又一个春天到来了！

第十一章

港湾不平静

四十三、麦海斌：这个爸爸真怪

1

我的爸爸与人家的爸爸不同。人家的爸爸都与妈妈和孩子住在一起，而我今年八岁了，我爸爸才到汕尾家三次。听说第一次是我出世五十多天的时候，听说他跟我玩得真乐。后来小姨告诉我，爸爸那次还同人家打架呢。爸爸是大人了，听说是军官，为什么还跟人家打架呢？小姨说，爸爸是抱不平，打坏人的。那时我想，爸爸一定是爷爷讲的梁山泊那些叔叔，专门仗义行侠的。爸爸第三次来汕尾家，我印象模糊，似乎是穿着海军军装，很威武。那时我五岁了，他带着我满街跑，还有一个叔叔跟着呢。他会装猫声、狗声、老虎“唬唬”声，我被逗得直乐。后来，我曾跟着妈妈一起往爸爸部队去。爸爸住在山沟里，那里有许多古古怪怪的山：有的像老虎，有的像长龙，有的像大象，还有的像小松鼠……爸爸有空就带着我和妈妈钻进山林里，有时捉迷藏，有时找草药。但是，我很怕他，他有时不明不白地发脾气，骂妈妈。

一次听妈妈说，爸爸被派往农场劳动去。要带我去看望他。我不解地问：“爸爸身体不好，是英雄，怎么还要劳动?”妈妈叹了一声道，“阿斌，你不懂，等你长大了才知道。”

后来阿妈告诉我：那几年英雄模范都不吃香了，报纸、电台很少宣传。你爸那几年有人说他是林彪树起来的假英雄，要他反省错误，写悔过书。他语言有障碍，还要接受无休止的辩论，他就气病了。阿爸在战场上被弹片击中头部，脑浆蒙住双眼还不曾流泪的英雄，在这和平时期流泪了，不是因为身体的痛楚，而是心在流泪啊！阿爸他病得很重了，什么都不吃，我们马上去看他……

我跟着阿妈往二百多公里远的深山里，阿爸躺在一间破烂的单身宿舍，屋里只有一架煤油炉。我跑了一天肚子饿了，哭闹着：“妈妈，我饿了，我饿了……”家中什么也没有，阿爸躺在床上不会动弹。一会儿，姑姑来了，带了几包麦片，煮给我吃。我因太累，吃饱饭就睡了。半夜里我被尿憋醒了，嚷着要“尿尿”。妈妈拉亮电灯。却把爸爸惊醒了，他暴怒起来，怒吼道：“滚，滚回汕尾去!”并把阿妈和我撵出屋子，他“嘣”地把门关上了。

阿妈抱着我，蹲在门口。记得那时是寒天，我蜷缩在阿妈怀里，渐渐睡去了，但不知道阿妈那晚是怎样过的。隔天醒来，我见阳光照在阿妈那憔悴的脸庞上。

爸爸开门了。他好像气消些了，好像他也有自愧感，要同我和好，伸手要抱我："阿斌，爸爸抱。"我吓得哇哇地大哭了。妈妈抱着我回到屋里。阿妈边煮饭边哄我道："阿斌，爸爸很疼爱你的，是他昨晚头痛不认得我们了，发脾气了，才赶我们出门，没事的，让爸爸抱。"我怯怯地挪过身子，爸爸抱着我。用满腮的胡子扎我的脸蛋，至今想起来，我还发抖呢！以后，妈妈要去看爸爸，我就再也不跟去了。我说我怕爸爸。以后就小妹妹跟去。回来我悄悄问小妹妹："阿珊，爸爸打你吗?"阿珊摇摇头说："爸爸不打我，抱我，他当老马，让我骑呢。"我觉得真怪，又问："你怕他吗?"阿珊点点头，"怕他，很怕。他要骂妈妈，妈妈不哭，我哭了。他很凶，我怕。"

明天就要搬往爸爸那里去了。妈妈说，你要读书了，汕头学校教学质量高、条件好，想让你在汕头学校念书。我真怕爸爸，我不去。我在汕尾念书就行，我多用功就行。妈妈又劝我说不行不行，你爸爸身体不好，我们也要往汕头去，你能上学念书，妈妈一边工作一边照顾爸爸，不然爸爸太辛苦了。爷爷姥姥和二姨小姨都劝我："阿斌乖，听妈妈的话，往爸爸那里去，好好念书，帮助照顾爸爸。学好知识，长大也同爸爸一样参军当英雄。"英雄是什么呢? 爸爸当英雄，我是早就听小姨讲的，说爸爸年轻时很勇敢，开战艇打美国佬国民党，受伤了还打，毛主席、周总理都接见他，称赞他是英雄。英雄就是很光荣。他的病是打仗中受伤所致的。我想，既然这样，就听妈妈的，往汕头去。忙了一天，我收拾了自己的小书包，还有许多小玩具。我见屋里堆了许多东西，是爷爷姥姥和妈妈的同事，那些姨姨叔叔送给我的。我明天真的就要往爸爸那里去了，我的心通通乱跳。我想起爸爸那凶凶的脸孔，我就怕。妈妈好似瞅出我的心理了，安慰我道："阿斌，你爸爸心是善良的，他是军人，脸就要虎虎的，才威武。他有时发脾气，是身体不好，要把气发在妈妈身上，要妈妈当他的出气筒，他气出了，身体才舒服。你别怕，你要顺着他的意，就没事。"我噙着泪点点头。

2

嘻，汕头市真大，街道长长的，宽宽的，汽车很多很多，海里的大船也比汕尾多得多，有的大船还写上英文字，几层楼高呢。汕头真好玩。

我们孔庙这个新家也真不错，我同阿爸、阿妈、姑丈他们忙了几天，扎了一个大篱笆，还挖了水泵子，用手一摇，水便哗哗地涌出来，清清的。真怪，这水不知从哪里来的，这管子一定是连到海底去了，不然为什么一摇水就能涌出来呢？我见阿爸会削篾片儿，切切切，篾片儿就滑滑薄薄的。我同姑姑负责竖竹子，姑丈负责砸桩，阿妈负责编竹子。只一天就把篱笆扎起来了。阿妈告诉我："阿斌，以后这里就是我们的家了。全家都要劳动，勤劳才能致富呢。阿爸身体不好，天天要吃西药，要增强营养，以后，我们这篱笆里的小园子就要搞个六畜兴旺。"她做了分工，阿妈下班后负责种菜，理家务；阿爸负责种花、养鱼、养鸟；我负责养鸡兼养小兔子，阿珊还小，帮我养鸡。行，小鸡有趣味，边养边玩。但阿妈交代，我的任务不轻，这鸡仔养大会变成公鸡母鸡的，公鸡可宰，煲汤给阿爸吃，我和阿珊就吃鸡肉。母鸡会生蛋，给阿爸补充营养。阿妈还说，全家搞个劳动竞赛，看谁的成绩大。阿爸一听，首先赞成说，行行行，这竞赛你们都不是我的对手，当年大比武我当民兵……哈，我才不信呢。瞧吧！

几天后，我放学回家，见小花园里什么都有了，爸爸昨天筑的大玻璃缸里有许多许多金鲤鱼，地上也有一群小鸡仔在蹦蹦跳跳。还有六只小兔子，两只小白鸽。小金鲤鱼是阿爸的，暂不管它。我连忙掰着手指数着我的小鸡仔：一二三四……唷，十八只！我又细细一点，有六只白鸡仔、六只乌鸡仔、六只赤鸡仔。哈，阿妈真用心，太好了！以后，你们这白乌赤三组家伙也开展竞赛吧！奖勤罚懒！我溜进屋里，抓了一把白米，撒在鸡群中"嘟嘟嘟"，我像姥姥喂鸡一样，只见鸡仔们挤在一起，"啁啁啁"地争吃着，真好玩！

阿珊没任务，她太小了，还要大人带着呢。在汕尾时，由姥姥带，到汕头了，由爷爷带。爷爷老了，没下海，到汕头带阿珊，帮理家务。爷爷很和祥，很爱惜我们兄妹俩。有时护得有些偏袒。而阿爸却偏激。因而，阿爸也常常发爷爷的脾气。

爸爸神情好时，很喜欢教我们怎么读书，怎么做好事，怎么懂礼貌。但他话说不清楚，说了半天，我还不知道他说的是什么。到汕头两个多月了，常常在耳边响着的只是："学雷锋、安业民，做一个小小的螺丝钉。""学雷锋，做好事，听毛主席的话，为人民立新功。"雷锋叔叔是谁呢？安业民叔叔是谁呢？妈妈解释说：雷锋就是一个解放军战士，因公牺牲。他在生时坚持助人为乐，尊老爱幼，为人民做好事，毛主席号召全国向他学习。安业民是海军战士，坚持英勇杀敌，全身被烈火烧焦了，还不下火线。你爸爸是学习他们而成为英雄的。

爸爸对我和阿珊的学习，要求很严。他不知在哪里买了描红簿，硬要阿珊描，没凳子，他就动手制作了一只小凳子给她坐，买了一张可以折合的小桌子，他站在她身边指导。我的桌子和小凳子都是从汕尾搬来的。我做作业时他也老是站在我的身后瞪住我，口里叽里咕噜的，不知说的是什么。明明一道数学题要解了，却被他一嘀咕思路就乱了。一次，我吃饱饭后正在写生字，他也与往常一样钉在我身后，口中念念有词，我干脆不听他。写着写着，忽然，只觉他大手按住我的脑袋，直往桌面按，似乎骂着："要低，就低下去吧！"我头颅被按得异痛，气得哇哇大哭了，丢下铅笔，跑进房里找妈妈告状："爸爸打我呢！"妈妈问明因由，向我解释道："阿斌，刚才你写字头太低了，他怕你长期下去眼睛会近视的，眼下城里人的近视眼很多，他在背后念叨着要你头抬高，你没抬高，他就按你的头，骂你'要低，就低下去吧！'你爸是要你好，只是语言表达不清楚，你听不懂，他就发脾气。你谅解他吧，以后写字头别太低。知道么？"我点点头，说："妈妈，阿爸确实是要我好，但伸手就动武，我又不是敌人，我不服他！"我撅着嘴，再不理阿爸了。

我不理他，他却偏偏要来理我，经常来翻我的书包，检查我的作业。我在做作业时，他照样站在一边，照样嘀咕着。哼，真讨厌的，这个爸爸！

中秋节到来了，阿妈买了许多月饼。那天晚餐加菜了，煮了很多菜，有鱼有猪肉、鸡肉，全家人高高兴兴地围拢在一起吃团圆餐。阿妈说，今年的中秋节最幸福，月圆人也圆，全家都在一起团圆赏月。

我拿起饭碗，喝了一口鱼汤，又见眼前的一块鸡腿，就挟了放进碗里。阿爸骂我："阿斌，礼貌，给爷爷！"我张眼望阿妈，阿妈马上堆着笑脸道："阿斌，阿爸说得对，要礼貌，尊重老人，让爷爷。"爷爷却马上道："不，阿斌乖，你吃，吃后好好念书。"我正在犹豫，只觉"嗖"的一声，爸爸伸筷子把我碗里的鸡腿夹回盘里去，我一见，委屈地哇哇大哭。

爷爷见状，气得胡子翘了。只见他霍地站起来，高声训爸爸："阿得，你当什么父亲？孩子高高兴兴过中秋，你要教孩子也要有年有节，平时你骂你打，我就有气了。谁像你这样教孩子？乱弹琴！"

这时，我见阿爸脸憋得通红，大手狠狠一挥，冲着爷爷破口大骂："坏蛋，大坏蛋！我的孩子，我不教谁教！"

我吓得又哭了起来。阿珊一见，也哇哇地跟着哭了，边哭边挽着妈妈的衫裾："妈妈，妈妈，我们回汕尾去，回汕尾去！"

爷爷气得脸白了，口中念念有词："滚，我就滚，我再也不见你这个儿子！"爷爷边说边收拾了自己的衣服就跑出门去。

阿妈放下我和阿珊，追了出去，不知把爷爷送往哪里去。很晚，只见她疲倦地回家来。

阿爸又病了。听阿妈说，那晚阿爸又发病，闹了一晚。隔日清早，阿妈早起，洗了被褥，整整晾了两条竹竿呢。

3

中秋节后，爸爸身体渐渐好些了。阿妈便告诉我，她要回汕尾办理户口，说我们母子三人的户口还没转到汕头，约摸要去几天。并叮嘱我，阿珊由她带去，家里剩下阿爸和我，阿爸生活还不能自理，要我注意照顾阿爸，别贪玩，忘了回家。中午我就往姑姑家吃饭，姑姑家离学校近，中午姑丈过来照料阿爸，早晚我就回来照顾阿爸吃饭，晚上同阿爸睡在一起，别睡得太沉。如果阿爸发病了，要马上过去告诉邻居的黄叔叔。

交代完毕，阿妈抚着我的头，声音有些悽楚："孩子，你爸身体不好，你就辛苦些吧。"

我点点头，安慰阿妈道："妈妈，你放心，我会照料阿爸的，你就去吧！"

上午放学了，我就背着书包到姑姑家。姑姑和姑丈都在军分区工作。军分区的大门有解放军叔叔站岗，我走到大门口，就被叔叔拦住了。他问我："你找谁？"我答道："我找姑丈。"他又问："你姑丈是谁？"我一时语塞，便道："我忘了姑丈的姓名，就叫他姑丈。"他道："没姓名，不行不行！"无奈，我只能在门口站着，等姑丈回来。等了许久，姑丈终于回来了。他一见我，便爱怜地摸着我的头："唉，阿斌，你饿了吧！"便把我带回家去。爷爷就在姑姑家，他一见我，也摸着我的头，劝我说："阿斌，你爸身体不好，你可要谅解他哟。"我一个劲地点头："爷爷，我懂，你放心吧！"

下午放学了。我背着书包回家。阿爸跟陈叔叔还没回来，我见厨房里已有白菜、猪肉。这一定是姑姑中午买的，我便动手煮饭。阿妈教过我。还好，饭煮熟了，没焦。我又煮菜，姑姑把猪肉已切成一片片的，我洗菜，灶台太高，我搬来阿珊的小凳子，站在凳子上炒。还好，熟了，只是菜黄黄的，我生怕阿爸回来又要骂我，心忐忑不安。阿爸回来了，太幸运了，他没骂我，还称赞我："阿斌乖，会煮食了。"便吃了猪肉，嚼了嚼就念叨了，"嗯，硬硬的，没你妈的技术！"我担心挨骂，但他没骂。他憨笑着。其实，爸爸有时也挺好！

晚上，睡觉了。我不敢沉睡，老是想着阿妈的叮嘱，生怕阿爸晚上发病，但眼皮却老在打仗，我偷偷擦擦万花油，双眼发热。终于挨到小花园里的公鸡叫更了，我忍不住了，还是入睡去。天亮了，爸爸好好的，是他叫醒我。太好了，阿爸平安无事。我翻个身，往门口买了豆浆、油条，我同阿爸高高兴兴地吃了。我就哼着歌曲上学去。

四十四、只有妻子最相知

1

李玉枝：又回汕尾了。离开两个月，似陌生，更亲切。

在汕头，忙家务，照顾阿麦和孩子，躺下去又挂心着汕尾家。生为长女，我不能不挂念娘家。幸亏有妹婿曾勇这顶梁柱呢！不然，曾勇他也整天忙公务，家就没人管了。二妹常闹头痛，大弟又出海跑香港船，三妹、四妹、小妹整天都背着书包读书。唱着她们的儿童歌上学去……

这几天刮了一场小台风，阿爸那四十多年的老久痛的腿又流脓水了。唉，这腿据说是童年下海踩着魟鱼骨伤的。没及时治，留下病根，天气一变坏，就像阿麦的头颅一样会发病了，无端流出黄黄的黏液，也够苦了……

全家子见我回来了，真像三年没见面一样，乐坏了。小珊一头就扎进她小姨怀里，姨甥俩就跑往铺子买糖粒去了。阿爸问阿麦身体可好？阿妈问阿得会不会发脾气骂孩子揍孩子？我安慰两老道："都好都好，姑爷身体好，姑爷进步了，脾气也好，很疼爱孩子。"两老一听就放心了。二妹的男孩阿辉放学回来了，没见到阿斌就问："斌哥哥没回家，大姨？"我道："你斌哥哥要念书，要关照你大姨丈，不能回家。"他一听眼眶红了，说："你怎的不带他回来，大姨！"我同二妹结婚后，都在爸爸这里一起生活，阿斌、阿辉从小同睡一床，一起滚大，感情笃深，也难怪。我哄道："阿辉，下次大姨一定带你斌哥哥回来……"

阿爸也哄道："阿辉，乖乖，你斌哥哥放假就回来。"他这才高兴地背着书包进房里去。阿爸说，"玉枝，这个家全都凭阿勇，如果没阿勇，你一走，不知要如何张治呢，我身体又不好。"

是的，如果没曾勇，我的心要分两半，一半担心汕尾；一半又要关照汕头。我这弱女子，不累垮才怪呢！好了，我暗自庆幸我还是选中了个好妹婿，当然还是玉娇曾勇他们自主的缘分，但能离开我这当大姐又当红娘的眼力么？——我有时也不由自主地得意了一番。像曾勇这样一位品行兼优的好妹婿确也难找！记得阿爸一次腿跌伤了，不能下床，我又往葫芦市去，玉娇头又发痛，阿妈要忙家务，曾勇下班一回来，二话没说，端茶喂饭，端水为阿爸擦身体，一直服侍到阿爸腿愈，下地走动……

弟妹们都很尊重他，阿斌、阿珊也很敬爱他，都说是二姨丈撑住汕尾的家。

真的，有曾勇，我才能整个身心扑在汕头家，全心全意照顾阿麦……

20世纪80年代初麦贤得全家照

2

李玉枝：从汕尾回来之后，我更深深感到：凡有人群的地方，都有左中右，一万年以后还会是这样。我想，毛主席这句话是对的。

80年代初，打倒“四人帮”已几年了，但由于种种原因，国家却徘徊了几年。“文化大革命”遗留下的无政府主义的流毒，还没有彻底肃清。部队同地方一样，各种规章制度和正常秩序也在建立之中，无政府主义思潮也还存留在一小部分人的头脑之中。而阿麦对这些就看不习惯，他一贯就爱憎分明。有什么不良行为被他发现，他总要正面批评，毫不含糊。因此，常常遭到一些觉悟不高的人攻击，骂他神经病。我心里常常这么想，麦贤得就是麦贤得，他是在60年代初毛主席的思想教育下成长起来的，满脑子装满了“为人民服务”、装满了“学雷锋，做好事”、装满了“大公无私”。当年，虽然敌人的炮弹使他脑神经受了伤残，产生了多种后遗症，但是，原来那些好的思想作风却好像定格了，始终保留在他的头脑中。再则，他最听毛主席的话，他只认准毛主席接见他时教导他的那句话："养好身体，为人民立新功。"但是，他的这些思想行为，却刚好与目前停留在一小部分人的损人利己、损公肥私、无组织无纪律的行为格格不入，便造成了冲突。这是很自然的。

这天下午，我刚刚下班，阿麦的勤务员小陈便匆匆跑来了。他脸色铁青地告诉我，阿麦在葫芦市军营被人打了，伤得很重，倒在地上，要我马上去。他说，是有人往老百姓的蔗园里拉屎撒尿，阿麦发现了，当面训斥了他们。那些人不服，纠合起来，骂他"神经病，多管闲事"，便把他揍了。我跟着小陈慌忙坐车赶往葫芦市，见阿麦已被抬往海军医院了，医生正在为他包扎。我急忙端详他的头部，见没伤，就放心了。他脑颅里有两块有机玻璃镶着啊！首长也来了，他们安慰我，别担心，伤不太重，但我见他裤底湿漉漉的，我望望医生。医生说，是小便失禁了。唉，阿麦啊阿麦，你爱憎分明是对的，但你批评就不会讲究方法啊，你瞧，弄成这个样子！首长见我很伤心，也无可奈何道："小李，麦同志这么下去，看来是不行的。弄不好，怕会出更大的事，看可否想其他什么办法？"有什么办法？要是阿麦身体好了，是正常人，哪会发生这样的事呢？我也想不出什么办法。医生包扎完毕后，我便把阿麦带回孔庙家中。那个晚上，阿麦发高热，说胡话，癫痫病又发作了，闹了一晚。天亮时，他才疲倦地睡去。我整个晚上没合个眼，隔天又把把污秽了的被褥洗了，累得骨子架似要散了一样。

阿麦终于醒来了。但他从此再也不说话、不吃饭、不吃药、两眼呆滞失神，瞎望着天空，一坐就是半天。阿麦绝食了，他从来没有这么消沉过呢！我真的怕了，马上托口信往湴洲，又叫了小陈去请姑丈和姑姑来。一会儿他们都来了。大家也安慰他，他就是不开口，双眼红红潮潮的，似满腔的怨怒。我知道他心里想的是什么，他受屈了！我心内十分痛苦，含着泪水颤声道："阿麦，你千万要想得开啊。'文化大革命'有不少开国元勋还遭折磨致死呢。我们吃这点苦算什么，想想同你一起战斗的战友，有不少献出了自己年轻的生命，而你是党和人民给了你第二次生命，你不能死啊！天大的事由我顶着，我同你心是相通的。我们现在有家庭，有一双儿女，你应该和我们同甘共苦，共渡难关，共同走完这段历程吧！"阿麦终于被我的真诚所打动，他含着泪水，向我点点头。

阿斌和阿珊见爸爸受伤了，又不吃药不吃饭，也很惊怕，暗自流泪，阿珊说："妈妈，要阿爸吃饭吃药。"她见我说服了阿麦，他流泪了，点头了，便懂事地拿了一个香蕉，剥了皮，拉着他爸的手，说："爸爸，吃香蕉，吃。"阿麦一见，双手接过香蕉，两道热泪像断了线的珠子簌簌而落，终于说了第一句话——“我的乖孩子……”

傍晚，婆婆从汫洲赶来了。二话没说，便一头走进床前，见阿麦还躺着，既怜又气，恨恨地骂道：“阿得呀阿得，我怎的生了你这呆子！你今日已有妻有儿了，你这牛脾气还不改，以前害自己害父母，这会儿你又要害妻害儿了……”

婆婆一字一泪，数骂着，但阿麦却不服地抗辩道：“保护集体利益是对还是错？是为公还是为私？”说后，双眼又气出泪水来了。我一见，便把婆婆拉出来，劝道：“阿妈，你别再骂他了，他也很伤心。”

几天后，首长又上门来了，跟我说：“小李，看来小麦这样下去不行，我们征求你的意见，看可否安排他转业回汫洲老家去，部队出些钱为他建一幢楼房，让他休养。如果你同意了，我们才报上级批准。”

我同家里人商量后，大家一致认为不行。阿麦的生命是在毛主席和周总理关怀下才救过来的。他的生命是党和人民给的。我们一家人承担不了这个责任。我们便婉言谢绝了。

如何使阿麦恢复身体，如何使他身体逐步健康，保证他不再在外面发生事端，这是我作为妻子的责任。我想，只要他身体好了，一切麻烦事就会少了。乌云一定会散去的，曙光就在前头！

首长也加强了对阿麦身边的战士的教育，一要他们理解他，他是一个一等伤残军人嘛；二要尊重他，学习他的优良品德，他是战斗英雄嘛。加上部队大抓整顿，加强纪律教育，无政府主义思潮也渐渐无容身之地，阿麦再也没发生事端了。

3

一早睁开老眼，李诚丁觉得怪怪的，双眼像针刺一般，痒痛痛，望望蚊帐外，啥都看不见，整个天空像一个黑乎乎的无底洞。他唤道：“他娘，天亮么？”

蔡招娣被问懵了，嗔道：“你这老头子是老颠倒了，太阳照进门槛了，还问天亮？”

“咦，不对，他娘，我双眼怪怪的，啥都看不见呢。”

蔡招娣慌忙走近床边，端详丈夫的双眼，觉得红肿红肿的，她伸出巴掌，在他眼前摇晃：“看得见吗？我的巴掌。”

“不见不见。”李诚丁连连摇头。

坏了，老头子的双眼瞎了。今年才六十多岁，就眼瞎！

她赶忙叫来曾勇和儿女们。大家凑在一起，站在阿爸面前，问：“看我们看得见吗？”“曾勇，不见！”“玉娇，不见！”“清红，不见不见，看一人不见就全部不见，哪会有的看见有的看不见的？”老人火了。

老人真的眼瞎了，曾勇慌忙请来一个眼科医生。那骨瘦如柴的老医生，扶扶眼镜，拿了一杆三节电池的手电筒，左眼照了照，右眼照了照，便瓮声瓮气道：“曾部长，老泰山看来是得了老年白内障，要动大手术哪！”

大家一听，愣住了。

眼睛比金子还值得珍惜，小学老师教导小学生的话：眼睛瞧不见，世界就变成黑夜了。儿女们懂。大家便请医师出主意。老医师说无妨无妨，往他门诊部听发落，会好的。于是大家听他的，把老人扶了去，动了右眼，但几天后，仍红肿疼痛，吃药无效，只得打电话给玉枝，决定上汕头。

玉娇把刚刚给阿斌、阿珊制的秋衣背了一袋，就同曾勇扶着阿爸，上路乘车去。

午后，玉枝刚推着单车上班，一抬头，见阿爸被曾勇夫妇扶着从巷口走来。阿爸步履蹒跚，像那瞎子先生一样磨蹭着走来。她慌忙打好单车后架，匆匆奔来，双手拉着阿爸焦急道：“阿爸，你怎弄成这个样子！”

“那天早起，双眼就瞎了，不知中了哪道邪呢？”老人一听就知道是玉枝，到她家了。阿麦往葫芦市去，阿斌兄妹都上学去了。玉枝把他们安顿后，知道他们还没吃饭，就先张罗他们吃了。然后，就同曾勇和玉娇扶阿爸坐上三轮车往市中心医院去。

眼科医生很高明，一诊断认为是老年白内障无误，右眼给那鲁医生割坏了，只能先做左眼，然后，待炎症退后才做右眼，但右眼因动过手术，就没有左眼那样的效果。手术很顺利，两个多钟头就结束了。几天后又做了右眼，也很顺利。一星期后阿爸就出院了，双眼贴了两块白纱布，护士扶着出来，玉枝和玉娇扶着回到玉枝家。因玉枝家房子窄，曾勇和玉娇工作也忙，便告辞回汕尾去了。

好久没见外公了，外公终于来到汕头家了。阿斌阿珊真高兴，他们能看见外公，而外公却不能看见他们。外公只好用手摸，摸摸阿斌，又摸摸阿珊，高兴道：“长高了，长高了，真比养猪崽子还快呢。”

阿珊问：“外公，你眼睛怎的了，被什么刺的？”

外公道：“不是什么刺的，是得病了。”

阿珊又问：“外公，会好吗？以后能看见阿珊长高吗？”

外公道：“会好的，不久就能看见阿珊阿斌了。”

“那我就放心了。阿哥，外公双眼会好的。”阿珊向阿哥报喜。见着二姨又给她和哥哥捎来新衣了，更喜上眉梢，还是姨丈和姨姨好！

麦贤得见岳父病了，也心焦。听说手术成功了，也甚喜。这几天晴空朗日，他情绪好，教阿斌阿珊要关心外公，照料外公，别气外公。他也往铺子买了一包“丰收牌”的香烟，送岳父抽。老人道：“阿麦，免了，医生说眼病不能抽烟。”

麦贤得一听，才醒悟了：“哦，眼病真的不能抽烟，眼一见烟雾就要流泪的。”他边说边往铺子退了香烟，换了一包杨梅糖给岳父，“阿爸，吃糖，糖甜甜。”

老人见这女婿，也很孝道，心也宽了很多。

麦贤得又交代：“玉枝，要加菜，加营养，阿爸眼病，要照顾。”

李玉枝感激地瞅了他一眼，点点头。

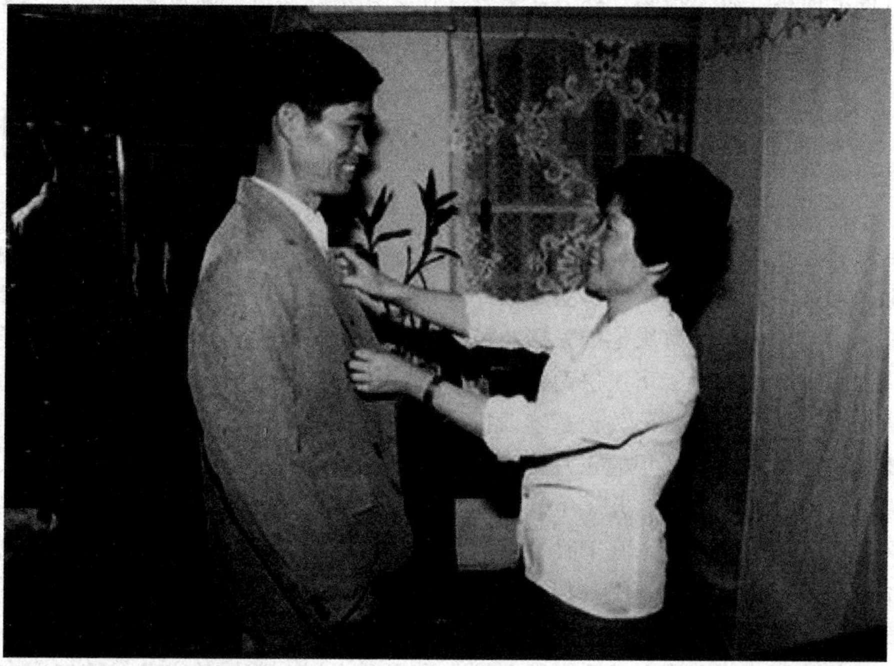

李玉枝为麦贤得出门整装

4

初夏的汕头，已有些酷热。昨晚，蚊子很多，老墙返湿，墙脚流出水来了。隔天清早，就下了一场透雨，雨过之后，还响起一阵阵的闷雷。看来天是不会晴的。

这时候，阿麦觉得头闷痛，心很烦。玉枝醒来，一闻，知道阿麦的口又发臭了，浮火了。便慌忙起床，往小花园里采了一把珍珠菜，到巷口买了几钱角猪血和几角钱瘦肉，煲了，一碗捧给他，一碗捧给阿爸。玉枝知道，阿麦口一发臭，就是身上浮燥火，就要吃清凉，不然，老病又会发作的。

早雨早晴，闷雷之后，并没再下雨，东北面黑云渐渐散开了，天空露出一缕阳光。阿麦一见，便高兴地出门去。玉枝便对阿斌道："阿斌，今天星期天，外公已在屋里蹲了二十多天，眼睛已拆线了，你带他上中山公园玩玩，让外公的眼睛见一见树木，吸收新鲜空气。这屋子怪闷呢。阿妈今天趁天晴清洗屋子。"

阿斌一听，便高兴地扶着外公，坐三轮车往公园去。

中山公园好漂亮。里面有许多嶙峋怪石的假山，有张牙舞爪的老虎、狮子的动物园，还有水平如镜的湖泊，湖里有许多小鱼在游动，湖的上面有朱红的七曲桥，游人很多。外公从未游过这么好玩的地方。阿斌来了几次，熟路熟径，边玩边当小导游向外公喋喋不休地讲解着。

阿斌问："外公，你眼睛是怎得病的？"

"怎得病的？"外公嘴唇哆嗦了一下，叹了一声，便道，"眼睛用的时间长了，就像机器一样，受磨损，就坏了。"

其实，这几年来，外公的心烦。自从阿斌他们搬往汕头后，过了没三年的好日子。这第四年，政府分给他的房子，因是侨房，按政策必须搬出去，但搬往哪去，一时又未能落实。政令如山倒，无法，他四处找领导，但国家尚困难，未能帮助解决他的家居，虽然是英雄麦贤得的岳父，但也无能力解决。无奈，他只得与房主协商。容他春节后才搬迁，房主还是通融限期到元宵即搬，他当下咬紧牙关，东凑西拼，凑了钱在盐埕头建了一层100多平方米的土屋，终于在那年的正月初十全家搬了过去。身后欠下一屁股债，全家勒紧腰带，养猪养鸭，儿子下海捕捞，终于还清了债务。这几年，实在是累坏他了，他的腿，本来在旧社会就跌伤了，天气坏时还要痛，要流脓水，他怕这么累下去，脚受不了，但却料不到病却往上生，生在眼睛上面了。要不是眼下科学发达，他便成瞎子是无疑的。

他睁开眼望着眼前这秀丽的公园，青青的大树、翠翠的小草、红红白白的花朵、清清净净的湖水……世界依然是这么美丽啊！他高兴道："阿斌，本来外公想，这眼睛是坏定了的，料不到还能复原，能看见世界的东西，科学真发达呐！你要好好念书，将来当科学家。"

"不，"阿斌偏着头，"我要当解放军，当海军，以后可下战艇。像爸爸一样。"

"唅，阿斌，你爸爸还会不会打你，揍你妈妈？"外公关切地问。他已来二十多天了，见女婿虽脾气暴躁，但还没见他打骂人。

"打很少，骂就多，我很怕他。"阿斌如实向外公汇报。

"他身体不好，你要顺他的意，别气他，惹肉痛，懂么？"

阿斌懂事地点点头。忽然，他见到桥下有许多红鲤鱼，便惊喜地嚷道：

“外公，红鲤鱼，红鲤鱼！”

外公一瞧，真的，这些红鲤鱼在水中悠游，有的脊梁还露出水面，不知哪个游人往水里扔下一团面包，那些鱼儿便争着缠绕在一起，有的还高兴得“通”地跃出水面，水花飞溅出几丈远。他乐了：“阿斌，这鲤鱼真快活！”说完，他觉得太阳光有些刺眼，举头望望天空，见乌云已散开了，太阳悬在半空，阳光甚毒热的。便催促阿斌道，“阿斌，日已午了，我们回家吧。”

于是，公孙俩便又沿着湖边那芬馥的花径，往喧闹的门口走去。

5

今天头很痛，胸口又闷闷的，麦贤得只是在街道上蹭蹉了一圈，便恹恹地回家。

回到家里，只见面貌一新：从屋里到屋外，从门板至窗户都整洁发亮；门口的竹篱晾了三副花被、蚊帐，还滴答滴答地滴着水珠儿。李玉枝忙得毛发蓬松，大汗淋漓。麦贤得觉得过意不去，便问：“阿斌哪去了，也没帮你？”玉枝伸手擦擦汗，笑笑道：“星期天，我让他带他外公往公园玩玩。没多少活，我不累。”

说话间，麦贤妹也来了。她一进门，见二嫂没半天的工夫就把屋里内内外外都清洁了，还洗了三副被席蚊帐，便赞道：“二嫂，你手脚真灵，你是鸡头啼就起床哟！阿斌呢，也没相帮？”玉枝马上应道，“他外公来二十多天，眼睛好些了，我就让他带他外公去公园逛逛。”当下无话，麦贤妹见桶里还浸有一件小蚊帐，便弯下腰洗了洗，又对麦贤得道：“二哥，拧一拧。”

在观看金鲤的麦贤得便走了过去，接过贤妹递过来的那一头，两人便往不同的方向拧，贤妹力气小，二哥力气大，一用力，贤妹便被拧得转过了角度，手一松，噗的一声，水珠溅得二哥满脸。麦贤得火了：“拧什么东西，没三两力气的！”说着便狠狠地把蚊帐扔往桶里去，满脸不高兴地唠唠叨叨，观赏着他的金鲤鱼。

这时，阿斌扶着外公回来了。麦贤得一眼瞅见，刚才的火气还没处出，便喝吆：“阿斌，你往哪去了？”

阿斌见爸爸脸孔红红的，脖子青筋涨浮，知道爸爸发怒了，便怯懦地道：“我带外公往公园去了。”

“今天大清洁，你偷懒往公园！”

“不，”阿斌争辩，“是妈妈叫我去的。”

麦贤得见阿斌还顶嘴，便咚咚地奔过来：“妈妈叫也不行，这是制度！”说着大手一挥一巴掌就扇往阿斌的脸上。蓦地阿斌脸颊浮上五道手指印。外公又气又怜，央求道：“贤得，是玉枝叫他带我去公园的，玉枝见我眼睛好些了，要带我去训练训练双眼，你就饶了他吧，就算是阿爸的错，算是阿爸叫他带的吧。”

“阿爸——”麦贤得无名火冒出几丈高了，他这里觉得胸口闷痛，头颅闷痛，他吼道，“阿爸也不行，阿爸也是坏蛋，你们通通是坏蛋，不听我的，滚，通通滚！”

岳父见女婿不讲理，为了息事宁人，马上把火引往自己身上：“好好，我滚，我马上就滚。”他走进房里，收拾了自己的几件衣服，塞进布袋。玉枝快步跟了进来，拦住他：“阿爸，你——”外公手摇了摇：“玉枝，我就走了，只要有一人服输，他气就平了。我眼睛已好得多了，别管我……”玉枝一听，心头一阵酸痛：“阿爸，不行，你不能走，你眼睛还要调理呢！”麦贤得冲进来了，见他们还在推搡，又吼道：“滚，通通滚！”李玉枝气愤道：“阿麦，你——”“李玉枝你也坏蛋，坏蛋！”爸爸一言不发地推开女儿，径直走出门来。麦贤妹一把拦住：“阿叔，你别理我二哥，别理他……”麦贤妹双眼也噙着泪水，劝道。老人摇摇头：“阿姑，我就走了，你别拦我，是阿叔不对，阿叔不对，害了阿斌和玉枝……”姥爷终于走了。他走出了孔庙深深的小巷，直往中山路走去。天空，又下了恼人的淫雨了，淅淅沥沥的，这突来的雨，淋得路人浑身像落汤鸡一样，路面的坑洼已聚满了雨水。

玉枝追出门口，见下雨了，又旋回去拿了一把雨伞，直追赶着阿爸。麦贤得还在后面吼道：“坏蛋，阿爸也是坏蛋，穿我的拖鞋跑了……”李玉枝终于追上父亲。她挽住他的手臂，央求道：“阿爸，你就别气他，他身体不好。我带你往阿姑贤妹家里避几天，待他气过以后，我才带你回来。你眼睛还不好，确实需要再疗养一段时间呢。”

“不，”老人坚决道，“我就回汕尾去，爸爸不会怪你的！以后，你自己跌下去，就要靠自己爬上来，阿爸再也无力帮你哪！”

前面一辆三轮车来了，阿爸一把就蹬上去，无奈，玉枝只得跟着蹬上去。

雨，越来越大了，“哒哒哒”地落在路面上，撞出揪动人心的响声。玉枝举头一望，满天乌云密布，像破棉絮一样一团紧挨一团，从东北方向翻滚过来。玉枝见着生病的老父，动手术不久的老父，很需要疗养的老父这么就要走了，真是五内如焚。

三轮车把父女俩载往西堤渡口了。渡口的港湾，海浪翻滚，海面濛濛，满天雨柱，惊涛怒吼。玉枝心碎了：“阿爸，是女儿不好，是女儿不好啊！”说完泪如雨下。

老人一见，不禁深深叹了一声：“唉——阿枝，阿爸全都理解。阿麦好起来，一切都会顺顺的！”

汽船发动了，嘟嘟的汽笛催促着这肝肠寸断的父女。玉枝扶着老父上船了，从口袋里掏出两粒洋参，塞进父亲的手里：

“阿爸，路上嚼着，养神。”

老人用劲推回：“不要不要，你留着给贤得，他比我还需要呢！”

“送客的下船，送客的下船！”船工催促着。玉枝硬把洋参塞进父亲的手里，一跃便跳下船来。

大船晃晃就离开码头了。玉枝望着雨中的渡船，望着渐渐远去的父亲那佝偻的身影，热泪夺眶而出……

她不知道自己是怎样上公共汽车的，她坐在临窗的座位上，望着街路上的行人，有步行的，有踩自行车的，有牵儿带女，谈笑风生逛商店的……此时的她，是多么希望自己也成为这平平常常、普普通通人家的媳妇，和正常的丈夫一起，带着孩子高高兴兴地在街路上悠游，为孩子们选购衣物、玩具。这是多么惬意的啊……但是，不能！至少她目前不能！她与阿麦已结婚十四个年头了，阿斌今年已十三岁了，阿麦身体还不能恢复正常，还不能享受正常人一样的天伦之乐。这十三年，特别是进汕头这五年来，阿麦和孩子们时不时闹着矛盾：阿麦认为自己是父亲，负有教育子女的义务，但是他不知道讲究教育的方法。他有时忘记了自己是父亲的身份，变成孩子一样要跟阿斌阿珊玩，他们又怕他，不敢跟他玩；有时他又猛觉自己是父亲，又要装起大人的样子吓唬孩子，打骂孩子，真是喜怒无常，捉摸不定；而阿斌阿珊又觉得他的爸爸跟人家的爸爸不一样，没能得到爸爸给他们的温暖。自从认识爸爸之日起，几乎见到听到的都是爸爸的怒骂声。而当他们父子、父女发生矛盾的时候，她作母亲的要哄孩子别伤心，向孩子们解释是父亲身体不好，不然父亲是爱护他们的。但孩子们并不像大人一样，那么懂理，大人弯曲孩子率直哟。他们很现实，爸爸就是不讲理！孩子们气消了，她回头又要哄当父亲的，让孩子们向父亲赔礼，孝敬父亲。如果是父亲错的，要苦口婆心劝父亲的给孩子赔笑脸。她这个家庭，真像一个潮剧团。她就是这个剧团的团长兼总导演。而这剧团的戏，几乎每时每刻都有新节目，而戏剧多还是乌衫戏，常常是苦泪涟涟。她觉得太累了，太疲倦了，她有时想到如果自己双眼合上，永远地不睁开，那就算彻底解脱了，但怎行呢？阿麦要由谁照顾？孩子们要由谁照顾？这个“潮剧团”不能没有“团长”，更不能没有“总导演”哪！

但是，有时见到阿麦和孩子们闹矛盾，当成功地调解之后，她又觉得又好气又好笑。难道生活就是要这样的么？记得有一次，阿斌也受父亲的影响，喜欢制舰模。这天与几个同学正在家中全神贯注地制一艘护卫艇模型。阿麦便站在旁边指指点点，以一个行家的身份大发议论，说这个炮安装不对，桅杆这样安不美。他说了一会儿，还以为孩子们会听他的改过来。谁知，阿斌信口说：“老师不是这样教的，你到旁边去休息吧！”听了儿子这句话，阿麦气坏了，走上去抓起舰模摔在地上，一脚就把它踩得稀巴烂。此时，深知一哭就要挨揍的阿斌，恨恨地盯着他爸，半天不开口。她在场看到此情景，赶忙把阿斌拉开。晚上，她陪同阿麦散步，有意谈及此事，说孩子做实验是他们自己的事，学校老师布置的作业，你就应让他们有自己的空间，别干预他们。你是行家，他们制错了，你要改正也要讲究方法，才看出你做父亲的水平，你一怒就用大脚踩烂了，孩子心里会怎么想呢？阿麦终于想通了，隔日，他不知往哪里买回一副新舰模型赔还阿斌，还说：“三大纪律八项注意，损坏东西要赔。”真是的，阿斌的气也就消了。

今天，又出现这伤心的事了！她深知阿麦发病时，失去正常人的理智，表现出来的不讲理，理讲不通。粗暴，近乎野蛮的行为，作为妻子的她，她理解、同情，甚至为自己还未通过努力而使他康复而感到内疚、痛苦。但是，阿麦的粗暴行为，波及别人，特别是与他生活在一起的家庭长辈和不懂事的孩子身上，见到他们受委屈，心灵受到创伤，她的心境，更百般的难受啊！眼前，回到家里，如何劝解阿斌呢？又如何说服阿麦承认错误，向阿爸道歉呢？她此时此刻，心乱如麻。但她咬咬牙，一定要说服他！

6

回到了家里，阿麦不见了，只见阿斌边哭鼻子边伏在小桌子上做作业。她问：“阿斌，爸爸呢？”阿斌不情愿道：“不知道，我不要这个爸爸！”阿斌真的气了。他霍地站起来，那双泪眼已红肿了，他怪乎乎地盯着阿妈的脸庞，半晌，突然问：“妈妈，你与爸爸结婚是自愿的吗？”她猛地一愣，便苦笑道：“是的，是组织动员的，妈妈自愿的。”“那时，爸爸已患病了吗？”“是的，爸爸那时的病比现在还严重，一月半月就要发一次。”“妈，你为什么要嫁给他呢？”

啊，傻孩子，这是你该说的吗？这是你该问的吗？玉枝心碎了：自己的所作所为，别说社会上一些人不理解，连自己的儿子也不理解啊！

她喃喃道：“孩子，你长大了，就慢慢会明白。”“不，我不明白！”阿斌一句话没说完，就扑在妈妈的怀里恸哭起来，“妈妈，别人的爸爸怎么不打人，不骂人，我们跟外公回汕尾吧，我好害怕！哇哇！”

门口也“哇哇”地传来哭声。阿珊往邻居家玩耍回家了，听阿哥闹着要回汕尾，也跟着哇哇地痛哭，亦步亦趋地跑进来，抱着她妈：“妈妈，我们回汕尾吧，我……我也怕爸爸……”

此时此刻，她的苦泪嗞嗞地流淌进肚里，她不让泪水流出眼窝。孩子们泪水太多了，她不凑这个热闹！她从架子上拿了一条干毛巾，为阿斌擦擦，又为阿珊擦擦。然后，喝道："安静，都别哭！"

阿斌阿珊一愣，他俩可从来没见阿妈这么严厉过，便蓦地止住哭声。眼怔怔地望着阿妈那张愠怒的脸孔。

她遥望窗外的天色已晚了，便猛地道："孩子，我们先张罗晚餐，你爸要回来了，今晚，我再好好给你们讲你爸的故事哪。"

这一餐，阿麦吃不多，双眼呆滞，洗澡后，玉枝道："阿麦，我们散步去。"

阿麦道："不散步，我太累了。"

玉枝便平心静气道："你今天这样太过分了，阿爸是长辈。"

风暴已过去了，这时他也平静了："玉枝，我错了，真的。"

咦，他已学会自省，阿麦进步了。她便趁势道："毛主席说，人不怕犯错误，改正了就是好同志。"

"哼，毛主席真的这样说过？那我就听毛主席的话。"

"好，那么你就向阿爸写一封道歉信吧，就向他赔不是，说今天做得不好，向他道歉。"

"行行，就向他道歉，请他再来汕头疗养。"

玉枝一听，心内十分高兴：阿麦就是这样，当问题想通了，就像天空的乌云散尽一样，一碧万里了。

阿麦拉开抽屉，伏在桌子上写道歉信。只见他写道："阿爸，今天，是贤得不对，贤得不该骂你、骂阿斌。阿斌带你去公园散步是对的，我骂人不对。我真该死，我不是好女婿，也不是好爸爸。我犯严重错误了，请你骂我，就骂我坏蛋，骂够了，就原谅我……请您回汕头吧，回到这里疗养，我拖鞋让你穿，我买新的让你穿。您的女婿贤得。"

她站在丈夫的背后，瞧着他一笔一画地写着，既十分真挚，又十分趣味，不禁扑哧笑了。

"妈妈，你笑什么？"在做作业的阿珊抬头不解地望着妈妈。

玉枝脸颊飞上一片红云，道："我高兴你爸爸进步了……"

7

李玉枝上班的盐务局就在中山公园大门的对面，门口有一道清冽的小河，公园里清新的空气随着轻风一缕一缕地飘溢进她的办公室。

家务超负荷的劳累，并没有把她累垮。她照样承担起她负责的工作——人事科分管劳动工资报表、退休工人投保等工作。她刻苦钻研业务，既细心又认真，对领导交给的任务，除了"下乡处理业务"（离开家不能照顾麦贤得）这条没法执行外，其他概不含糊。由于她工作认真，处理的报表井井有条，极少出差错，年年受到领导的表扬。原来有的人担心她的家务，一个担负照顾一等伤残军人的家属，上班怕是“当挂名干部”“白领工资”的顾虑被李玉枝那也是“硬骨头”的精神和行动消除了。人们不得不对她肃然起敬：真了不起，好个李玉枝！

此时，年关将近了，要做年终报表了。李玉枝忙了一个上午，瞧瞧手表，见已是下班的时候，便背上袋子，匆匆地下楼上市买菜去。刚到门口，管门的大伯就叫住她：“玉枝同志，有信。”李玉枝便走进门房去。接过信，一瞧，见信是湖北省秭归县水泥厂寄来的。她觉得甚异，“湖北秭归县水泥厂？”无亲无故，素无往来，怎的来信？她连忙拆开，那滚热的语言，那真挚的语言跃进她的眼帘：

尊敬的玉枝姐：

您好！请代问候全家人安康！

今天，我们有幸能在《解放军画报》上再幸福地见到了麦贤得叔叔的照片，心情别说有多高兴，多激动了！我们永远不会忘记，麦贤得叔叔是在一次海战中负伤的，他那顽强的英雄风姿一直成为我们心目中可爱可亲可敬的崇拜形象。至今我们仍然相信他、敬佩他、崇拜他。目前他的身体恢复怎样？在此，敬请你代我们转告麦贤得叔叔最深深的问候。深深的鞠躬！我们八十年代的年轻一代不会忘记英雄的光辉形象与献身祖国的崇高精神，一定用英雄的高尚情操来勉励志向，在“四化”建设中多作贡献。最后，请原谅我们的请求，敬请你能把麦贤得叔叔的单人照片寄一张给我们，以表达我们的一片思念之情。

致

礼

秭归县水泥厂 486 名青年

1986 年 11 月 10 日

这可是李玉枝同麦贤得结婚十四年来，收到的第一封热情洋溢的问安、思念信啊！真是字字情、声声情啊！李玉枝瞧着瞧着，热泪缓缓地涌出眼眶，沿着两颊潸潸而落：阿麦啊阿麦，玉枝为你庆幸，我们祖国的人民不会忘记你啊！

是呀，这二十多年来，阿麦能活下来，而且是从一月半月就要发作一次癫痫病中活过来。自从他们母子来汕头后，经过精心护理，目前已减少到一年偶尔发一两次病了。虽然家庭时而有波有浪，但终究还是平平安安，一对儿女渐渐健康成长了。一个一等残疾军人，能有这样的幸福家庭，这一切，里面有着玉枝多少心血和汗水、多少屈辱和辛酸？这一切，谁知道呢?!

她回到家里，见阿斌和阿珊已放学回家了，便把他们叫到跟前，道：“阿斌，阿珊，妈妈给你们一件东西。”

兄妹俩见妈妈郑重其事，诧异地睁着大眼睛。

妈妈递过那封信，道：“阿斌，你念，让妹妹也听一听。”

阿斌把信纸展开，一字一句地念着：“尊敬的玉枝姐，您好！请代问候全家人安康……”念着念着，他两眼渐渐地蓄满泪水，双手颤抖个不停。阿珊懂事，听着听着，也满脸垂泪，哽咽了。信终于念完了，阿斌一头扑在妈妈怀里，阿珊抱住妈妈的双腿，兄妹俩“呜呜”地痛泣着，阿斌呜咽道：“妈妈，有这么多叔叔想念爸爸、关心爸爸。爸爸真光荣，你爱爸爸是对的，我错怪您了!”

玉枝抚摸着孩子的头发，长长舒了一口气，深情地道：“孩子，只要一个人为人类做了有益的事，人们是不会忘记他的!”她端详着自己一把尿一把屎抚养大了的儿女，招呼他俩坐下，一个坐在床沿上，一个坐在凳子上，她缓缓地道：“孩子，你们都长大了，阿斌你已十三岁了，阿珊你也八岁了，该懂事了！今天，妈妈就给你们认认真真讲一个故事吧。”李玉枝停了停，便凝神地望着那闪光的电灯，讲述道：“二十五年前的 8 月 5 日夜，美制国民党军‘章江号’和‘剑门号’袭扰我东山海面，我们的海军奋起痛击。战斗中有一个战士，被一块罪恶的弹片打进脑颅里，他的脑髓流出来了，鲜血和脑髓糊住了双眼，他昏迷倒下去了。但是，一阵阵的炮声又把他催醒了，他感觉到敌舰还未打沉，战斗还没结束，这个战士便以钢铁般的意志爬了起来，他从地上爬着爬着，他发现战艇的四部主机停转了三部，他岗位上的两部主机都停了，他便从后机舱中一步一步地爬回前机舱，穿过了一个正常人也难以穿过的只有四十厘米高的舱洞，回到自己的战斗岗位上，从几千颗螺丝中找出了一粒松动了的螺丝，便用扳手拧紧，坚持操纵轮机，一直坚持战斗三个多小时，坚持到打沉敌舰，才倒下去……他被救回医院后，一直昏迷了十多天，在毛主席、周总理和老帅们的关怀下，经过全国医学家群策群力，先后动脑手术四次，用了近一年的时间，才把他脑内的弹片取出来，抢救了他的生命，他留下了后遗症，一直坚强地活下来……可以这样说，他的生命是党和人民给他的……”

“妈妈，”阿斌和阿珊听着听着，已泪流满面了，“这个叔叔是谁呢?”

“他……他就是你们爸爸——麦贤得!”

“啊——爸爸!”爸爸真是一个英雄啊！阿珊似懂非懂，她问，“妈妈，爸爸这么厉害，老远的叔叔才写信来呢。我知道!”

“唉——”玉枝长长叹了一声，黯然道，“孩子，在妈妈还当姑娘的时候，那时的广播常常播他的名字，报纸也登他的名字和照片，还有毛主席接见他的照片，他在医院的时候，一天就收了七百八十封信呢……哦，对了，来，我让你们看一件东西。”

玉枝说着，便找了钥匙打开了老柜，拿出珍藏的相集，因为里面一张照片，毛主席接见麦贤得的照片，有林彪在场，她不敢拿出来，这时候，她觉得应该让孩子们瞧瞧了。

她打开照片，翻开了第一页。是毛主席接见麦贤得的，阿珊眼尖，一眼就认出爸爸：“啊，爸爸!”又翻开了一页，是头上裹着绷布的麦贤得，在广州医院，董必武和陶铸看望他的照片，阿珊又嚷道：“爸爸!”又翻开了一张，是贺龙、叶剑英元帅看望麦贤得照片，阿珊又惊喜道：“爸爸，都有爸爸!”

四十五、脑力宝因缘

1

从石榴岗往流花车站，要坐十多公里的公共汽车，这广州城，也患上严重塞车的“通病”，坐了一个多小时，才到终点。下车时，他们三人又走了二十多分钟的路，拐了三道弯，才走到总医院门口。

一到陆军总医院，玉枝便要试麦贤得的记忆力，问：“阿麦，是不是在这里?”麦贤得睁大眼睛，四面望了望，半晌，摇摇头，“不是……是……哦……不是!”她感到，阿麦已记不清了。小李走上门房，道明了来意，那守门的解放军战士瞧一瞧麦贤得，惊喜道：“啊，麦贤得!”

他这一叫，引来了许多刚下班走在路上的医院员工，大家也惊喜地围拢过来，瞧着这个活英雄——曾在这所医院里住了三百七十个日日夜夜从死亡线上救活过来的严重脑伤患者！虽然当年的院长医生和护士大都离开这所医院了，但今天这些医院里的员工们，没有谁不知道他们医院的光荣一册——挽救了全国著名战斗英雄麦贤得生命的光荣史篇的！

有一个两鬓花白的老军医，一听到“麦贤得”三个字，倏地停住脚步，扶一扶那近视眼镜，瞧着这三个不速之客。他一眼便瞧见麦贤得，紧紧盯住麦贤得的脸庞：“你是麦贤得?”老军医一眼就认出来了，他慌忙地拉住他的手，“麦英雄，你还认得我么?”

麦贤得习惯地笑笑：“你好，谢谢，再谢谢!”

老军医魁梧的身体微微打战着，他太激动了，再次问：“你认得我么?”

这时，麦贤得才仔细地端详老军医那丰满的脸庞，那略长的下颌和稀疏而清秀的眉毛，那不大而发亮的双眼，不禁惊喜道：“刘教授，刘明锋教授!”

“啊——太好了，太好了!”老军医激动地挥着大手，“这真是奇迹啊!”

李玉枝一听眼前的老军医正是当年医治丈夫的脑伤，先后两次为丈夫做了脑手术，陪伴丈夫度过三百七十个日日夜夜的老教授刘明锋，当即感激万分地握住他那丰腴的大手：“刘教授，谢谢您，谢谢您，救命大恩人哪!”

刘教授见这素不相识的举止温存的少妇，诧异地问麦贤得：“她是——”

麦贤得马上应道：“李玉枝，我爱人!”

“你……你是小麦的爱人?”刘明锋这会儿可说惊喜得糊涂了：是的，二十年前，在医院里，有一些浪漫的大学生闻名向麦贤得求爱，但当来到医院后便吓跑了。他也知道部队也曾花费许多心血为小麦找了对象，都没有成功。不久，“文化大革命”开始了，他这个前国民党医院的老军医虽因医治了麦贤得而立了大功幸免于难，但也缄口不言，终日像机器人一样救死扶伤，在那“极左”岁月，英雄也被人们忘却了，他也不知道麦贤得的情况，料不到今天麦贤得竟找上门来，而且由他的贤惠的妻子陪着找上门来。他真是太高兴了！麦贤得对他来说，真是一个高明的科学家的科研成果，一个艺术大师引以为豪的津津乐道的艺术品。麦贤得当年能起死回生，集了全国脑神经专家的智慧，他这个主刀者功不可没啊！他也因此与麦贤得一道被载进一部中外名人录。眼下，麦贤得不但站在他的面前，而且是夫妇一对!

“是的，她就是李玉枝同志，一个了不起的军嫂。”小李补充道。

“太好了，太好了!”刘教授瞧瞧手表，见已近十二时了，便道，“你们来医院——”

李玉枝歉意道：“刘教授，我们是专门来拜访您老人家的，请您为阿麦……”

“哦，这么吧，这时已下班了。你们一道往我家里去，中午就在我家吃便饭。”刘教授热情邀请道。

“不，不，别麻烦，别麻烦。”麦贤得双手乱摇。他最怕麻烦人。

李玉枝便真诚地道：“刘教授，难得见一面。我们就到你家拜访您和师娘，然后中午由我们请客，一起往外面餐馆用餐。”

“哎呀，小李，这就见外了。一起走，一起走，往家里再说。”

于是，一行人便跟着刘教授往医院家属宿舍走去。周围的人见着这情景，无不啧啧赞叹道："奇迹，奇迹，麦贤得也有一个家！"

走到刘教授家，他的夫人黄姨听说是麦贤得夫妇来，见麦贤得还像离开医院时的样子，虎气生生的，她便乐得坚决留他们在家吃午饭。无奈，李玉枝只得依从了。

李玉枝从袋里掏出一包虾干，一包鱼干，道："刘教授，没什么，一点感谢之意。"

黄姨再三推却，最后只得暂搁在一边。

饭后，茶过三巡，刘教授问："小李，小麦这二十年来的身体有啥变化?"

李玉枝道："我同他结婚已十四年了，这十四年来，开初几年我们两地分居，1981 年我才从汕尾迁往汕头，相处也有五六年了。以前分居时，因生活没规律，营养不足，每月要发一两次病，天气变坏时，每周还要发一次病。自从我们生活在一起后，他逐步好了，开初有时三个月发一次病，渐渐地一年发一两次病，去年 8 月至现在，已近半年没发病了。

刘教授听后，满意地点点头，他站了起来，拿了听筒，听一听麦贤得的心肺情况，又问了麦贤得的一些问题，见麦贤得答得比当年出院时还好得多，便又问李玉枝："小李，近来有什么症状?"

"不知为啥，近两个月来，天气一变坏时，他烦躁异常，最明显的是记忆力比去年消退些，讲话的障碍比原来大些。"

"哦，那么去年底的状态还比现在好?"

"嗯。"

"啊——奇迹，奇迹，小李，谢谢你为当代医学护理史创下一大奇迹！料不到小麦的头脑还保存得如此完好啊！"

刘教授感慨一番，便走进里房去，拿出一盒像集，摆在桌面上。李玉枝、麦贤得、小李都凑过头瞧，刘教授指着一张照片，大家一见，不禁大吃一惊，那照片上的人正是麦贤得，额门右侧有一个碗子般大小的洞，黑洞洞的。刘教授道："这就是他未缝合的伤口，弹片就从这里进去的。"他又翻了另一张，这是一张有头颅颞骨窗洞的照片。刘教授道，弹片太深，只能从颞骨开窗取弹片。这两个洞从开到缝合，历经近二百五十二天，最后弹片取出来之后，两个骨窗镶进两颗有机玻璃，然后才把脑皮缝合起来。说着，刘教授伸手摸一摸麦贤得眼下完整无缝，毛发茂密的头颅，满意又不无自豪地微笑了。

下午，刘教授带上麦贤得他们往门诊部去。他又将麦贤得仔细地检查一番，最后，他又开了处方。用的还是原来那些西药，只是减去了冬眠灵。然后，他特别强调道："小李，听说最近医药界研制了一种叫脑复康的新药，对脑神经病人效果更好，你可往药店找找，配合吃这种药，效果一定会更好的。”

李玉枝感激地点点头：“刘教授，真谢谢您，我一定按您的嘱咐去办的。”

麦贤得也连连道：“谢谢，再谢谢！”忽然，麦贤得似乎忆起什么大事了，睁大眼睛，认真地问道，“刘教授，萧姐还在这里吗？”刘教授感叹道，“走了，已调走多年了，听说她丈夫转业了。”麦贤得怅然若失。

2

离开总医院之后，李玉枝三人在广州走来走去，好不容易找了几道街，问了几间药店。都没问到脑复康。小李说，这不是贵重药品，谅必汕头能买得。李玉枝觉得有理，也就作罢。当天日暮时分，他们便乘着夜班车回汕头。当晚睡下，李玉枝含笑问：“阿麦，听说在总医院时一个护士对你很好，有一点意思呢。她姓什么？”麦贤得一听，愣了一会儿，便狡黠地道：“她姓李。”“李什么？”麦贤得顿了顿，拉着长腔道，“李——玉——枝！”她一听，笑得泪流满脸，捣着他的脊背嗔道：“你真坏，你真坏！”

隔日，李玉枝找遍了汕头的大小药店，就是没有见到这脑复康。她只得找上汕头中心医院请教医生。老医师根据麦贤得的身体状况，建议服用脑力宝。并说这种药是由名贵中药材精制而成，对健脑安神镇静有良好的疗效。长期服用无副作用，临床反应良好，不妨试试。

李玉枝一听，甚喜，便上街购了十瓶，让麦贤得服用。说来也怪，麦贤得还服不上五瓶，睡眠明显好转，记忆力也有初步的恢复，讲话的句子也长一些了。玉枝嘴上不说，心底欣喜，并又上街购了十瓶，以备用。

这天已是傍晚八时多了，饭菜已经煮熟放在鼎里，孩子们都吃饱后在做作业，而玉枝还空着肚子等着午睡后就出门一直未归的丈夫。她急得搓手搓脚，正在叹息之至，忽然传来敲门声。她高兴地迎上去，打开门，她吃了一惊，站在门外的，并非是丈夫，而是一个陌生的汉子，戴着眼镜，手中捧着一个公文包。他笑容可掬道：“你就是李玉枝同志吗？”她诧异地“你——”“哦，是这样，我是报社记者，姓林。”说着，便从口袋里掏出一张名片。她瞧了瞧，“哦，林记者，欢迎欢迎！”她便把他领进屋里，分宾主坐定，旋即泡上工夫茶。喝了一杯茶之后，林记者便道明了来意：“玉枝同志，是这样的，临春节了，我们报社要宣传解放军驻汕部队拥政爱民的好人好事，据了解，麦贤得同志几十年来始终保持英雄本色，坚持长年累月做好事，领导安排我来采访一下，宣传宣传，请你们夫妇配合吧。行么？”

“哦，是这么回事。”玉枝谦逊地道，“没啥，阿麦他只是做了他该做的事，没值得宣传的。”

林记者没见到麦贤得，便急道：“玉枝同志，别谦虚，你看可否请麦同志一道座谈，因为要写通讯稿，一些要肖像描写和语言描写，看可否——”

“唷，是这样？林记者，那你就稍候，喝茶。他出门还未归，我找找去。”

“行行，冲工夫茶我内行，麻烦你了。”林记者也抱歉道。她带上手电筒，出门找去。她先从阿麦常去的单车修理站、凉水摊、幼儿园等找去，一处一处地找。她边找边想：是呀，说起阿麦做好人好事来，确实令人感动又十分风趣的。记得一次邻居郑姨买来了一车蜂窝煤，煤拉到门口，天公就下雨了，阿麦刚好在家中摆弄花木，一见便二话没说，连外衣也没穿，身着背心，找上一块木板，把蜂窝煤叠上去，一叠就二十来块，然后双手托着，一步一步往楼上移，这几十斤的东西托在手上，从一楼登上六楼，就是一个壮汉也要喘着粗气的，何况这个一等伤残军人呢？郑姨劝他休息，他却大手擦擦汗“不要不要”地边说又边干起来。他还挺爱面子呢，搬少了怕被人家见笑他无能。每次都咬着牙，一块不少地托着同样数量的煤块往楼上冲刺，有时实在太累了，就在三楼拐弯处歇一歇，但一听到郑姨的脚步声又往上冲去，整整干了大半个上午，上下往返十多趟，直把一车煤全部搬完为止，他才回到家里。她下班了在家做饭，见他全身从脚到头都沾满了煤屑，便问他干啥去？他却一声不吭。中午，郑姨就声声致谢地上门来了……小卖部李大伯皮鞋脏了，他跑回家拿来鞋油和擦鞋布，硬是叫李大伯把皮鞋脱下来，他就蹲在地上，一丝不苟地把李大伯的皮鞋擦得光亮。大队曹政委家有块水泥板，民工浇灌时不讲质量，黏了一层水泥渣，凹凸不平。他从家中拿来刮刀、钢丝刷，一点一点将其割平，接着，用钢丝刷刷，用破布擦，一点渣块都不放过。邻居家做菜少点盐，到她家来借，阿麦一股脑儿将家里所有的盐都奉上，你不要还不行，不让出门。结果她炒菜时一粒盐都找不到，反过来又上这家去要，弄得大家啼笑皆非。

他到人家串门，看到人家桌凳坏了，马上回家拿锤子、钉子，就在厅房现场敲敲打打；看到人家墙上挂衣帽的钉子掉了，他就马上补上；有的邻居种花没经验，花老长不好，他便把花盆抱回家，剪枝浇水，精心侍弄，直到花红叶茂，又捧着花盆登门送还……以至于那年在葫芦市，“私留”工资购安宫牛黄丸救了大姆一命的事，在葫芦市已众口皆碑……

至于这做好事忘了归家的，更是家常便饭。但他就不理解在家等的妻子那如热锅上的蚂蚁的紧张感呢！记得也是一次午休后，阿麦按照惯例上街走走。他从来兴之所至，漫无目的，走到哪里算哪里。当他路过一姓温的老工人家时，见他正蹲在那里忙着钉鸽子笼，阿麦二话没说，立即上去当帮手，削竹签，劈木板条，设计小门窗，比在家干活还细心。一晃几小时过去，到了开饭时候，老温执意请老麦在他家里吃饭，老麦横竖不答应，也不理睬，仍然一个人蹲在那里埋头苦干。阿麦向来有个习惯，活不完不走人，至于时间早晚，似乎不是他管的事。最后直到把鸽子笼装上屋檐，一切利利索索，他才起身告辞。还有一件事，也弄得她哭笑不得，退休工人黄师傅在街边设点卖凉水，阿麦每次路过这里总要上前帮止，为他收款，倒茶水。他给顾客倒茶水总是满满一杯，从不“短斤少两”。他是自觉“当掌柜”的，对客人笑脸相迎，笑脸相送。卖完凉水，他又帮着黄师傅收摊，帮他劈柴、烧水、提水，为第二天营业再烧好一大桶开水。这么一来，他每晚回家都是点火上灯了。她觉得怪，进行尾随侦察，方才发现阿麦干活的“据点”。后来黄师傅觉得老是麻烦麦英雄，要劝他，他又不听，为了避免阿麦再来帮忙，他只得悄悄地转移“阵地”了。

广州回来以后，阿麦又好几个晚上没准点归家了。究竟他的阵地又转移往哪去了？今晚李玉枝走访了六七个地方，该找的已经找了，仍没发现阿麦的影子，心内也有些发懵了。走着走着，他便找往郊外去，忽然，只见荒野里的一个茅厕旁，有一个黑影爬在半墙上，模样很像阿麦。她急忙走过去，啊，真的是阿麦！

“阿麦，这么晚了，你还在这里干什么？”

“……”阿麦没回答。

她仔细观察，只见阿麦口里咬着手电筒，背上背着布袋，手上握着带口袋的竹竿，正聚精会神地在捕捉蜘蛛呢！

这时，阿麦用一只手握住手电筒，回头嚷道：“玉枝，快，捕蜘蛛，那只大的！”

李玉枝顺着他手电筒照的方向望去，真的有一只大蜘蛛。她再也顾不得他究竟要抓蜘蛛干啥用的，便也投入了战斗，终于把那家伙抓住了。阿麦方才高兴地从墙上滑下来。这时。明月已升上半空，田野遍地银光。夫妻俩踩着月影，走回家去。

她边走边道：“阿麦，家中有记者在等你，要采访呢。”

“记者，要采访什么？”

“他问什么你就答什么，都是要宣传学雷锋做好事的，宣传拥政爱民什么的。”

阿麦一听，便道：“小小螺丝钉，没啥。”到了孔庙巷口，他径直朝蔡大娘家中去。玉枝慌了，“阿麦，林记者在家等你！”

麦贤得应道：“蜘蛛，蔡大娘要。”说完便走进蔡大娘家。她为了弄个究竟，便尾随了去。一进门，她才发现，八十多岁的蔡大娘生了一个毒疮，斜卧在厅的沙发上。原来蔡大娘生了毒疮已一个多月了，用了不知多少中西药也不见好转。后来有人介绍民间良方说用活蜘蛛能治此病。但在这高楼林立的大都市还真不好找。儿孙们找遍汕头市区都没抓到一根蜘蛛腿儿。麦贤得从广州回来后，听知此事，几天来，天天往郊外厕所抓蜘蛛，每次都抓了四五只。这两天，越抓越大了，抓得上瘾了，蔡大娘贴后，毒疮已流出脓水，即将愈合了。蔡大娘儿媳见李玉枝来了，千谢万谢，说伤好了要办四色喜糖上门答谢呢。麦贤得一听："谢什么？小意思！"说完夫妻俩回家了。

林记者见麦贤得夫妇终于回来了，高兴道："麦英雄，你跑往哪去了？你们快吃饭，快吃饭，吃后再慢慢谈。"

夫妇俩盛情邀林记者一道用餐。林记者道，已吃了。夫妇俩便粗粗吃了饭，麦贤得便前来陪林记者喝茶，接受采访。林记者问了半天，他只是反复说小小螺丝钉没什么没什么。林记者头痛了：唷，通讯稿如何下笔？李玉枝体谅林记者的苦衷，洗碗后，便也走过来，向林记者介绍了阿麦的一些镜头，林记者千谢万谢。李玉枝边说边抽开药柜，把阿麦日间所服的六种西药片倒在瓶子盖上，递给阿麦。

"阿麦，吃药了。"玉枝催促道。

阿麦接住药片伸长脖子，把药片倒进大口中，又喝一口开水，一仰头，咕噜一声药片便吞下去。

玉枝又倒了 8 粒脑力宝丸呈上来。

林记者觉得蛮有兴趣："麦英雄，你吃什么药？"

李玉枝代应道："就是苯巴比妥和苯妥英钠，加上一些辅助药，共七种，不久前上广州，医生交代减少一种西药，改吃一种叫脑复康的中药。但在广州没买到，汕头医生建议改为吃这脑力宝。却也怪，服上不到五瓶，效果甚好。"说着，她便把阿麦好转的情况介绍了一下。林记者觉得甚异，便欣然道："玉枝同志，这脑力宝有这么好的功效，那太好了。你们以后就别买。这种药是我们汕头制药厂制的。我明天往制药厂去，找厂长，请他们赠一些给麦英雄就行了。"

李玉枝一听，十分高兴，但又道："工厂能提供药物。刚出厂的，鲜，给批发价就行了，免费的不好，阿麦是不同意的。"

林记者道："我跟厂长谈谈，请他们支持就是了。"

3

隔天一早，林记者便来到制药厂，叩响了厂长办公室的玻璃门。厂长刘绍忠和副厂长林蔼修正好在里面。

林记者递上名片，两位厂长一见：啊，汕头的名记者！于是便热情地端茶递烟。但心内也有些发憷，年关近了，林记者会不会要来拉赞助什么的。

林记者喝了一杯茶，笑笑道："刘厂长、林厂长，近来我在外面跑，人家对你们的脑力宝印象不错，今天便来采访采访。你们那脑力宝是用啥东西配制而成的呀？"

两位厂长一听是来采访他们厂的名牌产品的，要写报道，是免费的广告，心头的沙包才落地。刘厂长连声道："嘿嘿，说起这脑力宝，真是熬白了我们的头了，具体，林副厂长你介绍介绍吧。"

林副厂长一脸书生气，但那双眼睛特别有神。他呷了一口茶，便风趣问："林记者，你是秀才，是读书人，你听说过古代一种叫'读书丸'的吗？"林记者腼腆道："没有没有，隔行如隔山，我对医学一窍不通。"林副厂长又道："也是。说起这脑力宝，可说在国内国际都可数为拳头产品的。主要医治的是'神经衰弱'的常见慢性病，患者临床表现以'头晕''失眠''多梦''心悸'和易疲劳等症状为主，又因本病久经不愈，身体素质日渐虚弱、贫血及其他虚象相继出现，使病情加重，精神也受严重威胁，患者心情极为痛苦。为探索治疗本病的有效药物，我们从五年前就广为收集祖国有关医药典籍，走访民间神医药方，在探索过程中，我们认为原来对本病的治疗药物，多单纯着眼于镇静或兴奋，仅能取效于一时，未能根治，而我们便立足'治本'为原则。在众多的古代医药典籍和民间验方中我们发现了有一种叫'读书丸'，就是说，吃后人会变聪明能读书的，'定志小丸'和'养命开心益智方''北平太守八味散'等有关方剂，以'读书丸'为主加味配制，脑力宝的主要成分有石菖蒲、远志、五味子、川芎、菟丝子、茯苓、地骨皮等。功效有开窍、豁痰、安神益智、滋阴清热、入血行气、去烦健脑、标本兼治的作用。前年 12 月（作者注：1986 年）研制成功，经广东省卫生厅、广东省医药联合总公司鉴定，去年便开始大量生产，现在产品销路十分看好。"

"哈哈，料不到林副厂长你也是一位做广告的人才。"林记者风趣地道，"其实，这样好的产品，应该不惜代价地大做广告，你们可能从报纸上见到了，那广州白云山制药厂每年的广告费就占总利润的 30%，这两年大发起来了。"

刘厂长也点点头道："这一点敝厂也深知，只是目前资金周转还较紧些，往后些我们一定要大张旗鼓做广告的。"他警惕地把门封住，怕林记者真的要他们出钱了。

"其实，广告这东西，有多种多样，比如嘛……"林记者故意呷了一杯茶，顿一顿，"比如名人效应吧。"

"名人效应？"两位厂长不解地对视了一眼。

“哎呀，两位厂长大人，我就直话直说吧。”林记者于是便把麦贤得如何吃了他们的脑力宝出现特殊功效的情况以及他请他们支持麦英雄的要求讲了。

两位厂长一听，又对视了一眼，刘厂长纵声大笑道：“哈哈，你这大记者，是谈这件事哟！免商量，我与林副厂长拍板定了，麦英雄为保卫祖国受伤致残，我们厂的产品能为医治他的疾病做贡献，要多少，我们无偿给多少。林副厂长，你看行不行？”

“行行行！”林副厂长那眼睛发出惊喜之光，“这是好事，于情于理，我们都义不容辞！”

当天中午，刘厂长和林副厂长便带了两位业务主管，捎上一箱脑力宝，登门送往麦家。

麦贤得、李玉枝夫妇一见这一群陌生的客人，又见到那印上脑力宝的箱子，便知来意了。他俩盛情地请客人入座喝茶。

刘厂长道：“麦英雄，感谢你服用我厂的脑力宝。听林记者说了，我们专程前往咨询，顺便也带来一点药物，请你笑纳。”

“谢谢，谢谢！”麦贤得边冲茶边高兴地致谢。李玉枝也感动得心头热乎乎的，“厂长，真感谢你们，你们确实是学雷锋做好事呢！”

刘厂长谦逊道：“比起麦英雄来，我们差距太远了。”他转头向身边的林副厂长，“哦，林厂长，我倒忘了，你不也是饶平汫洲人吗？你可认得这麦英雄么？”

一直没开口，堆着笑脸的林副厂长，这时瞟了麦贤得一眼，问：“麦英雄，你可认得我来？”

汕头万年青制药厂厂长林蔼修送脑力宝到麦贤得家

麦贤得瞧了瞧，半晌："熟熟的，有些熟的。"

"哈哈，八年前，我们在葫芦市军营对面的潮安氮肥厂麦希叔那里同吃一顿饭，还谈了一晚呢！我是你的同校初中同学，我读初二，你读初一，那年你在广州总医院住院时，我还同广州海军的麦龙去看望你呢。"

"哦，你是林……林蔼修！"麦贤得终于想起来了，"嘻嘻，我们在读书时还打篮球……"

林副厂长大腿一拍："对了对了！"

李玉枝一听，拍掌赞道："哎呀，真不错，刘厂长、林厂长，一个月前，他的记忆力已衰退得连'你我他'也忘了怎么说的，只服了十多瓶脑力宝，竟记忆起三十多年前的事。"

刘厂长见他的脑力宝能在这个战斗英雄身体上发生特殊的功效，实在不简单。当即他对随行的助手叮嘱道："老杨、老陈，就这样定下来，麦英雄的脑力宝由我厂长年无偿供应，以后由你俩负责把药品送上门，每月送一次，保证药不中断！"

回头，他又对林副厂长道："老林，你瞧，我的头发花白，将来卸任后，你们新班子别的事可以改变，为麦英雄送药一事，千万不能变，就算我这老厂长临走的唯一之托吧！"

林副厂长连连道："一定一定！"

麦贤得和李玉枝感动得泪花泱泱："谢谢老厂长！谢谢老厂长！"

林副厂长不辱使命。后来，刘厂长退休了，他接任厂长，继而升格为万年青制药集团公司总经理。他坚持尊重刘厂长的允诺，一连十年为麦贤得送去脑力宝。一次，林总经理参加市委扩大会议，结束后已是下午五时多了，他仍赶回厂里，捎上一批脑力宝，专程到麦贤得家，一来送药，一来表示八·六的慰问。悠悠十载，风雨无阻，1000 余瓶"脑力宝"，十万余粒药丸无偿地融进麦贤得病残的躯体，对控制英雄的病情，起到良好的疗效。脑力宝同麦贤得结缘后，也声名雀起，销路畅通。先后多次获省、部、国家优质产品奖。目前万年青制药集团公司已成为全国医药 100 强企业。此乃后话。

四十六、小翠园春早

1

麦家门口用篱笆拢起来的小园子，名叫小翠园。这名字并非是他夫妻的任何一位安的，也并非两个小孩子安的，而是一位海军姓张的名记者安的。因为这园子，你叫它花园嘛，里面虽是有花有草，春风吹来，百花盛开，倒像争奇斗艳的花园子。但里面却有几畦地种满了白菜、油菜、包菜、大蒜，这就不能算花园了，应叫菜园才对；但细瞧整个园子，里面分明花木多于青菜，叫花园似乎更准确些，少数服从多数嘛，但又不行。里面不但有花有木有青菜，老麦他还筑了一个偌大的金鲤池养了金鲤，屋檐下的半墙上还吊了一个竹笼子，里面养了两只小白鸽，然而这花园养鲤养鸟安为花园也不足为怪，但有煞风景的是里面养了一群公鸡母鸡，还有兔子小狗花猫……嘿，这园子要叫它为小动物园也行呢！张记者想了半晌，认为叫啥都不准确，叫啥都不全面，叫啥都会犯以偏概全的逻辑性毛病。于是他摸摸后脑勺，惊喜道：“小翠园！”麦家夫妇一听，那两个读小学的孩子一听，思忖半晌，异口同声称赞张记者毕竟是张记者，学识渊博主意新奇全面。是的，这个叫“小翠园”行，红花需绿叶扶持，那“绿”字与“翠”字差不了多少，而那青菜不用说的，翠翠绿绿的当然离不开“翠”呀，而小翠园里养鱼养鸟养鸡养狗……养啥都行，没有哪一级规定“小翠园”里不能养动物的。刚好，这个“小翠园”确定为麦家园名不久，年关来了，麦贤得家乡的少年先锋队辅导员——全中国最老的辅导员，1951年就坚持当辅导员的麦思齐老师带了麦贤得母校的湴北小学一群少先队员蹦蹦跳跳来慰问家乡英雄了，老家的麦书记也带着干部来了，满院子挤满了人。李玉枝高兴之余，并把这“小翠园”的名字请教于麦老师。这麦老师古诗词也颇有功底，他一听，连声赞道：“妙妙。”沉吟良久，诗兴骤来，便借用麦贤得的文房四宝，写下一首《翠园小赋》赠给麦贤得，诗曰：

翠园今日春风来，
玉树繁花带露开。
芽草娇娇意犹切，

鹦雏喋喋乐抒怀。
十年冬冻珠失色，
一旦春回栋亦材。
喜见贤枝相衬慰，
醇醇甘浆育英才。

大家连声称赞道："好诗好诗！"

真是春暖花开了！

这天中午，李玉枝接到一封从北京人民海军领导机关发来的信，她拆开一看，高兴得跳了起来，连声道："阿麦阿麦，你过来看看，海军首长写信来了。"

麦贤得正在小翠园为花木除虫，一听，连忙放下剪刀，蹦蹦地跑进屋里，夫妻俩头挨着头，认真地看起来。原来，这是人民海军司令刘华清、政委李耀文的来信——

麦贤得、李玉枝同志：

来信收悉，你们全家近况很好，深感欣慰。来信谈到部队领导和人民群众对你们很关心，这说明在我们国家里，一个人，只要他为国家和为人民作出了贡献，党和人民永远不舍忘记他。麦贤得同志当年为人民立功，这既是你们全家的光荣，也是人民军队的光荣。麦贤得同志在海战中的英雄行为，体现了我军一不怕苦、二不怕死的革命精神。二十多年来，麦贤得同志有功不居功，始终保持着爱党爱国、勤俭节约、尊重老人、讲究军客等可贵的品德，做了大量的力所能及的工作。这种精神永远值得海军指战员学习继承，发扬光大。

玉枝同志十五年如一日，不辞辛苦，悉心照料麦贤得，做出了很大牺牲，表现了中华妇女的传统美德和当代军人妻子高尚的精神风貌，令人敬佩。对玉枝同志的辛劳，谨致谢意。

以后的生活道路还很长，希望你们互相帮助，共同努力，抚养教育好孩子，继续保持和发扬光荣传统，为党和人民作出新的贡献。

祝身体健康，生活愉快。

刘华清　李耀文
1987 年 6 月 1 日

夫妻俩双手托着信，他的手颤抖着，她的手也颤抖着。这可不是一张普普通通的信件，这可是一张平反昭雪书啊！在那动乱的岁月，麦贤得这个一等伤残军人，一个发病起来神志就混乱的战斗英雄，一个日常生活中要有专人护理的人，竟也逃脱不了“极左思潮”的厄运，无缘无故被扯上“林彪树的假英雄”的莫须有罪名，而这仅仅凭着毛主席接见时有林彪在场这一依据，就更是风马牛不相及了。麦贤得是打出来的真英雄，是曾受到毛主席、周总理、贺龙、叶剑英、徐向前、董必武、陶铸等党和国家领导人接见、看望、赞誉的“钢铁战士”。在那动乱的年代，这位英雄名字和事迹，电台没听到声音，报纸没见到影子，他成为一个“助理员”管农场、养猪，几度几乎濒于绝境。在这漫长的十五年中，虽然部队、地方广大的指战员和人民群众，对这真正的英雄、炮火打出来的英雄，尽管在“人妖颠倒”的时候，仍默默地爱护着他，但他时刻牢记毛主席的教导“养好身体，为人民立新功”，保持英雄的本色，做自己力所能及的事。而李玉枝为战斗英雄做出了终身的奉献，与他结婚的时候，也是他最艰难的时候，那“假英雄”的阴影，也时时刻刻袭扰着他们夫妻那洁净的心灵，特别是在那60年代初的壮烈场面和眼下这时冷时热的情景，反差太大了。是真英雄还是“假英雄”，夫妻俩多么希望部队首长、中央首长给一个说法啊！一个月前，夫妻俩商量后，便向海军司令刘华清和政委李耀文去了信，他们在信中向首长汇报了这十五年来的风风雨雨，把部队指战员和地方党政关心他们的情况，麦贤得的工作、学习、生活情况和家庭孩子们的情况都向首长汇报了。料不到，这么快，首长在百忙中能这么快地复信了！

麦贤得、李玉枝望着这从遥远的北京海军大院里飞来的信，这满纸关怀、满纸赞赏、满纸期望的温热的信，夫妻的眼泪再也忍不住了，潸潸地流淌下来。

李玉枝望着门口小翠园那株苍绿的芭乐树，新春刚发的新枝已长半尺高了，她不禁长长舒了一口气：真的，春天真的到来了！

春天真的到来了！这年——1987年7月底，中国人民解放军英雄模范代表大会在北京召开了，麦贤得作为代表，由李玉枝作陪双双飞上北京城了，新老英雄欢聚一堂，几年的思念在一个早上实现了！这不但是麦贤得的春天，是全国新老英雄模范的春天，是中国人民解放军的春天，也是全国人民的春天啊！7月31日，党和国家领导人接见新老英雄了，麦贤得夫妇多么高兴啊！瞧，邓小平主席来了！还有叶剑英元帅来了！麦贤得太高兴了，当年邓小平总书记同毛主席以及刘少奇主席和周总理接见八·六海战功臣时，他还在医院昏迷不醒，失去了机会，这时，终于受到邓小平主席的接见了。真是太高兴了！叶剑英元帅，还像当年往医院看望他的时候一样神采奕奕，只是老了，他也太辛劳了！麦贤得又一次热血沸腾，像当年受到毛主席、周总理接见时一样热血沸腾，他的热泪再一次盈溢出来，他紧紧地握住邓小平主席那双温厚的手，他的心醉了。

2

明天，麦贤得就要离开他心爱的小翠园上广州去疗养了。一去就要三个月，他最担心的是小翠园里的生灵们。吃饱晚饭后，他把全家召到园子里，一一作了移交手续：那花木就由李玉枝接管，浇水、剪蓬、除虫，这个李玉枝较内行，信得过；小金鲤共九十八条：有三十六条红的、二十六条黑中夹红的、三十六条斑色的和那鸽子一道便移交给阿斌。因为这个业务简单些，只要按时喂食，按时换水，绝对没问题的；而那几座假山好不容易长了稀稀几道小草，他最怕小鸡们跳上去乱啄乱踩，这个业务便交给阿珊，平素有小鸡跳上去，马上捅赶，同时协助她妈浇花。移交完毕之后，悬在麦贤得心头上的是让他十分忧伤的小白鸽。因为两天前不知中了哪道邪，那小母鸽与小公鸽飞出门去，晚上却只飞回一只小母鸽，小公鸽却再也没归家了，一去三天，杳无音信。而这小母鸽天天哭哭啼啼，不吃不玩，哀鸣之声让他忧怜万分。有时他站在鸽笼前，怔怔地半晌不动弹。明天就要出远门了，一去就要三个月，他恹恹地对妻子道："玉枝，有空四处找找，找那家伙，是不是喜新厌旧了？"李玉枝无话，她知道丈夫分明是一个有情郎，爱心布天下，情也注在鸽子身上了，难得难得！便安慰他道："阿麦，你就安心去吧，看来那公鸽是远游迷路了，过几天会回来的。"麦贤得听得也以为是，便又是对妻子道："我走了，对孩子，要严，别稀稀拉拉的！"妻子理解他，他身体好了，心情好了，对孩子也越来越爱护了——管教也注意方法了，她甚慰，管教严是对的，她道："你就放心去吧，孩子会听话的。"

上穗半月有余，麦贤得寄来一封家书——

亲爱的玉枝：

你好！全家都好！

我到疗养院后，生活有规律，医生护士都很负责任，很关心我，小李也照顾周到，三餐吃的也基本可以，睡眠充足（裕），昨天去过秤，就重了二斤呢。请你和孩子别挂心为要。

但是，我虽身在广州心却在家，我最担忧的是两件事：一是那只小白鸽孤单单一人（只）在那里，也没有伴儿，不知它夜夜是否在哭泣呢？我怕挨不到我回家它已归仙去了。真可怜呢！二是阿斌和阿珊会不会淘气。会不会认真读书做作业，帮你理家务，分忧？孩子一定严格管教，别稀稀拉拉的，否则以后是不会成材的。要严格为要。

真想你及孩子。

此致

革命敬礼

麦

1987年9月1日

李玉枝接到丈夫的来信，十二分高兴，便拿给阿斌阿珊兄妹看了。他俩见父亲来信了，也很高兴。见阿爸担忧的还是白鸽和他俩，当然关心妈妈也包含在里面。阿斌便道：“妈妈，那白鸽也真的是可怜，已半个月了，那公鸽还没飞回来，再这么下去是不行的，待那母鸽真的出事了，爸回来我可就交不了差的。我们不如往市场找一找，买一只回来陪这母鸽吧。”

玉枝觉得有理，于是，母子俩就往市场找了半天，终于买到一只十分雄壮的公鸽，乳白色的，羽毛十分漂亮。阿斌便放进鸽笼去，那母鸽开初一见，还怯生生的，没半天，便“啁啁”地相互问候了。隔日早起，阿斌见这对白鸽吃饭时已彬彬有礼，互相谦让了，看来，也真是天生的一对啊！

这天，刚好是星期天，玉枝便对阿斌、阿珊道：“你们作业完成后，是不是每人都向爸爸写一封信，我也写，一同寄给你爸爸，把半个多月你俩的学习和生活情况向爸爸汇报。”

兄妹俩一听，便欣然接受了任务。阿斌是小学六年级的学生了，写一封信倒是难不倒他，而阿珊才读小学二年级，觉得要表达这些内容，倒是有些吃力。阿斌遭：“妹妹，别怕，你认真写，想什么就写什么，我帮你修改，妈妈最后把关。”阿珊被哥哥一鼓励，激情也来了，兄妹俩干脆把作业搁下来，提笔写信了。两人各伏在自己的小书桌上，屏住呼吸沙沙沙地写着。不一会儿，阿珊写好，递给哥哥。他略修一修，润色润色，又交给阿珊自己校正。不一会儿兄妹俩便交稿了。李玉枝接过去眯着笑眼认真地瞧着，觉得满有意思，便连连称赞道：“行，行，写得好！”于是，便连同她的信，都装进一个信封，封后便叫阿斌邮了出去。

这天清晨，麦贤得同护理员小李，一早就在操场打羽毛球，太阳出来了，光线渐渐强烈了，方才收场。走到门房，只见值班的战士道：“麦同志，有信。”麦贤得接过信，一见是家信，便装进口袋里，吃了早餐，便怡然地坐在沙发上，慢悠悠地拆开封口，展开一看，却是妻子和一对儿女的信。他觉得十分意外，这小女儿阿珊也会写信了，一股父女思念之情便袭上心头。他决定从小的看到大的，先瞧阿珊如何写来——

敬爱的爸爸：

您好！我首先祝您身体健康，生活愉快。您安心疗养，我在家里很乖，听您的指示，听妈妈的教导，同哥哥一道都认真学习帮妈妈做家务。您交给的管好假山的花草的任务我可不敢放松呢。当有小鸡子跳上去时，我就用竹竿子赶，半个多月了，小草小花长高了很多，您回来看后一定会很高兴的。

您要安心疗养，我同哥哥就放心了。等你回来身体吃得状状（壮壮）的，我们就很高兴，我和哥哥就向您汇报学习成绩。

真想念您。

祝您

身体健康！

您的女儿：麦海珊
1987 年 9 月 15 日

麦贤得看后，便嘻嘻地笑了。自言自语道："真不错，可得 90 分！"接着，他又瞧着阿斌的信——

亲爱的爸爸：

您好。我首先祝您身体健康，生活愉快。您走后，我和妹妹每天轮流洗碗，比如今天排（轮）到我，妹妹就扫地，明天排（轮）到妹妹，我就扫地。还有，每天我俩洗澡后，自己的衣服自己洗，这样，妈妈的家务就减少了许多。二十多天来，我们都坚持这样做的。还有，自从您走后，我同妹妹照常坚持一早就起床读书呢。

另外，我向您报告一个好消息：那只飞去的鸽子虽然再也不会飞回家了，但是，三天前我同妈妈从市场买了一只新鸽子，这只长得比原来那只还漂亮，羽毛白得多，也更精灵呢。三天来，已同挐里那只鸽子很团结，昨天一早就双双飞出去玩了，昨晚又双双飞回来。有客人来，见到好玩。要抓它，它就不高兴地叫，您回来看后一定很开心的，那只母鸽再也不孤单了。爸爸，我们的生活过得十分快乐，请您放心疗养吧，等您吃得胖胖回家时，我们就更高兴了。再谈吧！

祝

爸爸快乐！

您的儿子：麦海斌
1987 年 9 月 15 日

麦贤得瞧毕，甚喜：那鸽子终于有伴儿了。孩子们也真乖的，能自己的事自己做，为她母亲分担家务了，真不错。他又瞧着李玉枝的来信——

阿麦：

您好！来信已经收到好几天啦。最近各县工资改革后，一些基本工作需要做，客观上是忙些了。您一定在挂念吧。两个孩子都高兴地向您写信了，兄妹俩昨天（星期天）就写好了，我们一起寄去，请您原谅吧！

麦，您以后写信给我就不要称呼“亲爱的”，怪不好意思的，老夫老妻了，我看别来这一套。我们以前也没这样称呼过，觉得挺别扭的。我看只要心底里诚实就行了。您说行吗？

您去疗养院后，我们这里一切可以，孩子们慢慢引导，讲清道理，现在乖点了（看孩子的信就知道了）。您就安心疗养吧。关于伙食的问题，你们就看着办，如果想吃好点的，你就告诉小李，到外面买些来煮，有时叫小李买几个蛋，煮熟加白糖吃，你经常服西药，要注意调理，补充营养。您把我的意思转告给小李，钱不能乱花，要用在调理身体方面。钱不够用，叫小李先出，回来再还他。千万要保重身体，孩子们也是这么希望的。你看了我们孩子的信，我相信您心里一定也乐滋滋的。我们孩子多么可爱、纯真啊！您这个当爸爸的一定感到很欣慰的。我在家里见到两个孩子写信给您，我也感到有意思，您说是吗？

麦，前几天，小张打电话给我，说您可能要出席舰队的“党代会”，有可能从疗养院直接去的。如果是没时间去复查身体。就待会后到广州再去复查。我要特别提醒您，从疗养、检查身体，到舰队开会这个过程，请您要跟同志搞好团结，首先是尊重同志。做到互相关心、互相爱护、不要斤斤计较。这一点，您在身体正常情况下，是会做得很好的。我担心的是天气变化了，您身体不适时脾气一暴躁了，就会恣意发脾气，一伤身体，二影响不好。我们时时刻刻都要以一个党员干部、荣誉军人的身份事事处处先从自己做好，要虚心。有什么事要多跟小李商量，可以做的事就叫小李帮您做，要互相尊重。我没在您身边，以上的事情就靠您自制，做好，我和孩子才放心。我们相信您能做好的。

麦，阿贤弟您看过吗？看到了小宝贝没有，一定很可爱吧。您这个当二伯的去关心他，他们一家一定很高兴的，您有代我向他们问好吗？

可能接到这封信的时候，一年一度的团圆节“中秋节”已过去了。节日的夜晚，相信我同孩子们都会在月底下赏月，在月下遥祝您身体早日恢复健康的！请别远念。

祝

身体好，一切如意！

枝字
15/9

这封信，满纸温情，令麦贤得心潮澎湃，久久不能平静。他心底里连连呼唤道：玉枝，我的妻子，您太好了，您真是我的好妻子啊！

第十二章

春暖花又开

四十七、芭乐树的变迁

1

麦贤得从广州疗养院回来了。他打开柴扉，一眼瞧见小翠园花木丰茂，满园芬芳，那群小鸡雏都长上美丽的绒毛了，小公鸡的头冠红艳艳，咯咯咯地学着啼叫，小母鸡也喔喔喔地叫，嗓音变调了，半墙上那鸽子笼里两只小白鸽在啁啁地啄食，玻璃缸里的小金鲤像闲人一样在水里成群结队的悠游，细细一数，刚好是九十八条，没多没少。嘿嘿，看来阿斌这小子还甚称职的！又见那芭乐树下的小假山，几道天冬草和爬山虎草都苍苍绿绿的，比他离家前茂盛得多。嘿嘿，这个阿珊也是满称职的。哼，孩子嘛，就要严规，重锤敲响鼓嘛。严，对孩子成长有好处！

麦贤得在小翠园里与和平鸽一道沐浴着灿烂的阳光

他一抬头见那小假山上面的芭乐树，觉得更是新奇，仅三个月没见，已长高半尺了，也发了几道新枝，枝头上原来那几颗晶莹嫩绿的小果子有酒盅大了。嘿，这芭乐树，确是费尽他的一番苦功呐！这是大哥从乡下送来的。大哥六年前就从部队转业到饶平当区长了，据说这芭乐树是泰国的名产，叫“泰国木仔”，大哥抓植树造林时，从远方购来了这异国名产，专门送来了三株。他高兴了好几天哩，便选择了假山后这块地种了下去，但这芭乐树娇，或者不服本国水土，种后一直黄黄的，后来两株枯了，就剩下这一株，终于长得成模成样了，而且今年还会结果。真不枉他一番苦功。

走进屋里，更令他惊喜十分的是厅堂上放着一台电视机！他跑上前去，小心翼翼地摸了摸，这是哪来的？玉枝为啥没写信告诉我呢？他要扭开，又怕扭错电键，扭坏了那可就糟了！

本来，在汕头这个经济特区，到了80年代末，几乎家家户户都有电视机了。作为名声在外的麦贤得，本来夫妇俩的工资加起来每月也有五百多块钱的，正常情况省俭一下是可以购得电视机的。但是，这些钱，在麦家来说，却是不够花的。麦贤得一年三百六十五天，天天要吃药。玉枝每俭下一些钱就花在奶粉、冬虫夏草上。平时一些药物治疗费、滋补品，组织上已明确答复可报销了，但她却极少拿发票找组织。在汕头市区甚至农村已有许多人家用上煤气灶了，而她家里一直没有。作为一等伤残军人，这种情况找组织按说是能够解决的，而她就是不开口，后来还是靠节衣缩食，挤出九百元自己解决。那台高宝洗衣机，也是麦家兄弟姐妹见她还用双手洗衣服而凑款买的。还有两个孩子在校读书的费用呢，别说电视机不能买，连家里的收录机也是阿斌自己购买零件安装的呢。

这电视机是谁买来的呢？麦贤得丈二和尚摸不着头脑。当他正在发愣的时候，李玉枝下班回来了。她见丈夫回来了，胖了很多，她疲倦的脸庞便浮上笑容。麦贤得高声嚷道：“玉枝，电视机？”

她一听，故意道：“中奖的！”

“啊！你中奖？”他十分惊奇，大口张开半天合不上。

“嘻嘻，”玉枝笑了，“我没那好运气呢！是市妇联姐妹们凑款买来给我们的！”

麦贤得一听，十分感动，他以后再也不用到邻居家看电视了。他十分喜欢看战斗片，这回可在家里看了。他口中唠叨道：“谢谢，再谢谢！”

玉枝道：“是的，阿麦，姐妹们对我们这么好，我们真该谢她们呢。我打算待你回家，我们一起上门答谢呢。”

“应该，应该！”

夫妻俩商量了一番，当天下午，麦贤得便往玻璃店定制了一面大镜。镌上感谢的字样，隔日，夫妻双双送往妇联去。镜子送过去之后，夫妇俩还是感到不足以表心意，又在市场上精心挑选了一筐橘子，然后，两人抬着，步行几里路，送到妇联办公室，让姐妹们尝鲜。姐妹们见竟有这么一对夫妻，给别人的许多许多，而别人给他们的却分毫必报。大家被他们的诚意深深地感动了。

2

孔庙海军家属的老邻居纷纷要搬家了。大家真忙，忙得快乐。

因为这一次搬出去，这些老屋子就要铲为平地，然后就要盖上新楼房。搬出去的人，不久就会搬回来。大家不乐才怪呢。

麦贤得也甚快乐，终日哼着无字小曲，他边哼边搬家。每天吃饱饭，干干净净出门去，浑身灰尘汗水回家来。人们搬家只搬了一两天，而麦贤得一搬就十几天，因为他并不是为自己搬家，而是为老邻居搬家。只要见到人家门口停放着搬家的汽车，或是听到有家具的碰击声，他便拔腿跑过去，拣那笨重的家伙就往肩上扛。这家搬完了，就搬那家。当他干得日月无光、星辰失色的时候，才发现整个大院竟剩下麦家的单门独户还亮着灯火。人家都搬去了。施工的队伍已开进来了。

这可就怪了，这麦贤得他干得忘了自己，而李玉枝却往哪去呢？原来李玉枝这会儿正在北京开大会呢。这时北京正在召开1990年迎春军民联欢大会，李玉枝被评为全国好军嫂，并被选为代表参加晚会。本来会议已结束了，但我们的国家主席杨尚昆同志要接见大家，人却还在国外访问，代表们等了好几天，他老人家才结束了国事访问回来了。阿斌他们打电话报告这孔庙仅剩下他们一户在住宿，还要兼管理的工作，请她速速回家。但李玉枝毕竟是中国公民，国家主席接见能推辞么？何况并不是所有的公民都有机会见国家主席的。于是一天一天就挨了下来，当李玉枝回到汕头的时候，整个孔庙已面目全非，后面几幢宿舍楼已夷为平地了。

本来部队首长也打算派员来帮麦家搬家，但这麦贤得平素对家中的东西并没参与管理，主妇没在家，要如何收拾，确也有实际问题。于是挨到李玉枝回家，那管工地的头头便跟着她的后脚进门了："嘿嘿，军嫂，确实太不好意思了，这拆迁的队伍这两天就要开走了，你明天就搬完，明天晚上这里要推为平地了。"李玉枝哪还有话？隔日，管工地的头头便开来了一部汽车，派了几条壮汉，呼啦呼啦没半天工夫，便把麦家该搬的都搬上汽车，叭叭两声便直载往海滨去，拐了一个弯，直驶进那伏在海滨上的古老的石炮台。那些汉子呼啦呼啦地一阵运动，那东西便被安放在刚刚搭建的帐篷里面。头头递过一把钥匙，说："给，军嫂，暂时委屈一下吧，我们会以日继夜地战斗的，力争以最快的速度把新楼建好。那时，我们再把汽车开回来，再把你们搬回老位置去。嘿嘿。"说完，汽车一溜烟便不见了。

李玉枝怔住了，麦贤得怔住了。怔了半晌，方才觉得肚子咕噜咕噜地嚣叫着——知道饿了。李玉枝派麦贤得马上回孔庙去，把那放学回家的孩子领往这石炮台来，自己马上把煤气炉安在阿珊的小写字桌上，把煤气炉扭开，火舌旺旺的，煮饭。不一会儿，阿斌阿珊也转移过来了。玉枝见手表的时针已指在 13 时，大家狼吞虎咽吃了便饭。这时，大家方才定神，浏览这暂时的新居。不觉瞠目结舌。

这石炮台，乃清末广东海军提督方耀所建，近一百年的历史了。当年人民解放军解放汕头时，因这石炮台位于海滨，虎视汕头海口红山嘴，有一夫当关，万夫莫攻的天险。于是这石炮台便移交给汕头海军驻军镇守。随着海边防的加固，海军防御阵地已南移，这里便闲置了，住后勤留守人员和放一些家什。阳光空气是不待说的，往后开辟成公园，作为爱国主义教育的阵地也是不待说的。但作为家属安居，没水没电，加上那道绕着炮楼的护楼河因多年失修，里面淤泥废品填塞河床，水草长得一人高，蚊子苍蝇成群结队嗡嗡作响。麦家四个成员好不容易吃了一顿饭，但碗筷刚放下，桌面便轰轰地给苍蝇占领了，还有一只金眼睛的苍蝇。发现阿珊嘴边一颗饭粒，竟肆无忌惮地飞来袭击，轰的一声叮住她的嘴角，阿珊吓得“哇”地大哭了。

李玉枝喝道：“哭啥，有阿爸阿妈在这里，别怕！”她边说边把那金眼睛的苍蝇赶跑，回头便审视着这新居，觉得不对，这帐篷下边的墙是用黄泥筑成的，这怎行？她又往四周观察，也是一样。阿斌道：“阿妈，不行，雨一淋，黄泥就跑，整个篷就会飞上天空的。”麦贤得也发现不对，这么住下，春水一来，黄泥坍去。帐篷就会飞上天空，全家就会在石炮台露宿淋雨了。大家越想越觉得真的有些可怕了。于是李玉枝又找了那个头头。头头旋回来，端详了半晌，便破口大骂那搭帐篷的几个工仔，然后，又叫了一辆汽车拉来了三袋水泥，叫几个工仔重新返工，在黄泥墙上着实加上一层水泥浆，大家一见，方才放心。把东西搬进去之后，麦贤得猛地想起还有许多东西没搬，他拼命地跑回孔庙老屋，一见，方才在心里庆幸道：“天啊，我的金鲤鱼，我的芭乐树，我的小翠园哟！”

李玉枝匆匆追上来，她怕阿麦跑回孔庙出事，当他跑得上气不接下气站在小翠园篱笆门口的时候，只见园子玻璃缸里金鲤鱼们，不知天变地变，还在乐滋滋地游水。那青翠的芭乐树和其他花花草草也仍安然故我。此时已是上灯时候了，搬迁队的人们已收工了，看来今晚会安然无恙的，便劝阿麦回家吃饭休息，待明天才回来收拾这些东西。今天已累了一天了，千万别累坏身子，要劳逸结合嘛。阿麦见四周没人，也将信将疑跟着妻子回石炮台去。

隔天，天刚放亮，阿麦就跑回孔庙，一见竟吓呆了：那玻璃缸里他心爱的九十八条金鲤一条也没有了，只剩下半缸混沌的水，那可爱的芭乐树也不见，只剩下一个泥土松乱的新洞穴。啊，我的金鲤往哪去了？我的芭乐树往哪去了？

“啊——啊——”他气得挥动拳头，狠狠地砸着门槛，歇斯底里地吼叫着。但这时施工的人们还没上工，昔日的老邻居都搬走了，谁也没看到他那愤懑的样子。

晌午的时候，他眼睛布满红红的血丝，没精打采地回到石炮台。那晚，他病倒了！

李玉枝知道他一定又碰上什么不快事了，便走到床前，关切地问：“阿麦，你好好的出门，又是啥事了？”

他愤怒地瞪着妻子温顺的脸孔，吼道：“金鲤鱼！芭乐树！”

哦，今天他一早往孔庙去了，糟了！

她连忙走往孔庙去，一瞧，真的，小翠园里的花木尽被人家搬走了，那玻璃缸里鱼去缸空！她走近仔细端详：缸子里在水中漂浮的尘埃还没有沉淀，有一条死了的黑眼睛的大金鲤被丢在地面上，两只苍蝇已嗡嗡地在美餐呢。而那门边的芭乐树也不见，剩下一个大窟子，黄泥飞溅满地，原来的这小翠园玉兰、含笑、米兰、桂花……争奇斗艳；紫金花、海棠花、君子兰、万年青……竞相傲立，一派生机。但只一晚，整个园子的花木便不知去向，热闹的园子一派孤零。无怪乎阿麦一见就病倒了。

自从到汕头安家后，她把营造一个舒适的环境，培养良好的情绪作为治疗阿麦那顽固的后遗病的重要措施。她一方面在药物治疗上、饮食上想方设法使他身体内部肌能能接受而奏效，一方面便抓住阿麦喜欢摆弄花木的特点，尽量利用工余时间伴他上街购买他喜欢的花木（后来他便逐步内行了，自己能单独四处采购去）；还帮他设计了玻璃缸，他自己上市场买了金鲤鱼，他对鱼熟悉；为了增加他爱好的广泛性，还伴他往书店去，导引他翻阅画册，引起他的兴趣，买了《芥子园画集》《唐诗画谱笺》等书画籍，让他每天坚持临摹一个毛笔字，绘一幅最简单的画。而画画、写字对一个正常人来说是十分容易的事，可对麦贤得来说就勉为其难了。他是一个伤残人，反应迟钝，手脚不灵活。刚开始那几天，他觉得写毛笔字、绘画挺新鲜，兴趣也特别浓。可画笔在手，不遂人意，线条歪歪扭扭，一幅画画下来就满身大汗。他脾气暴躁，瞧着眼下这些不三不四的东西，不由得火冒三丈，把画笔墨砚摔了，画纸也撕了。而她却没丝毫责怪，而是挑选出他临摹得较好的几幅字画，伸出大拇指着实表扬一番。他一听高兴不已，兴趣又来了。原来每天只练一个小时，后来便坚持了两个小时，耐性一天比一天强了。至于画画，他还有“名师指导”呢。他邻居刚好有一个画家，他探知后便登门求艺，向他学习了绘画的基本功，因而他的美术书法水平便大有长进，山水花鸟，都市风光都走进他的笔下，许多远方的不知名的年轻人还慕名驰书来索墨宝呢。至于种树养花养鱼，他竟达到痴迷的程度，常常废寝忘食了。有一次，那调皮的小花猫把一盆在架子上的兰花弄歪了，他极其心痛，一边小心翼翼地将散落的泥土捧回花盆，一边轻轻地理好每一片被压伤的叶子。当时，她已做好早餐催他吃后才干，他头也不抬："花都没搞好，还吃什么饭！"直到料理得他自己满意了，才起身去吃饭。而对那芭乐树，他更情有独钟。对好不容易活下来的这一棵，当时叶色黄黄的，他用剪刀剪去了枝叶，希望雨水一来便发嫩芽新枝。终于天随人意，这树吐出新绿了。他又感伤又欣喜，感伤的是那两棵完了，欣喜的是还有一棵有救。不久这发新芽的便渐渐枝繁叶茂了，忽忽地长高了，一晃已成大树。这四年，芭乐树花费去他太多心血了！今天却丢失，他怎不伤心呢？

丢已丢了，这阔阔荡荡的都市，往哪找？无奈，她决定回家安慰他，劝他想开，以后分新宅了，再找新苗种吧！

但回到家里，见他茶饭不思，满脸愁绪，时不时唉声叹气着。真的，他太爱花木鱼鸟，视这些小生命为自己的第一生命，再这么挨下去，他准会大病的！

无奈，当晚，她便孤身只影往孔庙四周"明察暗访"。但访了两个多时辰，还弄不清那鲤鱼为谁所获？走着走着，在她故居邻巷的一座院子里，她发现那庭前的小花园有一株芭乐树，几片老叶有些枯蔫。她借着高楼上洒下来的灯光，走近细瞧：啊，那枝干，那树杈叶，正是她家的芭乐树！她欣喜若狂，阿麦有救了！但树已种在人家园子里，无凭无证，人家怎会承认是从她家园子挖来的？怎愿意把种下的树重新挖出来送还没足够证据的主人呢？这是多么尴尬的事呐！

她毕竟是长期在基层做过群众工作的妇女干部，她深入到居户中了解，终于弄清了这户人家的主人也是一个喜欢种花种木的君子。娇娇花木，君子好逑嘛。既然为君子，便是知书识礼的人，只要上门讲明道理，陈述利害关系，他老人家一定会宽宏大量，物归原主的。于是她往巷口铺子买了四色糖果，一包"红双喜"香烟，心里惴惴不安地登上君子之家。这君子先生是一个退休教师，一脸忠厚斯文相。她委婉地道明了来意："阿伯你喜欢种花植木远近闻名，真是高雅清名，传芳百里啊！"君子伯把她当作哪方雅士慕名要来购买名花异草的，便欣然冲泡工夫茶以礼相待。她又惴惴道，"阿伯，你那芭乐树……""哦……哦"君子伯脸呈羞惭之色，"这…芭乐树！"君子伯可一辈子没做非为之事，料不到路过麦家（其实他也不知是麦家）见到这可爱的芭乐树，怕被旧楼压坏了，便在危难中抢救了红颜，怎知还不上两天，那树根须还没舒展，树主便接踵而至。"啃啃，嫂子，这树？"她便道明了来意，讲述了阿麦对这树眷恋之情。君子伯一听，连连道："啊，原来是麦英雄之所爱，我便冒失了。老朽当时只可怜小树要为旧楼所伤，既是麦英雄之所爱，大嫂子又大驾光临，老朽怎能贪别人之所爱为己有呢？孔夫子道，君子不谋人所爱。己所不欲勿施于人……"

那君子伯边说边拉了一把铲子，"哎哟哎哟"地便把芭乐树挖出来，叫来一辆三轮车，连根带泥物归原主。她千谢万谢，便随着三轮车，辚辚地把树载往石炮台……

3

麦贤得见到芭乐树旅行一番归来了，病登时好了一半，但仍念念不忘他的那九十八条金鲤鱼，深夜梦中仍恋叫着："金鲤，我的金鲤！"

无奈，李玉枝又只得走回孔庙周围探访，最终访得，那些金鲤是那天晚饭后，三个十多岁的儿童玩耍到小翠园，见这无主人的金鲤便如获至宝，联合捕捞了一番，最后不管三七二十一分个平均，乐滋滋跑了。这真相是一个老人晚间散步发现的，但却不能说出是哪家的孩子。于是这"无主公案"确难侦破，她只得恹恹回家禀报他。他委实痛心了几天，还微微抽搐了几下，最后，还是想得开，也就渐渐忘了。他把那芭乐树着实加工了一番，施些肥尿，经历十多天后这波折的小树便又吐出新绿。

匆匆在石炮台住了一年多了。这天刚好是建党七十周年纪念日，北京举行了全国建党纪念会，麦贤得作为海军五个代表之一应邀出席了会议，李玉枝陪伴他一道上京去。麦贤得被安排在大会主席台第五排正中位置上，同邓小平、江泽民、杨尚昆、李鹏、李瑞环等一道参加了庆祝活动。

麦贤得从一个普通的战士，成为战斗英雄先后受到了毛泽东、周恩来等第一代领导人的接见，两年前又受到邓小平、叶剑英等第二代领导人的接见。此时，又荣幸地同邓小平同志和第三代领导人一起坐在主席台上，此时他那激动的心情，真是无法形容啊！

他高兴了整整一天，她也高兴了整整一天。那晚，夫妻俩正在乐滋滋看着电视里新闻的时候，远在南海之滨的汕头水警区来了电话，说汕头将出现太平洋第七号强台风，他们那石炮台的帐篷屋子十分危险，必须马上搬家。夫妻俩一阵惶然，商量一番，并决定留下麦贤得参加会议，李玉枝马上飞回汕头处理十万火急的后院问题。

这时的汕头水警区的邬政委也急坏了。他们听天气预报后。最担心的是老麦的家，夫妻俩都上京去，而那家属宿舍一建就一年多，至今仍没完工，老麦在这惹风的帐篷里一待就一年多了，今年台风季节一到，邬政委和侯主任心中就好像压着一块大石，指示营房科催促民工加班，但这偌大的楼房，不知在哪里卡了壳，进度就像蜗牛爬行一样，慢吞吞的。这天一早邬政委便来到石炮台麦家，见孩子都上学去，这帐篷正上锁，他用手摇了摇，觉得不牢固，又见帐篷四周没遮没拦，当下只有二三级的风就觉得嗖嗖地怪叫。邬政委心悬起来了，回到办公室，马上给营房科打电话，指示他们暂时在广州街即日完工的宿舍房挪出一套，“必须在三天之内将房子装修完毕，保证老麦回到汕头就能搬家”。营房科此下怎敢怠慢？隔日，天气预报播送出七号强台风将要正面袭击汕头的消息后，邬政委马上挂电北京，同老麦夫妇商量搬家之事。

7月3日，李玉枝便回到汕头，一串锃亮的钥匙便递上她手中。不容分说，那辆军用车就开进石炮台了，几个大汉又一阵运动，又把这“麦家”转移往广州街去。19日下午3时，七号台风摧枯拉朽般袭来。一位部队助理员回忆说：“太可怕了，比电影里的惊险镜头还厉害，短短两三分钟，老麦那临时房的牛毛毡墙就不知去向了。不知道人住在里面会是什么样子呢？”

台风到来时，出差在千里之外的水警区政治部侯主任也打来电话，询问麦贤得家受灾情况，台风过后，急忙返回汕头，未进家门就直接来到麦贤得的新居探望，见麦全家安然无恙才放心地回自己的家。

而台风到来时，那天，麦贤得却失踪了，整整一天，都没见到他的影子。李玉枝和孩子们急得像热锅上的蚂蚁，四处打电话询问亲友，都说没见到，李玉枝急得要哭了。晚饭时全家围着桌子，满桌的饭菜凉了，大家一口也咽不下。阿斌无精打采地打开电视，里面在播送抗灾新闻节目，忽地见到他的爸爸穿着背心，在海滨长堤上抗灾抢险，电视里飞出播音员那饱含感情的声音：“台风就是命令，你瞧，我们的八·六海战活英雄麦贤得又冲在台风的最前沿……”

阿珊一见，惊喜地高叫道：“爸爸，爸爸在海滨长堤……”

李玉枝一见，长长地舒了一口气，喃喃道：“哎，阿麦就是阿麦……”

原来，台风刚小些，阿麦就跑往石炮台去，去看他那棵芭乐树会不会被九级台风刮跑。当他跑到石炮台时，见原来他的篷已无影无踪了，他不禁吐了吐舌头。他又见那芭乐树在风中摇曳，枝叶被打落了许多，而小树还像坚强傲立的小伙子一样。他宽怀地道：“好样的，我的朋友。”于是，他便放心地走上海滨路，冲进抗灾前沿去。

四十八、麦副司令管“全面”

1

随着社会对英雄和模范的看重，海军机关对麦贤得更是十分关怀，逐级地提了职务，给予他政治上、经济上、生活上的关怀照顾。麦贤得的官阶从连级干部的“助理员”，渐渐地升上来。前不久，海军机关又破格地把他从上校的水警区司令部副参谋长一跃升上了大校衔的水警区副司令员。

他因身子不好，不能亲自上水警区带兵训练打仗，因此他的官阶前面就加上一个“副”字。因为“副”可多可少，多一个少一个关系不大。麦贤得这个“副司令”表面看来像闲职似的，他不去找事干，人家也没多少事找他干。但是，其实他这个“副司令”管的事多哩，一出门见到什么就管什么，不受条条框框的约束限制。军事要管，政治后勤的也要管，他上街上市场见什么不顺眼的事也管。从汕头管到广州，从广州管到北京，只要哪件事觉得需要他管，他都管。认识麦贤得的人太多了，只要他一发怒，那双剑眉倒竖，虎气生生，真是令人毛骨悚然。闻其名都不得不敬服：“啊，麦英雄!”

其实，别看他那样子，凡他管的都管得挺有水平呢。

并不是吹牛，只要你问一问他的同事或护理员小罗、小李或小黄，包管都能给你举出一两个生动的例子。

先听听大队祝业务长至今还发着颤音的回忆吧——

那天真扫兴，碰巧舰上有事，我匆匆地走往海边，在大队修理车间门前碰上老麦，他一把便拦住我：“喂，业务长!”我一见是老麦，便恭敬地应道：“你好，麦副司令。”“瞧，这里。”他一把将我拉住，指了指修理车间门前放着一堆废旧木头和锈蚀钢筋，横七竖八的，只见他直皱眉头，高声嚷道：“这像什么话？马上派员清理，卫生要讲究啊，同志!”我连连答应道：“是，麦副司令。”说完我旋即往艇上料理业务去。还没过一个多小时，大队通讯员飞奔而来，紧张道：“业务长，糟了，快回大队部去。”我丈二和尚摸不着头脑，悄声问怎么了，通讯员急忙说：“糟了，麦副司令发脾气了，他要把你光荣榜的照片揭下来。”真的糟了，他刚才布置我派人清理卫生，我误了！我慌忙飞奔往大队部，只见大队曹政委在一旁赔着笑脸跟他解释，他正在发脾气，他正在动手要揭光荣榜上我的照片了。我大气呼呼地跑到跟前，他破口大骂道："你光荣什么，当什么先进的，连卫生都不搞，稀稀拉拉像什么样子！我老麦说话不算数嘛？"我还想解释，曹政委用眼睛狠狠地瞪我一眼，暗示我马上承认错误。我猛醒了，连连道："是是，麦副司令，我错，错。""嘿嘿，"他乐了，他见我承认错误，气就消了，"马上动手，愣什么的家伙？"我如遇大赦，慌忙回营房里面叫了几个战士，跑往修理车间门口。只见麦副司令已经自己动手在干了……

麦贤得到战舰上为战士们讲革命传统

说到此，榆林基地一位干部也吐了吐舌头说——

真的，以后进汕头水警区，你可千万要注意军容，不然，碰上麦副司令，就够收拾你的老命呢。一次，我从榆林基地回汕头休假，穿着便衣，骑着摩托车，"呼"地一下直抵军营。忽然迎面一个人一个箭步冲上来，我马上急刹车。他二话没说就把我从摩托车逮下来，责问我："你是何方大圣？为啥不下车？"我连忙从口袋里掏出军官证递上去，他也从裤头里掏出花眼镜，瞧了瞧，便训斥道，"你是军人，为什么不穿军装，稀稀拉拉像个什么样子的？同志！"我马上立正，老老实实地认错了，表示以后改正，他才笑笑放了我一马……

麦副司令亲自当纠察，抓军容。他德高望重，官兵们敬重他，同时也怕他，当然也服他。不管谁被他抓住，谁都得服服帖帖当场改正，他就微笑着放行。

据公务员小黄讲，他对人要求严，对己要求也严。他住在市区里，军营里别的事没告诉他，他也不追究，而一件事没告诉他，他可不罢休呢。那就是部队捐款捐物的事。记得有一次部队向亚运会捐款，忘了通知在家里养病的麦贤得。他不知在哪里探知到消息，惊讶道："这么大的事，为什么不告诉我？"连忙催公务员一起到部队。他坐在公务员的单车架后面，火急火燎地从市区到机关，这时捐款款项已经寄出了，麦贤得一见好不高兴呢。政治部见他这般真情，特意为他一个人举行捐款仪式。他庄重地往捐款箱里投进了六十元，然后又按他的要求，电汇到北京。麦贤得直到看了汇款收据才放心。临走时，还一遍一遍地说："我还是海军，以后捐款不能忘了我。"

听李玉枝说，他这爱心对社会也是一样的。只要知道哪里有灾难，他都要挤点款捐出去呢。

2

在护理麦贤得的所有公务员中，恐怕只有小罗没称他为首长，而称他为"老麦"。小罗比老麦小十四岁，他俩却像兄弟般相待。小罗开初接到护理老麦的任务时，见了一面，觉得十分可怕。他是潮汕乡下人，家里老父经常生病，李玉枝对他甚好，按规定公务员护理老麦要照顾他的日常生活。而自从玉枝到汕头安家后，这一条就全部被她包揽去了，公务员只是平时随老麦出外，照顾他的行动。沿海台风多，小罗的家在海滨，气象台一报台风要来了，玉枝就同阿麦商量，让小罗回家照顾他生病的老父亲。小罗因而渐渐地对麦家夫妇十分的感激，尽心尽力照顾老麦。

但小罗喜欢哭鼻子，护理老麦才一年，就哭了两次鼻子。

第一次是随老麦往桂林疗养院疗养。老麦被安排在高干食堂吃饭。这些高干都是将军或师级干部，他们不是生病就是年老体弱，行动不方便。三餐一到，老麦就帮他们装菜装饭，但因人多，老麦一时照料不来，就派小罗一起照料。小罗就犯嘀咕了："你自己还要人照顾，却去照料别人。"老麦耳朵灵，听见了，脸色就变："小罗，你是为公还是为私？我比他们行，我自己照料自己，以后，就要你天天照料他们！"小罗太委屈了，以后不但不敢放弃平时照顾老麦的本职，三餐一到只得丢下老麦，同老麦一道照顾这些高龄的首长。

终于挨过了半年，疗养结束要回汕头了，他们顺道下榻海军广州基地。那时天气炎热，食堂人多，老麦喜欢吃稀粥。吃早餐时，一锅稀粥没一会就完了。他老是让人先舀，但一人紧挨一人，一同进来的已吃饱打着饱嗝走出食堂了，他还站在一旁。小罗等不得了，就钻进去，老麦发火了："这是什么事，先让人吃嘛，乱弹琴，为公还是为私？"他这一吼小罗委屈得直流泪。

他明明是怕老麦没吃上饭，饿坏了，这是他的责任啊，但却又挨批。这是第一次哭鼻子。

第二次哭鼻子，是一次老麦不明不白地失踪了。那次是春节临近的时候，路上车来人往，甚是热闹，市场也挤满办年货的人。明明他们清早一同从孔庙出来，但走到中山路后他就混入人流，再也找不到了。小罗急得汗流浃背，不知要怎么办才行？他找遍他常去的地方，都没找到。他又哭鼻子：若是老麦有所闪失，怎对得起组织、对得起玉枝姐呢？人这么多，车这么多，老麦近来身体又有些不适！

可是，老麦却不知道小罗在哭鼻子。这时候他独自闯进市场里。他玻璃缸里的金鱼最近牺牲了三条，他决定要补员。他人高步子快，一挤进人流，便把小罗丢了。他是渔民出身，对鱼，不管是从河里捕来的还是从海里捞来的，他都烂熟。而鱼贩们最怕他。这时，他又走进鱼档了，那些老牌的小贩认得他的，都窃窃私语："他又来了，他又来了。"他一头走往一金鱼摊档。这金鱼摆在木盆里，条条睁着大眼睛在悠游嬉戏，硕大的木盆周围挤满了人，大家争相选购。老麦挤了进去，仔细地端详那些可爱的小家伙，突然，他伸手从盆中连抓了几条金鱼，提起来对周围的人说："这些鱼不能买。鱼鳞都脱了，买回去活不了几天。"说着就将鱼摔在地上，又指着档主说，"你这做生意的，不能把坏鱼拿来卖，不能见利忘义！"这档主见鱼被当众砸在地上，而且还当众指责他，生意被砸了，登时火冒三丈，顺手从地上操起一根扁担，呀呀怪叫着要跟他拼命。有个矮矮的老贩子慌忙跑过来，拉着这金鱼兄，悄声道："老兄台，你惹得起他吗？"金鱼兄闪着那金鱼眼，愤愤道："他是尼克松，我也不怕！"矮贩子道："他不是尼克松，他是麦贤得麦英雄呀！"金鱼兄一听，那金鱼眼登时失色，举在半空的扁担"当"地丢下地，把钻在一边的一头大黑狗砸得汪的一声——跑了。他慌忙招呼伙计："快，还愣什么，麦英雄，你惹得起？收摊。"

麦贤得得胜走了。市场里还喊喊议论着。那矮贩子对金鱼主道："嘿嘿，老兄台真是贤者避势，好汉不吃眼前亏。你能惹他？他脑子里那粒有机玻璃的价值，够你卖三辈子的金鱼呢。半月前那个卖甘蔗的二愣头，浑身都是力气，人有一百六七十斤，卖蔗短秤了，被他发现，当场秤杆被砸断，二愣头要跟他动武，一听说是麦英雄，全身都软了。会怕就算。惹得起他……"

离开市场，麦贤得走往中山路来。这回已是下班的时候，车来人往，甚是热闹。突然，路上塞车了。麦贤得连忙加快脚步，钻进前面去，发现原来在十字路口上有一辆车要横穿公路，与直路的车搁在一起，横路又直驶来一辆车，三辆车谁也不让准，四面就塞住了。交警不知跑到哪儿去了。麦贤得一见，便噔地冲上去，嚷道："乱弹琴！来，都听我指挥，"他脱下外衣，

"听我指挥，这外衣就是旗子，中山东的车，金新北的车……"他嚷着，人们觉得奇怪，这人是哪来的便服警察？有认得他的高叫道："啊，麦贤得，麦贤得当交警。"他这一嚷，四面的人都惊奇地挤来看热闹，有的从电视上见到他而从没见他真人的更是挤得欢。不一会，周围几乎人山人海了。正忙着闯进一个真交警，他见这地段糟透了，又见那岗位上站着一个汉子，手中握件外衣在摇舞着，便气得火冒三丈，冲上去破口大骂道："你是哪方来的野汉子，给我滚！"麦贤得见那民警骂人，估计这家伙是偷懒去，回来还骂人，便当胸扭住他："你是为公还是为私？稀稀拉拉的！"那民警刚要动武。忽听有人高叫道："同志，打不得，他是麦英雄啊！"那民警定神一瞧，真的，眼前这人不正是麦贤得麦英雄吗？他"啪"的一声行了一个军礼，连声道歉道："麦英雄，怪我有眼不识泰山，请原谅，请原谅！"

说话间，小罗已满身大汗地挤进来了。这回，小罗终于高兴得流下泪水，首长终于平安无事了！刚才要不是他喝住警察，真打起来，那可就糟了。

3

老麦还有一个忘年交，他叫小张，水兵俱乐部的。这小张倒是一个"小才子"，琴棋书画都拿得下。而老麦经过数年的勤学苦练，加上也有些天赋，这几项也算颇有些造诣。于是，一有空，老麦便招呼小张打篮球、乒乓球、下象棋、绘画，整天玩在一起，两人没有官衔之分，职务之别，争起来脸红耳赤，好起来双手搭肩。而碰上正经事，麦副司令一声令下，小张便"咔嚓"一个立正，洗耳恭听。但是，人一混熟了，难免玩笑有时就开得失去分寸，这样，小张只能自怨自艾地挨批了。

一次，俱乐部的邻居医疗所的王军医搬家了。屋子里丢下一些来不及清理的杂物。那天晚饭后，麦贤得散步走进去发现后，双眉微蹙，决定这事情也该归他管一管。他见地上还散落一些面值壹分、贰分的纸币、硬币，他一边嘟哝道："不像话。"一边蹲下来仔仔细细地搜寻。时值酷暑，气温高达34 摄氏度，拾着拾着，他浑身已被汗水湿透了。渐渐的天色晚了，小张从俱乐部走出来，见这凌乱不堪的屋子里有沙沙的响动，便探头往里望去，不觉一愣：呀，是麦副司令呐！小张见他满头大汗，怕他热坏了，便跑进去拉他说："走，棋室杀一杀，有什么可找？破破烂烂的！"麦贤得头也不抬，命令道："把灯光打开，你走！"小张只得服从命令，把电灯开关打开，扫兴地退出房间。又过了约摸半个钟头了，小张在门外等着，偷窥麦副司令还那么专注，那汗水一个劲地淌下来，心甚痛，便决定对他采取措施。便轻手轻脚地走近门边，"哒"的一声，把开关关上了，屋子一片漆黑。"谁，搞什么名堂?”麦副司令一声大吼。小张慌了，又慌忙拉亮电灯。他“嚓”地一下站起来，见是小张，便挥舞着握着一叠整齐的纸币的大手，教训道：“勤俭节约，这是毛主席说的，你懂不懂，你到底是干什么的?”小张一听，意识到玩笑开得大了，说：“麦副司令，我错了，我们一起找，好吗?”说着，便弯下腰，蹲下去同麦副司令认真地找着那些小分币。他一见，气才消了，又唠唠道：“这就对了，人嘛不怕犯错误……”

第二天晌午，麦副司令又来到俱乐部，对小张招了招手：“小张来，你猜我背后拿的是什么?”他的左手放在屁股上。小张不解，摇摇头，说：“我没第三只眼睛，猜不准。”“嘿嘿，你瞧，”他屁股上的手伸往前面了。“毛笔!”小张惊奇道。“同志呀，这是捡来的，画画、书法，离不开它！给你。”小张接过毛笔，羞愧道：“麦副司令，昨天对不起你。”麦贤得把手挥了挥，“是为公不是为私？别提了!”

又一次，小张穿了几年的塑料凉鞋断了带子，提着走往粪斗边，准备扔掉。刚好老麦又哼着革命歌曲走来了。他一见，连忙又喝住：“小张，别扔，我瞧瞧。”小张不敢不听，便把鞋子递给他，便半开玩笑道：“这烂鞋子，还有什么可收拾的?”老麦仔细端详了一下，道：“有救，快拿大针来!”“没有。”“有顶针吗?”“没有。”麦副司令火了：“没有没有，统统没有，同志，这叫什么事?”说着，转身往家属区走去，没过十分钟，他便拿了一根已经串了长线的大针，手指套着顶针，风风火火地走来，就势坐在俱乐部台阶的石级上，戴上老花眼镜，一针一针地补起来。小张又没这技术，又有些过意不去，急得站着直搓手。

不一会儿，鞋补好了，光光滑滑的，麦副司令要小张试穿，小张穿着在地上踩，踩着踩着就踩出两行热泪来。

8 月，桂花盛开的时候，小张考上军校了。麦副司令前来为他送行，见小张那双他补过的旧鞋子洁洁净净地放在行李包里，他开心地笑了，心里道：“这小伙子，会有出息的!”

四十九、好花香万里

1

麦贤得和李玉枝，可说是祖国首都的老熟客了。

10月的北京，气候干燥，风沙弥漫。李玉枝陪着麦贤得，风尘仆仆地走进京西宾馆。

麦贤得心里十分兴奋：又要同张海迪、玉荣等姐妹们会聚了。从1988年开了第一次残联代表大会后，一眨眼已经整整五年了，今天，又要相聚在一起了，她们又会有说不完的话呢。他又有些不放心道："玉枝，海迪、玉荣参加会不？"玉枝道："按理该参加的，等一会就知道。"他又问："邓朴方参加会不？"她应道："你又发呆了，邓朴方同志是残联主席，他一定主持会议的。""好，好！"

夫妻俩边说边走进大堂。啊，代表们都陆续拥来了！这些代表，都是全国残疾人的佼佼者，有的因先天残疾而与命运抗争，创造出常人难以取得的成果，有的为国为民的利益见义勇为而致残，又坚持做生活的强者而获得社会的赞誉……这些人都是十分不简单的。在这些残疾人中，麦贤得认为自己应数是健康者之一，他见到前面一辆轮椅格格地转动而来，慌忙丢下玉枝，跑了过去，帮着推进电梯去。

轮椅上是一位青年人，戴着眼镜，像一个知识分子。他那温厚的脸庞呈上感激之情，连声道："谢谢，你——"他惊喜地道："你可是麦贤得麦英雄啊！"麦贤得也笑笑道："我是麦贤得，你是——""我叫刘琦。"麦贤得听过这个名字，知道他是青年作家刘琦，断了一只胳膊和一条腿。他决定这次会议要把他当作重点的护理对象。说着，电梯已升上楼了。身后已走来护理的人，那人连连道："谢谢你。"麦贤得一瞧，是一个年轻的小伙子，便虎着脸批评道："干啥去的？为公还是为私？"刘琦帮着开脱道："我交代他办事的。"麦贤得才原谅地笑了笑："以后有啥事就找老麦。"

当晚，麦贤得夫妇刚梳洗完毕，门铃"叮咚"响了。玉枝开门，只见一个五十开外的盲人摸着走进房子来。他俩慌忙起身相迎。

"这可是麦英雄的房间？"盲人问。

"对，对。"李玉枝连忙应道，"是麦贤得住的。"

"唷，今天终于见到您了！幸哉幸哉！"盲人双手牵着麦贤得的大手，用劲地握着，"麦英雄，你一定不认识我的，但是你一定听说过王杰吧？"

"听说过听说过，王杰是真英雄，是我学习的榜样。"麦贤得连连谦逊道。

盲人又缓缓地道："麦英雄，你可知道当年王杰舍身救出的十二名民兵中，其中一个就是我。我叫李彦青。"

哦，他就是李彦青！李玉枝从代表的材料简介中知道他就是江苏省邳州市残联副主席，正是当年王杰舍身救出的民兵之一。1977年，在一次军事演习中，他为了掩护一名女民兵，舍身排除哑雷，不幸身负重伤，双目失明。

李玉枝十分崇敬地扶住李彦青："李大哥，坐坐，坐下谈，你真了不起呀！"

夫妇俩扶着李彦青坐在沙发上，玉枝便泡了一杯菊普茶，递上："李大哥，喝茶喝茶。"

盲人感慨道："麦英雄呀，60年代真是英雄辈出的年代，雷锋、欧阳海、王杰和您的英雄事迹，一直是鼓励我前进的动力。当年看了您的事迹之后，我感动得流泪了。您是一个大大的真英雄，从战火中打出来的真英雄。我真想有一天一定要见见您。今天终于有幸同您见面了，但是我却失明了，不能'见'到您了！"李彦青说着，颤巍巍地站起来，"麦英雄，我不能'见'到您，我要好好摸一摸您。"说着，麦贤得也站起来，走近他的面前，他双手从麦贤得的手开始往上摸，从身上摸到脸上……李彦青的眼睛潮湿了，麦贤得的眼睛潮湿了，李玉枝的眼睛也潮湿了……最后，李彦青和麦贤得紧紧地拥抱在一起……

10月7日，解放军代表团正在热烈地讨论着。邓朴方来了，大家无比兴奋。他来到麦贤得身边，同麦贤得亲切地握手。麦贤得出于尊重，立即递上一支"红塔山"香烟。麦贤得有个习惯，每逢重大场合，都要带上一包好烟，他自己没抽，专门请客人的。邓朴方的工作人员一见，立即上前劝阻，说道："邓朴方同志已经戒烟了。"邓朴方一摆手，制止住工作人员，接过香烟笑着道："老英雄敬烟，今天我就破个例吧！"

大家一听，哈哈大笑，气氛随之轻松起来。

隔日吃完早餐后，草原英雄小姐妹的"妹妹"玉荣敲响了麦夫妇的房门。她把头凑近开门的李玉枝的耳朵，嘀咕了一阵，李玉枝乐了，连声说："行行！"玉枝回头对麦贤得说了，他也连连赞许。于是一行人就走向相距不远的套间，敲响了临时主人的房门。

开门的护理员一见，朝里惊喜地唤道："海迪姐姐，麦英雄、玉荣姐姐来哟！"

在里面看午间新闻的张海迪高兴得双手推着轮椅移向门边迎接。

麦贤得一见，赶忙迎上去，扶住轮椅："屋里坐，坐坐谈谈。"

护理员递上三杯热茶，大家边喝茶边把话匣子打开。

"麦英雄、玉荣，你们的事迹是我上小学时从《中国少年报》上看到的。草原英雄小姐妹顶着暴风雪，拼死保护集体羊群的感人镜头，我合上眼就浮上脑海；麦贤得的硬骨头精神更是激励着我，我还记得当年哼唱一首歌，歌词是'麦贤得呀麦贤得……'都快三十年了，我也没有忘记。"

听了海迪的话，这时穿着一身海军制服，肩佩一对亮闪闪的大校军衔，浑身上下透出一股英武之气的麦贤得，此时脸上泛起一抹谦逊的红晕。

现任内蒙古自治区青联副主席、自治区残联副董事长的玉荣也显得惴惴不安。她亮开嗓子道："海迪，今天就别提过去了，咱们谈谈现在，拉拉家常，老麦，你说是不是。"

"对！说说家常话最好！"麦贤得微笑说。这时，坐在一边的李玉枝插话了："海迪，1988年我同阿麦从北京参加完首届残代会回去，两个孩子还问见到你没有，我说你当时正好出国了，没见上。他兄妹俩都说，那真太遗憾了，你看多有意思。"

"噢，对了，我正想问问他们的情况。他俩叫什么名字？现在干什么？"海迪关切地问。

李玉枝介绍道："儿子叫麦海斌，今年二十岁，前一段时间考上海军一所军校；女儿叫麦海珊，今年十七岁，也考上南京海军医专学院了。"

"太好了！麦贤得同志当年是大海的骄子，对大海的感情够深了，就连两个孩子的名字也离不开海，真有趣。兄妹俩长大了又子承父业，当海军保卫祖国，可贵可贵！"海迪由衷地说。

李玉枝又感慨道："是的，他们兄妹俩能接过他爸的枪，入伍当海军去，我们心里踏实了。前几天，海斌来信说，军校学习训练很艰苦，个别同学说，你是麦贤得的儿子，何必跟我们受这么大的苦，干脆退学另找出路算了。海斌说，我要做一个合格的海军军官，就得从点滴做起，比起我父亲，这点苦这点累算什么。我们见后，感到孩子说得对，便立即写信鼓励他，要艰苦磨炼，钢是炼出来的。"

"太棒了，海斌真有出息。"海迪兴奋地道，她那张斯文灵秀的脸庞飞上欣喜之色。这时，李玉枝才细细打量她。只见她身穿一件浅蓝色翻领打结飘带式真丝衬衣，下着深色西裤，一头乌黑发亮的美发搭肩，眉清目秀，两腮红润，挺直的鼻梁上架一副银灰色眼镜，一股灵秀之气隐隐透了出来，如果不是坐在轮椅上，简直让人难以相信她竟是一位高位截瘫的残疾人呢。

玉荣赶忙接着说："我前不久从《人民日报》上，看到海斌穿着海军衫敬军礼的新闻照片，真神气。那模样，可能比老麦年轻时还英俊呢。"

海迪开玩笑道："老麦当年也很英俊，我看他当年的照片，那时的姑娘不知被迷住了多少，不然玉枝姐怎会爱上他？"

"哈哈！"大家琅声笑了。玉枝脸上呈上一片红云，连忙顾左右而言他，"哦，我和阿麦还没有看到那张照片呢，玉荣你心真细。"

海迪兴趣又来了，道："好，我一定要找到这张报纸，一睹咱海斌弟弟的风采。"

玉荣接嘴道："不对吧，海迪，老麦今年四十九岁，咱俩都三十八岁了，海斌应把你叫阿姨，所以，你叫他弟弟不太合适吧。老麦，老李，你俩说呢？"

没等麦贤得和夫人开口，海迪接上话茬：“那不行，我小时候称老麦为叔叔，就应一如既往，更何况海斌、海珊兄妹俩恰巧和我的名字都是同一海字，这叫缘分。所以，叫弟弟最合适。”她这么一说，大家都乐了。

大家又畅谈了半晌，这时，玉荣又似乎想起什么，她关切地问：“海迪，听说你现在生活过得很不错。”

“我觉得生活得很充实，结婚十几年来，我先生对我一直很关照，我们都非常热爱自己的事业，也干得很投入。最近省作协安排作家往地市县任副职，我当时觉得挂个什么副市长、副县长怪别扭的。正好，团省委开办的太阳实业公司硬要我出面当他们的董事长，我犹豫了好一阵子，最后，我倒觉得这是机遇，便接受了这一盛情邀请。其实经商是一条新路，也很艰辛，尝试一下，挺好。但有一点，我绝不会用我的名字谋私利的！”

“对了，你就应该这样去做！”麦贤得最大公无私，他一听到这，便不由自主地插话肯定海迪的主张。

玉荣又问：“海迪，你没有孩子，那你俩能不能抱养一个孩子？”

“这个，我俩从来没想过。按说，作为一个残疾的女性，谁都希望自己有个孩子，可我这样身体残疾的比较特殊，光是自己能战胜自己已不容易了，真的有个小孩，也拖累不起。我总觉得母亲的胸怀是博大的，我们残疾女性要想生活得幸福，更需要有宽广的胸怀。我常想，自己虽然没有孩子，但我却经常抽时间给全国少年儿童写文章。我很热爱他们，从这方面讲，我把全国的小朋友当成是自己的孩子，一想到这里，也就没什么可遗憾的了。”

李玉枝一听，也颇受感触，便说：“海迪，你说得很好。当年，周总理和邓大姐不也是没有自己的孩子，可他们都把全国的小朋友当成自己的孩子，看成是祖国的花朵和未来，所以，他们的家庭生活才过得十分充实和幸福。”

张海迪一听，连连地点点头。便蛮有兴趣地道：“玉荣，我们还是请老麦和老李说说广东改革开放的情况好吗？”

“对呀，我也很想听听两位介绍这方面的情况。”玉荣赞同道。

这时，李玉枝真诚地邀请道：“本来，我同老麦就是要登门请海迪同玉荣到我们广东做客的。我们汕头是经济特区，是一座新兴的海滨城市，挺漂亮。欢迎你们二位女英雄到我们那里指导指导！”

麦贤得也盛情道：“真的真的，我们那里挺漂亮，有海湾大桥跨过大海，你们一定要去！”

大家谈兴正浓时，门被敲开了，一位工作人员走近海迪，说山东残联白董事长下午要走，有些事还得同海迪谈谈。海迪难为情地说：“哎哟，真是不凑巧，我们能坐在一起可真不容易。”说着，她便叫工作人员请来了一名记者，帮他们拍下了一张英雄聚会的难得照片。

2

1995年5月2日傍晚，北京京西宾馆，麦贤得和李玉枝的房间里。

玉枝说："阿麦，这次你又得了莫大的荣誉呀，江主席就坐在你的前面，那么亲近的，以后更要谦虚，戒骄戒躁呢。"

"知道知道，反正我就是那小小的螺丝钉。一万年以后，还是这样的，变不了！"阿麦心里有什么就说什么。

正在说话间，房门敲响了，李玉枝打开门，是中央电视台记者和全国总工会的两位女同志来了。她们凑近玉枝悄声道："李同志，神功带的老板来总经理要来看望你们。他对你们英雄模范甚关心。你们有什么困难，尽管提出来，他都能帮助的。他是一个企业家又是慈善家。"说着，那一位娇巧的同志悄悄地告诉玉枝："阿姐，刚才来总又给了另外一个英模三万元支票呢。"

玉枝连连摆摆手，急得有些口吃了："别……别……我们过得很好，没，没需要。"

正说着，门口已拥进一群人了。身体肥胖的来总经理进来了。他边走边高声说道："麦英雄，久仰，久仰呀！"说着，便同迎上来的麦贤得热烈地握着手，然后拍拍老麦的肩膀道，"哈哈，料不到麦英雄还长得这么结实，还这么年轻呀！"

李玉枝连忙让座，敬茶。来总呷了一杯香喷喷的清荣后。深情道："麦英雄，其实，我俩应算世交呐。"

"世交？真的还是假的？"麦贤得迷惘道。

"真的。"来总那丰腴的手指刮了刮可能有些发痒的大鼻子，缓缓说道："我的叔父也参加过八·六海战呢。童年的时候，我叔父就经常跟我介绍海战的动人场面，我常常在他口中听到你的英名，万分感动呢。今天，终于有幸见到你了。"

"啊，你叔父？参加八·六，是……"麦贤得想起来了。

"是海军副参谋长来光祖。"

"哦，他身体还好？"麦贤得想起老首长，觉得十分亲切。

"他……他已去世了，几年前去世了。"

麦贤得脸呈悲痛之情。

"麦英雄，今天难得见到你。听记者介绍，你目前有一个幸福的家庭，孩子也当上海军了，真了不起啊！"

记者连忙指着李玉枝介绍道："这就是好军嫂李玉枝。"

麦贤得和邓朴方（前中）在一起

李玉枝连忙伸出手同来总亲切地握了握手，说：“谢谢来总关心。”

“了不起了不起!”来总连声称赞道，“真有嫂子你的，听记者同志说，你这二十多年，真是吃尽苦头啊!”

他示意他身边的秘书：“来，小叶，给麦英雄开张支票，五万元，够不够?”来总翘首望望李玉枝。

“别……别，来总，我们目前生活过得很好，儿子进军校了，女儿也进军校了，阿麦身体也好得多，目前经济没困难，多谢你了!”李玉枝婉言地谢绝。

那秘书沙沙沙的几下，已把支票写好了，恭敬地递给来总。来总从西装上拔出派克笔，也刷刷地签上了大名，秘书就递了上来。

“小来，”麦贤得开口了，“不要不要，不困难，给更困难的，你听叔叔的!”他连连摆摆手。

李玉枝也真诚地道：“来总，真的。目前社会还有许多人比我们困难得多，老麦的老领导有这样的侄子，他心里就十分高兴了。他一贯不接受捐赠的，你就别难为他了。多谢你就是。”

来总见状，感慨万分：“难得难得！麦英雄、大嫂子，你们的情操真让我永生难忘！也罢也罢。”“小叶，那就算啦，”来总对秘书说：“麦英雄、大嫂子，以后，有需要我的，尽管给个电话吧！”说着便从怀里摸出一张名片，又随手写上手机的号码，递给了麦贤得。

麦贤得连声道：“谢谢，再谢谢！”

在场的记者和工作人员，无不为这对高风亮节的英雄夫妇所感动，都嗟叹不已。

3

名声很响的中央电视台《综艺大观》节目女主持人倪萍，好不容易把身在南国海滨的麦贤得夫妻请上北京。她高兴得“又哭又笑”。她在她的著作《日子》中的“哭笑不得”一章中这么记载——

……

1995年，陈雨露导演的以歌颂残疾人为主题的“综艺大观”，由我做主持人。那次我有幸在节目中向大家介绍了战斗英雄麦贤德（得）、草原英雄小姐妹龙梅和玉荣。多年来，无论是谁做嘉宾，只要在我的节目中出现，我都会提前到他们的住处进行采访，了解一些资料，体验对方那一份感情。这已经是我这几年做主持人的习惯了。

麦贤德（得），这是在我小学课本就学习过的英雄叔叔，今天就站在我面前，我完全不能相信这就是那个在战斗中奋不顾身，几次脑浆外流，仍继续在岗位上坚守的英雄战士。由于严重的脑损伤，他现在已经行动不方便，思维和神智也已出现了混乱（编者注：主要是发病和激动的时候）。他见了我的面，就不停地说：“向雷锋同志学习，毛泽东思想是战无不胜的……”麦贤得的妻子在身边悄悄地扯他的衣角，我看见了他妻子那双眼睛里噙着泪。

“倪萍，你别见怪，他激动了就这样……”

“那他平时在家是什么样？”我问。

“由于脑子不好，老麦脾气特别急，急了就摔东西，家里的东西都让他摔坏了，我又怕不给他摔，他心里不舒畅，就把家里所有的怕碎的东西都提成塑料的了。”

那一夜我们说了很多，她把我当成了普通的姐妹，我把她看成了普通的女人，我们说着、哭着、笑着……这是一个多么了不起的女人，几十年她就是这么做着英雄的妻子，这也是奉献呀！她完全有理由离开他，开始自己的新生活。她没有，依然对老麦那么好。她一生只在付出啊！我被感动了。

后来在节目中，我介绍麦贤德（得）的同时，也介绍了他的妻子，我说："这是一位最伟大的妻子！"我害怕自己流下眼泪，于是我背对摄影机。

也是同一期节目，一群聋哑孩子表演舞蹈。结束时我说："这些孩子们听不到掌声，但是他们有一双明亮的眼睛。请观众们手举高些，告诉孩子们，我们爱他们。"当森林般的手臂高高举起来时，聋哑孩子都高兴地笑了，我也含泪笑了。

镜头记录了我的哭，也记载着我的笑……

4

1996年11月12日《中国少年报》载文《英雄从书上走下来》——

11月11日上午。

没有警车开道。几辆车窗前贴着"新老英雄大团聚"字样的车，穿行在繁华的北京大街上，其中一辆"依维柯"上，坐着二十多位随着共和国成长起来的不同历史时期的英模：他们是建国之初就遐迩闻名的"农村新生活建设者"徐建春，60年代知青的榜样邢燕子、侯隽、董加耕，"草原英雄小姐妹"龙梅、玉荣、小英良，战斗英雄麦贤得，新时期的先进人物李国安、李素丽等。他们从祖国各地来到首都，欢聚一堂，参加由团中央宣传部主办，《中国青年报》、中国青年出版社及北京朝海服装有限公司承办的"新老英模大团聚，共创精神文明建设"活动，暨《共和国英雄谱》一书的出版座谈会。

热情的北京人没有想到，他们打小就敬仰的英雄模范们，就这样悄悄地从书上、从电视里走下来，走到他们中间。

组织者没有渲染，没有张扬，可英雄们走到哪里，哪里都会引起一阵热情的骚动。英模们的身边，总有无数双充满敬意的眼睛。

在王府井百货大楼门前，一位蹬三轮车的老大爷正为一辆汽车挡了他的生意发脾气，当他看见从车上下来的一群人时，眼神一点点变得柔和起来，他使劲歪着头在人群中搜索，不敢相信似的小声嘀咕："我认识他，战斗英雄麦贤得！"英模们走进了劳模张秉贵生前工作过的百货大楼，大爷却按捺不住激动的心情，滔滔不绝地和路人侃起当年他在小人书上看到的麦贤得的故事。

11 月 12 日晚，人民大学八百人的大礼堂座无虚席，连走道上都站满了学生。这里将举行“无悔的人生——共和国英模报告会”。三位坐在最后一排最边上的女大学生遗憾地说，她们 18:20 来占座，本以为早点来，能在前边看得清楚，没想到，座位早没了，这三个座还是好不容易抢下来的。

18:50，报告会开始，当英模们走进会场，会场响起如潮的掌声，大学生们一次次把最热烈的掌声献给了台上的共和国英模。

为党为人民作出贡献的人，党和人民永远不会忘记！

5

李玉枝提着行李袋，挽着丈夫的手臂，走进了首都机场候机室。

玉枝望着有些疲倦的丈夫，关切地问：“阿麦，是不是太累了？”

阿麦逞强道：“不会，不会。”累呀苦呀这些字眼从来没从阿麦口中吐出来，有谁问他，他更是不承认。玉枝知道他这一脾气，便提示他看住行李，自己往小卖部买了一瓶健力宝，递给他：“多喝水，阿麦。”丈夫感激地接住，用劲拉开瓶盖，便仰着脖子咕咕地一口就喝去了半瓶，又递还给妻子，“你也喝。”

这时，对面半墙上的电视屏幕上呈现出“北京—汕头”的班机的字样，夫妇俩便站了起来，玉枝又提着行李，挽住丈夫，走往安检道去。人太挤了，夫妇俩习惯地站在一边，让人们先走进检查道，他们才安然地走了过去。玉枝把行李袋递上安检器，那自动的传送带就把行李传进里面去了。安检员示意他们把钥匙等铁器摸出来，放在小筛子上，人走进安检器上接受安检。麦贤得迈开大脚板走过去，忽然，安检器便“吱吱”地传来警报声。那俏丽而严厉的女安检员便把他拉下来，道：“同志，再仔细查一查，把铁器拿出来！”麦贤得觉得纳闷，自己身上的东西都摸出来了，莫非还留有什么东西？李玉枝慌忙上去帮助他翻找，找了半天，仍没见到什么东西。麦贤得又跨上去。人一上机，那精密的安检器又“吱吱”地一个劲地隆叫。女安检员火了，瞪着警觉的大眼睛，瞧着他，说：“同志，你是怎搞的，是漫不经心，还是故意……”麦贤得一听，刚要发脾气，只见那姑娘惊叫道，“啊，你……你是麦英雄，麦贤得！”她这一惊叫不打紧。倒把整个候机室的人们吸引住了。大家听说麦贤得在候机室，便轰的一声围拢过来，要来瞧一瞧这走下电视机的著名的战斗英雄是啥个样子？电视看多了，报纸看多了，就没看到真人。这一会儿，安检门口挤得水泄不通。有几个小孩子还骑在父亲的脖子上俯视下去。一个劲地叫“麦伯伯，麦伯伯……”

这时，李玉枝倒清醒过来了。向那急得脸庞红扑扑的姑娘道：“同志，他身上真的没有铁器了，会不会是身上还有弹片，几年前在广州安检时，也发生这一情况。”

何须解释，安检员明白了——他身上那块特殊的铁片，平凡的眼睛是瞧不出来的！她知道这块弹片的特殊性！

姑娘泪花闪闪，“咔嚓”的一个立正，向这位老英雄敬了一个标准而深情的军礼！她连连道歉道：“老英雄，原谅我刚才的态度吧！”那庄严的共和国的安检门，第一次向带着特殊“铁器”的人打开了！

6

晚饭后，小露露没兴趣看电视，而是捧着一张《青岛日报》，戴上小近视眼镜，一字一句地仔细瞧着，那样子是那么的专注，那么的入神。

妈妈催促道：“小露露，准备内衣裤，你爸爸洗澡后，就轮到你。洗后，我们往公园散步去。”

“不，妈妈别干扰我，我看报纸，重大新闻。我的暑假作业还没完成呢，你难道不知道我是记者吗，要亲自采访，写一篇新闻。”

妈妈亲昵地端详着这才九岁的小记者。嘿，孩子自从当上“小记者”后，有一股了不起的自豪感呢，日日夜夜都在抓新闻。她问：“小露露，是啥新闻呀？”

“啥新闻，麦贤得爷爷到我们青岛来了，还同打飞机的高翔爷爷、舒积成爷爷团聚在一起呢。”

近天来，青岛电视台刚播完暑假电影《海魂》，麦贤得这海战的活英雄成为这岛城孩子们心目中的偶像。这回麦贤得居然来岛城了，这怎不打动孩子们的心？

妈妈慌忙走过去，俯下身子，瞧着孩子手中的报纸，只见头版头条上载着一篇特写——《三英会岛城——麦贤得高翔舒积成会面记》。

真是奇闻，妈妈便坐下沙发，与小露露头挨头的认真地瞧——

……钢铁战士麦贤得到青岛疗养了，定居我市的军队离休干部高翔一下子激动起来，高翔也是三十年前同台湾蒋军作战过的著名战斗英雄，与麦贤得相熟。巧的是，另一位名震全国的战斗英雄舒积成出差来青岛，去高翔家做客，闻知此事，也十分兴奋，两英雄遂相约，第二天上午前往海疗，看望麦贤得。

果然，一见麦贤得，六只创造着奇迹的手紧紧地握到了一起！

1965 年 3 月 31 日，海军航空兵飞行员舒积成在海南岛上空一举击落美国无人驾驶侦察机一架；8 月 6 日，舰艇轮机兵麦贤得在痛击台湾军舰骚扰的战斗中脑浆被打出来后，仍以无比坚强的毅力坚守到战斗结束；9 月 20 日，海航飞行员高翔追击来犯的美国空军 F－104 战斗机，成为举世第一个打下该型美国飞机的人。三人同年成为海内外注目的战斗英雄，他们的事迹被广为传颂。

三位英雄话当年，忆友情。麦贤得光荣负伤后，高翔与舒积成曾不止一次去广州军区看望他。此后，三人多次在海军和全军英模会上相逢……不知不觉一个下午过去了。

麦海斌的战友陈文豪陪伴麦贤得到三潭印月观光

英雄意犹未尽，前天晚上，他们又在高翔家聚首，谈到我军将在东海进行的导弹、炮火射击演习，三位英雄十分开心。“就是要让‘台独’分子知道我军的威力！谁搞‘台独’，就好好教训他们……”说到上火处，麦贤得怒目圆睁，拳头直擂……

“妈妈，我决定马上要去采访麦爷爷。”小露露这小小的男子汉作出的决定，妈妈很少不去执行。妈妈劝道：“小露露，麦爷爷住在海军疗养院，没事先约定，他哪有空接受你的采访。”

小露露那坚毅的小脸庞不容分说，他操起电话机，拨了拨查询台：“喂，姨姨，请帮我查一查海疗总机电话，哦……我，我是小记者小露露……哦，谢谢！”小露露又按下姨姨给的海疗总机电话——通了，他欣喜地道，“姨姨，你好，请接通麦爷爷房间的电话，哦，麦……麦贤得爷爷呀……哦……你是麦爷爷吗……哦是麦老姨……不是，是李老姨，你好，我是小记者小露露，对了，我决定今晚要采访麦爷爷，哦，太捧了，谢谢您和麦爷爷。”放下电话，小露露高兴得一跳一丈高，向洗手间嚷道：“爸爸，爸爸，快，载我往海疗去，我今晚有采访任务！”

“吱呀”，洗手间的门开了，肥胖的爸爸穿着裤衩，满头湿漉漉地走出来：“吵什么？什么大的任务？”

小露露慌忙从架上拉下一条长毛巾，递给爸爸：“快擦快擦，我们马上往海疗去，采访麦贤得爷爷。”

爸爸一听，哈哈大笑道：“别瞎扯，麦爷爷忙，他身体不好才来疗养，他哪有空见你。”

“嘻嘻，爸爸，我已同他约好了，麦爷爷和李老姨都在等着我呢，要接受我的采访呢。”

爸爸迷惑地望望他妈妈。妈妈满脸红光，一个劲地点点头，爸爸半信半疑，慌忙穿戴完毕，便同妈妈陪着小露露，开了一辆桑塔纳的小轿车，嘟嘟地驶往绿树掩映的海军疗养大院去。

车来到门口，小露露递出那“记者证”，他爸爸递上工作证，颔首解释了几句，小车便直开往麦贤得房间的门口。父母俩跟小露露下车了。

“爸爸妈妈，你们不是记者，不能去，我自己去就行。”小露露把爸妈挡回车里去。

这个孩子，不到十岁的年纪，他要显示出他那独立工作的能力呢。爸妈相视一笑。算，就让孩子试试去吧！

笃笃笃，小露露敲响了房门。嚓的一声，门开了。“老姨，这是麦爷爷家吗？”“哦，是，你可是小露露同志？”“……对，你可就是好军嫂李阿姨了！”小露露伸上小手，紧紧地握住她的温热的大手。她便把他带进屋里，边走边回头望望那桑塔纳车窗里伸出母亲的脑袋，那布满笑意和敬意的脸庞甚是好看。她会意了，更是兴趣盎然地把这夜半采访的“小记者”迎进客厅了。

麦爷爷见小露露来了，也高兴得满脸堆着笑，刚刮了两天的短短的黑胡子也好像高兴地在跳动着。麦爷爷泡的茶真怪，他的茶杯就跟人家的不一样，小巧玲珑的，三个杯子冒着香气。

“请，记者同志。”麦爷爷招呼道。

“别客气，麦爷爷，小露露没喝茶的习惯。”他边说边从小公文包里掏出一本蓝本的记者簿子，一脸崇敬而严肃。

“麦爷爷，我们是不是开始工作了。”小露露扶一扶眼镜。

“行。你尽管问来，你问什么我就讲什么，可行?”

“行行。麦爷爷，你们八·六海战是怎么打的?”

“是这样，那天，大海很黑很黑的，风浪很高很高的，国民党的‘章江号’和‘剑门号’从台湾左营港窜进我东南海域……”

小露露那支小笔在簿子上飞快地记录着。

李玉枝蛮有兴趣地瞧着，听着，一股从来没有过的幸福之情油然而生。

“麦爷爷，你受伤了，会痛吗?”小露露双眼已饱含着泪水了。

“痛，但我忘记了痛，炮声还在响呀，战斗还在继续呢……”

“麦爷爷，你倒下去了，昏迷了，为什么还能爬起来，还能坚持三个小时……”

“记者同志，敌人还没消灭，炮声激励着我，祖国需要我……

“麦爷爷，你们打得太好啦！那两艘乌龟子都沉下海底去了。太棒了！太棒了！”小露露用手擦一擦脸上的泪水，又好像记起什么问道，“麦爷爷，你们打得这么棒，是不是邓世昌爷爷在指挥战斗呢?”

“哈哈！”麦爷爷和李老姨被逗得纵声大笑了。

李老姨边笑边告诉小露露：“记者同志，邓世昌爷爷的海战与麦爷爷的海战相差半个多世纪呢，邓爷爷早在海战中以身殉国了！”

“哦……”小露露羞赧地脸红了，红得像一朵沾露的小花……

7

疗养期满了，麦贤得觉得精神饱满，夫妻对瞧着，兴奋道：“都胖了！”

今天，他们就要离开青岛回汕头。疗养院的魏院长和王科长驱车为他们送行，一直送到机场里。车蓦地打住。麦贤得夫妇走下车来，一眼瞅见候机室门口站着孔厂长。

“孔厂长！”麦贤得和李玉枝惊叫道，“孔厂长，你也来……”

“哈哈，麦英雄要离开我们青岛了，我不来送行，就没尽地主之谊。”这个身体魁梧的厂长，是青岛第四机械厂厂长。他的厂是青岛市的骨干企业。李鹏总理视察该厂，题词“小厂办大事”。不久前，厂里搞了几项发明，获得国家高效奖。孔厂长也是一个转业军人，听说麦英雄来青岛疗养了，并把这一喜讯告诉全厂职工，大家便推举他作代表，把国家奖给的三千元奖金拿来慰问麦英雄。但麦贤得、李玉枝领下他们的情意，却坚决谢绝了他们的慰问金。本来事情已过去了，料不到他们要离开青岛，孔厂长还专程前来送行。夫妇俩便迎上去，感激地同孔厂长握手说：“谢谢，再谢谢！”

魏院长和孔厂长一行，帮提着行李，一直把麦贤得夫妇送到候机室门口。

戴着袖章的保安员守住大门，挡住了送客的。孔厂长望一望魏院长。魏院长便会意地点点头。孔厂长当即从怀里摸出一张行李托运单，递给走在前面的李玉枝："大姐，这是行李托运单。"

"行李托运单?"李玉枝诧异道，"我们并没有什么行李托运单呀。我们的行李都随身带着。"

"不，"这回魏院长开口了，"李大姐，是这样，孔厂长见你们不收他们的慰问金，就来缠住我，要我帮忙。我想他们厂全体职工这一片诚心，盛情难却呀！我就给了个主意，他们便去购了一台多功能健身器，老麦身体十分需要，你们就别再推辞了。"

"是的，是这样。"孔厂长说着，便把托运单塞进李玉枝衣袋，说声"拜拜"，便飞跑往小车去了。

"魏院长!"李玉枝要抓住魏院长。他也"拜拜"一声，跑了。他边跑边回头道，"欢迎你们下次再来青岛!"

第十三章

护花使者

五十、一纸调令

1

女人懂女人。辛劳的女人更懂辛劳的女人。

短短几天的相处，她更懂李玉枝。原来在报上、电视上看了很多相关报道，但是真正的接触，却是短暂的，有时在会议上相碰，也是握握手问候几声而已。她知道李玉枝那羸弱的双肩挑起两座山——一座工作的山，一座护理一等伤残的丈夫和承担沉重家务的山。对上班族的女人，她确实有一份同情感。这些女人照常跟男人一样有一份工作，又要做得有模有样的，不让人家瞧扁，还要挑起那份家务，盆盆罐罐的。孩子长大了可以助一臂之力，孩子小时还成累赘；丈夫是正常人，夫妻一道操持，碰上一个脚勤手快的男人，那是好运气，要是碰上个大咧咧的懒汉，也照常受累。玉枝跟她一样，可说是同病相怜——男人都是身子骨不好，都是长期需要女人照顾的男人，她们的肩膀挑的担子就比正常人的女人要重得多呢。仅仅是劳累、仅仅是流汗，这倒没啥，洗个热水澡，一眠就到天亮，那困倦就溜了。而在她们的心头，时时刻刻都悬着一块沉重的大石头，像桥梁工地上那摇晃着要掉下来的石头一样，令人忧患不安——男人的身体天寒了怕他着凉，天暖了怕他中暑，吃寒冷的怕他们伤肠胃，吃辛辣的怕他们浮躁火…… 她作为一个市委的副书记，她的公务实在是太忙了。本来，家庭是一个宁静的港湾，在外奔波劳累了回去憩息。但是她同玉枝一样，都不能！男人——他的身体也不好，他自己就够痛苦的了。作为妻子，唯一能给他减少痛苦的是让他吃得好些，睡得好些，准时服药，鼓励他与疾病作顽强的斗争，让他对生活充满希望，让他看到未来明媚的曙光！这一些，凭良心说，她做到了！但是，这几天跟李玉枝相处，她才深深感到，李玉枝做得比她好。不简单呀李玉枝！

飞机在机场徐徐降落了，参加省拥军优属的代表们就要回到自己的家中去，又要忙着她们原来那日夜操持着的家务了，又要续写她们那平凡而壮丽的篇章了。她微笑着向这群可爱的人频频挥手送别。临了。她见李玉枝也挽着行李要准备下机舱。这时，她才想起自己早准备好了要做的事。她拉开皮包链，从里面摸出了两包东西，递给李玉枝。

“玉枝同志，这点人参和冬虫夏草就送给麦英雄，是一点点心意。给他滋补。”

李玉枝连连推辞道：“卢书记，别，别——”

“玉枝同志，我俩的工资高，家庭拖累少，比你强。”她不容分说，硬塞进李玉枝的行李袋去。

李玉枝知道恭敬不如从命，就再三感激道：“谢谢，谢谢卢书记！”

2

1993年春节来临了。今天，刚分工抓党群线的汕头市卢副书记就亲自往麦英雄家慰问，顺便瞧一瞧他的新居。听说有一位个体户老板倾资为他家装修，搞得不错，也难得富了的特区人喝水不忘掘井人呀。

她带着市委市府的几位同志，来到麦家。进门一瞧：呀，倒是不错，门庭花木丰茂，有金鲤池、有假山、有百几十盆各种各样的花果，有的已开得花花绿绿、有的羞羞地含苞待放。半墙上的小黄莺还啾啾低啭着，真是一派生机呀。老麦正在庭前为芭乐树剪蓬，见他们来了，连忙放下剪刀，搓搓手连声道：“欢迎欢迎！”便把他们迎进厅堂去。玉枝从厨房慌忙跑出来，连声道：“卢副书记，欢迎欢迎。”

这厅堂倒也不错，颇宽敞的，东墙下的柜子上放置一个三十四寸的电视机，上面摆上一只战舰的模型，还有一颗尖尖的炮弹。真是军人的家呀。她正在欣赏着，忽见麦英雄已泡上香气腾腾的工夫茶，亲手捧上来：“卢副书记，喝茶。”这老麦，冲茶的功夫真是不错，她呷了一口，甚香。

因与李玉枝熟，卢副书记便没说多少套话，她便跟着李玉枝参观了整个房子，楼上楼下、厨房卧室。她不禁内心称赞道：行行，这郭老板真花上工夫，哪儿都恰到好处。她见书房墙上，挂着毛泽东主席当年接见麦贤得的照片，还有不久前江总书记接见他的照片，当年贺龙、叶剑英元帅接见他的照片，她感慨道：“麦英雄，不简单，不简单！玉枝，当年照片你还能保留下来……”“不，‘文化大革命’流失了很多，一些老照片都是海军报张记者最近才从军事博物馆冲洗出来的。”

参观一番之后，卢副书记回到客厅，坐下来，关切地问：“麦英雄，近来身体可好？”

“好好，多谢领导的关心。”麦贤得一贯都是谦逊的。

“玉枝同志，你还有什么困难需要地方帮助解决的？”卢副书记真诚地问。

“没有没有，多谢卢副书记。”

“你在盐务局工作可好？”卢副书记知道，盐务局离这孔庙，要通过市区繁华而人流量极大的中山路，来回需蹬上近半个多钟头的单车，她已准备要把李玉枝调到孔庙周围的单位工作，她认为半天近一个钟头，一天就浪费近两个钟头，这路上的工夫如果用在家庭上，用在照顾老麦的身体上，对李玉枝来说是多么重要的呀。

“别麻烦，眼下工作已熟悉了，就算啦。”李玉枝婉言谢绝。

她知道李玉枝的人品，不轻易给组织添麻烦是她的为人宗旨，便诚挚道：“我知道你的性格，这事，就让我来操办吧。这周围有民政局和计生委，这两个部门较适合你。如果没啥意见，就从这两个部门考虑。”

李玉枝瞧着卢副书记那真诚的脸庞，一股感激之情溢上来。是呀，她到盐务局已十多年了，这十多年来，这三千多个漫长的日子，风里来雨里去，那艰辛的滋味，她是饱尝了。但她不甘示弱，她要干出成绩，让人们瞧瞧！她李玉枝并不是当挂名干部的！但眼下，党和政府对英雄重视了，卢副书记亲自关心这件事。以后，如果能调到家庭周围单位工作，多些时间照顾阿麦，她真是求之不得啊！她激动道：“谢谢您，卢副书记。如果太麻烦就算了，忍一忍就过去。”

调一个干部，把一个英雄的妻子，调到她适应的岗位上，让她方便工作，方便照顾共和国的活英雄，作为地方党的领导人，是职责所在！卢副书记并没当成麻烦事，而是当成分内的责任。

三天后，盐务局党组杨书记把李玉枝请到他的办公室，笑笑道：“小李，祝贺你呀，组织要调动你了。”

李玉枝眼睛一亮，心内一咯噔：这么快，卢副书记！她又觉得不大可能，卢副书记工作太忙了，哪会三天工夫就把她的事办妥？

“哎呀，小李，瞧你这样子，不相信么？”杨书记慢腾腾地呷了一口茶，“不会错的，刚才市委组织部已来电，征求了我的意见，说为了照顾英雄的需要，拟把你调往离你家不远的市计生委去，我满口赞成。早该这样了，小李！”

两天后，人事科长就把调令送给了李玉枝。她瞧着这张调令书，真像捧着一颗滚烫的心，一份党和政府关怀英雄的深情厚谊啊！阿麦啊阿麦，眼下，党和政府真是对你关怀备至了，我一定要做好工作，尽责尽力照顾好你的身体，使你尽快康复起来，过一个幸福的晚年吧。只有这样，我才不辜负党和政府的厚望！

李玉枝凝视着这张白纸黑字红印章的调令书，瞧着瞧着，嘴唇一阵哆嗦，心内默默地道：“谢谢，谢谢！卢副书记……”

回到家里，李玉枝急忙操起电话，向水警区侯政委报告了这一喜讯：“侯政委，我收到调动通知书了，对……对，就调到家居毗邻的计生委……噢，谢谢，谢谢！”

身为汕头水警区政委，一贯以来也十分关心英雄的侯政委听说李玉枝的工作环境改善了，有更充裕的业余时间照料英雄，当下也十分的高兴，便拨通了卢副书记的电话：“卢副书记，您好，真感谢地方党组织对麦贤得同志家属的关怀照顾呀……”

“……侯政委呀，这哪能说照顾这个字眼呢，政委呀，玉枝同志照顾麦英雄是她作为一个共产党员勇挑起来的一份神圣的工作，我们这么做，只是使她更好地完成这份工作罢了，她的身上任务太重了，我们还做得不够呢。”

“是，卢副书记，您说得对……谢谢地方党组织……”侯政委十分谦恭而又真诚地表达了谢意。

五十一、“谢谢首长!”

1

“军民团结如一人，试看天下谁能敌!”中央军委副主席、国务委员兼国防部长迟浩田上将至今仍坚信伟大领袖毛泽东这句话是至理名言，军民鱼水情嘛，人民军队就是靠这一条发展起来的。战争年代，军队和人民背靠着背推翻了三座大山，撑起了共和国的江山；和平年代，人民群众像一股源源不竭的泉头，输送了好儿郎应征入伍，他们又同子弟兵一道捍卫着自己的祖国，建设着自己的祖国，军队与人民是血与肉的关系，是鱼与水的关系。这一条过去是，现在、将来都是如此!

于是国防部长这次到汕头视察，听了这个特区城市的书记、市长的汇报，对这个城市拥政爱民工作甚是赞赏。他兴趣甚浓道：“很好，很好！书记同志，是不是请麦贤得英雄夫妇和那个军人好母亲姚慈贤谈一谈。”

市委许书记一听这位国防部长要接见本市的双拥模范和居住本市的全国战斗英雄，当然十分高兴，便欣然把他们请到坐落于海滨的市委迎宾馆。

暮春的汕头海滨，气候宜人。迎宾馆里的玉兰花溢出沁人肺腑的幽香，当年老“知了”的子孙们，继续登在高高的芒果树上唱着那古老的歌：“知了，知了……”

麦贤得和李玉枝夫妇，应约来到迎宾馆宽敞而舒适的会客厅里。褚褐色的落地墙幕挡住了午后灼热的阳光，也挡住了那“知了、知了”的机械的啾声。国防部长难得来一趟汕头，在百忙中还挤出时间接见他们，夫妇俩真的激动万分。心里还是怦怦地跳得慌。

迟部长来了。还有广州军区李希林司令、广东军区温玉柱司令、省委黄华华副书记，由市委许书记、周市长陪着……

麦贤得、李玉枝见首长们在门口出现了，兀自站起来，高兴地向迎上来的迟部长敬礼握手，然后又同其他首长握手。

迟部长笑笑地对麦贤得道："小麦，想不到又在汕头相会了。近来身体可好？"

麦贤得马上报告："首长，很好很好！部队、地方组织都很关心，很照顾，很好！衷心感谢军委首长！"

"嘿嘿，"上将温和道，"关键还应感谢你的好妻子，李玉枝同志，对不对？"

"对，对，几十年来，李玉枝待我很好，真的就是真的。"

"麦贤得同志，你的身体是党和国家的财富、人民的财富、军队的财富。你在战斗中顽强的意志、英雄的气概极大地鼓舞了部队的干部战士。现在，我看到你的身体恢复得很好，我真高兴。李玉枝作为军人的好妻子，全心全意照顾你，战斗英雄军功章里有你的一半，也有她的一半，你说对不对？"

"对，对，首长说得对！"

李玉枝谦逊地道："过奖了，多谢首长！"

迟部长又对坐在一边的姚慈贤老人称赞了一番，他也感慨地道："姚妈妈，听市委领导说，你在环境艰苦，家庭负担甚重的情况下先后把四个儿子送到部队，并且都立功受奖，考进军校。把儿子培养得这么好，是件了不起的事。"

最后，国防部长对汕头的拥政爱民工作再次称赞了一番。这时，市委书记道："迟部长，难得一见，你就赐两幅墨宝勉励大家吧。"

迟部长谦逊道："也行，写几个字，算留个纪念吧。"说着便欣然提笔。

他挽起袖口，用笔蘸了蘸墨水，大笔一挥，便写下为麦贤得夫妇的题词："无私无畏永葆英雄本色，品德高尚堪称模范军嫂。向麦贤得、李玉枝同志学习，迟浩田，1995 年 4 月 18 日。"

接着又为姚慈贤题词："向爱国拥军好母亲姚慈贤同志学习……"

麦贤得、李玉枝、姚慈贤，都感激万分，由衷道："谢谢首长！"

2

宕石军港，久违了！

老将军王欣的银发在晨光中显得更苍白透亮。他用手拢一拢被海风拂乱了的额门的银丝，对身边的夫人道："这海比广州湾的怎么样？"

住惯了湛江军港的夫人，头发还比老将军白得多，但却十分茂密，脸色光滑而红润，没多少皱纹，似乎岁月给她的只有霜剑，而没有风刀，霜雪只把她头发染白了，在她的鹅蛋似的脸上没刻下多少纹迹。夫人道："宕石的海面平静得多，好像无风无浪。"

"这是内海，走出海湾大桥外的红山嘴，那可不一样了，无风也有三尺浪呐!"

"老王，我老是忘了问你，当年的八·六海战是不是在这里打的?"

"不，打仗的部队就是这汕头水警区，而作战地点在东南海域的东山湾海面上，打'剑门号'就在外海。"

"哦，那你说待一会儿要去看望的麦贤得就是这汕头水警区的了?"

"对，他原来是汕头水警区的舰艇轮机兵，眼下已经是水警区的副司令了。"

"记得当年你在湛江商量要给他找对象，一转眼已是三十年了。真是人生如梦，岁月如烟啊!"夫人感慨道。

海面上。两只海鸥在盘旋，渐渐地飞往外海去。军港上汽笛长鸣，水兵们全副武装出航了。军舰犁开了平静的海面，两旁涌起两串白白的浪花，在晨光中闪闪发亮。

"我们该回去了，侯政委或许在等候我们了。"夫人提醒道。

于是，老将军和夫人并排着穿过那挺立于海滩上的木麻树林，朝军营里走来。

侯政委他们已等候在门口了。侯政委迎上来，笑笑问："老政委，汕头港比当年有没有变化?"

"变多了，不但是军港，整个汕头都变了！我只五六年没来，几乎难以相信呢，特区就是特区呢!"老将军颇动感情道，侯政委见日色不早了，便征询道："老政委，我们是不是得出发了，他们夫妇已在家等候我们了。"

"你不是说今天要参加市双拥会议吗?"老政委诧异道。

"老政委难得来一趟汕头，我打算叫副政委去参加会议，我陪你一道往麦家。"

"别别别!"老将军连连摆手，"你忙你的事，谁也不用陪。你叫一个干事带路就行，我与他是老熟人，你们前呼后拥的，我们倒是发慌，哪能拉家常呢？哈哈!"

侯政委深知这位先后担任南海舰队政委、人民海军副政委的老将军平易近人的性格，便说："既然老政委不计较，那我就恭敬不如从命了。"他回头对身边干部科的张干事道："张干事，老政委就交给你了。"

张干事连连点头。

说完，侯政委便叫来一辆小轿车，把他们送上码头，汽车便坐上大船，跨过大海直开往汕头市区。

过海之后，他们一行人便径直走往孔庙，叩响麦家的大门。

大门打开了，开门的是一个略略发福的中年妇女，样子长得温存敦厚，脸上堆着慈善的笑意，下颌有一颗好看的夫人痣。

“李大姐，老政委和夫人来看望你们。”

“噢，欢迎欢迎！”李玉枝热情地拉住老将军的手，又牵着夫人的手，把他们迎进厅堂去。

“阿麦，你停停，老政委来了！”麦夫人朝楼上唤道，她回头歉意道，“昨晚张干事他们通知说你们要来，没想到你们来得这么早，阿麦还在健身房运动呢。”

话音刚落，只听咚咚的一阵脚步声，麦贤得已跑下厅堂来。他穿着背心，浑身大汗淋漓。老将军站起来，望着当年的战斗英雄，麦贤得也望着这老将军发呆。半晌，只见他嘴唇颤抖着，高声叫道：“王政委，王政委，你来了！”

“哈哈，好记力，好记力啊！”老将军激动得眼眶湿湿的，好多年没见面了，料不到这一等伤残、伤了脑瓜的麦贤得还能记住他。

三十年前为了使麦贤得能得到一个温馨的家，能过正常人一样幸福的家庭生活，他便请了专家多方进行研究，决定为麦贤得找对象，建立家庭，并把麦家父母亲请到湛江南海舰队去，并派人多方物色，最后终于由麦贤得的老艇长物色上李玉枝了。当年听了汕头水警区的汇报后，他万分高兴，并请示了海军总部，得到批准后，他也指示汕头水警区要认真操办，但不久便发生了“林彪事件”，部队上下都忙，他也没时间过问此事了。后来听说，麦李终于成亲了，他暗自庆幸，不久又听说他有了两个孩子，家庭过得不错。几年前，部队新老英雄座谈会，他已退下二线了，没出席会议，而是在电视上高兴地见到麦贤得偕妻子在主席台上，他喜出望外。这次到汕头来了，他与夫人商量后，做了一番准备，要看望这个当年的战斗英雄，这可是人民海军的一大骄傲啊！

“阿麦，见你高兴成这个样子，老政委来了，还不把脸洗一洗，擦擦汗。”这时，李玉枝已递上一条拧干的毛巾。麦贤得接过手，擦了擦，便穿上外衣，道：“喝茶喝茶，潮汕工夫茶。”

麦贤得冲茶功夫数一流，没几下就冲出三杯汤色清亮的单丛茶，香溢满院。

李玉枝连忙托上茶盘，道：“老政委，夫人，请茶！”

“别客气，别客气……”二老端起茶杯，彬彬有礼地呷了一小口，连声赞道，“好茶好茶！”

茶过三巡之后，老政委便关切地问：“听说你们已有一对孩子了，他们哪去?”

“噢，”谈起孩子来，李玉枝脸上倏地布满喜气，“大的孩子叫麦海斌，三年前已进了海军学院，毕业后分配在汕头水警区；女儿麦海珊两年前往南京海军医专学院读书，毕业后也已分配在广州海军医院了。”说着，麦贤得已跑进房里，拿出一张今年春节拍的全家福，呈上给老政委夫妇。

二老仔细端详着，见到照片里全副武装的麦贤得父女仨和这“白衣百姓”李玉枝，全家那乐呵呵的样子，老人心头也乐开了花。老夫人连连道：“啊，真是虎父生虎子，这个海斌真是虎气生生的。小妹呀，一脸淘气天真的样子！”“哈哈，杰作，杰作！”老将军也感慨道。

说起杰作，老夫人才忆起身上带来的礼物，对丈夫道：“哎，多年没见面，一见面就高兴得连你的‘杰作’也忘记了。”说着便从手袋里掏出两张字纸来。

老将军接过来，边展开边谦逊道：“听说小麦这几年对丹青有所研究，我要来汕头之前，便写了几句话，班门弄斧了。哈哈！”

麦贤得一见，高兴得大嘴咧开，半天都合不上。他最喜欢的就是书法。他帮着把两张墨宝展示在桌面上。一幅写道——

> 当年金戈铁马，劈波斩浪八六海战中，拼死命，发豪勇，力擒顽敌铸就钢筋骨英雄汉。
>
> 而今是官非官，非民似民，改革开放时送温情献爱心，心系潮汕甘为平民百姓孺子牛。
>
> 向麦贤得同志学习！

另一幅又写道——

> 当代优秀军人妻子。
>
> 向李玉枝同志学习！

字写得太好了，端端正正的欧体！对子写得太好了，句句含情，字字含爱！这是老领导的高度褒奖呢！麦贤得夫妇致谢道：“老政委，你太过奖了！”

老将军望着这对风雨同舟近三十年的特殊夫妇，意味深长地道：“老夫从来是没有这么夸奖过老部下的，你们开创了首例！哈哈……”

3

这里还得摘引一段感人的记述：

8月14日，麦贤得夫妇飞抵湛江，参加舰队党代会。15日，王永国司令员、康富泉政委、严尔益副政委、刘丁有副司令、李树之副司令、赵英富副政委、政治部李秀康主任、蒋洪运副主任一行十多人，来到代表们下榻的舰队招待所，看望麦贤得夫妇。

康政委问李玉枝："最近，老麦身体还可以吗？"李玉枝回答道："谢谢首长们的关心，老麦的身体越来越好了。"

王司令员接住话茬说："到这里环境不一样了，有什么不方便的，尽管提出来，老麦啊，别总说不给组织添麻烦。"

一句话，引得大家都笑起来，麦贤得说："谢谢，谢谢各位首长，很好了，很好了。"

开饭铃声响了，麦贤得和将军们一起走进饭堂。餐桌上，首长们亲切地询问："老麦，口味怎么样？""要不要来碗稀饭？"……

对于麦贤得的生活习惯，舰队、基地的各级首长，差不多都略知一二。每次到汕头，他们都在百忙中抽出时间看望这位老英雄，询问他的身体情况，饮食习惯，参观他开辟的"百花园"，观赏他养的大鹦鹉。所以，无论麦贤得在哪里，都有首长特别配备的服务人员；要求环境要安静，饮食要清淡，每顿最好有稀饭……

3月，基地杨福成司令员来到麦贤得家，得知他刚刚安装了一套健身器，每天都坚持锻炼时，饶有兴趣地对他说："老麦，我看看去。"麦贤得领他来到二楼健身房，他在健身器上又是跑步，又是划船，示范了一遍，杨司令员连声叫好，说："比我强。这些东西我都玩不转。"

6月，基地邬华扬政委看望他们时，关切地对李玉枝说："海珊军校毕业，分配有什么要求吗？"麦贤得抢着说，"到艰苦的地方，越艰苦越好。"李玉枝笑了，说："老麦的意见就是我的意见，哪里能锻炼人就到哪里去。"

几番寒暑，几度春秋。舰队、基地和水警区的首长换了一任又一任，但是，对老英雄无微不至的关怀始终没有改变。麦贤得的居住环境、身体恢复、儿女成长，无不渗透各级首长的关心和支持，当年，英雄血洒疆场终不悔；今天，沐浴春风应无憾。

——引自海军广州基地政治部编的《麦贤得新传》

在麦贤得夫妇的抽屉里，还保留南海舰队赵英富政委的题词，与各级领导和书法家们的题词珍藏在一起，老麦一碰上记者就乐滋滋地展示出来。赵政委的题词为——

惊天地泣鬼神乃英雄矣，实乃英雄当之无愧；
忠于党忠于人民难能可贵，真乃难能再造辉煌。

五十二、八·六生日

1

这位娇巧的女孩把玲珑的邮包寄出之后，那张甜甜的嫩脸便添上诱人的笑靥：“嘻嘻，爸爸见了，一定会高兴地夸他的女儿的。”

她知道，爸爸很喜欢她给他的礼物。别瞧那东西小不零丁的，却花了她好几个月津贴费的积蓄呢。她掐着小指数了数：今天是 8 月 1 日，按平索邮东西去，一星期刚好就到汕头，妈妈就会往红领巾邮局取，刚好爸爸生日时就见到这东西；给爸爸一个意外的惊喜，真棒！

她叫麦海珊，是麦贤得的女儿，初中刚毕业就考上这南京海军医专学院，是全班唯一的初中毕业生。她发奋努力，勤学苦练，仅半年多的时间，成绩便赶上班里的高中毕业入学的同学了，但她却瘦了很多。她心里很高兴，她没给阿爸丢脸！

麦贤得的女儿麦海珊

真的，她越来越爱爸爸了。小时候，她眼中的爸爸，是一个怪样子，有时像一个百分之百的布尔什维克，像刚从列宁格勒派回来的列宁的卫士一样，满肚子的马列，眼睛里半点尘埃都容不住。她和哥哥稍有不慎，违逆了他的“逻辑”就会遭他的责骂。她太怕他了，一见他那张长长的黑黑的面孔，那像杨子荣一样锋利的剑眉，她就吓得说话不敢出声，吃饭不敢咀嚼。后来渐渐大了，听了妈妈讲爸爸的故事，又后来，渐渐地家里来了许多许多的信件，一些远方的不认识的朋友都给爸爸写信，都在问候爸爸妈妈。这时候，她才开始从心底里重新认识爸爸。特别是1994年入伍之后，有一天，学校政委要她在全校学生大会上讲述爸爸的故事。她懵了：她是爸爸的女儿，同爸爸长期生活在一起，爸爸的故事是什么呢？妈妈曾经讲了，不止讲一次，但眼下要她讲就不知道如何讲起？她怕讲错了，被同学们笑话。她便打电话问妈妈，妈妈说我也讲不准，你就自己问爸爸吧。接着话筒里传来爸爸远隔千里的声音，倏地一股暖流布遍全身，爸爸跟她说话了：“阿珊吗？你在哪里？”“爸爸，我在南京海军医专学院里面，你给我讲你的故事好么？首长要我向同学们讲。”“我的故事？不，是我同我们战友的故事呢，是战斗集体。爸爸是一小小的螺丝钉。海珊，爸爸平平凡凡的，你也平平凡凡的。要谦虚，懂么？”“知道，爸爸，我永远是平凡的女孩。”“这就对了，海珊，爸爸就跟你讲故事……那是1965年8月5日深夜，敌舰上一个老兵抽烟，烟头一闪，暴露目标……”海珊认真地听着，笔尖在纸上沙沙作响，当爸爸含有语音障碍的声音断断续续讲到他脑浆外流，血浆蒙住双眼还坚持战斗时，海珊心头酸，哽咽着问：“爸爸，你不痛吗？”“痛。”“那你为什么还能站起来，还能穿过舱洞往前舱去？”“战斗没结束，炮声召唤我，祖国召唤我，人民召唤我……阿珊，台湾还没……没解放，祖国还没统一，有人要闹……闹台独，我们就要狠……狠地揍……”麦海珊泣不成声：“……爸爸，您太可爱了，爸爸！”

她永远忘不了八·六这个神圣的日子，这个日子是爸爸身负重伤的日子，也是震撼全国的日子，也是爸爸的再生日子！爸爸和他的战友黄伯伯、彭叔叔把这日子定为“生日”，是千真万确的。

海珊走出了邮局，穿过了喧闹的街道，走进军校里去，她心底里默默地遥祝爸爸生日快乐……

2

身着海军大校制服的麦贤得，显得十分威武，那肩章在晨光下熠熠生辉。

他坐在沙发上，一边泡茶，一边接着一个连着一个的电话。

李玉枝在厨房里走进走出，时而从市场上购来各种各样的菜色：猪蹄、红枣、卤鹅、牛肉丸、墨斗丸、鲜猪肉、鳗鱼、对虾、蛤、蟹……刚放下，又匆匆跑出去，从小卖部提了三条“红塔山”香烟……小黄也忙，他刚往生日蛋糕店交代了生日蛋糕，就接到阿珊的邮件领单匆匆往红领巾路领邮包。

八·六定为生日，是阿麦和老班长黄理省、彭得才三人定的。以往，每当八·六这一天，他们三人就相约轮流做东，有时在老班长家，有时在彭得才家，有时在他家。但是，几年来，彭得才已上调广州疗养院去，老班长

麦贤得和战友们度过八·六生日

的儿孙也多了，就在各自的家庭庆祝。但生日一到，老班长还念着阿麦是伤残的人，还上门来祝贺他的“生日”；而彭得才，“生日”都忘不了来个电话相贺。是的，同一个轮机班，就剩下他们三人，那陈文乙转业已在老家惠来，太远了，没能团聚，但也忘不了来个电话。不是嘛，阿麦正在跟谁通电话呢？李玉枝刚放下香烟，只听阿麦在厅堂上叫嚷道：“李玉枝，陈文乙要跟你说几句。”

李玉枝慌忙从厨房里跑出来。接住话筒，只听里面传来陈文乙那含着笑语的声音：“喂，嫂子吗，哦，祝贤得生日快乐，也祝你们全家幸福呀！”“指导员呀，谢谢你了，也祝你生日快乐，祝巧姐身体好，全家幸福呀……”他们高兴地祝贺了一番。话筒刚刚放下，又铃铃响了，麦贤得拿起来一听：啊，是彭得才，“好家伙，来电了！生日快乐，快乐呀！”麦贤得高声嚷道。他或许认为声音高，不要电线也能传到广州一样，震得玻璃窗也格格作响……

“哎呀，小麦呀，我在中山路上，就听到你的声音。”黄理省矮胖胖的身子已竖在门口。麦贤得一见是老班长，便对着话筒道：“小彭，老班长来了，说几句。”说着又把话筒塞给老班长，“啊，好个彭得才，你还忘不了我和小麦呀，可喜可贺！孩子毕业了，啊，你还得了全军科学进步奖？好呀，祝贺，你成科学家了！”老班长听说彭得才研究的治愈脉管炎的药物获奖，高兴得那张包子脸绽开了花。

谈了半天，约摸彭得才的科学进步奖的奖金要赔上电话费了，黄班长才说“拜拜”。回头没见阿斌阿珊，便问：“那两个小孩没回来？”

麦贤得高兴道：“黄班长，阿斌进步，前年军校毕业，还入了党，参加驻港部队，当军需，刻苦，首长表扬，可以的。他出海几天了，今天会到。阿珊就不回来了。”说到这里，麦贤得似乎有些失落感，声调有些戚然。

“阿珊没来电话吗？”

“没有，这孩子就没我的心。”麦贤得一气，便开始责怪了。

说话间，小黄匆匆地走进来，一手提着一大盒蛋糕，一手提着一件精巧的邮件。见黄理省，便笑着招呼道：“老班长，您好！”

“嘿嘿，生日就忙坏小黄了。”老班长说着，又问，“那邮包谁寄的？”小黄道：“您猜，麦副司令也猜猜。”麦贤得心头还有气咻咻道：“不猜不猜！”小黄便高声道：“是你的宝贝女儿麦海珊！”麦贤得一听是女儿寄给他的东西，便乐了。一把夺过邮包，三下两下就拆开牛皮纸，里面还包裹着红纸，花花斑斑的，啥玩意儿？剥开一瞧：呀，一把精巧的电动须刨呢！“哈哈，”黄理省开怀大笑道，“小麦，这娃真的知书达理，送给你须刨，知道你的黑胡子硬邦邦的，必须天天刮，永葆青春啊！”回头往里房嚷道，“嫂子，你女儿给小麦带来青春还原剂了！”

麦贤得见着这玲珑精美的须刨，叫小黄往铺子买了两颗“夜明牌”电池，装上去，电钮一按，便“嘀嘀”叫起来，他往下颏刮，便发出轻微的嚓嚓声，没半丁儿痛感，舒畅透了。他心里道：“还是女儿疼我呢！”

他放下须刨，忽然想起了一件事，对黄理省道：“喂，老班长，你瞧瞧这张照片。”说着，麦贤得跑进里房去，一会儿便拿出一张鲜艳的彩色照片。黄理省接过手一看，瞧着瞧着，不禁击掌道：“啊，朱副政委，还有徐寿祺指导员，还有戴树怀艇长……都是先锋艇的，他们哪时来的？”

“新老水兵喜相逢活动，他们看望我，拍了照，还问候你，说时间紧，不能都看望。哦，对了，有一封信。”

麦贤得说着又跑进里房去，拿出从河南鄢县寄来的一封信。黄理省展开一看，原来是老艇长崔福俊的妻子娄玉兰发给麦贤得夫妇的信：

敬爱的战友麦贤得同志、玉枝同志：

我从《羊城晚报》上看到你们全家幸福的生活，真高兴！我相信老崔他在九泉有知，也一定很高兴的，你们终于有今日了！特别是小麦身体一天天好起来了，你们的一对孩子也成长起来了，而且都光荣地入伍，接过父亲的枪杆子，走上英雄的战艇，真是太高兴了！

我们离开汕头时，小麦你还在葫芦市的山沟里面，小李也还在那遥远的汕尾镇乡间，我们便匆匆走了，不能相辞了。料不到，老崔这一别，便同你们永诀了！他于1991年11月4日因病不幸去世。临终，他还念叨着你们呢。

好了，你们日子过得好了，我代老崔为你们高兴。现有一件事，我县地方党和政府不忘人民功臣，要为老崔出一本纪念专辑。现请小麦为他题写几个字，以之纪念。行吗？顺便代向黄理省、彭得才等战友问好！

祝

全家幸福！

娄玉兰

1995年8月1日

黄理省瞧着，两眼已溢满泪水，长长叹了一声：“老艇长。你走得太快了……”

麦贤得又跑进屋子里，再拿出一封信，悲戚道：“老班长，接到信后，我同玉枝写了信，你瞧。”

黄理省轻轻擦擦泪眼，认真瞧着：

尊敬的娄姨：

您好！来信已经收到了。接到您的来信，我们心情久久不能平静。回忆桩桩往事，也记住你们的点点滴滴的恩情，虽然在那个年代蒙受到很大的打击，我们相信党是光明磊落的。时代在呼唤着英雄，需要精神文明。忆起当年老艇长和娄姨对生死与共的战友感情之深，真是让我们永生不能忘怀。老艇长促成我们这段婚姻，使阿麦同正常人一样有个家庭，有妻有儿，这恩情真是比海还深，我们从心头感激。如果不是这样，阿麦今天不知道情况会如何？现在阿麦身体也逐步康复了，两个孩子已经在部队工作了，是党和人民给我们的幸福，其中包含了老艇长如海般的深情！

接到你的来信，我们因参加省“家庭美德”报告会，耽搁了些时间。现已把结婚照、合家照叫人重拍后寄出去了。阿麦的题字是“深切怀念老艇长崔福俊同志”，也一并寄上了。让你久等了。请见谅！

娄姨，得知你们现在的家庭日子过得还好，我们心里也很高兴。希望你同孩子抽空来汕头做客。汕头现在是对外开放特区。比起您在的时候已经大不一样了。我们真挚的希望，能否寄一张你们的全家照给我们留念。

祝你们全家幸福！

麦贤得　李玉枝

1995 年 8 月 5 日

岁月如烟，人生苦短啊！黄理省沉默半晌，感慨万分。

铃铃铃，电话又响了。麦贤得拿起话筒，里面传来麦海斌的声音：“爸爸，你好，生日好！现在我已赶回汕头了，船停泊后，我马上就回家……”

“不打紧，工作为重。你黄伯伯来了，亲友们都要来了……”

“侯政委、郭老板、黄干事……欢迎欢迎！”门外传来李玉枝琅琅的声音……

五十三、江主席的赞誉

1

1996 年 12 月 24 日傍晚。北京海军大院会客厅。

厅堂的灯火辉煌，如同白昼，窗外冷风嗖嗖，寒意袭人。但是麦贤得这时热血沸腾，心房通通地跳得欢。因为中央军委主席江泽民就要接见他了。今晚是江主席的第五次接见。前四次的接见，都是在大庭广众之下，或在主席台上，陪同的领导和首长多，不能谈得太久。这次，江主席要专门接见他了。真像当年毛泽东主席接见一样，这是对人民海军的巨大关心，也是对他一个特殊的褒奖，是人生莫大的幸福啊!

“老麦，您已是老英雄了，见的首长多，别紧张吧，肌肉放松，别像要战斗一样。”海军司令石云生见他脸庞绷得紧紧的，便诙谐地道。

“真的，我有些紧张，怕讲错话。”麦贤得说话从来不拐弯，心里装的什么就掏出什么。

“嘿嘿，老麦，”坐在一边的政委杨怀庆也搭腔道，“按原来老方案行事，主席问什么，你就说什么。主席人很儒雅，这你知道的。心放松了，说话就自然。”

“是，首长说的是。”

真的，江主席在几位首长的陪同下，满脸笑意走进来了。麦贤得慌忙迎上去，向江主席行军礼，并激动地道：“江主席好!”

“麦英雄，您好!”江主席那温厚的大手紧紧握住麦贤得伸过来的手，微笑地望着麦贤得那在强烈的灯光照射下显着红晕的脸庞，接着道，“你的身体恢复得很好啊，几年前，我见过你爱人。她是一位值得尊敬的好军嫂。你的身体康复得好，有你妻子的功劳。请代向你的妻子问好。”

这时，站在江主席身边的石司令向江主席汇报道：“江主席，昨天，汕头市授予李玉枝‘战斗英雄好妻子’荣誉称号呢。”江主席连连称赞道：“很好，夫妇都是英雄。”

麦贤得由衷地道：“谢谢，谢谢江主席!”

2

江主席接见阿麦的动人镜头，隔天傍晚李玉枝就在中央电台播出的新闻节目中看到了。也像麦贤得一样沉浸在幸福之中，感动得泪如泉涌。而李玉枝作为一位英雄的妻子，曾经先后四次受到江主席的接见，这是共和国领导人对一位普普通通的女性的褒奖啊!

这几年，党和国家领导人、部队首长和地方领导对战斗英雄的关怀爱护，对他这英雄的妻子的勉励，常常令她心潮起伏，夜不成寐。是呀，严冬过去，春回大地，共和国的五星红旗是永远飘扬的，为五星红旗而献出鲜血的人，共和国是永远不会忘记的。有一位很有勇气的记者问，你这漫长的艰辛路程是如何走过来的？在最艰苦的时候，你有没有想过离婚？她想了想，不知是对记者说，还是对自己说："这一生感到最痛苦的并不是自己受委屈之时，而是在动乱年代英雄得不到公正对待，受到歧视。太多的压力让我难过，但却从未有过离婚的念头。我坚信我们党是光明正确的，正义一定会得到伸张……"是的，今天终于雨过天晴了，英雄重新受到共和国人民的尊敬和爱护了。她深深感到付出的代价受到公正承认的幸福。不久前，她参加广东省"家庭美德"报告会，她向全省的姐妹们说，她结婚时知道自己的双肩上挑起三个任务：一是尽力照顾护理阿麦；二是让他有一个温暖和幸福的家；三是使他的病情和身体尽快好转，精神上最大限度地接近正常人。现在，除了这三个任务外，她深深感到，今后，她要承担起一个更重要的任务，就是精心照顾他，让他在这春风雨露中，在开满鲜花的世界中活得更好更长寿！

她对完成这个任务充满信心，江主席对她的褒奖，真是莫大的鼓舞和鞭策啊！

昨天，刚刚过去的昨天，她又得到了一个令她永生难以忘怀的荣誉：汕头市委、市府、汕头警备区授予她"战斗英雄好妻子"的荣誉称号。同时，还决定每月给阿麦三百元的营养补助费。记得昨天上午，在闪烁的摄影机的荧光中，在录像机的强烈灯光中，在成千上万人的亲切的眼光中，市委许书记赠给她那"战斗英雄好妻子"的牌匾，她激动得热泪盈眶了。她接住牌匾，心里暗暗道：谢谢党，谢谢人民，我李玉枝做得还不够，我只做到一个妻子，一个普通的共产党员应该做的平平凡凡的工作啊……

她想，阿麦从北京回家来，见到她那光荣的牌匾，也一定会高兴得蹦蹦跳跳的。真的，值得她发自心底里欣慰的是，阿麦病体终于大为好转了，那吓人的癫痫病几年没复发了。他身体一好，情绪也好，对她也越来越尊重。感情越来越笃深，越来越相爱了。孩子当兵去，家中就剩下夫妇俩，他一天没见她，就觉得失落了什么似的。每次她往外地开会学习，部队小车往机场接她时，都必须先往家里载阿麦一道去。不这样，他可不高兴呢。一次，司机因任务紧，没这样做，直接去往机场接她，而他事先已知道她要回家的准确时间，在门口等候着小车，准备一道去机场。小车来了，车门一打开，她走了出来，他喜出望外，竟像小孩一样高兴得手舞足蹈，甜甜地高声唤道："阿枝……嘻嘻……阿枝！"她羞涩而又一阵心热道："都要当爷爷了，还这个样子……"

五十四、乡情依依

麦老师从丰源巷口走来，虽然已是古稀老人了，还健步如风。

村麦书记站在村委会的大门口，他已吸了一根纸烟，才见到麦老师从巷口闪出来，便远远就问："麦老师，阿忠你叫来了吗?"

话音刚落，麦老师已到面前："我刚才就是去叫的，一会儿我们就往猪场去，你有没有空，我们一起去瞧瞧?"

"我要到镇里开会去。镇书记反复强调，准备工作一定要做好，这可是门风的事。英雄出在我们村子，人家从北京从广州老远都跑来，这英雄的展览馆一定要搞出名堂来。我墨水不多，就拜托你了，麦老师!"

麦书记对这全国的先进辅导员，还会不放心？真是"老骥已知夕阳晚，不用扬鞭自奋蹄"啊！他点点头就满意地往镇政府开会去。

麦书记前脚刚走，小巷上就冒出宣委阿兴那头发乱蓬蓬的脑袋。

"阿兴阿兴，你昨晚还摔老K去？刚起床?"

"小声些小声些，"阿兴竖起一只指头"嗤"的一声，回头望望小巷，见老婆没跟来，才放心道，"嘿嘿，老前辈。岂敢？家里我是老虎，我老婆是武松，这几天来她抓得紧，她说早睡早起赢食补。她说一句我听一双，别惹事。嘿嘿。"

阿兴是一个幽默的家伙，人走往哪里，笑声就到哪里。他喜欢打扑克，但输的多。常常口袋里的"牡丹"烟，跑没半条巷就剩下瘪瘪的纸壳。家里经济是妻子主管，他伸手要钱，常常挨骂。他有一张笑眯眯的脸庞，尽管他发怒，但那满脸的皱纹还在笑，于是谁也不怕他。人缘很好。

"别啰唆了，你叫老邱了吗?"麦老师问。

"叫了，约九点正在猪场会齐。"阿兴说着便同麦老师一道，就径直往后巷走去。

冬日的浒洲湾，阳光慈慈的。年关将近了，忙了一年的乡亲们又忙忙碌碌地办着年货。新辟的宽敞长街，挤满了卖菜的、卖鱼的、卖肉的，还有卖年画的。有一群小童在街上放着五彩斑斓的气球，那个大大的蓝色的，飞在长街的半空上，碰着楼角的电线钉，只听扑的一声爆了，那个流着长长的鼻涕的男孩"哇哇"地哭了。

"嗤，哭啥，没出息!"阿兴一见，骂了一声，那男娃一见是兴伯，见他发怒的笑脸，知道有救了，便破涕为笑，“兴伯，球。”“球屁！”骂着便从口袋里摸出一张皱巴巴的壹圆纸币递了过去，“再买一个。”那男娃接过手，便嘻嘻地跑了。

拐了几道弯，便来到猪场。

这养猪场并不排场，篱笆墙上爬满了牵牛花。那茂密的绿叶中的小花朵，喇叭儿般开放了。远远就听到猪场里大猪小猪嗷嗷地争食的声音。

走进猪场，只见邱馆长和阿忠已在那里了。他俩专注地跟着林呖参观大肥猪。

“阿姆，年关到了，猪肉好价，大猪嫁不嫁？”阿兴远远地打趣道。

林呖回头一望，见是麦老师和阿兴，使嗔怪道：“又是你这鬼阿兴，我想又是什么大领导了，吓了我一跳。今天你们又这么多人，又要我干啥事？猪怕生分人，你们再一弄，猪又怕要拉青屎了！”

“哎哎哎，”阿兴半真半假道，“阿姆，算啦，年关到了，猪大的嫁去，小的卖了，猪舍打扫打扫，你也该退休了。今年八十岁？”

“七十八，差两岁，八十岁了我才退。”

“哈哈，我说呀，”阿兴见麦老师已同老邱他们在拍摄大肥猪，便又跟林呖搭讪道，“你劳累了一生，该歇了。不歇，不知哪一天又要兴‘刘尾巴’了你不怕么？”

“哈哈。”林呖被逗乐了，“鬼阿兴，你又在揭你大姆的老疤。这回，顶头管政策的英明，尾巴越多越光荣，我不怕了！”

“阿兴，阿兴，你还在瞎扯。请大姆喂猪。”麦老师在那边嚷道。

“嘿嘿，大姆，工作工作。”阿兴说着就带了林呖走过去。

阿忠双手拿着照相机，指挥道：“阿姆，来，你手拿勺子，把米汤高高地倒往槽子里去……哦，对，对，就这样。”阿忠瞄准镜头，“阿姆，笑，笑，对了。”咔嚓一声。

麦老师见林呖满头白发，还日夜忙碌着，恻隐之心油然而生，便关切道：“大姆，阿庆阿得他们家境都宽裕了，阿有阿哆，还有阿细，他们都领政府的薪水，你这把年纪了，就算啦，听阿兴说的，趁春节把大猪卖了，就回家喝茶聊天享个清福吧。”

“哎唷，麦老师，阿庆兄弟一见我喂猪，不知把猪槽藏几次了，把猪崽子卖了几次，但我就不理他们。哎，你同阿兴都是当爷爷的人了，”林呖说着又把一勺番薯浆哗的一声倒进猪槽，“儿孙们孝道，我哪会愁日子过不来的。只是麦二弟那个光蛋仔，下海不会下海，生意不会生意，一家不养猪便要喝西北风了。再说，我帮他这个忙，猪嫁了，光蛋就给些钱。我这当奶奶的，孙子们大年回来团聚，哪个叫奶奶，就给哪个压岁钱，孙子们就叫的乐，我这奶奶更开心了。”说着，林呖反而开导道，“麦老师，俺这些上年纪的人，其实运动运动，身子骨挺硬朗呢。做惯了，坐半天就腰酸腿软的。”

“嘿嘿，大姆说的也是。”

谈笑着，一干人便走出篱笆门，只见半墙上的牵牛花开得更闹了。

年关一到，闽粤边县的滨海重镇汫洲湾节日的味道特别浓郁。整个乡道大车小车来回穿梭，一车车还水淋淋、活鲜鲜的鱼货、大蚝载往潮汕各地，有的还载上高速公路上省城去，还有的用空运飞往北京、上海、天津、成都等大都会去，几乎中国的省份，除夕夜的暖暖的滚锅里，都有汫洲湾的海鲜呢。

汫洲湾新辟的大街，便有许多既熟悉而又生分了的、穿着西装革履、打着领带、戴着金戒指的大款小款们在长街中游来游去。“吱吱吱”的手机声此起彼落——他们是新一代的汫洲人。他们告别了贫困、告别了凄怆、告别了忧愁，他们用自己的双手，在海里养鱼捕鱼，用现代化的交通工具载往大都市去，在改善城里人的口味之后，又从他们的腰包里赚了钱，回来建设自己的家园。往日那低矮的瓦屋越来越少了，往日那鹅蛋石路的小巷越来越少了，往日那破旧的茅厕，那泥泞的乡道，那古老的渡船都不见了……

麦贤得回到母校——汫北学校

一年一度的除夕夜，散落全国各地的洴洲湾人，回来的感觉都觉得挺新鲜，挺有味。他们感到洴洲的天空似乎是低了很多。有的大款抖一抖闪光的金戒指，扬一扬会叫的手机，伸手一摸，好像要摸到月亮一样。他们也觉得海水没有原来那么湛蓝，似乎比原来纯白得多，恍惚中那阔荡荡的一望无际的大海，似一张扩大了的平展展的晶白透亮的金板一般。嘿，洴洲人明白，只要甘愿流汗出力，大海就是一个大银行呢！

大年三十的太阳，光线也是十分慈祥的，太阳照在大海上，那平静的海面，那没有大船小船的海面，似一座闹哄哄的戏院散了场的样子，格外地空寂而安然。大海像一位慈祥的老奶奶，除夕来了，终日绕膝的孙子们都回到得闲了的母亲怀抱中，老奶奶要阖然安睡了。阿门！

林疬老奶奶却没大海那么悠闲，每逢这除夕夜。她最忙又最乐。瞧，一群群的儿孙从四面八方回来。阿庆带的大媳妇碧爱和孙儿阿伟、阿民、阿丽从汕头来了，阿伟的臂弯里还钩着孙媳妇阿荣呢；阿得和二媳妇李玉枝同孙儿阿斌、阿珊开车来了；阿有和三媳妇张爱玉带着孙儿伟强、伟珠开车来了；阿弟带着四媳妇史团平和孙儿伟立坐着飞机从广州来了；阿哆带着五媳妇张桂玉和孙女伟璇；阿佳带着七媳妇贾树炎和孙子伟练；阿国带着小媳妇沈婵娟和小孙女麦伟怡从县城开摩托车回来了……还有女儿麦贤妹和女婿林汉斋也带外孙林春荣开车回来了。嘎嘎……林疬奶奶和在家的六儿子麦贤细和六媳妇林吉梅和孙女麦伟芳在家中迎着，瞧着这支庞大的队伍，她心里真是乐开了花。儿孙满堂，儿孙满堂啊！

天道怜香草呀！她瞧着儿子们，觉得一年似乎比一年老了些，阿庆两鬓也斑白了，阿得、阿有一笑眼角也爬满了鱼尾纹……但是见着孙儿孙女们，都一年比一年高，真比她猪场里的猪崽子长膘还快呢。

她老眼有些昏花了，但见着孙儿们，就觉得分外亮些，这个是阿伟，这个是阿丽，这个是阿斌、阿珊……她是不会弄错的。但是，今年见了阿斌，就觉得有些生分了。这娃别样的威武，瞧他穿着一身崭新的海军装，挺神气的，同他爸爸当年一样。啃，那肩膀上也有杠杠，看来也当上个小头目了。这娃从小受苦多，来日一定会长进的。

人齐了，阿庆主持了会议，要孙子们汇报一下过去的一年干出什么成绩来。阿庆开会开惯了，一天没开会就睡不着觉。这大年三十也开会，弟妹们都听他，侄子们更听这大伯的。

“阿斌，你先向大家讲一讲你是如何立功受奖的？”阿庆改变了往年的流水作业，今年点将登台。

“没什么，我只是做了我应该做的。”阿斌谦逊道。

“你就谈你们驻港部队如何抗击‘9·9’强台风，保护战舰的事迹吧。”

“大伯，没什么。我们……”阿斌呐呐道。

“是的，人民战士，哪里有危险，就往哪里冲。”一直微笑着听他们对话的麦贤得开口了，“阿斌也是小小的螺丝钉。真的。”

“海珊，你哥哥谦虚，不愿介绍，你看了《人民海军报》的报道，你代你哥哥介绍，让姐弟们向你哥哥学习嘛。”

麦海珊望一望她的母亲李玉枝，只见母亲也微笑着轻轻点点头，她便高兴道：“那场台风可厉害呢，中心风力十二级。我哥哥的驻港部队战舰在那里集训待命。那天台风骤来，由于一艘民船抛锚，向我战艇撞来。我哥哥的战舰钢锚链也挣断了，情况万分紧急。我哥哥被一阵强风从右舷甩向左舷，他马上从地上爬起来，冲向水密门，用尽全力推开水密门，往信号台上观察瞭望。我哥哥被风浪摔倒了几次，又爬起来顶住水密门。及时向舰长报告周围情况，使舰长在万分危急的情况下正确操纵指挥，先后避过冲向我哥哥战舰三个方面的五艘舰船。他又急忙冒着被大风浪卷入大海的危险，冲往舰洞口，及时向艇长报告方位，使战艇冲出危险区域，往安全地带抛锚。但在抛锚时风力更大，他同七名战友好不容易爬到锚机旁，把锚抛下去。后来因风力太大了，一松手就会被刮进大海去，于是大家不能爬回舰舱，在甲板上紧抱在一起，坚持了一个多钟头，终于保护了战舰的安全。”

“哈哈，阿珊讲得不错，有进步了。”沉默了一会儿，三叔麦贤有禁不住表扬道。

“阿珊还‘贪污’了。”阿庆含笑地‘揭发’道，“阿斌在这场抢险战斗中荣立三等功呢！”

“好样好样！”奶奶道，“阿斌，好好干，为弟妹们立个好样子！”

“这回，轮谁来汇报？”阿庆又笑笑问。

大家叽叽喳喳的，谁也不愿开口。

“这么吧，”李玉枝搭讪了，“谁最后汇报，谁就罚唱歌。”

“行行，”这一回，大家气氛活跃起来，都生怕落后挨罚唱歌。

“我汇报，”阿七的儿子人称“大肥弟”的麦伟练把手举得高高的。他今年才十三岁，但已有近百斤重了，那屁股滚圆滚圆的，夏天穿着裤衩赤着上身，像一个摔跤运动员一样。

“行，大肥弟汇报。”大家鼓掌赞同。

“我年终考试，语文七十三分，数学六十九分，思想品德六十二分……”

“太低了，太低了，”在广州当副主任医生的四伯麦贤弟摇摇头，四伯母史团平也操着生涩的潮汕话道：“大肥弟要再加一把劲呢，你伟立哥每科都九十五分以上呢。”

“哈哈，考低分要罚。”大伯赏罚分明。

大肥弟争辩道：“不，我举重九十分。”

“哈哈，不行，你又不是运动员，举重不算数。”麦伟强反驳道。

林呖宽怀开脱道：“一人一个料，肥弟将来举重争头名也行嘛。”

“不行。读小学应练基本功。”老学究似的四伯坚持他的观点。

“那就罚，罚大肥弟唱一首歌。”

“好，罚唱歌，兼跳舞。”

“罚就罚。”大肥弟也爽快，便操起话筒，清了清喉咙，就装着刘欢的口吻，唱起了他自己改编的《好汉歌》：

大河向东流，天上的星星参北斗，风风火火 XO……

边唱边扭着那大屁股，大家被弄得笑弯了腰……

“不行不行，”麦贤得一本正经道，“大肥弟唱正经的。”

大肥弟的母亲也笑得流泪，见众位伯伯姆姆都在场，便认真道：“肥弟，唱正经给伯伯姆姆和哥哥姐姐们听听。”

“唱就唱。”大肥弟又清了清喉咙，又学着刘欢的口吻，唱道：

大河向东流，天上的星星参北斗。

嗨儿呀，依儿呀，唉嗨唉嗨依儿呀！

大家笑闹了一会，又听了孩子们的汇报，大伯阿庆作了认真的总结，要求大家向麦海斌学习，新的一年取得更大的成绩，不然谁落后了就像“大肥弟”罚唱歌。

麦贤妹见日色不早了，便提议大家该拍“全家福”去。麦伟丽和麦海珊便挽着老奶奶，一家子三十二人就走往门口的大街去。

海风轻轻吹，天空万里无云，远远的大海连着蓝天，一碧万顷。

海珊问奶奶：“奶奶，这里的大海为什么离村子这么远？”

奶奶说：“不，你爸爸当孩子的时候，大海就在我们的家门口。你爸当兵后才拦了大堤，填成埭田呢。”奶奶说着，指了指远远那白云萦绕的三屿山，“以前，那里都在海中央，要去都要摆小船的。”

“哦，奶奶，”麦伟丽也好奇地问，“我听爸爸讲，有个民族英雄叫陈璧娘的，在红螺山，离这儿多远？”

“就在三百门外那边，过了皇姑潭就是了，海里那最高的山就是。”

“奶奶，”麦海珊又不解地问，“我也听阿爸讲，陈璧娘送夫抗元，夫妻双双都殉国了，那她有没有儿女？”

奶奶沉吟良久，长长叹了一声，深情地道：“有，有，她的儿女很多很多。其实，大海的儿女都是她的儿女……”

“阿妈，你们还在说古道今，快过来呀，快拍全家福呀！”麦贤妹高高地举着照相机，高声叫唤着，那银铃般的声音在空中久久地飞扬……

五十五、胡主席接见

2007年8月1日，正是庆祝中国人民解放军建军八十周年的大喜日子里，也就是距离当年毛泽东主席接见麦贤得四十年的时候；距离当年江泽民主席接见麦贤得十一年的时候，中共中央总书记、国家主席、中央军委主席胡锦涛在北京人民大会堂上接见了麦贤得和他的妻子李玉枝。

人民大会堂的傍晚，灯火辉煌，喜气洋洋。宴会厅上，党和国家、军队领导人都来为众位出席宴会的人民解放军英雄、功臣敬酒。最幸福的时刻到来了，麦贤得发现胡主席和中央其他领导人向他走来，向他敬酒来了！他高兴地站起来，妻子李玉枝也高兴地站起来，她轻扯一下老麦的衫裾，小声道：“阿麦，要沉着，别冲动。”胡主席来了。他笑着说：“麦英雄，我们又见面了！”又问，“身体怎么样？”老麦马上答道：“为党、为祖国、为人民服务。”胡主席又转头关切地叮嘱李玉枝：“嫂子，要照顾好麦英雄的身体。”李玉枝感激地答道：“感谢总书记的关怀，感谢党和人民的关怀，我一定会尽力照顾好老麦的身体，请您放心。”

2009年4月24日，距离上次接见只有一年半的时间，在庆祝中国人民海军成立六十周年的时候，胡锦涛主席又在北京海军礼堂亲切会见海军老同志和英模代表。新华社、《人民日报》《解放军报》等各大媒体在报道这一消息时，均刊发了胡主席和麦贤得亲切握手交谈的照片。

回忆起与胡主席四手交叠的情景，麦贤得此时的心情特别激动，特别甜蜜。

“身体还好啊！现在住在哪儿？”这是主席紧握老麦的手时所说的第一句话。

“住汕头。”麦贤得回答。

“生活过得好吗？”主席又关切地问。

“很好，主席放心！”老麦慷慨激昂地回答：“为党、为祖国、为人民服务！”

说完，胡主席双手紧紧地握住麦贤得，四只手紧紧地叠在一起，摄影机“咔嚓”“咔嚓”照个不停，大家开心地笑了！

……

据李玉枝回忆，老麦的回答跟上次一模一样。

“为党、为祖国、为人民服务”，这是麦贤得永远不变的人生信念。

4月28日，胡主席接见后第四天，麦贤得在李玉枝的陪伴下回到广州了。小孙子麦哲源和小外甥女杨茗然抱住爷爷和姥姥。他俩高兴地说：“爷爷，我们在电视上看到您了，看到您和胡爷爷在笑，在握手！”

麦贤得和李玉枝夫妇与孙子、外孙女在公园游玩

两岁的小茗然还把小脸贴着姥爷的脸，甜甜说：“爷爷，明年你带我上北京见胡爷爷好吗？”

“好、好。爷爷明年一定带你到北京见胡爷爷。”

小茗然一听，嘻嘻地笑着对玉枝说：“姥姥，爷爷答应带我上北京见胡爷爷了！”

……

1998年10月5日—1999年2月28日初稿
2009年6月1日—8月10日修改稿

附录：英雄本色更鲜艳

——《沧海英雄》读后

陆其明

（作者系原新华社海军分社副社长、中国作家协会会员、新华社高级记者）

先说几句题外话。

对于战斗英雄麦贤得，我虽不能说很了解，但也不是很陌生。

作为新华社记者，我曾参加了1965年八·六海战报道，写过麦贤得的英雄事迹；1966年2月23日，又参加了国防部授予麦贤得“战斗英雄”称号的命名大会，对麦贤得的事迹又作了进一步的报道；这之后，我还对麦贤得作了几次连续报道。通过几次报道，我对麦贤得的英雄本色有了一个基本认识，逐步产生了写书的念头。从此，我常打听麦贤得的生活和工作情况，搜集有关他的资料。在工作岗位上，由于报道任务重，无暇动笔；离休后，又由于忙着计划中的《海上先锋》《威镇海疆——人民海军征战纪实》和《兰鲸浩海——中国海军常规潜艇部队成长纪实》等七八部长篇纪实文学作品的创作，所以迟迟没有动笔。今年年初，我决心把麦贤得传记列入创作计划。我想，凭我已积累的百万字资料，再作一次深入系统的补充采访，是有条件写成书的。但是我又担心，如果已有人在写麦贤得，这不就“撞车”了吗？于是，我先给麦贤得和李玉枝夫妇去信询问，未等他们的回音，我又打了电话。接电话的是李玉枝同志，她说：“已有人为阿麦写传记了，目前正在联系送审出版。作者是汕头地方的一位青年作家，名叫王国梁，他还准备上北京去拜访你呢！”我听了很高兴，这不仅避免了一次“撞车事故”，而且麦贤得传记可望国庆五十周年前出版！更令我高兴的是，作者是一位地方青年作家。无需讳言，出于显而易见的原因，多少年来，不用说地方作家，就连军队的某些作家都不愿写军队的英雄人物，更不愿写活着的英雄人物了；而今一位地方作家，竟勇于为活着的战斗英雄麦贤得写传记，不禁使我肃然起敬。所以，当王国梁同志到北京来我家时，我的第一句话是：“你这位地方作家，能为海军的活英雄麦贤得写传记，我以一个‘水兵元老’的名义，向你表示由衷的敬意！”

如果说，我对作者所表示的敬意，开始只是由于他一位勇于写海军活英雄麦贤得的地方作家而引起的话，那么在读了《沧海英雄》一书以后，这种“敬意”已转化为“敬佩”了。因为他写出一个真实的海战英雄，使英雄的本色更鲜艳了。

一部英雄纪实文学的成功与否，关键是作者能否吃透和把握英雄的本色。《沧海英雄》一书也不例外。

中央军委和国防部命名的所有战斗英雄，都有各自的特有的英雄本色。麦贤得的英雄本色，集中表现在八·六海战中所创造的功绩。这主要是在头部重伤、脑脊液外溢的情况下，坚持战斗三个多小时，直到取得完全胜利，表现出了革命的硬骨头精神，所以被国家副主席董必武称为“钢铁战士”。革命的硬骨头精神，就是麦贤得特有的英雄本色。正是吃透和把握了麦贤得的硬骨头精神之一——英雄本色，这就从根本上保证了作者创作《沧海英雄》一书的成功。这里值得称道的是，为挖掘麦贤得的革命硬骨头精神，作者通过艇长等人深入机舱的所见所闻进行追踪式的描绘，这远比作者自己直接描述要生动感人！当然，如果作者在这里挖掘得再深一些、广一些则更为生动感人。还有，如果作者能把海战的全过程压缩一些，腾出篇幅多写些英雄没有负重伤、头脑还清醒之前的言行，麦贤得的英雄本色会表现得更加充分。

对于麦贤得的英雄本色——革命硬骨头精神，在国防部授予他“战斗英雄”称号以后，曾有人怀疑过，说什么“坚持战斗三个小时就成了英雄，这英雄也太容易当了吧”！这也许是在“文化大革命”中麦贤得所以被人当作“假英雄”批斗的原因之一。为了消除一些人的怀疑，作者用了大量笔墨，重点而又详细地描写了麦贤得在四次大手术的过程中如何与创伤作顽强斗争的生动事迹。特别是，作者通过对主治医生刘明锋和护士长萧小俏等几个人物的描写，告诉人们这样一个事实：麦贤得的革命硬骨头精神，不仅表现在三个多小时的海战中，而且在与创伤斗争中得到了再现。正是这种革命硬骨头精神，麦贤得在敌人面前是胜利者，在创伤面前也是胜利者。这就在麦贤得的英雄本色上涂上了一层浓浓的鲜艳色彩。

作者不仅充分写出了麦贤得在海战中所表现的英雄本色——革命硬骨头精神，而且找到了英雄这种精神铸成的主要原因，这就是英雄的家庭及英雄参加海军前的社会环境。为了找到英雄的本色，作者成功地描写了一组人物，其中最突出的代表是英雄的母亲——林呖。在作者的笔下，林呖是一位有血有肉、有棱有角的英雄母亲。看看这位母亲的那种为了祖国安全几次送子从军的刚强性格，再看看麦贤得在海战中所表现出来的革命硬骨头精神，人们会很自然地得出“有其母必有其子”的结论。作者还成功地描写了英雄的父亲麦阿记、哥哥麦贤庆以及民兵营长麦长福等人物。通过这些人物，作者告诉我们一个最简单的真理：英雄来自平凡，家庭及其周围社会环境是英雄的最初哺育者和启蒙老师。这就在麦贤得的英雄本色上，又涂上了一层浓浓的鲜艳色彩。

作者还在英雄的本色上涂上了另一层更浓更艳的色彩，那就是对麦贤得30多年来所走过的生活道路的描写。这里，恕我直言：在提到麦贤得这30多年里如何保持英雄本色时，一些人总是摇头，说什么的都有：“他是重残者，不可能”“他癫痫发作，还打人骂人呢”“话都说不连贯，还谈什么保持”等等。持这种看法的人，要么是不了解情况，就是存有偏见。对此，作者作出了生动形象而又有说服力的回答。作者用了大量笔墨告诉我们：这30多年的生活之路，是麦贤得拖着重残的身躯一步一步走过来的。这30多年，比他在头部重伤、脑脊液外溢情况下坚持三个多小时战斗更艰难，也比他同创伤作斗争更艰难。这种艰难程度，除了他的妻子李玉枝，其他常人是无法想象的。可喜的是，作者通过对麦贤得的父母兄弟、妻子儿女、亲朋好友以及为他治病护理的医生护士的描写，为我们创造了一个想象这种艰难的空间。特别是作者对麦贤得妻子李玉枝的描写更是震撼人心，令人感叹不已！诚然，麦贤得是个重残者，语言表达困难，癫痫病发作时，就六亲不认，打人骂人，“蛮不讲理”。但是，作者告诉我们，癫痛过后，他的一言一语，他的所作所为，无不表现出他那一心为人民、一心为国家的崇高品质。而这种崇高品质，正是同他在海战中，不顾个人安危，一心为人民为国家而战的革命硬骨头精神一脉相承的。这就把本来就鲜艳的英雄本色涂得更为鲜艳，使之大放光彩。

为了使英雄本色更鲜艳光彩，作者采用了多种艺术手段。作者以第三人称为主，同时又以英雄夫妇、英雄夫妇的父母和子女以及护理人员等人的第一人称穿插其间；作者通过对与英雄相关人物的描写，反复而又不是重复地宣传英雄的硬骨头精神；作者对有利于宣扬英雄硬骨头精神的重要情节，进行了刻意渲染和深入描绘；等等。所有这些，对发扬光大麦贤得的硬骨头精神都起到了很好的作用。

为了使英雄本色更加鲜明、光彩，作者还在几个具体问题上下了一番工夫，并且起到了应有的作用。

给英雄人物写传记，不管他是否在世，都应保持其真实性。这是第一位的，是前提。如果不真实，即使是部分不真实，都会失去或降低宣传英雄人物的作用。对这一点，作者把握得很好。就麦贤得与李玉枝的婚姻而言，本来是一桩“先结婚后恋爱”的“政治婚姻”，可是在某些人看来，这不符合“现代潮流”，硬要写成“先恋爱后结婚”的“自由婚姻”。对此，李玉枝同志曾当面对我申述过自己的不同看法。在这个问题上，作者坚持了真实性，细微描写了他们“先结婚后恋爱”的“政治婚姻”的经过，读后令人信服，对李玉枝这位好军嫂也更为敬佩。这里给了我们一个启示：给英雄人物写纪实文学，不能为某种需要而任意编造，而应该根据事实本身进行艺术加工。

长期以来，在宣传军队英雄人物上还有一条不成文的“规定”，即所谓不要揭露“阴暗面”，认为这样才能维护英雄以及军队的形象；反之，就会损害英雄及军队的形象。表现在麦贤得身上，就是要不要写一些人要把麦贤得打成“假英雄”一事。在毛泽东主席当年接见麦贤得时，林彪也在场；林彪垮台后，就有人说麦贤得是林彪树立起来的“假英雄”。这种荒唐事，在海军还有，在全军也有。对此，作者不以为然，勇敢地打破了这个“规定”，揭露了这个“阴暗面”的前因后果。作者这样做，不但没有损害英雄形象，反而从麦贤得的抗争中再现了他的革命硬骨头精神；所以，从根本上来说，那种认为写了“阴暗面”，就会损害英雄和军队的形象说法是站不住脚的。由此，又给了我们一个启示：给英雄写传记，对诸如此类的“阴暗面”，不是什么要不要写的问题，而是如何去写好的问题。从现在的结果看，在如何写“阴暗面”的问题上，作者取得了基本成功。只是由于不言而喻的原因，作者还没有完全放开，进一步深挖细剖，因而还显得不够深刻。这是受时代制约的，这里不能苛求作者。

衷心祝贺作者创作了一部弘扬战斗英雄麦贤得的革命硬骨头精神的好书！

热切祝愿作者继续为我们创作更多更好的反映人民军队战斗英雄本色的好书！

1999 年 10 月 18 日写于北京

后 记

王国梁

我同麦贤得是饶平小同乡，喝的都是饶北高山清冽冽的泉水。

他家住海滨，我家住山坳，相距十余里。小时候，山乡的老师偶尔带我们到他的家乡参观，知道那里的海很空阔，憧憬他的英名和赞叹他的“硬骨头精神”。不知不觉地，我也长大了，而且被安排到汕头市委工作，刚好就在麦贤得当年八·六海战陆上指挥所的亚细亚老式屋子办公，离麦贤得目前的家孔庙仅有一箭之遥。

至于写麦贤得，缘于1995年深秋。中国文联出版社要把一批跨世纪人才的事迹汇集成一套丛书。那天晚饭后，市文联来电，派了任务，说有三四位尚没人写，有麦贤得和一位老师及一位养母鸭的老汉，问我要写谁。我毫不迟疑道：“麦贤得!”

就因这一声，我便同麦贤得及其祖孙四代和他的战友、亲友们结下了不解之缘。

麦贤得的妻子李玉枝，现在市计生委工作。当我电话告明来意后，她听说是市委宣传部的，态度十分热情，约了一个星期天下午，我同她谈了整整大半天。以前，她照顾关心麦贤得的事迹略有所闻，竟料不到那么波澜起伏，那么扣人心弦，我用笔沙沙地记个不停，不时被那震撼人心的事件和情节感动得泪水在眼圈里打转，而偶尔一抬头也见她泪如雨下——她谈到的是英雄被冷淡的时候，孩子受到歧视的时候，家父双目失明、无处可归的时候，寒冬、冷月、孤影……

我同情、我理解、我奋笔疾书，一口气写下一万多字的报告文学《风雨良缘——麦贤得和他的妻子》，1996年八·一前后，先在《深圳特区报》《潮州日报》《广东党史》等八家报刊发表和转载，后便收进中国文联出版社的《潮风》集子。

英雄夫妇的事迹太感人了！可否单独写成一部书呢……我对自己发问。后来，我再到市档案馆查阅了一些历史资料，回饶平汫洲麦贤得的故乡走了一遭，找了几个他的童年朋友聊聊，对麦贤得成长为英雄的漫长路程有了一个全貌的了解。我便下了写书的决心。

我将这个念头跟玉枝姐谈后，她谦逊地推辞了一番，最后，便说，只要是组织定下来的，对社会有好处，就服从组织吧。

我向单位领导作了汇报。领导深感兴趣，便说：写八·六海战和战斗英雄麦贤得是我们十年工作规划中的项目，可以考虑。于是我便正式向单位呈上调研创作报告，同时也向市委宣传部、市文联作了汇报，市委宣传部便把此项列入汕头市建国五十周年重点文艺创作项目。于是就当成一回事紧锣密鼓地运作起来了。

当成一回事，压力可就大了。麦贤得的名气太大，又是活英雄，好多事迹几乎家喻户晓，一些军内的事，家庭的隐私又不能写。要写出新意、写出味道、有血有肉、是人不是神，能吸引人、打动人，行么？我暗下决心，写英雄，就要学英雄那革命的大无畏精神。等着瞧吧，尽管创作路上有千难万险，我也要攀登上去！

没料到，90年代写60年代的老英雄，碰上一路“绿灯”，一路贵人呢！虽然也有坑坑坎坎，但并非像唐僧取经那样历尽千山万水呢！

麦贤得虽然目前身体好多了，但因语言表达还有障碍，思维也还欠正常，他只能在关键问题上作些回忆和校正，他是不能像正常人一样接受采访的。他的事，必须由第二者代言代述。好了，我的“绿灯”出现了——童年的事，他母亲还健在；赶小海的事，有带他的大哥；八·六的事，他有许多战友分散于各地；婚后的事，有他的妻子、儿女……

麦贤得有一位好大哥叫麦贤庆，他对此事甚热心。他是汕头盐务局局长，他百忙中把此事放在心坎上，在整整一年半的采访和写作中，几乎把八小时以外的时间都赔上了。他伴我到海滨，进农舍，访亲问友，给我讲海上有趣的故事，给我提供采访创作的方便，他从小就带麦贤得在风里浪里滚打大，当过渔民、船工，对海洋挺熟悉。我这山里人跟着这“大海通”，没半年的工夫也渐渐地摸住大海的脾气了，也渐渐成为“海墘人”了。再说，他也是长年服役的“老军门”，对部队的生活很熟悉，帮我提供了许多部队的生活常识。

林呖奶奶，也是我平生中又有幸碰上的一位尊敬的老人。从她身上，我才真正认识了“军人好母亲”的高大形象。我的《春晖赋》一书写的闽粤边界著名的革命母亲李梨英，已作古了。我写的、受到感染教育的只是她的艺术形象和不朽的精神。而林呖奶奶，却是活生生、站在我眼前的英雄的好母亲。她的行为举止，没造作、没虚伪，她的胸怀是那么坦诚、宽广、无私！她把五个儿女送上部队去，而且都在国门战火纷飞的岁月。她可是一个普普通通的渔家女，里面蕴藏着多么高尚的爱国之情啊！她给我讲了昨天的故事，已近八十高龄了，记忆力尚好……

麦贤得有一位好妻子。谁能知道麦贤得这特等残疾军人，却有一位好姑娘姗姗走来，历尽辛劳，陪他终身呢？凭着敬仰的心情，我采访了她。我恳求她，为了帮我把书写好，请她配合，把她知道的感受的能够告诉我的都告诉我。她想了想，有些羞涩。半晌，她粲然一笑，道："可以吧，反正我们都快当爷爷奶奶了，也没什么。只要有利于后一代，我谈了，你能写就写。"她金口开了，谈了很多很多，新鲜，新鲜，恐世人都未所知晓！不久，我又随英雄夫妇往玉枝娘家汕尾，采访了英雄的岳父大人，一个也是心地善良、令人尊敬的憨厚老人，一个鼓励支持女儿嫁给身负重伤的军人的好父亲……

还有英雄夫妇的小伙伴、好邻居、亲人、同事、战友……一个个听说我为英雄写书，都热情地谈了他们所知道的一切……特别是碰到一些海洋高深知识时，可称得上海洋专家的麦贤得的族兄麦阿超不厌其烦地向我解答；当碰到麦贤得脑外伤医学知识时，汕头中心医院的脑外科主任麦名裕和当年为麦贤得做脑手术的主刀医生刘明锋教授和陈秉燮教授为我解答……

值得一提的是，当初稿写成之后，正愁着如何上门征求当年八·六海战前线指挥孔照年的意见的时候，正好获悉孔司令清明节陪夫人从北京回粤为老岳父扫墓，不日将莅汕看望当年的老部下。我欣喜若狂，连忙告诉了我平素采访的八·六的众位功臣，身在香港的一等功臣余昭玉偕夫人一马当先，从香港飞莅汕恭候，一时十多名当年的功臣商量着如何为老首长接风。老首长终于来了，汕头水警区首长便安排我同孔司令见面，我呈送上初稿，向这位久仰的令敌人亡魂丧胆的老英雄作了汇报，老首长像一位虚怀若谷而又举止温存的长者，他接受了初稿之后，花了两夜工夫，便审阅了《八·六海战》和《死亡线上》两章，作了充分的肯定，也提出了一些宝贵而中肯的意见，我如获至宝，做了认真的修改……

回首伏案的那几个月，整天就泡在六七平方米的小卧室兼书房，床上、饭桌上、沙发上都摆满了书籍、资料、剪报，一天"三班制"。每写出一节，电话一去，伟丽小姐就骑着摩托车飞来捎去连夜输进电脑，打印出来，我又改了一番。然后，麦大哥、我的妻子和读中学的儿子就当上首批读者，他们那边在读，我又写出新的一节，伟丽小姐又捎了去，我又根据他们的意见作了修改，又送打印，整整一百多天，从去年的深秋一直写到大年的脚步声来了，全书五十多万字完稿了。我心头如释重负。

初稿首批送给数位文墨深奥的老辈和当事人征求意见，得到了充分的肯定，也提出了宝贵的意见。而后，又作了第二次修改，今年6月底，我同麦大哥便带上修改稿和海军汕头水警区及汕头市委宣传部的介绍信上京送交长征出版社，呈交海军政治部审核。

海军，从汕头水警区、驻港部队舰艇大队、广州基地、南海舰队到海军机关的首长对撰写此书都很支持，令我十分感激。采写初，刚好基地和舰队的首长到汕头检查工作，并看望麦贤得。玉枝姐口头向他们汇报，首长明确表态，地方这样关心英雄，为宣传英雄而写书出书，我们要大力支持。玉枝姐转告于我，我受到莫大的鼓舞。为了写作的需要，汕头水警区首长还为我上艇上军事码头采访提供方便。去年 6 月，我到广州某部队营地采访，舰队首长还在紧张的军事演习中腾出时间接见我并安排了身负演习重任的姜宜资将军向我介绍当年八·六战斗情况和麦贤得的事迹。这次上北京，海军政治部主任胡彦林中将两次亲自接见我和麦大哥，并布置了宣传部的王金中部长、殷敦平副部长、新闻出版处袁处长、吴副处长热情地接待了我们，组织人力认真审稿。审稿的苏读史同志不顾年事已高，天气炎热，在不到十天的时间认真地审阅了全书，提出了宝贵的意见，并写出审读报告，给予了充分的肯定。海军首长还开会研究了这件事，为书稿的出版发行费心。令我感激的还有当年八·六海战前后的“老海军”张耀堂、王云鉴、许睦华、戴树怀、陈运和、尤金山、李光宗、黄理省、彭德才、陈文乙、余昭玉、李鸿鹤、林名虎、余芝松、吴杏松、张伟勤……为我的创作提供了许多宝贵的回忆和珍贵的史料，海军机关的龙运河、陆其明、张全耀同志为我提供了难得的照片和帮助，还有汕头水警区侯健政委在百忙中审阅了全书。这都是海军首长和同志们真诚而无私的支持！

最后，感谢汕头市委、市政府及市委宣传部、市委党史研究室、市文联、饶平县委、汫洲文化站和汫北办事处的大力支持。汕头市委副书记卢桂兰，市委党史研室陈维烟、王海天，广东作家王杏元、郑明标，饶平县委黄松江、卓卫华，县政协张道济、麦思齐和“教育世家”林幼驹老师帮助审阅了书稿并提出了宝贵的意见。《饶平报》总编把书稿安排在报上连载征求意见，我的在武警广东边防总队服役的弟弟王国进为我的采访和创作提供了必不可少的条件，我也真诚地感谢他们。

同时，解放军报长征出版社全体同志为此书的出版操劳，特别是副总编陈雄大校，这位当年为麦贤得大歌特歌的名记者，麦大哥的好战友，促成此书的顺利出版，并对此书做了过细的编审工作；孔照年老司令、中国作协何镇邦同志为书写序以及许多支持我采写的同志也致以谢忱。

应该说明的是，因是纪实小说，故书中发生在英雄夫妇身上的事都是真实的，而围绕英雄身边的人或事，有的作了适当的艺术加工和描绘。

因写作时间匆忙，时间跨度太长，内容也太多，本人水平有限，难免疏漏，敬请知情者和广大读者见谅并指正。

1999 年 7 月 18 日写于北京

再版后记

王国梁

这部书第一版出版的时候，正值十年前的国庆节前夕，英雄麦贤得夫妇携着新书上北京参加国庆观礼，亲手呈送给中央军委首长、海军首长和有关领导和战友，算是献给中华人民共和国成立五十周年的一份及时的礼物。

书出版后，首次发行过万册。部队和地方也热闹了好一阵子。海军首长很重视，一下子订数千册赠给机关和部队，麦贤得住地的汕头市及故乡饶平县还召开图书发行首发式，国内数家党报进行了连载和选载，我还陪麦贤得到有关驻军、大学赠书，讲当年的八·六海战。中央电视台、《解放军报》《报刊文摘报》《南方日报》《羊城晚报》、天津电视台《中国人》节目也作了相关的报导，影响颇大。

而作为作者，这本书出版后我更加热爱传记文学的创作，不久加入了全国传记文学学会，而后又出版了三部著作，其中的《忠魂》和《广东人是天下的眼》就是传记文学，两部书写了近四十人的传记。《沧海英雄》出版五六年之后，我因工作需要也从汕头市调至广东省委文字部门工作。十年过去了，名气虽是大了一点点，而鬓角也悄然苍白了。

这十年，说出版这部书最大的收获么，还是与麦家结下的真诚友谊。我和家人都十分珍惜。到广州工作后，出差到汕头我一定会去看望麦贤庆大哥和麦贤得英雄夫妇。麦大哥、麦贤得他们来广州办事或走亲戚，也忘不了来看望我这个“穷秀才”。我们相交真是“香如茶，淡如水”。

今年是中华人民共和国成立六十周年，广东省委宣传部大手笔，策划了“广东省庆祝新中国成立60周年重点出版物”，《沧海英雄》有幸被选中。出版单位广东人民出版社给我提出具体的修改意见，我用了两个多月的时间压缩了七万多字，最后呈献给读者这个版本。

今年海军建军纪念日，胡总书记接见了麦贤得，4月25日那晚，我们夫妇守在电视机前，看到胡主席和麦贤得握手的生动镜头，我们也高兴不已。

英雄，人民的英雄，党和人民是永远不会忘记的。谨以这部书的再版，让新一代能全面地了解英雄的昨天和今天，让他们知道今天幸福的日子来之不易。也权作为我为祖国的强盛献出微薄之力吧。

2009 年 8 月 6 日于广州清风阁